Adolf Deissmann

Bibelstudien

Beiträge, zumeist aus den Papyri und Inschriften...

Adolf Deissmann

Bibelstudien
 Beiträge, zumeist aus den Papyri und Inschriften...

ISBN/EAN: 9783743666887

Hergestellt in Europa, USA, Kanada, Australien, Japan

Cover: Foto ©Lupo / pixelio.de

Weitere Bücher finden Sie auf **www.hansebooks.com**

Bibelstudien.

Beiträge,

zumeist aus den Papyri und Inschriften,

zur Geschichte

der Sprache, des Schrifttums und der Religion

des hellenistischen Judentums und des Urchristentums

von

Lic. theol. G. Adolf Deissmann,
Pfarrer zu Herborn.

———

Mit einer Tafel in Lichtdruck.

———

Marburg.
N. G. Elwert'sche Verlagsbuchhandlung.
1895.

εἰ δὲ ἡ διακονία τοῦ θανάτου ἐν γράμμασιν
ἐντετυπωμένη λίθοις ἐγενήθη ἐν δόξῃ, ὥστε μὴ
δύνασθαι ἀτενίσαι τοὺς υἱοὺς Ἰσραὴλ εἰς τὸ
πρόσωπον Μωϋσέως διὰ τὴν δόξαν τοῦ προσώπου
αὐτοῦ τὴν καταργουμένην, πῶς οὐχὶ μᾶλλον ἡ
διακονία τοῦ πνεύματος ἔσται ἐν δόξῃ;

D. Carl von Weizsäcker

und

D. Georg Heinrici

zugeeignet.

Inhaltsübersicht.

Vorwort.

—

Bibelstudien nenne ich die folgenden Untersuchungen, weil
sie sich alle mehr oder weniger mit den geschichtlichen Fragen
beschäftigen, welche die Bibel, insbesondere die griechische
Bibel, der Wissenschaft stellt. Ich bin freilich nicht der Ansicht, als gebe es eine besondere Bibelwissenschaft. Wissenschaft ist Methode; die besonderen Wissenschaften unterscheiden
sich von einander als Methoden. Was man *Bibelwissenschaft*
nennt, sollte richtiger *Bibelforschung* heissen: die Wissenschaft,
die hier in Betracht kommt, ist dieselbe, mag sie sich mit Plato
oder den siebzig Dolmetschern und den Evangelien beschäftigen.
Das sollte selbstverständlich sein.

Ein wohlwollender Freund, der von litterarischen Dingen
etwas versteht, hat mich belehrt, es zieme sich einem jüngeren
Manne nicht, einen Band »Studien« zu veröffentlichen; das
dürfe sich nur der bejahrte Gelehrte in den sonnigen Herbst-
tagen des Lebens gestatten. Ich habe mir diese Worte sehr
zu Herzen genommen, aber ich meine noch immer, Bausteine
zu behauen sei recht eigentlich die Aufgabe der Gesellen. Und
da, wo ich gearbeitet habe, muss noch mancher Quader zurecht gemacht werden, ehe man an die Aufführung des Baues
denken kann. Wie viel ist allein noch zu thun, bis die Sprache
der Septuaginta, das Verhältnis des sogenannten neutestament-

lichen Griechisch zu ihr, die Geschichte der religiösen und
ethischen Begriffe des griechischen Judentums und des älteren
Christentums auch nur in ihren Grundzügen deutlich geworden
sind, oder bis gezeigt ist, dass die religiöse Bewegung, nach der
wir unsere Jahre zählen, in der Geschichte entstanden ist und
sich entwickelt hat, das heisst im Zusammenhange oder auch
im Widerspruche mit einer vorhandenen reichen Kultur. Wenn
auf den folgenden Blättern viel von den Septuaginta die Rede
ist, so wolle man sich erinnern, dass über diese Leute sonst
im allgemeinen viel zu wenig geredet wird, viel weniger jedenfalls als noch vor hundert Jahren. Man schilt auf den Rationalismus, und oft in einer Weise, dass der Verdacht entsteht, als
habe man ein Misstrauen gegen die Vernunft. Und doch hatten
die gescholtenen Männer in manchen Stücken sich die Ziele
ihrer Arbeit weiter gesteckt als ihre Kritiker. Ich habe in den
drei Jahren meiner Thätigkeit an dem *Seminarium Philippinum*
zu Marburg oft genug an den Studienplan denken müssen, nach
welchem die Stipendiaten in der Mitte des vorigen Jahrhunderts
gearbeitet haben. Man höre einen Bericht darüber wie den
folgenden [1]:

„In Ansehung des Griechischen hat der Gesetzgeber fürnehmlich auf
das Verhältniss gesehen, darinnen diese Sprache mit dem richtigen Verstande des N. T. steht. Wie vernünftig werden also nicht Kenner den
Befehl finden, dass die siebenzig Dollmetscher, welche nach dem Zeug-

---

[1] Vgl. das Programm (des Ephorus) *D.* CARL WILHELM ROBERT . . . . .
zeiget an, dass die Litteratur-Gesellschaft . . . . . am 27ten d. M. . . . . .
feyerlich werde eröfnet werden. . . . . . [Marburg,] Bey Müllers Erben und
Weldige 1772, S. 13. — Dass der Ephorus sich dabei auch den Blick
für die Bedürfnisse des praktischen Lebens bewahrt hatte, zeigen seine
sonstigen Bemerkungen. Gutmütig versichert er z. B. S. 7 f., „auf die
gewissenhafteste Art" der Verordnung nachgekommen zu sein, „dass die
Stipendiaten mit genugsamen wohlzugerichteten Speisen und gesunden und
unverfälschtem Biere versorget werden sollen". Das Programm gewährt
einen prächtigen Einblick in das akademische Leben des alten Marburg.

nisse eines Ernesti und eines Michaelis unter denen Hülfsmitteln zum
richtigen Verstande des N. T. oben an stehen, zum *Compendio* sind be-
bestimmt worden, über welches diese Vorlesungen gehalten werden müssen?
Und wie sehr ist es nicht zu wünschen, dass die Stipendiaten in dem
Jahre, darinnen Sie dieses Buch erklären lernen, einen solchen beträcht-
lichen Theil desselben durchgehen mögen, als dazu nöthig ist, um den
Endzwecken des Gesetzgebers zu entsprechen?"

Die Zeit, da in Deutschland über die Septuaginta dereinst wieder akademische Vorlesungen und Übungen abgehalten
werden, wage ich nicht zu berechnen. Doch das kommende
Jahrhundert ist ja lang und die banausische Auffassung der
Wissenschaft die Laune eines Tages. —

Dass die nachfolgenden Untersuchungen eines inneren Zusammenhanges nicht ganz entbehren, wird der verständige Leser
merken. Ihre Eigenart gebot die Beifügung ausführlicher Indices.
Ein Stellenregister habe ich allerdings nicht gegeben: ich habe
durch ein solches noch niemals das gefunden, was ich gerade
lernen wollte; auch wusste ich nicht recht, welche Stellen ich
in dieses Register aufnehmen sollte und welche nicht.

Bei der zum Teil recht mühsamen Korrektur [1] unterstützten
mich in liebenswürdigster Weise die Herren *Dr.* P. Jürges,
cand. theol. W. Martin und *stud. theol.* H. Brede zu Marburg;
mein herzlicher Dank sei den Freunden auch an dieser Stelle
ausgesprochen. Herr Professor *Dr.* W. Schulze zu Marburg
las die zweite Korrektur und gab mir dabei aus seiner umfassenden Kenntnis des späteren Griechisch und seiner Quellen
noch manchen schätzbaren Wink. Aber auch sonst bin ich

---

[1] Die Orthographie und Interpunktion der wörtlichen Citate habe
ich mich bemüht beizubehalten, oft im Kampfe mit den nivellierenden
Neigungen meiner Setzer. Die griechischen Transskriptionen semitischer
Wörter sind zumeist absichtlich nicht accentuiert (vergl. S. 28 Anm. 1).
Folgende Berichtigungen bitte ich vorzunehmen: S. 92 Anm. 6 statt
CIG III lies CIG II. — S. 99 Anm. 1 Zeile 1 statt *Jos.* lies *Ios.* — S. 267
Anm. 6 lies *Etymologicum.*

ihm für die reichen Anregungen, die ich durch seine Vorlesungen und nicht minder durch seine Tischreden erhalten habe, zu bleibendem Danke verpflichtet.

Ich habe das Buch nicht als Pfarrer sondern als Marburger Privatdocent geschrieben, aber ich freue mich es als Pfarrer veröffentlichen zu können.

Herborn (Bezirk Wiesbaden), den 7. März 1895.

G. Adolf Deissmann.

Abkürzungen.

Swete = *The Old Testament in greek according to the Septuagint, edited by H. B. Swete, 3 voll., Cambridge 1887—1894.*

Thesaurus = H. Stephanus, *Thesaurus Graecae Linguae, edd.* Hase *etc.,* Paris 1831—1865.

Tromm = Abrahami Trommii *concordantiae graecae versionis vulgo dictae LXX interpretum · · ·, 2 tomi, Amstelodami et Trajecti ad Rhenum 1718.*

Waddington S. 88 Anm. 2.

Wessely S. 4 Anm. 7.

Wetstein S. 265 Anm. 6.

Winer·Lünemann = G. B. Winer, Grammatik des neutestamentlichen Sprachidioms, 7. Aufl. von G. Lünemann, Leipzig 1867.

Winer-Schmiedel = dasselbe Werk, 8. Aufl. neu bearbeitet von P. W. Schmiedel, I, Göttingen 1894.

ZAW = Zeitschrift für die alttestamentliche Wissenschaft.

ZKG = Zeitschrift für Kirchengeschichte.

I.

Griechische
Transskriptionen des Tetragrammaton.

καὶ φοβηθήσονται τὰ ἔθνη τὸ ὄνομά σου κύριε.

In seiner Besprechung der Clemensausgabe von W. Dindorf macht P. de Lagarde [1] dem Herausgeber zu der Stelle *Strom.* V 6₃₄ (bei Dind. III *p.* 27₃₅) den Vorwurf, er habe »gar keine ahnung« gehabt, »wie gross die tragweite der worte seines schriftstellers ist, und welche sorgfalt er gerade hier ihnen zuwenden musste«. Dindorf liest dort als τὸ τετράγραμμον ὄνομα τὸ μυστικόν die Form Ἰαού. Verschiedene Handschriften und die Turiner Catene zum Pentateuch [2] bieten jedoch die Variante Ἰα οὐαί bezw. Ἰα οὐέ. [3] Lagarde sagt von dieser Lesart, dass sie »dreist in den text gesetzt werden durfte: am rande versteht sich heut zu tage in theologischen büchern nichts«. In der That scheint die Lesart Ἰαού die ursprüngliche zu sein; das ε liess man später weg, weil der als Tetragramm bezeichnete Name doch natürlich nur vier Buchstaben haben durfte. [4]

Die Form Ἰαού ist eine der wichtigsten unter den griechischen Transskriptionen des Tetragramms, auf welche man zur Ermittelung seiner ursprünglichen Aussprache mithinzuweisen pflegt. F. Dietrich stellt dieselben in einem Briefe an Franz Delitzsch vom Februar 1866 [5] folgendermassen zusammen:

---

[1] GGA 1870 St. 21, 801 ff. vergl. Symmikta I, Göttingen 1877, 14 f.

[2] Vergl. darüber E. W. Hengstenberg, Die Authentie des Pentateuches I, Berlin 1836, 226 f.

[3] Für die itacistische Verschiedenheit der Endung vergl. die ganz ähnlichen Varianten bei der Endung der Transskription Εἱμαλκουαί 1 Macc. 11₃₉: Ἰμαλκουέ, Σιυμαλκουή etc. und dazu C. L. W. Grimm HApAT III, Leipzig 1853, 177.

[4] Hengstenberg 227.

[5] ZAW III (1883) 298.

1 *

	יְהוָה	יְהוּ	יָהּ
2. Jahrh. Irenaeus	—	Iaoϑ (?)[1]	—
2./3. „ Clemens	(Iaove)[2]	Iaov	—
3. „ Origenes	—	Iaω (Iaω Ia)	Ia — IAII
4. „ Hieronymus	—	Jaho	—
— „ Epiphanius	Iaβε	—	Ia
5. „ Theodoret (Sam.)	Iaβε	Iaω	Aïa (cod. Aug. Ia)
7. „ Isidor	—	—	Ja. Ja.

Es ist von Wichtigkeit, dass diese durch die christlichen
Väter überlieferten Transskriptionen fast sämtlich auch von
»heidnischer« Seite aus bezeugt werden. In den neuerdings
bekannt gewordenen ägyptischen Zauberpapyri findet
sich eine ganze Reihe von Stellen, welche — selbst wenn sie
zum Teil nicht als Transskriptionen des Tetragramms aufzufassen
wären — in diesem Zusammenhange unsere Beachtung verdienen. Bereits 1876 hat W. W. GRAF BAUDISSIN[3] in seiner
Untersuchung über die Form Iáω auf diesbezügliche Stellen
der Leidener[4] und der Berliner[5] Zauberpapyri verwiesen.
Inzwischen ist uns die Kenntnis dieser eigenartigen Litteratur besonders durch die Ausgaben der Leidener Zauberpapyri von C. LEEMANS,[6] der Pariser und Londoner von
C. WESSELY,[7] durch die neue Ausgabe der Leidener Papyri

---

[1] Von F. DIETRICH mit Unrecht angezweifelt, vergl. unten S. 9.

[2] F. DIETRICH liest Iaov.

[3] Studien zur semitischen Religionsgeschichte, Heft I, Leipzig 1876, 197 ff.

[4] Damals lagen nur vor die vorläufigen Notizen von C. J. C. REUVENS,
*Lettres à M. Letronne sur les papyrus bilingues et grecs ... du musée
d'antiquités de l'université de Leide, Leide 1830.*

[5] Herausg. von G. PARTHEY AAB 1865, philol. und histor. Abhh. 109 ff.

[6] In seiner Publikation *Papyri Graeci musei antiquarii publici Lugduni-Batavi, tom. II, Lugduni Batavorum 1885.*

[7] DAW philos.-histor. Classe XXXVI (1888) 2. Abt. 27 ff. und XLII
(1893) 2. Abt. 1 ff.

von A. Dieterich,[1] durch die neueste Publikation des *British Museum*[2] und andere Arbeiten in noch höherem Grade ermöglicht worden, und eine Durchforschung derselben dürfte sich in gleicher Weise für den christlichen Religionshistoriker,[3] wie für den semitischen Philologen der Mühe verlohnen.

Die Papyri in ihrer vorliegenden Gestalt sind geschrieben Ende des 3. und Anfang des 4. Jahrhunderts n. Chr.; verfasst sind sie etwa um die Wende des 2. u. 3. Jahrhunderts, in der Zeit des Tertullian.[4] Man wird jedoch nicht fehl gehen, wenn man annimmt, dass viele Bestandteile dieser Litteratur in eine noch frühere Zeit hinaufreichen. Bei der starren Unveränderlichkeit der Formen des Volksglaubens und des Aberglaubens ist es sogar wahrscheinlich, dass z. B. die Bücher der jüdischen Exorcisten zu Ephesus, welche nach Act. Apost. 19₁₉ infolge des Auftretens des Apostels Paulus den Flammen überliefert wurden, im wesentlichen denselben Inhalt gehabt haben, wie die uns jetzt vorliegenden Zauberpapyri aus Ägypten.[5]

---

[1] *Papyrus magica musei Lugdunensis Batavi*, Fleckeisen's Jahrbb. Suppl. XVI (1888) 749 ff. (= Ausgabe des Papyrus J 384 von Leiden). Derselbe, Abraxas, Studien zur Religions-Geschichte des späteren Altertums, Leipzig 1891, 167 ff. (= Ausgabe des Papyrus J 395 von Leiden). Ich bin dem Herausgeber, meinem Kollegen und Freunde, für mancherlei Auskunft und anregenden Widerspruch zu Danke verpflichtet.

[2] F. G. Kenyon, *Greek Papyri in the British Museum*, London 1893, 62 ff.

[3] Vergl. A. Jülicher ZKG XIV (1893) 149.

[4] Wessely I 36 f. Wenn A. Harnack, Geschichte der altchristlichen Litteratur bis Eusebius 1, Leipzig 1893, S. IX betont, dass das Zeitalter der Zauberlitteratur noch keineswegs feststehe, so ist dieser Satz dahin einzuschränken, dass für einen nicht unbeträchtlichen Teil dieser Litteratur wenigstens ein *terminus ad quem* aus paläographischen und inneren Gründen feststellbar ist.

[5] Die Apostelgeschichte — um diese Beobachtung hier einzuschalten — zeigt an unserer Stelle Bekanntschaft mit der Terminologie der Magie. So ist der 19₁₉ gebrauchte Ausdruck τὰ περίεργα *terminus technicus* für *Zauberei*; vergl. ausser den von Wetstein zu der Stelle gegebenen Belegen: *Pap. Lugd.* J 384 XII₁₀ u. ₂₁ περιεργία u. περιεργάζομαι (Fleck. Jahrbb. Suppl. XVI 816; vergl. Leemans II 73). Ebenso ist 19₁₈ πρᾶξις *terminus technicus* für ein bestimmtes *Zauberrecept*,

In den Zauber- und Beschwörungsformeln dieser Litteratur spielen die Gottesnamen eine grosse Rolle. In bunter Reihe begegnen uns alle möglichen und unmöglichen Bezeichnungen griechischer, ägyptischer und semitischer Gottheiten, wie überhaupt ein eigenartiger Synkretismus griechischer, ägyptischer und jüdisch-christlicher Vorstellungen ein Kennzeichen der ganzen Litteraturgattung ist.

Uns interessieren hier die Formen, welche irgendwie als Transskriptionen des Tetragramms aufgefasst werden können. Die von den Kirchenvätern überlieferten, zum Teil immer wieder angezweifelten Formen werden durch die Papyri sämtlich belegt, vielleicht mit der einzigen Ausnahme des *Iaove* des Clemens.

Iaω.

Zu den von Baudissin gegebenen Belegen kommt eine so grosse Menge aus den seitdem entzifferten Papyri, dass eine Einzelaufzählung überflüssig ist.[1] Häufig findet sich auch das Palindrom *ιαωαι*,[2] noch häufiger scheinen mir Zusammensetzungen zu sein, wie *αρβαϑιαω*.[1] Der Gottesname *Iaω* ist so populär gewesen, dass man ihn sogar dekliniert hat: *εἰμὶ ϑεὸς ϑεῶν ἀπάντων ιαων σαβαωϑ αδωναι α[βραξ]ας* (*Pap. Lugd.* J 384 III₁).[3]

Ia.

Ebenfalls nicht selten. Ohne Anspruch auf Vollständigkeit zu machen, citiere ich:

----

wozu die Indices von Parthey, Wessely und Kenyon eine Menge von Belegen nachweisen. Die gewöhnliche Übersetzung *Ränke* verwischt die eigenartige Bedeutung des Wortes in diesem Zusammenhange.

[1] Vergl. die Indices von Leemans, Wessely und Kenyon.

[2] In der Form *ιαοαι*: *Pap. Par. Bibl. nat.* ••• (Wessely I 69). Es ist zu bedauern, dass der Herausgeber die Bibliotheksnummer dieses Papyrus nicht angegeben hat.

[3] Fleck. Jahrbb. Suppl. XVI 798; Leemans II 15. K. Buresch, *ΑΠΟΛΛΩΝ ΚΛΑΡΙΟΣ* Untersuchungen zum Orakelwesen des späteren Altertums, Leipzig 1889, 52 klammert das *ν* von *ιαων* unnötiger Weise ein.

ὁ ἐπὶ τῆς ἀνάγκης τεταγμένος ιακουβ ια ιαω σαβαωϑ αδωναι
[α]βρασαξ (*Pap. Lond.* CXXI₆₁₈ u. ₆₄₉),[1] womit zu vergleichen
die Gemmeninschrift ια ια ιαω αδωναι σαβαωϑ,[2] die Zusammensetzungen ιαηλ (*Pap. Lond.* XLVI₅₆,[3] *Pap. Paris. Bibl.*
nat. ₉₆₁ u. ₂₀₃₃[4]) und ιαωλ (*Pap. Paris. Louvre* 2391₁₆₁)[5] sowie eine ganze Anzahl sonstiger Zusammensetzungen.

Ιαωια:[6]

(schreibe) ἐπὶ τοῦ μετώπου ϊαωϊα (*Pap. Paris. Bibl. nat.* ₂₁₅₇).[7]

Ιαη

findet sich häufiger, vor allem in der bedeutsamen Stelle:

ὁρκίζω σε κατὰ τοῦ ϑεοῦ τῶν Ἑβραίων Ἰησοῦ ιαβα ιαη
αβραωϑ αϊα ϑωϑ ελε ελω αιω εου μιβαιχ αβαρμας ϊαβα
ραου αβελβελ λωνα αβρα μαρωα βραχιων (*Pap. Paris.*
Bibl. nat. ₃₀₁₉ ff.);[8] ferner in demselben Papyrus ₁₂₂₂ ff.[9] κύριε
ιαω αιη ιωη ωιη ωιη ιη αιωαι αιουω αηω ηαι ιεω ηνω αιι αω
αωα αιιι νω αεν ιαη ει. Man könnte auf den Gedanken kommen,
die Form ιαη an der letzten Stelle den übrigen sinnlosen Per-

---

[1] Kenyon 105; Wessely II 44. Die von Kenyon abweichende Zeilen-
zählung von Wessely notiere ich nicht. In der Zeile ₆₁₁ desselben Papyrus
scheint mir nicht sicher zu sein, ob ια einen Gottesnamen bezeichnen soll.

[2] U. F. Kopp, *Palaeographia critica* IV, Mannheim 1829, 226.

[3] Kenyon 67; Wessely I 128.

[4] Wessely I 68 u. 121.

[5] Wessely I 144.

[6] Zusammengesetzt aus *Ιαω* und *Ια* (vergl. Baudissin 183 f. und
F. Dietrich 294).

[7] Wessely I 126.

[8] Wessely I 120. Diese Stelle gehört in religionsgeschichtlicher Hinsicht zu den interessantesten: als *Gott der Hebräer* wird Jesus genannt;
man beachte die mit αβ zusammengesetzten Gottesnamen (zu αβελβελ
vergl. Baudissin 25 den Namen des Königs von Berytus Ἀβέλβαλος); über
αϊα und ιαβα siehe unten S. 8 f. u. 16; zu ϑωϑ (ägyptischer Gott) in den
Papyri vergl. A. Dietrich, Abraxas 70.

[9] Wessely I 75.

mutationen der Vokale[1] zuzurechnen. Allein dagegen spricht, dass die Form als ein Gottesname durch Origenes beglaubigt ist, dass sie hier am Ende der Reihe steht (das *ει* des Papyrus ist wohl *εἰ* zu accentuieren) und somit dem am Anfange stehenden wohlbekannten *ιαω* zu entsprechen scheint. Immerhin ist auf das Vorkommen der rein vokalischen Transskriptionen des Tetragramms in derartigen Vokalreihen kein allzu grosses Gewicht zu legen.

Weiter in demselben Papyrus 1864[2] u. 1986 f.,[3] sowie *Pap. Lond.* XLVI 29.[4]

Auch die von W. Fröhner[5] veröffentlichte Bronzetafel des Museums zu Avignon enthält unsere Form: denn die beiden letzten Zeilen sind nicht mit Fröhner *καὶ σὺ συνέργει Ἀβρασάξ ιλι, Ἰαώ*, sondern *καὶ σὺ συνέργει αβρασαξ ι α η,*[6] *ιαω* zu lesen. Die umgekehrte Verbindung *ιαω ιαη* steht auf einer Bleitafel von Karthago CIL VIII *Suppl.* I Nr. 12509.

Endlich sei wenigstens hingewiesen auf die Stelle *ὅτι δισύλλαβος εἶ αη* (*Pap. Paris. Bibl. nat.* 944).[7] Nach A. Dieterich[8] wäre *αη* »einfach mystischer Gottesname« und »es wäre möglich, dass es *αω* heissen müsste«. Ich halte diese Abänderung für unnötig. Entweder ist *αη* eine undeutliche Reminiscenz an unser *ιαη*, oder es ist geradezu anzunehmen, dass das *ι* von *ιαη* nach *ει* durch Hemigraphie weggefallen ist.[9]

Aïa.

Die von Theodoret überlieferte Form *Aïa*, für welche der

---

[1] Vergl. darüber unten S. 11 f.
[2] Wessely I 84.
[3] Wessely I 94.
[4] Kenyon 66; Wessely I 127.
[5] *Philologus* Suppl. V (1889) 44 f.
[6] Statt *Λ* ist *Α* zu lesen; stillschweigend verbessert von Wessely, Wiener Studien VIII (1886) 182.
[7] Wessely I 68.
[8] Abraxas 97.
[9] Das *ι* in *ιαη* müsste dann an dieser Stelle als Konsonant gesprochen werden (vergl. dazu Kühner-Blass, Ausführliche Grammatik der griechischen Sprache I¹ 1, Hannover 1890, 50) wegen des Metrums und des *δισύλλαβος*.

Augsburger Codex und die *ed. princ.* von Picus *la* schreiben,[1] steht ausser in der oben citierten Stelle des *Pap. Par. Bibl. nat.* 3019 ff. auch im *Pap. Lugd.* J 395 XVII31[2] und zwar, was von besonderem Interesse ist, als Korrektur des ursprünglich in der Handschrift stehenden *αρα.*

Jaoth.

Die lateinischen Codices des Irenaeus bieten die Form Jaoth.[3] Irenaeus unterscheidet eine Aussprache mit langem und eine mit kurzem *o* (II 35₃ Massuet: *Jawth, extensa cum aspiratione novissima syllaba, mensuram praefinitam manifestat; cum autem per o graecam corripitur ut puta Jaoth, cum qui dat fugam malorum significat*). F. Dietrich hat diese Form mit Unrecht angezweifelt.[4] Die von Baudissin gegebenen Nachweise sind zu erweitern durch

Pap. Lond. XLVI₁₄₂[5] (ιαωι),
   „   „   XLVI₄₇₉[6] (ιαωϑ),
Pap. Par. Bibl. nat. 3068[7] (ιαωϑ),
Pap. Lugd. J 395 XXI₁₄[8] (αβρατιαωϑ),
Pap. Lond. XLVI₅₆[9] (αρβαϑιαωϑ),
Pap. Berol. 2₁₉₆[10] (αμβριϑιαωϑ).

Zu der Agglutination eines *T*-Lautes an ιαω vergl. die von Baudissin[11] citierte Litteratur. Die Papyri geben für ähn-

---

[1] Hengstenberg 227; F. Dietrich 287.
[2] A. Dietrich, Abr. 196; Leemans II 141.
[3] Vergl. hierzu besonders Baudissin 194 f.
[4] S. 294.
[5] Kenyon 69; Wessely 1 130.
[6] Kenyon 80; Wessely I 139.
[7] Wessely I 126.
[8] A. Dietrich, Abr. 201.
[9] Kenyon 67; Wessely I 128.
[10] Parthey 154. Ich beginne das Wort mit α und ziehe das ϑ zum Vorhergehenden, vergl. Kenyon 111 Zeile 344 αμβριϑηρα.
[11] S. 195.

liche Formen auf -ωθ eine grosse Anzahl von Belegen. Ähnliches mit griechischer Endung (z. B. *Φαραώθις*) bei Josephus und Anderen.[1]

Ιαουε.

Zu der Form des Clemens *Ιαουε* mache ich auf folgende Stellen aufmerksam:

θεὸς θεῶν, ὁ κύριος τῶν πνευμάτων[2] ὁ ἀπλάνητος αἰὼν ιαωουηι, εἰσάκουσόν μου τῆς φωνῆς· ἐπικαλοῦμαί σε τὸν δυνάστην τῶν θεῶν, ὑψιβρεμέτα Ζεῦ, Ζεῦ τύραννε, αδαται *sic* κύριε ιαωουηε· ἐγώ εἰμι ὁ ἐπικαλούμενός σε συριστὶ θεὸν μέγαν ζααλαηριφφου καὶ σὺ μὴ παρακούσῃς τῆς φωνῆς ἑβραϊστὶ αβλαναθαναλβα αβρασιλωα· ἐγὼ γάρ εἰμι σιλθαχωουχ λαιλαμ βαασαλωθ ιαω ιεω νεβουθ σαβιοθαρβωθ αρβαθιαω ιαωθ σαβαωθ πατουρη ζαγουρη βαρουχ αδωναι ελωαι ιαβρααμ βαρβαραυω ναυσιφ ὑψιλόφνουε... (*Pap. Lond.* XLVI 466—489);[3]

ἀκουσάτω μοι *sic* πᾶσα γλῶσσα καὶ πᾶσα φωνή, ὅτι ἐγώ εἰμι περιαω [μιχ χαχ] μνηχ σακμηφ ιαωουεη ωιω ωιω εοιωιε ηιαια (korrupt) ηφωυοει[4]... (*Pap. Lugd.* J 384 VI 12—14);[5]

σὺ εἶ ὁ ἀγαθοδαίμων ὁ γεννῶν ἀγαθὰ καὶ τρυφῶν τὴν οἰκουμένην, συῦ δὲ τὸ ἀένναον κομαστήριον, ἐν ᾧ καθίδρυταί σου τὸ ἑπταγράμματον ὄνομα πρὸς τὴν ἁρμονίαν τῶν ζ΄ φθόγγων ἐχόντων φωνὰς πρὸς τὰ κη΄ φῶτα τῆς σελήνης, σαραφαρα αραφ αια βρααρμαραγα αβραχ περταωμιχ ακμιχ ιαωουεη ιαωουε ειου αηω ηηου ιαω... (*Pap. Lugd.* J 395 XVII 22—23);[6]

ὅτι προσείλιμμαι τὴν δύναμιν τοῦ Ἀβραὰμ Ἰσὰκ καὶ τοῦ Ἰακὼβ καὶ τοῦ μεγάλου θεοῦ δαίμονος ιαω αβλαναθαναλβα

---

[1] Vergl. z. B. den *Φαρεθώθης* des Artapanus (Euseb. *Praep. er.* IX 18) und dazu J. Freudenthal, Hellenistische Studien, Heft 1 u. 2, Breslau 1875, 169.

[2] Zu diesem auch dem Buche Henoch geläufigen Ausdrucke vergl. LXX Num. 16 22, 27 16.

[3] Kenyon 80; Wessely I 139. Ich habe die Stelle *in extenso* mitgeteilt, weil sie besonders instruktiv ist für den Synkretismus dieser Litteratur.

[4] Von A. Dieterich als Palindrom des ιεουωηι erkannt.

[5] A. Dieterich, Fleck. Jahrbb. Suppl. XVI 804; Leemans II 23.

[6] A. Dieterich, Abr. 195 f.; Leemans II 141 f.

σιαβραϑιλαω λαμψιτηρ ηι ωω. ϑεέ, ποίησον, κύριε, περιαωμιχ χαχ μηχ ι α ω ου η ε ι α ω ου η ε ιεοναηω εηουιαω (*Pap. Lugd.* J 395 XVIII 21 - 26).[1]

Auf den ersten Blick erscheint die Annahme, dass diese Formen mit dem *Iaoυε* des Clemens verwandt sind, als sehr naheliegend. Dass der *E*-Laut am Schlusse des Wortes in den Papyri durch *ηι*, *ηε* und *εη* wiedergegeben wird, kann bei der grossen Freiheit, mit der man die hebräischen Vokale ins Griechische transskribierte, nicht auffallen; ja die Verstärkung resp. Dehnung des *ε* durch Hinzufügung eines *η* würde das ־ֶ noch deutlicher wiedergeben, als das blosse *ε* des Clemens. Auffallend wäre nur das *ω* vor *ου*. Indessen könnte auch diese Eigentümlichkeit erklärt werden aus einer Vorliebe für die populärste Transskription *Iaω*, welche man auch hier mit zur Anwendung bringen wollte.

So hält denn KENYON die Form *Iaωουηε* thatsächlich für den Gottesnamen und zwar für eine Erweiterung der Form *Iaω*.[2]

Trotzdem darf man sich auf den Augenschein nicht gänzlich verlassen. Vor allem ist zu untersuchen, ob die erwähnten Formen nicht zu den häufigen Permutationen der sieben Vokale[3] gehören, die nach fast allgemeiner Ansicht willkürlich und sinnlos sind und daher irgendwelchen Erklärungsversuchen spotten, die daher erst recht nicht die Grundlage für etymologische Vermutungen abgeben können.

Eine lehrreiche Zusammenstellung dieser Permutationen und Kombinationen der sieben Vokale zu Zauberzwecken findet sich in der Abhandlung *Ephesia Grammata* von WESSELY.[4] Derselbe urteilt darüber anderswo[5] folgendermassen: »andere

---

[1] A. DIETERICH, Abr. 197; LEEMANS II 145.

[2] S. 63: »*The exact pronunciation of that name . . was preserved a profound secret, but several approximations were made to it; among which the commonest is the word Iaw .., which was sometimes expanded, so as to employ all the vowels, into Iaωουηε.*«

[3] Vergl. darüber BAUDISSIN 245 ff., PARTHEY 116 f., A. DIETERICH, Abr. 22 f.

[4] 12. Jahresb. über das K. K. Franz-Josephs-Gymn. in Wien, 1886.

[5] Wiener Studien VIII (1886) 183.

[Namen] wieder scheinen keine besondere Bedeutung zu haben; denn, so wie die Bildung magischer Worte aus den sieben Vokalen *αειιουω* und deren Permutationen und Combinationen…, so sind auch aus den Consonanten allem Anscheine nach bald hebräisierende, bald ägyptisierende, bald gräcisierende Zauberworte ohne bestimmte Bedeutung gebildet worden«. Ob diese Behauptung für die konsonantischen Zauberworte zutrifft, vermag ich nicht zu entscheiden. Wenn man jedoch den Wust der vokalischen Bildungen überblickt, wird man an einer Erklärung derselben in den allermeisten Fällen verzweifeln.[1] Sobald daher festgestellt wäre, dass auch die citierten Formen in diese Kategorie gehörten, dürften sie in unserem Zusammenhange natürlich nicht mehr genannt werden. Man würde in denselben Fehler verfallen, wie der alte J. M. Gesner,[2] der in der Vokalreihe *IEHΩOYA* den Gottesnamen *Jehova* entdeckt zu haben glaubte.

Allein in unserem Falle liegt die Sache doch etwas anders, und die Vermutung von Kenyon kann nicht ohne weiteres abgewiesen werden. Zunächst steht in der ersten der citierten Stellen die Form *ιαωουηε* resp. *ιαωωνηε* nicht inmitten anderer Vokalreihen, im Gegenteil, sie ist eingeschlossen von einer Anzahl anderer, zweifelloser Gottesnamen. Weiter findet sich dieselbe Form mit geringfügigen Modifikationen an verschiedenen Stellen verschiedener Papyri; daraus darf geschlossen werden, dass sie wenigstens nicht eine rein willkürliche, zufällige Bildung ist. Endlich ist auf die Ähnlichkeit mit dem *Ιαουε* des Clemens hinzuweisen.

Immerhin sollten aus diesen Formen keine weiteren Schlüsse gezogen werden, namentlich keine über die wirkliche Aussprache des Tetragramms: an drei der citierten Stellen folgen auf die Form z. T. sinnlose Vokalreihen, das wird jedenfalls eingewandt werden können.

---

[1] Ein Beispiel genüge: *Pap. Lugd.* J 395 XX 1 ff. (A. Dieterich, Abr. 200; Leemans I 149 f.): ἐπικαλοῦμαί σε ευενο ωαετιαω αεηαιεηαη ιουωευη ιιουατωηε ωτιιαη ιωουηαυη υηα ιωιωαι ιωαι ωη εε ου ιωι αω τὸ μέγα ὄνομα.

[2] *De laude dei per septem vocales* in den *Commentationes Soc. Reg. Scient. Gotting.* I (1751) 245 ff.

Die Bedeutung der vokalischen Transskriptionen des Tetragramms für die Ermittelung seiner wirklichen Aussprache scheint mir wegen der ausgedehnten willkürlichen Verwertung der Vokale, wie sie uns in der gesamten Zauberlitteratur entgegentritt, nur sehr gering zu sein. Als Instanz gegen ihre Verwendung ist auch die überaus grosse Unsicherheit der Überlieferung geltend zu machen. Nirgends konnten leichter Abschreibefehler,[1] nirgends können leichter auch Lesefehler durch die Herausgeber gemacht werden, als bei diesen Texten. Man mache nur einmal selbst den Versuch, eine halbe Seite solcher Zauberworte abzuschreiben: immer wieder wird das Auge abirren, weil ihm innerhalb des Durcheinanders der sinnlosen Vokale der feste Punkt fehlt, an dem es sich orientieren kann.

Ιαβε.

Um so wertvoller ist, dass die wichtige konsonantische Transskription des Tetragramms Ιαβε, von Epiphanius und Theodoret überliefert, durch die Zauberlitteratur sowohl direkt als auch indirekt ebenfalls bezeugt wird. Ich habe sie in der Zusammenstellung ιαβε ζεβυθ viermal gefunden:

ἐξορκίζω ὑμᾶς τὸ ἅγιον ὄνομ[α
ερηκισθαργαραραραχαραρατηφφθισ . . . . .
ιαω ιαβε ζεβυθ λαναβισαφλαν . . . .
εκτιπαμμουποφδηντιναξο
ὁ τῶν ὅλων βασιλεὺς ἐξεγέρθητι

(Bleitäfelchen des 2. oder 3. Jahrhunderts aus einem cumanischen Grabe, CIG III Nr. 5858 b). Bereits J. FRANZ[2] hat diese Form richtig erklärt: »habes in ea formula IAΩ Judaicum satis notum illud ex monumentis Abraxeis, deinde IABE, quo nomine Sa-

---

[1] Vergl. über die »Leichtfertigkeit«, mit der die Abschreiber der Zauberformeln verfuhren, WESSELY II 42. Instruktiv ist überhaupt der Zustand der Überlieferung bei den semitischen Namen der griechischen biblischen und ausserbiblischen Texte.

[2] CIG III p. 757.

*maritanos summum numen invocasse refert Theodoretus Quaest.
in Exod. XV.*« Über ζεβυϑ siehe unten. WESSELY[1] vermutet:
»In der dritten Zeile scheint Ιαω ΣΑΒΑωΘ zu stehen.« Doch
ist ζεβυϑ durch die beiden folgenden Stellen gesichert, welche
dieselbe Zaubervorschrift theoretisch geben, die auf dem cumanischen Bleitäfelchen praktisch befolgt ist:

Auf ein Zinntäfelchen soll vor Sonnenaufgang geschrieben
werden unter anderem der λόγος ει..σιφϑη' ιαβε ζεβυϑ
(*Pap. Lond.* CXXI 410),[2]

auf einen Becher soll man ausser anderen Worten schreiben
εϱηϰισιϑϙη λόγον ιαβε ζεβυϑ (*Pap. Par. Bibl. nat.* 1000),[3]

ähnlich ἐπιϰαλοῦμαί σου.. τῷ μεγάλῳ σου ὀνόματι....
εϱηϰισιϑϙη αϱαϱαχαϱ αϱα ηψϑισιϰιϱε ιαβε ζεβυϑ ιωβυϑιε
(*Pap. Par. Bibl. nat.* 1784 ff.).[4]

Wie ist die viermal in Verbindung mit ιαβε vorkommende
Form ζεβυϑ[5] zu erklären? F. LENORMANT[6] behauptet, auf
dem cumanischen Täfelchen seien die Namen *Beelzebuth* und
Jao zu finden; er liest[7] ιαωι λα βεζεβυϑ ϑλαναβι σαϙλαν....
Abgesehen davon, dass die Form *Beelzebuth* nirgends nach-
weisbar ist,[8] ist es sehr misslich, sie in dem βεζεβυϑ der In-

---

[1] Wiener Studien VIII (1886) 182.
[2] KENYON 98; WESSELY II 34.
[3] WESSELY I 95.
[4] WESSELY I 89. Diese Stelle ermöglicht, den Text der Inschrift
CIG III Nr. 5858 b und des Citats aus *Pap. Lond.* CXXI 410 sicher herzustellen;
man beachte das Palindrom εϱηϰισιϑϙη αϱαϱαχ etc.
[5] Vergl. auch κύϱις αϱχανδαϱα φωταζα πυϱιϙωτα ζαβυϑ... (*Pap.
Par. Bibl. nat.* 441/442, WESSELY I 60).
[6] *De tabulis devotionis plumbeis Alexandrinis*, Rhein. Mus. für Philologie N. F. IX (1854) 375. — [7] S. 374.
[8] Die Behauptung des französischen Gelehrten erklärt sich nur daraus,
dass die französische Form des Teufelsnamens *Belzébuth* oder *Belzébuth*
lautet. Ich habe nicht ermitteln können, wann diese Form zuerst nachweisbar und wie sie zu erklären ist. Sollten wir in der Vulgatavariante
belzebud des Codex *mm* Matth. 10 25 (TISCH.) einen Beleg dafür haben, dass
der *T*-Laut schon in der späteren Latinität (und von hier aus im Französischen) das *b* oder *l* der ursprünglichen Endung verdrängt hat? Welche
Form bieten die »romanischen« Bibeln?

schrift finden zu wollen. Das Fehlen des λ würde zwar nichts gegen LENORMANT entscheiden,[1] wohl aber das ν, welches nicht als u gelesen werden kann,[2] und besonders die grosse Unwahrscheinlichkeit der Annahme, dass die Namen Gottes und des Teufels friedlich nebeneinanderstehen. Ich halte es für viel aussichtsvoller, $\zeta\varepsilon\beta\upsilon\vartheta$ für eine Korruption von צְבָאֹח zu erklären[3] und in dem $\iota\alpha\beta\varepsilon\ \zeta\varepsilon\beta\upsilon\vartheta$ das häufige יְהוָה צְבָאֹח wiederzufinden.

Zu dieser Gleichung bemerkte mir mein Kollege Herr Pfarrer und Repetent P. BEHNKE freundlichst noch folgendes: »ν = hebr. $\bar{o}$ findet sich öfter. Doch dürften ausser Betracht fallen die Beispiele, wo diese Vokalentsprechung vor ϱ erscheint (מֹר = $\mu\acute{\nu}\varrho\varrho\alpha$, צֹר = $T\acute{\nu}\varrho o\varsigma$, הבֹור = $'I\tau\alpha\beta\acute{\nu}\varrho\iota o\nu$, $'A\tau\alpha\beta\acute{\nu}\varrho\iota o\nu$, כֹּורֶשׁ = $K\tilde{\nu}\varrho o\varsigma$, כְּבֹור = $\varkappa\iota\nu\acute{\nu}\varrho\alpha$. Bei מֹר, צֹר, כֹּורֶשׁ, הבֹור [?] ist $\bar{o}$ aus $\check{u}$ gedehnt und ν ist die gewöhnliche Transskription von sem. $\check{u}$. Anders steht es schon bei כְּבֹור, welches auf die Grundform *kannar* zurückgeht; es entspricht also hier ν einem aus a entstandenen $\bar{o}$, wie es bei -$\nu\vartheta$ = רֹח der Fall sein würde.). Wichtiger aber scheint mir zu sein, dass y die phönicische Aussprache des hebr. $\bar{o}$ (und $\hat{o}$) ist. So findet sich im *Poenulus* des Plautus (*ed.* RITSCHL) [*chyl* = כֹּל = *kull*] מֹוצָאֵי (= *māũṣai*) wiedergegeben *mysehi*; אֹח (*Zeichen*, Grundform *ath*) durch *yth*, יאֹח durch *syth*. Ferner hat MOVERS (Phöniz. II 1 S. 110) בְּארֹח gleichgesetzt *Berytos* und LAGARDE (Mittei. I S. 226) diese Gleichung anerkannt. Es könnte also ganz wohl צבאוח im

---

[1] Cod. B, hier und da auch א, des N. T. bietet die Form $\mu\varepsilon\iota\zeta\varepsilon\beta o\upsilon\lambda$; vergl. dazu WINER-SCHMIEDEL § 5, 31 (S. 65).

[2] Mündliche Mitteilung von W. SCHULZE. Vergl. WINER-SCHMIEDEL § 5, 21 b (S. 51) zu $\varkappa o\lambda\lambda o\acute{\nu}\varrho\iota o\nu$.

[3] Vergl. FRANZ 757. FRANZ erinnert zur Erklärung der Silbe $\beta\upsilon\vartheta$ an den $\beta\upsilon\vartheta\acute{o}\varsigma$ der Valentinianer. Richtiger ist es wohl, auf die häufig vorkommende (ägyptische?) Endung -$\upsilon\vartheta$ zu verweisen, da das β ja nur $\zeta\varepsilon\beta\alpha\omega\vartheta$ stammt. Vergl. den Gottes- und Monatsnamen $\vartheta\omega\upsilon\vartheta$, die Bildungen $\beta\iota\varepsilon\nu\upsilon\vartheta$ (KOPP IV 15ᵃ), $\mu\varepsilon\nu\nu\upsilon\vartheta\upsilon\vartheta\ \iota\alpha\omega$ (*Pap. Lond.* CXXI ₁₁₁₁ KENYON 110; WESSELY II 49), $\tau\omega\vartheta\upsilon\vartheta\iota\varepsilon$ (*Pap. Par. Bibl. nat.* ₁₁₁₁ WESSELY I 89). Über ägyptische Frauennamen auf -$\upsilon\vartheta$ vergl. A. BOECKH AAB hist.-phil. Klasse 1820/1821 S. 19.

Munde eines punischen Gauklers ζεβυϑ geworden sein. Eine Schwierigkeit bleibt immerhin der Wegfall des *a* vor *ōth* in der Aussprache.«

Vielleicht ist *Ιαβε* auch erhalten in dem Wort σεριαβε- βωϑ (*Pap. Lond.* XLVIs);[1] doch ist der Text unsicher und die Zusammensetzung des Wortes nicht klar.

Schliesslich sei noch auf eine Anzahl Formen hingewiesen, über die ich mir ein sicheres Urteil ebenfalls nicht gestatten kann, die mir aber Korruptionen der Form ιαβε zu sein und daher in jedem Falle unsere Aufmerksamkeit zu verdienen scheinen:

ιαβοε *Pap. Lond.* XLVIss;[2]

ιαβα[3] findet sich häufiger: ὀρκίζω σε κατὰ τοῦ ϑεοῦ τῶν Ἑβραίων Ἰησοῦ· ιαβα· ιαη........ αβαρμας· ϊαβα ραου· αβελβελ... (*Pap. Par. Bibl. nat.* 3019 ff.),[4] ἐπικαλοῦμαί σε τὸν μέγαν ἐν οὐρανῷ........ βαϑαβαϑι· ιατμων· αλει ιαβα ϑα- βαωϑ[5] σαβαωϑ· αδωναι ὁ ϑεὸς ὁ μέγας ορσενοφρη (*Pap. Par. Bibl. nat.* 1631 ff.),[6] ὑμᾶς ἐξορκίζω κατὰ τοῦ ϊαω καὶ τοῦ σα- βαωϑ καὶ αδωναι...... βαλιαβα (*Pap. Par. Bibl. nat.* 1484 ff.),[7] ιαβα εδδ ιαω (Gemmeninschrift);[8]

---

[1] Kenyon 65; Wessely I 127.

[2] Kenyon 67; Wessely I 128.

[3] F. Dietrich 282: »Die Hauptsache aber ist, dass die Aussprache *Jahavé* ohne aber jegliches historische Zeugnis ist. Hätte uns Theodoret über- liefern wollen, dass, während יהוה von den Samaritanern 'Ιαβέ ausge- sprochen würde, die Juden dieselbe volle Form des Namens mit *a* am Ende ausgesprochen hätten, so hätte er 'Ιουδαῖοι δὲ 'Ιαβά schreiben müssen, was keine Variante gewährt.« Die historischen Zeugnisse für diese Form wären jetzt doch nachgewiesen.

[4] Wessely I 120.

[5] Zur Form ϑαβαωϑ vergl. ταβαωϑ *Pap. Par. Bibl. nat.* 1616 (Wessely I 80), *Pap. Lond.* XLVI 6163, wo nachher die Form ιαβοε folgt (Kenyon 67; Wessely I 128), *Pap. Lugd.* J 384 IIIr (Fleck. Jahrbb. Suppl. XVI 798; Leemans II 15.

[6] Wessely I 85.

[7] Wessely I 82.

[8] Kopp IV 159 f.

ιαβαωϑ:[1] ιαωϑ ιαβαωϑ (*Pap. Par. Bibl. nat.* ****),[2]
διὰ τὸ μέγα ἔνδοξον ὄνομα αβρααμ εμειναετουβαωϑ βαιϑωβ
εσια ιαβαωϑ (*Pap. Lond.* CXXI₃₁₄ f.);[3]

ιαβας: σὺ εἶ ιαβας σὺ εἶ ιαπως (*Pap. Lond.* XLVI₁₀₄).[4]
A. Dieterich[5] hält es für überflüssig, »einen Ἰάβης oder ähnliche Namen zu suchen«; es seien »mystische Spielereien, die
beliebig eingesetzt wurden«. Doch wird die Vermutung, dass
ιαβας und ιαπως nicht rein willkürliche Bildungen, sondern
korrupte Gräcisierungen des Ιαβε sind, durch den Kontext der
ganzen Stelle gestützt, die zu den von jüdischen Vorstellungen
am stärksten durchsetzten gehört.

Auch sonst lassen sich eine Reihe von Formen anführen,
namentlich zusammengesetzte Wörter, in denen unsere Transskription wenigstens zum Teil erhalten zu sein scheint. Ich
nenne, ohne damit erschöpfend zu sein, ιαβω (*Geoponica ed.*
Niclas II 42ₐ)[6], ιαβουνη (*Pap. Lond.* XLVI₈₄₀),[7] die Engel-
namen βαϑιαβρηλ und αβραϑιαβρι (*Pap. Lond.* CXXI₉₀₆ f.),[8]
ferner ιαβουχ und ιαβωχ (*Pap. Par. Bibl. nat.* ****).[9]

Selbst wenn von den zuletzt citierten Bildungen abgesehen
werden sollte, so scheint mir doch deutlich geworden zu sein,
dass sich **Ιαβε** in der Zauberlitteratur einer eigenartigen Beliebt-

---

[1] Vergl. oben zu ιαωϑ.
[2] Wessely I 126.
[3] Kenyon 94; Wessely II 31.
[4] Kenyon 68; Wessely I 129.
[5] Abr. 68.
[6] Bei R. Heim, *Incantamenta magica Graeca Latina*, Fleck. Jahrbb.
Suppl. XIX (1893) 523.
[7] Kenyon 76, vergl. dort die Anmerkung zu Zeile ***; Wessely I 135
u. 136.
[8] Kenyon 113; Wessely II 52.
[9] Wessely I 100.

heit erfreut haben muss. Das kann auffallen, wenn wir an die patristische Notiz denken, die Form sei die samaritanische Aussprache des Tetragramms gewesen. Wie kommt sie nach Ägypten und ins Land der cumanischen Sibylle? Die Frage scheint mir indessen nicht unlösbar zu sein. Selbstverständlich haben wir uns die Verbreitung der Form nicht so zu denken, als habe man sie mit Bewusstsein an so verschiedenen Orten als den wahren Namen des mächtigen Gottes der Juden gebraucht; der Schreiber des cumanischen Bleitäfelchens hat sie mit den anderen geheimnisvollen und natürlich unverstandenen magischen Worten einfach aus einem der zahlreichen Zauberbücher abgeschrieben, die wohl mehr oder weniger alle, nach den noch vorhandenen zu schliessen, auf Ägypten als Ursprungsort zurückweisen. Ägypten aber war für die Herübernahme jüdischer Vorstellungen in die Magie durch die ethnologischen Verhältnisse am meisten disponiert. So dürfte die Vermutung nicht unbegründet sein, dass gerade hier das Tetragramm in seiner wirklichen Aussprache, die ja noch bis in die christliche Zeit hinein den Juden bekannt war, wenn sie sich auch vor dem Gebrauche scheuten, als ein besonders kräftiger *Name* von den Zauberern angewandt worden ist. Wir brauchten das *Ιαβε* der Papyri deshalb noch nicht notwendig gerade als die specifisch samaritanische Aussprache zu bezeichnen, sondern hätten darin lediglich ein Zeugnis für die richtige Aussprache. Aber man **kann** das Vorkommen des *Ιαβε* in den ägyptischen Papyri meines Erachtens ruhig auf »samaritanischen« Einfluss zurückführen. Ausser den eigentlichen Juden lebten in Ägypten auch Samaritaner. »Schon Ptolemäus I Lagi nahm bei seiner Eroberung Palästina's nicht nur aus Judäa und Jerusalem, sondern auch 'aus Samarien und von den am Berge Garizim wohnenden' viele Kriegsgefangene mit sich und siedelte sie in Aegypten an [Joseph. *Antt.* XII 1]. Zur Zeit des Ptolemäus VI Philometor sollen die Juden und Samaritaner in Aegypten ihren Streit über die wahre Cultusstätte (ob Jerusalem oder der Garizim) vor das Forum des Königs gebracht haben [Joseph. *Antt.*

XIII 3₄].₍¹ Einige Papyri aus der Ptolemäerzeit bestätigen das verhältnismässig frühe Vorkommen von Samaritanern in Ägypten. Schon unter dem zweiten Ptolemäus wird *Pap. Flind. Petr.* II IV 11² (255/254 v. Chr.) eine Ortschaft *Samaria* im Faijûm erwähnt, und *Pap. Flind. Petr.* II XXVIII³ werden zwei Bewohner dieses Samaria genannt, ein Θεόφιλος und ein Πυῤῥίας.⁴ Wichtiger noch, als so allgemeine Nachrichten, ist in unserem Zusammenhange eine Stelle in dem Briefe des Hadrian an Servianus, in welcher von den Samaritanern in Ägypten dasselbe behauptet wird, wie von den dortigen Juden und Christen, dass sie nämlich alle *Astrologen, Haruspices und Quacksalber* seien.⁵ Natürlich ist das eine Übertreibung, aber die Notiz weist doch auf die Verbreitung der Magie und der damit zusammenhängenden Künste unter den ägyptischen Samaritanern direkt hin. Wir dürfen uns hier auch an Act. Apost. 8 erinnern: der *Magier* Simon hatte bei den Samaritanern den grössten Erfolg, *ihm hingen alle an, klein und gross, und sagten: dieser ist die Kraft Gottes, die da heisst die grosse.*⁶ Da der

---

¹ E. Schürer, Geschichte des jüdischen Volkes im Zeitalter Jesu Christi II, Leipzig 1886, 502.

² Bei J. P. Mahaffy, *The Flinders Petrie Papyri II, Dublin 1893,* S. [14]. Die Seitenzahlen des Textes sind bei Mahaffy stets in [ ] eingeschlossen.

³ Mahaffy II [87] ff.

⁴ Mahaffy II [97] vermutet darin die Übersetzungen von *Eldad* und *Esau*. Er spricht dabei die weitere Vermutung aus, dass hier der in der Kaiserzeit geläufige Name Θεόφιλος zum ersten Male vorkomme. Aber der Name findet sich schon früher, und die Frage Mahaffy's, ob er etwa eine »jüdische Erfindung« sei, ist zu verneinen.

⁵ Vopisc. *vita Saturnini c.* 8₁ (*Scriptores historiae Augustae ed.* Peter rol. II *p.* 225): *nemo illic archisynagogus Judaeorum, nemo Samarites, nemo Christianorum presbyter non mathematicus, non haruspex, non aliptes.* Schürer II 502 verweist auf die Stelle. Vergl. auch *c.* 7₄.

⁶ Zu dem Ausdrucke ἡ δύναμις τοῦ θεοῦ ἡ καλουμένη μεγάλη vergl. *Pap. Par. Bibl. nat.* 1275 fl. (Wessely I 76) ἐπικαλοῦμαί σε τὴν μεγίστην δύναμιν τὴν ἐν τῷ οὐρανῷ (ἄλλοι· τὴν ἐν τῇ ἄρκτῳ) ὑπὸ κυρίου θεοῦ τεταγμένην und A. Harnack, Bruchstücke des Evangeliums und der Apokalypse des Petrus, (TU IX 2) 2. Aufl., Leipzig 1893, 65 f.

Gottesname in den Beschwörungen die grösste Rolle spielte, so werden auch die samaritanischen Zauberer ihn gebraucht haben, natürlich in der ihnen geläufigen Form. Von ihnen ist er mit dem anderen palästinensischen Gute in die Zauberlitteratur übergegangen, und so kommt es, dass er uns an einem entlegenen Orte begegnen kann, von einem Unbekannten voll abergläubischen Grauens eingeritzt in das Blei der bedrohenden Zaubertafel.

II.

Ein epigraphisches Denkmal
des alexandrinischen Alten Testaments.

... εἰ ἄραγε ψηλαφήσειαν αὐτὸν καὶ εὕροιεν.

Die alexandrinische Übersetzung des Alten Testaments ist aus der Sphäre jüdischer Gelehrsamkeit herausgetreten, seitdem das hellenistische Judentum aufgehört hatte zu existieren. Später wurde sogar die Existenz einer griechischen Übersetzung gänzlich vergessen.[1] Um so interessanter ist es, den Spuren nachzugehen, die eine direkte oder indirekte Wirkung der Septuaginta auf das Volk und sein Denken und Wähnen verraten.

Die Quellen für eine Kenntnis der volkstümlichen Stimmungen in Religion und Sitte bei den Juden und Christen der Kaiserzeit fliessen spärlicher, als die, welche uns die Gedanken ihrer Gebildeten und Gelehrten vermitteln. Jene spärlichen Quellen sind aber noch nicht einmal gänzlich ausgeschöpft. Man interessiert sich im allgemeinen mehr für die Theologen von Tiberias, Alexandria, Antiochia und Rom, als für die Leute, die sich an den »apokryphen« Legenden, Evangelien und Apostelakten erbauten. Und doch ist es ein Irrtum zu meinen, man hätte eine genügende Kenntnis der Geschichte der Religion, wenn man nur einen Einblick in die Entstehung und Entwicklung des Dogmas gewonnen hat. Religionsgeschichte ist Geschichte der Religiosität, nicht der Theologie, und so gewiss die Religion älter ist, als die Theologie, —

---

[1] Vergl. L. Dukes, Literaturhistorische Mittheilungen über die ältesten hebräischen Exegeten, Grammatiker u. Lexikographen (Ewald & Dukes, Beiträge II), Stuttgart 1844, 53; Schürer II, 700 ff.; J. Hamburger, Real-Encyclopädie für Bibel und Talmud II, Leipzig 1883, 1234.

so gewiss es zu allen Zeiten Religion gegeben hat ausserhalb der
Theologie und im Gegensatze zum Dogma, so gebieterisch muss
sich die Forderung erheben, dass man den Denkmälern auch der
volkstümlichen Frömmigkeit einen Platz in den Hallen der Geschichte anweist. Freilich sind sie dürftig. Die Theologie und die
Religion der Theologen hat es stets verstanden, sich vorzudrängen,
die Religion der Gemeinde hatte kein Interesse, sich selbst Denkmäler zu setzen. So ist es nicht wunderbar, dass die reiche
theologische Litteratur äusserlich betrachtet die geringen Reste
religiöser Selbstzeugnisse des Volkes erdrückt,[1] ganz abgesehen
davon, dass manches Wertvolle absichtlich zerstört worden ist.
In den Augen der zünftigen Gottesgelehrtheit war das Nicht-
theologische und Nichtkirchliche von vornherein verdächtig. Mit
diesem Odium behaftet stehen auch heute noch die Denkmäler
der alten Volksreligion zumeist vor uns: wir sind gewöhnt, sie
unter die Begriffe *apokryph, häretisch, gnostisch* unterzubringen
und zu ignorieren.

In die Geschichte der volkstümlichen Frömmigkeit scheinen
mir auch die Gedanken zu gehören, die man gewöhnlich als
Aberglauben bezeichnet.[2] Unberührt von den theologischen
Strömungen des Zeitalters führte der naive Durchschnitt der
Gemeinde, der Bürger und der Bauer, der Soldat und der
Sklave, ein religiöses Leben für sich.[3] Ob es Religion im
Sinne des Prophetismus und des Evangeliums war, was in
ihren Herzen lebte, kann füglich bezweifelt werden, aber aus
der klassischen Vorzeit hatte ihr Glaube wenigstens die religiöse Stimmung der unbefangenen, unmittelbar sich gebenden
Kindlichkeit. Ihr Glaube war nicht der Glaube des Jesaia und
des Menschensohnes, und doch war ihr »Aberglaube« nicht
ganz von Gott verlassen. Ein religiöses Gemüt kann sich über

---

[1] Ein ähnliches Verhältnis besteht naturgemäss zwischen den Quellen
der Litteratur- und der Volkssprache.

[2] J. Grimm, Deutsche Mythologie II[3], Göttingen 1854, 1060: »der
aberglaube bildet gewissermassen eine religion für den ganzen niederen
hausbedarf.«

[3] Vergl. F. Piper, Mythologie der christlichen Kunst, Erste Abth.,
Weimar 1847, S. IX f.

ihre Thorheiten nicht entrüsten; denn in allem »heidnischen« Mythicismus und menschlichen Hedonismus ihrer Religion pulsierte eine sehnende Ahnung des Göttlichen.

Man kann den Aberglauben der Kaiserzeit nicht in die verschiedenen Kategorieen *heidnisch*, *jüdisch* und *christlich* einteilen. So deutlich hebt sich an manchen Punkten nicht einmal der Glaube des Heiden und Juden von dem des Christen ab. Der Aberglaube ist seiner Natur nach synkretistisch. Die neuentdeckten umfangreichen Reste der sogenannten Zauberlitteratur haben diese Thatsache aufs neue bestätigt. Aber es lassen sich hier doch einzelne Stücke mehr oder weniger deutlich einem jener drei Gebiete einordnen.

Das Denkmal, das im folgenden besprochen werden soll, ist aufs stärkste beeinflusst von den Gedanken des griechischen Judentums oder, was im wesentlichen dasselbe bedeutet, des alexandrinischen Alten Testaments. Ich gebe nach einigen Notizen über die Provenienz[1] der Inschrift zunächst den Text.

Die Bleitafel, in die unsere Inschrift eingeritzt ist, stammt aus der grossen Nekropole des alten Hadrumetum, der Hauptstadt der Landschaft Byzacium in der römischen Provinz Africa. Die Stadt liegt südöstlich von Karthago an der Küste. Gelegentlich der französischen Ausgrabungen, die dort seit einiger Zeit mit Erfolg veranstaltet werden, fand im Juni 1890[2] ein Arbeiter

---

[1] Ich schliesse mich dabei an die Mitteilungen an, die der erste Herausgeber der Inschrift, G. Maspero, in den *Collections du Musée Alaoui, première série, 8e livraison, Paris 1890*, S. 100 ff. gegeben hat. Durch die Freundlichkeit meines Verlegers, Herrn W. Braun, bin ich in der Lage, das phototypische Faksimile der Tafel beizufügen, das durch gütige Vermittlung der Herren Firmin-Didot & Cie. zu Paris hergestellt ist.

[2] Bereits 1889 ist in der Nekropole von Hadrumetum eine *tabula devotionis* aufgefunden und 1890 in der 5. Lieferung der eben citierten *Collections* von M. Bréal und G. Maspero besprochen worden; sie enthält ebenfalls einen Liebeszauber, ist aber, abgesehen von ein paar Gottesnamen, von biblischen Gedanken und Wendungen frei. Eine dritte in Hadrumetum entdeckte Tafel, deren Publikation auf dem Umschlage der

die zusammengerollte Tafel; er entdeckte sie allerdings erst,
nachdem eine Zinke seiner Streichharke die Rolle durchlöchert
hatte. Hierdurch wurde die Tafel an drei Stellen beschädigt.[1]
Das Blei zeigte ausserdem drei Löcher, die wohl von einem
Nagel herstammten, mit dem die Rolle durchbohrt worden
war. So ist die Tafel an sechs Stellen beschädigt, aber die
jedesmal zerstörten wenigen Buchstaben lassen sich mit einer
Ausnahme leicht ergänzen.

Die genaue Transskription der Inschrift,[2] unter Beibehaltung
der Zeilen des Originals, lautet so:

horciϛοsedaemonionpneumntoentadecimenontoonomatitougio
awϑ
αβ||||||||ϑτονϑεοντουαβραανχαιτονιαωτοντουιαχουιαω
αω||||||||αωϑϑεοντουισραμαακουσοντουονοματοσειτειμου
και||||||||ερουχαιμεγαλου
5 cacapel||||heprostonorbanonhonethecnurbana | χαιαξοναυτονπρ   οστην
δυμιτιαιτινηνετεκενχ|||||||||διδαερωνταμαινομενοναγρυπνο..
ταεπιτηϑιλιααυτησχαιεπιϑυμιαχαιδεομενοναυτησεπανελϑειν
εισττηνοιχιαναυτουσυμβιο|||γενεσϑαιορχιζωσετοτμεγανϑεον
τοναιωνιονχαιεπαιωνιονχαιπαντοχρατορατουυπεραυωτων
10 υπεραυωϑεωνορχιζω|||||||τονχτισαντατονουρανονχαιτηνϑα

---

8. Lieferung in Aussicht gestellt war, ist bis jetzt nicht veröffentlicht
worden. Herr Professor G. MASPERO zu Paris, Mitglied des Instituts von
Frankreich, hatte die ausserordentliche Liebenswürdigkeit, mir unter dem
16. April 1894 mitzuteilen, dass diese Tafel und andere ähnliche nicht-
publicierte Stücke ebenfalls nichtjüdischen Inhaltes sind. Neuerdings sind
im CIL VIII Suppl. I (1891) sub Nr. 12504—12511 einige in Karthago
gefundene tabulae execrationum zusammengestellt worden, von denen die
letzte einige Parallelen zu unserer Tafel bietet; vergl. unten.
[1] Wie mir scheint, sind es die am linken Rande der Tafel befindlichen drei Löcher.
[2] Über die Anwendung der lateinischen Buchstaben in Z. 1 u. 5 vergl.
MASPERO 101 f.

λασσανορκιζωσετουδιαχωρισαντατουσευσεβεισορκιζωσε
τουδιαστησαντατηνραβδονεντηθαλασσηαγαγεινκαιζευξαι
.. νουρβανονονετεκενουρβαναπρυστηνδομιτιαναιτηνετεκεν
... διδαερωνταβασανιζομενοναγρυπνουνταεπιτηεπιθυμιααυ
15 τησκαιερωτιναααυτησυμβιωναπαγηεισττηνοικιανεαυτουορκι
ζωσετουποιησαντατατηνημιονονμητεκεινορκιζωσετουδιορισαν
τατο|||||||αποτουσκοτουσορκιζωσετουσυντρειβονταταασπετρασ
ορκιζ||||||ετοναπορηξαντατααοριηορκιζωσετουσυστρεφοντατην
γηηε·||||||ωιθεμελιωνταντισορκιζωσετοαγιονονομασουλεγεταιεν
20 τω.||||||ω.νομασωαντοκαιοιδαιμονεσεξεγερθωσινεκθαμβοικαι
περι
4 οβ.||||||ομενοιαγαγεινκαιζευξαισυμβιοντουουρβανονονετεκεν
ουρβαναπρυστηνδομιτιαναιτηνετεκενκανδιδαερωντακαιδεομε
νοιαυτησιδηταχυορκιζωσετου4ωστηρακαιαστραεινουρανονποιη
σανταδιαφωνησπρυσταγ·ατυσωστεφαινεινπασινανθρωπυισ
25 ορκιζωσετουσυνσεισαν·απασαντηνοικουμενηνκαιταυριη
εκτραχηλιζονταχαιεκβραονταντοιποιουνταεκτρομοντηιυη
ναπασχαινιζονταπανταστουσχατοικουνταστουσορκιζωσετουνποιη
σανταστημειαενουρανωκ||||ιεπιγισχαιθαλασσησαγαγεινκαιζευ
ξαι
συμβιοντουουρβανονονε|||||||εκενουρβαναπρυστηνδομιτιανανηιν
30 ετεκενκανδιδαερωντααυτησχαιαγρυπνουνταεπιτηεπιθυμιααυ
τησδεομενοιαυτησκαιερωτωνταυτηνιναεπανελθηεισττηνοικιαν
|||ντουσυμβιοσγενομενηορκιζωσετονθεοντομεγαντοαιω
||||·ονκαιπαντοκρατοραουφοβειταιορηχαιναπαιχαθολην·ηνοι
χο·με·ηνδιονολειωναφειν·σιτοαρπαγμαχαιταοριητρεμει
35 χα·|||||||||χαιηθαλασσαεχαστονιδαλλεταιοιεχειφοβοστουχυριον
α·|||||||||||αθανατουπαντεφοπτουμεισοποιηρουεπισταμενουτα
·|||||||||||·ααγαθαχαιχαχαχαιχαταθαλασσανχαιποταμουσχαιτα
ορη
χα·|||||||||ηναωθαβαωθτονθεοντουαβραανχαιτον·αωτοντουιαχου
ια·αωθαβαωθθεοντουισραμααξοιζευξοντονουρβανονον·
40 ετεχενουρβαπρυστηνδομιτιανατηνετεχενχανδιδαερωντα
μαι·ομενονβασανιζομενονεπιτηφιλιαχαιερωτιχαιεπιθυμια
τησδομιτιαντσηνετεχενχανδιδαξενξοναυτουσγαμωχαι
ερωτισυμβιουνταασολωτωτησζωησαυτωνχρονωνποιησοναυ
τονωσδουλοναυτηερωνταυποτεταχθηναιμιδεμιαναλλη·

45 γυναικαμιτεπαρθενονεπιθυμουνταμορηνδετιηνδομιτια ...
   ιηετεκενκανδιδασυμβ·ονεχεινολωτ·τηισ ....
   ιηδιηηδιηταχυταχυ

Ich lese diesen Text folgendermassen : [1]

Ὀρκίζω σε, δαιμόνιον πνεῦμα τὸ ἐνθάδε κείμενον, τῷ ὀνόματι τῷ ἀγίῳ Αωθ
Αβ[αω]θ τὸν θεὸν τοῦ Αβρααν καὶ τὸν Ιαω τὸν τοῦ
   Ιακου, Ιαω
Λω[θ Αβ]αωθ θεὸν τοῦ Ισραμα· ἄκουσον τοῦ ὀνόματος
   ἐντίμου
4 u. 5 καὶ [φοβ]εροῦ καὶ μεγάλου καὶ ἄπελθε πρὸς τὸν Ο(ὐ)ρ-
   βανὸν, ὃν ἔτεκ(ε)ν Οὐρβανὰ, καὶ ἄξον αὐτὸν πρὸς τὴν
6 Δομιτιανὰν, ἣν ἔτεκεν Κ[αρ]δίδα, ἐρῶντα μαινόμενον
   ἀγρυπνο[ῦν]-
   τα ἐπὶ τῇ φιλίᾳ αὐτῆς καὶ ἐπιθυμίᾳ καὶ δεόμενον αὐτῆς
   ἐπανελθεῖν
   εἰς τὴν οἰκίαν αὐτοῦ σύμβιο[ν] γενέσθαι. Ὀρκίζω σε τὸν
   μέγαν θεὸν

Z. 2 Ιακου: M corr. Ἰα)άκου | Z. 3 u. 39 Ισραμα: M corr. Ἰσραήλ |
Z. 4 nach μεγάλου war Z. 5 einzufügen |

---

[1] Die abweichenden Lesarten Maspero's bezeichne ich durch M. Die
zahlreichen Accentfehler seines Textes sind hier nicht angemerkt, ebensowenig die durch den Itacismus bedingten orthographischen Abweichungen.
In [ ] sind Ergänzungen, in ⟨ ⟩ Zusätze eingeschlossen. Ich habe die Gottesnamen und die übrigen Transskriptionen auch hier nicht accentuiert,
weil ich nicht weiss, wie sie von dem Schreiber der Tafel und dem Verfasser seiner Vorlage betont worden sind. Sie mit den in den Textaus-
gaben der griechischen Bibeln »herkömmlichen« Accenten zu versehen,
soweit sie überhaupt dort vorkommen, hat keinen Sinn, ganz abgesehen
davon, dass diese »herkömmlichen« Tonzeichen wissenschaftlich nicht begründet werden können; vergl. Winer-Schmiedel. § 6, 8 b (S. 75 f.).

τὸν αἰώνιον καὶ ἐπαιώνιον καὶ παντοκράτορα τὸν ὑπεράνω τῶν

10 ὑπεράνω θεῶν. Ὀρκίζω [σε] τὸν κτίσαντα τὸν οὐρανὸν
καὶ τὴν θά-

λασσαν. Ὀρκίζω σε τὸν διαχωρίσαντα τοὺς εὐσεβεῖς.
Ὀρκίζω σε

τὸν διαστήσαντα τὴν ῥάβδον ἐν τῇ θαλάσσῃ, ἀγαγεῖν καὶ
ζεῦξαι   ·

[τὸ]ν Οὐρβανὸν, ὃν ἔτεκεν Οὐρβανὰ, πρὸς τὴν Δομιτιανὰν,
ἥν ἔτεκεν

[Καν]δίδα, ἐρῶντα βασανιζόμενον ἀγρυπνοῦντα ἐπὶ τῇ
ἐπιθυμίᾳ αὐ-

15 τῆς καὶ ἔρωτι, ἵνα αὐτὴν σύμβιον ἀπάγῃ εἰς τὴν οἰκίαν
ἑαυτοῦ. Ὀρκί-

ζω σε τὸν ποιήσαντα τὴν ἡμίονον μὴ τεκεῖν. Ὀρκίζω σε
τὸν διορίσαν-

τα τὸ [φῶς] ἀπὸ τοῦ σκότους. Ὀρκίζω σε τὸν συντρίβοντα
τὰς πέτρας.

Ὀρκίζ[ω σ]ε τὸν ἀπο(ρ)ρήξαντα τὰ ὄρη. Ὀρκίζω σε τὸν
συνστρέφοντα τὴν

γῆν ἐ[πὶ τ]ῶν θεμελίων αὐτῆς. Ὀρκίζω σε τὸ ἅγιον ὄνομα
ὃ οὐ λέγεται· ἐν

20 τῷ [···]ῳ [ὀ]νομάσω αὐτὸ καὶ οἱ δαίμονες ἐξεγερθῶσιν
ἔκθαμβοι καὶ περί-

φοβ[οι γεν]όμενοι, ἀγαγεῖν καὶ ζεῦξαι σύμβιον τὸν Οὐρβανὸν, ὃν ἔτεκεν

Οὐρβανὰ, πρὸς τὴν Δομιτιανὰν, ἥν ἔτεκεν Κανδίδα, ἐρῶντα
καὶ δεόμε-

νον αὐτῆς, ἤδη ταχύ. Ὀρκίζω σε τὸν φωστῆρα καὶ ἄστρα
ἐν οὐρανῷ ποιή-

σαντα διὰ φωνῆς προστάγ[μ]ατος ὥστε φαίνειν πᾶσιν
ἀνθρώποις.

25 Ὀρκίζω σε τὸν συνσείσαν[τ]α πᾶσαν τὴν οἰκουμένην καὶ
τὰ ὄρη

ἐκτραχηλίζοντα καὶ ἐκβρά[ζ]οντα τὸν ποιοῦντα ἔκτρομον
τὴν [γ]ῆ-

Ζ. 20 τῷ[···]ῳ: M τῷ ⟨ἀδύτ⟩ῳ |

ν ἅπασ⟨αν καὶ⟩ καινίζοντα πάντας τοὺς κατοικοῦντας. Ὁρκίζω σε τὸν ποιή-
σαντα σημεῖα ἐν οὐρανῷ κ[αὶ] ἐπὶ γῆς καὶ θαλάσσῃς,
ἀγαγεῖν καὶ ζεῦξαι
σύμβιον τὸν Οὐρβανὸν, ὃν ἔ[τ]εκεν Οὐρβανά, πρὸς τὴν
Δομιτιανὰν, ἣν

30   ἔτεκεν Κανδίδα, ἐρῶντα αὐτῆς καὶ ἀγρυπνοῦντα ἐπὶ τῇ
ἐπιθυμίᾳ αὐ-
τῆς δεόμενον αὐτῆς καὶ ἐρωτῶντα αὐτὴν, ἵνα ἐπανέλθῃ
εἰς τὴν οἰκίαν
[α]ὐτοῦ σύμβιος γενομένη. Ὁρκίζω σε τὸν θεὸν τὸν μέγαν
τὸν αἰώ-
[νι]ον καὶ παντοκράτορα, ὃν φοβεῖται ὄρη καὶ νάπαι καθ'
ὅλην [τ]ὴν οἰ-
κο[υ]με[ν]ην, δι' ὃν ὁ λέων ἀφίησιν τὸ ἅρπαγμα καὶ τὰ
ὄρη τρέμει

35   κα[ὶ ἡ γῆ] καὶ ἡ θάλασσα, ἕκαστος ἰδάλλεται ὃν ἔχει
φόβος τοῦ Κυρίου
α[ἰωνίου] ἀθανάτου παντεφόπτου μισοποιήρου ἐπιστα-
μένου τὰ
[γενόμεν]α ἀγαθὰ καὶ κακὰ καὶ κατὰ θάλασσαν καὶ πο-
ταμοὺς καὶ τὰ ὄρη
κα[ὶ τὴν γ]ῆν, Αωθ Αβαωθ τὸν θεὸν τοῦ Αβρααν καὶ
τὸν [Ι]αω τὸν τοῦ Ιακου,
Ια[ω] Αωθ Αβαωθ θεὸν τοῦ Ισραμα· ἄξον ζεῦξον τὸν
Οὐρβανὸν, ὃν

40   ἔτεκεν Οὐρβα⟨νὰ⟩, πρὸς τὴν Δομιτιανὰν, ἣν ἔτεκεν Κανδίδα, ἐρῶντα
μαι[ν]όμενον βασανιζόμενον ἐπὶ τῇ φιλίᾳ καὶ ἔρωτι καὶ
ἐπιθυμίᾳ
τῆς Δομιτιανῆς, ἣν ἔτεκεν Κανδίδα, ζεῦξον αὐτοὺς γάμῳ
καὶ
ἔρωτι συμβιοῦντας ὅλῳ τῷ τῆς ζωῆς αὐτῶν χρόνῳ· ποίησον αὐ-

Z. 27 καὶ vor καινίζοντα war durch Homigrnphie ausgefallen | Z. 33
ὅν: M οὖ | Z. 35 ἕκαστος (statt des ἕκαστον des Originals) ἰδάλλεται:
M ⟨ὃν⟩ ἕκαστος ⟨ε⟩ἰδάλλεται |

τὸν ὡς δοῦλον αὐτῇ ἐρῶντα ὑποτετάχθέναι, μηδεμίαν ἄλλη[ν]
45 γυναῖκα μήτε παρθένον ἐπιθυμοῦντα, μόνην δὲ τὴν Δο-
μιτια[νάν],
ἣν ἔτεκεν Κανδίδα, σύμβ[ι]ον ἔχειν ὅλῳ τ[ῷ] τῆς [ζωῆς
αὐτῶν χρόνῳ],
ἤδη ἤδη ταχύ ταχύ.

Z. 44 ἄλλη[ν]: M μήτε |

Dieser Text ist, unter Nachahmung seiner formellen Eigentümlichkeiten, etwa so zu übersetzen:

„Ich beschwöre Dich, dämonischer Geist, der Du hier
ruhest, mit dem heiligen Namen Aoth Abaoth bei dem
Gotte des Abraan und dem Jao des Jaku, dem Jao Aoth
Abaoth, dem Gotte des Israma: höre auf den herrlichen und
4 u.5 furchtbaren und grossen Namen und eile zu Urbanos, den
6 Urbana geboren, und führe ihn zu Domitiana, die Kandida
geboren, dass er, liebend, rasend, ohne Schlaf vor Liebe zu
ihr und Verlangen, sie bitte zurückzukehren in sein Haus
und seine Gattin zu werden. Ich beschwöre Dich bei dem
grossen Gotte, dem ewigen und mehr als ewigen und
10 allmächtigen, der erhaben ist über die erhabenen Götter.
Ich beschwöre Dich bei dem, der den Himmel und das
Meer geschaffen hat. Ich beschwöre Dich bei dem, der
die Frommen absondert. Ich beschwöre Dich bei dem, der
seinen Stab in dem Meere trennte *¹⁶, dass Du herbeiführest und vereinest Urbanos, den Urbana geboren, mit
Domitiana, die Kandida geboren, auf dass er, liebend,
gequält, ohne Schlaf vor Verlangen nach ihr und
15 Liebe, sie als Gattin heimführe in sein Haus. Ich beschwöre Dich bei dem, der der Mauleselin die Jungen
versagte. Ich beschwöre Dich bei dem, der das Licht
schied von der Finsternis. Ich beschwöre Dich bei dem,

der die Felsen zermalmt. Ich beschwöre Dich bei dem,
der die Berge zerriss. Ich beschwöre Dich bei dem, der
die Erde zusammenhält auf ihren Grundfesten. Ich
beschwöre Dich bei dem heiligen Namen, den man nicht aus-
20 spricht; in de[· — —] werde ich ihn nennen, und die Dämonen
werden aufgestört entsetzt und voll Grauens, dass Du
herbeiführest und vereinest als Gatten Urbanos, den Urbana geboren, mit Domitiana, die Kandida geboren, und
er liebend sie bitte; rasch, schnell! Ich beschwöre Dich
bei dem, der eine Leuchte und Sterne an den Himmel
setzte durch seiner Stimme Befehl, dass sie leuchteten
25 allen Menschen. Ich beschwöre Dich bei dem, der die
ganze Welt erschütterte und die Berge sich neigen und
erheben lässt, der die ganze Erde erzittern und alle ihre
Bewohner wiederkommen lässt. Ich beschwöre Dich bei
dem, der Zeichen gethan hat am Himmel und auf der
Erde und dem Meere, dass Du herbeiführest und vereinest als Gatten Urbanos, den Urbana geboren, mit
30 Domitiana, die Kandida geboren, auf dass er, sie liebend
und ohne Schlaf vor Verlangen nach ihr, sie bitte und
angehe, in sein Haus zurückzukehren als seine Gattin.
Ich beschwöre Dich bei dem grossen Gotte, dem ewigen
und allmächtigen, den die Berge fürchten und die
Schluchten in der ganzen Welt, durch den der Löwe den
35 Raub lässt und die Berge zittern und die Erde und das
Meer, (durch den) weise wird ein jeglicher, den beseelt
die Furcht des Herrn, des ewigen, des unsterblichen, des
allschauenden, der das Böse hasst, der weiss, was Gutes
und Schlechtes geschieht auf dem Meere und den Strömen
und den Bergen und der Erde, Aoth Abaoth, bei dem
Gotte des Abraan und dem Jao des Jaku, dem Jao Aoth
Abaoth, dem Gotte des Israma: führ' herbei und vereine
40 Urbanos, den Urbana geboren, mit Domitiana, die Kandida geboren, liebend, rasend, gequält von Liebe und
Neigung und Verlangen nach Domitiana, die Kandida
geboren; vereine sie ehelich und als Gatten in Liebe für
die ganze Zeit ihres Lebens. Mach', dass er wie ein

45 *Sklave liebend ihr gehorche und kein anderes Weib noch*
Mädchen verlange, sondern einzig Domitiana, die Kandida
geboren, als Gattin habe für die ganze Zeit ihres Lebens;
rasch, rasch! schnell, schnell!"

Erklärung.

Die Tafel ist, wie sowohl aus ihrer Provenienz — die
Nekropole von Hadrumetum stammt aus dem zweiten und
dritten Jahrhundert nach Christus; der Teil, in dem die Tafel
gefunden wurde, wird in das dritte gesetzt — als auch aus
dem Charakter der Schriftzüge hervorgeht, in das dritte Jahrhundert,[1] also, um sie nach einem Datum aus der Geschichte
der griechischen Bibel zu bestimmen, etwa in die Zeit des
Origenes zu setzen.

Sie ist von MASPERO den Devotions- oder Defixionstafeln
eingereiht worden, wie sie nicht selten in antiken Gräbern
gefunden werden.[2] Man gab einem Toten die nach Art
eines Briefes zusammengerollte Bleitafel in das Grab mit, um
sie so gleichsam an die Adresse der Gottheiten der Unterwelt
gelangen zu lassen; ihrer Rache lieferte man dadurch den
Feind, den man verderben wollte, aus.[3] Unsere Tafel jedoch
enthält keine Verwünschungen gegen einen Feind, sondern ist
ein in Form einer kräftigen Beschwörung eines Dämons ge-
kleideter Liebeszauber,[4] durch den sich eine gewisse Domitiana
den Besitz ihres Urbanus sichern will. Für unser Thema

---

[1] MASPERO 101.

[2] Vergl. hierüber zuletzt A. DIETERICH, FLECKEISEN's Jahrbb. Suppl.
XVI 788 ff.; zur Litteratur vergl. auch CIL VIII *Suppl.* I *p.* 1288.

[3] Vergl. M. BRÉAL in der 5. Lieferung der citierten *Collections*
(1890) S. 58.

[4] Über diese Art des Zaubers vergl. die lehrreichen Nachweis˙ von
F. KUHNERT, Feuerzauber, Rhein. Museum für Philologie N. F. Bd. XLIX
(1894) 37 ff.

haben die technischen Einzelheiten des Zaubers keine direkte
Bedeutung, uns interessieren nur die Formeln, durch die der
Dämon beschworen wird. Ich werde in der folgenden Einzel-
erklärung deshalb hierauf das grösste Gewicht legen.

Soviel ist von vornherein klar, dass Domitiana diese Formeln nicht selbst komponiert hat. Sie hat dieselben aus einem
der zahlreich umlaufenden Zauberbücher abgeschrieben oder
sich abschreiben lassen; dabei wurde ihr eigener Name und
der des Geliebten an den betreffenden Stellen eingesetzt. Der
Schluss, Domitiana müsse wegen des biblischen Charakters der
von ihr gebrauchten Formeln eine Jüdin oder gar Christin
gewesen sein,[1] ist gewagt; es ist mir wahrscheinlicher, dass
sie und Urbanus, nach Ausweis der Namen vielleicht Sklaven
oder Freigelassene,[2] ›Heiden‹ gewesen sind.[3] Ganz naiv hat das
liebende Mädchen den Zauber angewandt, der nach der Behauptung ihrer Ratgeber in Liebesnöten half, weil es ja schwarz
auf weiss so in den *Büchern* stand. Der historische Wert der
Formeln für uns erhöht sich unter dieser Annahme: die im
dritten Jahrhundert angewandten Formeln sind von dem Verfasser des betreffenden ʿZauberbuches jedenfalls viel früherʾ[4]
dem alexandrinischen Alten Testament entnommen. In den
Zauberbüchern von Paris, Leiden und London, die zumeist
vor dem dritten Jahrhundert verfasst sind, haben wir eine
ganze Anzahl ähnlicher aus biblischem Material komponierter
Beschwörungen, und es ist eine lohnende Aufgabe, dieselben
einer kritischen Gesamtbetrachtung zu unterziehen.[5] Aus dem

---

[1] Maspero 107 f.

[2] Maspero 107.

[3] Dafür spricht direkt, dass mehrere der bekanntesten biblischen
Namen auf der Tafel korrumpiert sind; sie sind falsch abgeschrieben.
Vergl. die Erklärung.

[4] Vergl. oben S. 5.

[5] Einen kleinen Anfang dazu hat gemacht C. Wessely, *On the spread
of Jewish-Christian religious ideas among the Egyptians* in der Zeitschrift
The Expositor, third series, volume IV (London 1886) No. XXI (auf dem
betr. Hefte steht fälschlich *XIII*) p. 194—204. Mehr bei A. Dieterich,
Abraxas 136 ff. Die kleine Sammlung hellenistisch-jüdischer Gottesan-

angeführten Grunde wäre es meines Erachtens verfehlt, unsere
Tafel den Zeugnissen für das Vorkommen von Juden westlich
von der Cyrenaica einzureihen, die SCHÜRER [1] für die Kaiserzeit
zusammengestellt hat.

Im einzelnen ist folgendes zu bemerken:

Z. 1 f. Angeredet wird das $\delta\alpha\iota\mu\acute{o}\nu\iota o\nu$ $\pi\nu\epsilon\tilde{\upsilon}\mu\alpha$ des
Grabes, auf oder in welches der Zauber gelegt wurde. Dass
sich die $\delta\alpha\iota\mu\acute{o}\nu\iota\alpha$ bei den Gräbern aufhalten, ist eine Vorstellung
des nachbiblischen Judentums: diese Grabdämonen helfen dem
Menschen in der Zauberei.[2] In den Zauberpapyri wird öfter
vorgeschrieben, sich des Beistandes des Geistes zu versichern,
der das Grab eines Ermordeten oder auf andere Weise Ver-
unglückten bewohnt.[3] — $\dot{o}\varrho\varkappa\acute{\iota}\zeta\omega$ $\tau\tilde{\omega}$ $\dot{o}\nu\acute{o}\mu\alpha\tau\iota$ $\tau\tilde{\omega}$ $\dot{\alpha}\gamma\acute{\iota}\omega$:
vergl. 1 [3] Esra 1 46 $\dot{o}\varrho\varkappa\iota\sigma\vartheta\epsilon\grave{\iota}\varsigma$ $\tau\tilde{\omega}$ $\dot{o}\nu\acute{o}\mu\alpha\tau\iota$ $\varkappa\upsilon\varrho\acute{\iota}ou$; zu $\tau\grave{o}$ $\ddot{o}\nu o\mu\alpha$
$\tau\grave{o}$ $\ddot{\alpha}\gamma\iota o\nu$, in der »biblischen« Gräcität, besonders Lev., Pss. und
Ez. überaus häufig, sind Einzelnachweise überflüssig. — $A\omega\vartheta$:
magischer Gottesname, in den Zauberpapyri nicht selten; in

---

rufungen, die sich aufgrund der Zauberpapyri und Inschriften herstellen
liesse, wäre bei dem verhältnismässig hohen Alter der Niederschriften
gewiss auch nicht ohne Interesse für den LXX-Text. Hierbei sei auch
auf die inschriftlich erhaltenen Bibelstellen verwiesen. Es ist mir nicht
bekannt, ob dieselben schon zusammenfassend von textkritischen Gesichtspunkten aus bearbeitet sind. Auch für die Geschichte des Bibelgebrauches
sind sie instruktiv. Sie werden in den seltensten Fällen aus direkter Bibellektüre stammen.

[1] II 504.

[2] HAMBURGER II 283. Zu vergleichen ist die Vorstellung der Evangelien, dass die Dämonen sich in einsamen wüsten Gegenden aufhalten
(Matth. 12 43); der $\ddot{\alpha}\nu\vartheta\varrho\omega\pi o\varsigma$ $\dot{\epsilon}\nu$ $\pi\nu\epsilon\acute{\upsilon}\mu\alpha\tau\iota$ $\dot{\alpha}\varkappa\alpha\vartheta\acute{\alpha}\varrho\tau\omega$ hat seine Wohnung
bei den Gräbern (Marc. 5 3). Schon Bar. 4 35 gelten verwüstete Städte
als Ort der Dämonen.

[3] MASPERO 105. Man glaubte, die Seele desselben müsse so lange das
Grab umschweben, als der Verunglückte gelebt hätte, wenn sein Leben
nicht vor der Zeit beendet worden wäre, MASPERO ebenda. Zur ganzen
Vorstellung vergl. E. ROHDE, Psyche, Seelencult und Unsterblichkeitsglaube
der Griechen, Freib. i. B. und Leipzig 1894, 373 f., auch KUHNERT 49.

der *Clavis Melitonis*[1] wird er ›erklärt‹ durch *gloriosus*. Wie
Pap. Lond. XLVI 184[2] so steht er auch hier in Verbindung mit
dem ebenfalls magischen Gottesnamen *Αβαωϑ*. — τὸν ϑεὸν
τοῦ Αβρααν: ὁρκίζειν τινά bei jemandem *beschwören*, wie
Marc. 5₇, Act. Ap. 19₁₃. *Der Gott Abrahams etc.* die feierliche
biblische Bezeichnung Gottes. Die Form *Αβρααν* glaubte ich
stehen lassen zu sollen, da sie charakteristisch ist für die Person
des Schreibers der Tafel; ein Jude wird schwerlich so geschrieben
haben. Domitiana oder der gefällige Magier haben das Wort
nicht gekannt; ebenso hat der Schreiber des *Pap. Lugd.* J 384
IX ₇[3] die Form korrumpiert, wenn er innerhalb einer langen
Reihe magischer Gottesnamen schreibt *Αβρααν*, τὸν Ισαχ, τὸν
Ιαχχωβι; ebenso schreibt Luc. 3₃₄ der Codex B (Birch) *Αβρααν*.
— τὸν Ιαω τὸν τοῦ Ιαχου: zu *Ιαω* vergl. oben S. 6; man
beachte hier den Artikel. *Ιαχου* war ebenfalls zu belassen;
wahrscheinlich[4] Korruption von *Ισαχου*; schon Josephus gräcisiert, wie bei den meisten Eigennamen, die einfache Transskription; *Ισαχ* oder *Ισααχ* wird bei ihm Ἴσαχος.

Z. 3 f. τοῦ Ισραμα: deutlich Korruption von *Ισραηλ*,
durch einen Abschreibefehler entstanden, aus dem *Λ* konnte
leicht ein *Α* werden. Die Anwendung des feierlichen *Gott
Abrahams, Isaaks und Jakobs* ist in den Zauberformeln überaus häufig;[5] Origenes[6] bezeugt, dass man in Beschwörungen

---

[1] Bei J. B. Pitra, *Spicilegium Solesmense* III, Paris 1855, 305.

[2] Kenyon 69.

[3] A. Dieterich, Fleckeisen's Jahrbb. Suppl. XVI 810; Leemans II 31.

[4] Die Form könnte auch eine Korruption sein von *Ιαχουβ* *Pap.
Lond.* CXXI₄₄₉ (vergl. oben S. 7) und *Pap. Par. Bibl. nat.* ₁₄₄₄
(Wessely I 100); ebenso in einer Bleitafel von Karthago, publiciert von
A. L. Delattre, *Bulletin de correspondance hellénique* XII (1888), 300 =
CIL VIII *Suppl.* I No. 12511. — Doch spricht für die andere Annahme
das folgende *Ισραμα* (= *Ισραηλ* = *Ιαχωβ*).

[5] Vergl. z. B. die in der in der alten Cyrenaica gefundene Gemme bei
Baudissin, Studien I 193. Näheres, namentlich auch patristische Zeugnisse,
bei R. Heim, *Incantamenta magica Graeco Latina*, Fleckeisen's Jahrbb.
Suppl. XIX (1893) 522 ff.

[6] *Contra Celsum* V 45 (Lomm. XIX *p.* 250 f.): καὶ ἐὰν μὲν ὁ καλῶν
ᾖ ὁ ὁρκῶν ὀνομάζῃ ϑεὸν Ἀβραάμ καὶ ϑεὸν Ισαὰκ καὶ ϑεὸν Ἰακὼβ τάδε

diese Namen unübersetzt lassen müsse, wenn nicht die *Kraft* des Zaubers verloren gehen solle. — ἄκουσον τοῦ ὀνόματος ἐντίμου καὶ φοβεροῦ καὶ μεγάλου: LXX Deut. 28₅₈ φοβεῖσθαι τὸ ὄνομα τὸ ἔντιμον τὸ θαυμαστὸν τοῦτο (vergl. auch Ps. 71 [72]₁₄ ὄνομα ἔντιμον vom Namen des Menschen); Ps. 110 [111]₉ φοβερὸν τὸ ὄνομα αὐτοῦ, ebenso Ps. 98 [99]₃; τὸ ὄνομα τὸ μέγα vom Namen Gottes Ps. 98 [99]₃, Ez. 36₂₃, vergl. Ps. 75 [76]₂, Jes. 33₂₁; die Verbindung μέγας καὶ φοβερός auf Gott bezogen sehr oft bei LXX: Deut. 10₁₇, 1 Par. 16₂₅, Neh. 1₅, 4₁₄, Ps. 46 [47]₂, 88 [89]₈, 95 [96]₄, Sap. Sir. 43₂₉.

Z. 4-8. Vielleicht waren, wie erwähnt, die Träger der Namen Sklaven oder Freigelassene. Ein Οὐρβανός findet sich auch Rom. 16₉; er war Christ zu Ephesus[1] und wird von Paulus mit dem Ehrennamen συνεργός ausgezeichnet. — Die konsequente Hinzufügung des Namens der Mutter der Person ist in den Zauberformeln stereotyp und lässt sich noch spät nachweisen.[2] Die Recepte der Zauberpapyri weisen in einer Unzahl von Fällen dieses Schema auf; sie sind so angeordnet, dass der betreffende Personenname nur eingesetzt zu werden braucht statt des provisorisch dastehenden ὁ δεῖνα, ὃν ἔτεκεν ἡ δεῖνα. — Zu ἀγρυπνέω ἐπί vergl. LXX Prov. 8₃₄, Job 21₃₂. — Zu σύμβιος, namentlich im Sprachgebrauche der ägyptischen Gräcität, beachte man die Zusammenstellung von W. Brunet de Presle,[3] die sich durch viele Stellen der im

τινὰ ποιῆσαι ἂν ἤτοι διὰ τὴν τούτων φύσιν ἢ καὶ δύναμιν αὐτῶν καὶ δαιμόνων νικωμένων καὶ ὑποταττομένων τῷ λέγοντι ταῦτα. Ἐὰν δὲ λέγῃ· ὁ θεὸς πατρὸς ἐκλεκτοῦ τῆς ἰχοῦς καὶ ὁ θεὸς τοῦ γέλωτος καὶ ὁ θεὸς τοῦ πτερνιστοῦ, οὕτως οὐδὲν ποιεῖ τὸ ὀνομαζόμενον, ὡς οὐδ᾽ ἄλλο τι τῶν μηδεμίαν δύναμιν ἐχόντων. Vergl. ebenda I 22 und IV 33 und dazu G. Anrich, Das antike Mysterienwesen in seinem Einfluss auf das Christentum, Göttingen 1894, 96.

[1] Wenn Rom. 16 ein Epheserbrief ist.

[2] Näheres bei Kuhnert 41 Anm. 7. — Für das spätere Judentum vergl. Schwab, *Coupes à inscriptions magiques* in den *Proceedings of the society of biblical archaeology* XIII (1890/91) 585 f. und J. Wohlstein, Über einige aramäische Inschriften auf Thongefässen des kgl. Museums zu Berlin, Zeitschr. für Assyriologie VIII (1893) 331 u. IX (1894) 19 f.

[3] *Notices et extraits des manuscrits de la bibliothèque impériale t. XVIII* p. 2, Paris 1865, 425.

Erscheinen begriffenen Berliner Papyrusurkunden erweitern lässt. Das Wort ist später bei den Christen häufig.

Z. 8 f. τὸν μέγαν ϑεὸν τὸν αἰώνιον: LXX Jes. 26₄ ὁ ϑεὸς ὁ μέγας ὁ αἰώνιος, vgl. Jes. 40₂₈, Sus. ₄₂. — ἐπαιώνιον: LXX Exod. 15₁₈ κύριος βασιλεύων τὸν αἰῶνα καὶ ἐπ' αἰῶνα καὶ ἔτι. — παντοκράτορα: LXX sehr häufig. — τὸν ὑπεράνω τῶν ὑπεράνω ϑεῶν: vergl. LXX Ez. 10₁₉ καὶ δόξα ϑεοῦ Ἰσραὴλ ἦν ἐπ' αὐτῶν [den Cherubim] ὑπεράνω, ebenso 11₂₂, und zum Gedanken Ps. 95[96]₄ φοβερός ἐστιν ἐπὶ πάντας τοὺς ϑεούς.[1]

Z. 10 f. τὸν κτίσαντα τὸν οὐρανὸν καὶ τὴν ϑάλασσαν: nicht formell,[2] aber sachlich Anklang an Gen. 1₁, ebenso wie LXX Gen. 14₁₉ u. ₂₂, 1[3] Esra 6₁₃, Bel et Draco ₅, vergl. Apoc. Joh. 10₆ und hiermit LXX Ps. 145[146]₆. Originell ist in diesem Zusammenhange die Verbindung *Himmel und Meer* statt *Himmel und Erde*; sie ist jedoch dem A. T. nicht fremd. Eine erschöpfende Zusammenstellung der vielen an Gen. 1₁ anklingenden formelhaft gewordenen Wendungen für *Schöpfer Himmels und der Erde* in der jüdisch-hellenistischen und altchristlichen Litteratur wäre für die Textgeschichte des »apostolischen« Symbols von Wichtigkeit.

Z. 11. τὸν διαχωρίσαντα τοὺς εὐσεβεῖς kann nur heissen *der die Frommen absondert*, nämlich von den Gottlosen; διαχωρίζω *absondern* bei den LXX häufig. Die Stelle spielt an auf Sap. Sir. 36[33]₁₁ ₁₂. ἐν πλήϑει ἐπιστήμης κύριος διεχώρισεν αὐτούς [die Menschen], so dass sich ἀπέναντι εὐσεβοῦς ἁμαρτωλός befindet (₁₄).

Z. 12. τὸν διαστήσαντα τὴν ῥάβδον ἐν τῇ ϑαλάσσῃ, wörtlich *der den Stab in dem Meere trennte*. Das

---

[1] Zu dem ganzen Ausdrucke vergl. die Stelle der erwähnten Bleitafel von Karthago *Bull. de corr. hell.* XII 302 = CIL VIII *Suppl.* I No. 12511 ἐξορκίζω ὑμᾶς κατὰ τοῦ ἐπάνω τοῦ οὐρανοῦ ϑεοῦ τοῦ καϑημένου ἐπὶ τῶν χερουβι, ὁ διορίσας τὴν γῆν καὶ χωρίσας τὴν ϑάλασσαν, Ιαω κτλ. Die Nominative sind instruktiv für die formelhafte Starrheit dieser Wendungen.

[2] Nur Aquila (F. Field, *Origenis Hexaplorum quae supersunt* 2 tomi, Oxonii 1875, I 7) hat dort ἔκτισεν.

gibt natürlich keinen Sinn; der erste Redaktor des Zauber-
spruches hat jedenfalls umgekehrt geschrieben τὸν διαστήσαντα
τὴν θάλασσαν ἐν τῇ ῥάβδῳ oder τῇ ῥάβδῳ der das Meer trennte
mit dem Stabe, sachlich Anspielung auf LXX Exod. 14 15 f.:
εἶπε δὲ κύριος πρὸς Μωϋσῆν ... καὶ σὺ ἔπαρον τῇ ῥάβδῳ σου
καὶ ἔκτεινον τὴν χεῖρά σου ἐπὶ τὴν θάλασσαν καὶ ῥῆξον αὐτήν,
nur dass in der Bibel Mose es ist, der den Stab erhebt, allerdings auf den Befehl Gottes. Formell ist beachtenswert der
Anklang an Theodotion Ps. 73 [74] 13 : [1] σὺ [Gott] διέστησας ἐν
τῇ δυνάμει σου τὴν θάλασσαν, womit zu vergleichen LXX
Exod. 15 8 καὶ διὰ πνεύματος τοῦ θυμοῦ σου διέστη τὸ ὕδωρ
... ἐπάγη τὰ κύματα τῆς θαλάσσης. Auf das Wunder vom
Roten Meere, in den Psalmen und sonst öfter besungen, wird
auch in anderen Zauberformeln angespielt.[2] Zu dem eventuellen
ἐν τῇ ῥάβδῳ vergl. unten III sub ἐν.

Z. 16. τὸν ποιήσαντα τὴν ἡμίονον μὴ τεκεῖν, eine
äusserst eigenartige Bezeichnung Gottes. Sie findet sich als
solche nicht im Alten Testament, aber der ihr zugrunde liegende
Gedanke der providentia specialissima Gottes für die Tiere ist
ganz ähnlich in der grossartigen Rede Jahwes an den zweifelnden
Hiob Job 38 ff. ausgesprochen, vergl. besonders 39 1–3: Weisst
du die Zeit, da die Felsgemsen werfen? Beobachtest du der
Hirschkühe Kreissen? Zählst du die Monde, die sie trächtig
gehen, und weisst du die Zeit, wann sie gebären? Sie krümmen
sich, lassen ihre Jungen durchbrechen, werden rasch ihrer Wehen
ledig. Gott ist es, der dies alles anordnet. Wie · er den
Gemsen und Hirschkühen Junge gibt, so hat er nach unserer
Stelle die Mauleselin unfruchtbar gemacht. Die Unfruchtbarkeit
der Mauleselin wird in der Mischna öfter erwähnt,[3] sie hat
offenbar die Naturphilosophie des Judentums sehr interessiert,
ebenso die griechisch-römischen Schriftsteller:[4] Plin. Nat. hist.

---

[1] FIELD II 217.
[2] Vergl. A. DIETERICH, Abraxas 139 f.
[3] HAMBURGER I² (1892) 735.
[4] HEIM 493 f.; ich übernehme die folgenden Stellen, auf die mich
A. DIETERICH aufmerksam gemacht hat, aus HEIM.

VIII 173: *observatum ex duobus diversis generibus nata tertii generis fieri et neutri parentium esse similia, eaque ipsa quae sunt ita nata non gignere in omni animalium genere, idcirco mulas non parere*; dem Zopyrus war, als er Babylon belagerte, nach Herod. III 153 das Orakel gegeben worden ἐπεάνπερ ἡμίονοι τέκωσιν, τότε τὸ τεῖχος ἁλώσεσθαι; der *partus* einer Mauleselin galt als *prodigium*: Cic. *de div.* II 22₄₉, 28₆₁, Liv. XXXVII 3₈, Iuv. XIII 64, Sueton. *Galba* 4, und hieraus erklärt sich das Sprichwort der Römer *cum mula peperit* für *niemals*. In den Zauberformeln sodann spielt die Sache eine grosse Rolle. Gargilius Martialis (3. Jahrh. n. Chr.) *de cura boum* § 19 (*ed.* Schuch)[1] überliefert folgenden heilkräftigen Spruch: *nec lapis lanam fert, nec lumbricus oculos habet, nec mula parit utriculum*; ähnlich Marcellus (5. Jahrh. n. Chr.) *de medicam.* VIII 191 (*ed.* Helmreich):[1] *nec mula parit nec lapis lanam fert nec huic morbo caput crescat aut si creverit tabescat* und ein *Codex Vossianus ed.* Piechotta *Anecdot. lat.* CLXX:[1] 'quod mula non parit' et exspues, 'nec cantharus aquam bibit' et exspues, 'nec palumba dentes habet' et exspues, 'sic mihi dentes non doleant' et expues. Endlich ist zu verweisen auf eine Stelle der Leidener Abschrift des *Codex Corbeiensis* des Vegetius,[2] die folgende Formel gibt: *focus alget, aqua sitit, cibaria esurit, mula parit, fusca mascu venas omnes.* Unserer Stelle am nächsten kommt jedoch ein Spruch, den ein Gedicht des *Codex Vindobonensis* 93[a] aufbewahrt hat: *herbula Proserpinacia, Horci regis filia, quomodo clausisti mulae partum, sic claudas et undam sanguinis huius* und den der *Codex Bonnensis* 218 (66a)[4] in der noch instruktiveren Fassung gibt: *herbula Proserpinatia, Horci regis filia, adiuro te per tuas virtutes, ut quomodo clausisti partum mulae, claudas undas sanguinis huius.* Wir sehen, so eigentümlich uns zunächst jenes Prädikat Gottes im Zusammenhange der übrigen anmutet, es ist gerade in einem Zauberspruche

---

[1] Heim ebenda.

[2] Bei M. Ihm, *Incantamenta magica*, Rh. Mus. f. Ph. N. F. XLVIII (1893) 635.

[3] Heim 488 und 547.

[4] Heim 554.

nicht auffallend; der jüdische Redaktor unseres Textes hat es
paganen Quellen entnommen, unbewusst wahrscheinlich, in der
Meinung vielleicht, ein Bibelwort zu gebrauchen, und diese
Meinung widersprach ja auch nicht direkt dem biblischen
Gedankenkreise.

Z. 16 f. *τὸν διορίσαντα τὸ φῶς ἀπὸ τοῦ σκότους*:
vergl. LXX Gen. 1₄ *καὶ διεχώρισεν ὁ θεὸς ἀνὰ μέσον τοῦ
φωτὸς καὶ ἀνὰ μέσον τοῦ σκότους*, ähnlich Gen. 1₁₈. Der
Redaktor citiert frei; *διορίζειν*, sonst bei den LXX häufig, auch
mit *ἀπό*, steht hier in keiner der griechischen Übersetzungen;
charakteristisch ist, dass er den Hebraismus der LXX, das
doppelte *zwischen*, vermieden hat.

Z. 17. *τὸν συντρίβοντα τὰς πέτρας*: formeller Anklang an LXX 1 Reg. 19₁₁ *πνεῦμα μέγα . . συντρῖβον πέτρας
ἐνώπιον κυρίου*, vergl. LXX Nah. 1₆ *καὶ αἱ πέτραι διεθρύβησαν
ἀπ' αὐτοῦ*.

Z. 18. *τὸν ἀπορρήξαντα τὰ ὄρη*: vergl. LXX Ps. 77
[78]₁₅ *διέρρηξε πέτραν ἐν ἐρήμῳ*, ähnlich Ps. 104 [105]₄₁; zur
Sache liegen die Parallelen auf der Hand.

Z. 18 f. *τὸν συνστρέφοντα τὴν γῆν ἐπὶ τῶν θεμελίων αὐτῆς*: *συστρέφω*, den LXX geläufig, doch nicht in
diesem Zusammenhange; *τὰ θεμέλια τῆς γῆς* ebenfalls häufig.
Zur Sache LXX Prov. 8₂₉ *ἰσχυρὰ ἐποίει τὰ θεμέλια τῆς γῆς*
und die häufige Wendung *ἐθεμελίωσε τὴν γῆν*.

Z. 19 ff. *ὁρκίζω σε τὸ ἅγιον ὄνομα ὃ οὐ λέγεται*:
Man kann zweifelhaft sein, ob so zu interpungieren ist. MASPERO
schreibt *ὃ οὐ λέγεται ἐν τῷ ἀδύτῳ*, aber wenn die Lesung
ἀδύτῳ richtig ist, so würde bei seiner Interpunktion der Gedanke der jüdischen Anschauung direkt widersprechen; gerade
der Tempel war der einzige Ort, an dem der Name Gottes
ausgesprochen werden durfte, Philo *de vit. Mos.* III 11 (M. *p.* 152):
.. *ὀνόματος ὃ μόνοις τοῖς ὦτα καὶ γλῶτταν σοφίᾳ κεκαθαρμέ-
νοις θέμις ἀκούειν καὶ λέγειν ἐν ἁγίοις, ἄλλῳ δὲ οὐδενὶ τὸ
παράπαν οὐδαμοῦ*, Mischna *Tamid* VII 2:[1] *im Tempel spricht*

---

[1] HAMBURGER I² 53; SCHÜRER II 381.

man den Namen Gottes aus, wie er geschrieben wird, im Lande nach seiner Benennung. Ich halte es für absolut ausgeschlossen, dass ein nur irgendwie mit dem Judentume in Fühlung stehender Mann den Satz schreiben konnte, der heilige Name werde im Tempel nicht ausgesprochen. Wenn das von MASPERO als ἀδύτῳ gelesene Wort wirklich lesbar wäre, was mir, wenigstens nach dem Faksimile, unmöglich zu sein scheint, so muss es, falls es zu ὃ οὐ λέγεται gehören sollte, irgend eine allgemeine Ortsbezeichnung sein, etwa κόσμῳ oder λαῷ; auch falls es zum folgenden ὀνομάσω αὐτό gehören sollte, hätte ἐν τῷ ἀδύτῳ keinen Sinn oder wäre doch höchst sonderbar: an welchen Tempel sollte der jüdische Redaktor gedacht haben? Hätte er vielleicht gar vor der Zerstörung des Tempels geschrieben? [1] So möchte ich denn vorschlagen, ὃ οὐ λέγεται als Satz für sich zu betrachten; wir haben darin den bekannten jüdischen Gedanken, dass der Name Gottes ein ὄνομα ἄρρητον sei: LXX Lev. 24₁₆ ὀνομάζων δὲ τὸ ὄνομα κυρίου θανάτῳ θανατούσθω, Joseph. *Antt. II* 12₄: καὶ ὁ θεὸς αὐτῷ σημαίνει τὴν ἑαυτοῦ προσηγορίαν οὐ πρότερον εἰς ἀνθρώπους παρελθοῦσαν, περὶ ἧς οὔ μοι θεμιτὸν εἰπεῖν.[2] — ἐν τῷ [...]ῳ ὀνομάσω αὐτό καὶ οἱ δαίμονες ἐξεγερθῶσιν ἔκθαμβοι καὶ περίφοβοι γενόμενοι. Wie die Lücke nach ἐν τῷ zu ergänzen ist, weiss ich nicht und enthalte mich der Vermutungen; nur so viel ist wahrscheinlich, dass eine Orts- oder Zeitbezeichnung dagestanden hat. Der Zauberer spricht hier gegen den Dämon die äusserste Drohung aus: er will, um ihn sich willens zu machen, den unaussprechbaren *Namen* Gottes aussprechen, dessen Klang die Dämonen mit Schauder und Entsetzen erfüllt. Das ist in der Magie [3] bis heute eine der wichtigsten Vorstellungen geblieben, dass durch die Nennung heiliger *Namen* die Dämonen oder die Geister bezwungen werden. Bei den LXX haben wir hierzu noch keinen direkten Beleg, aber aus biblischer

---

[1] ἄδυτον ist zudem in der »biblischen« Litteratur überaus selten, es steht nur LXX Cod. A 2 Paral. 38₁₄.

[2] Über das nachbiblische Judentum vergl. hierzu HAMBURGER I² 52 ff.

[3] Und nicht nur in der Magie!

Zeit ist zu verweisen auf Jac. 2₁₉ *καὶ τὰ δαιμόνια πιστεύουσιν καὶ φρίσσουσιν*, wo derselbe furchtbare Eindruck des Gedankens *Gott* auf die Dämonen vorausgesetzt ist; damit ist zu vergleichen *Pap. Lond.* XLVI₈₀ ₁.[1] (4. Jahrhundert n. Chr.), wo der Dämon beschworen wird *κατὰ τῶν φρικτῶν ὀνομάτων*, ganz so wie Joseph. *Bell. Jud.* V 10₂ von dem *φρικτὸν ὄνομα τοῦ θεοῦ* redet. Dem nachbiblischen Judentume ist die Vorstellung von der niederschmetternden Wirkung des Gottesnamens auf die Dämonen sehr geläufig gewesen.[2]

Z. 23. *ἤδη ταχύ*, vgl. Z. 47 *ἤδη ἤδη ταχὺ ταχύ*: eine in den Zaubersprüchen sehr häufige Schlussformel,[3] die z. B. noch auf koptischen Amuletten des 5./6. und 11. Jahrhunderts vorkommt;[4] sie ist selbstverständlich auch am Schlusse der oben citierten Inschrift von Karthago herzustellen.[5] *ταχύ* für *ταχέως* bei den LXX sehr häufig.

Z. 23 ff. *τὸν φωστῆρα καὶ ἄστρα ἐν οὐρανῷ ποιή-σαντα*: LXX Gen. 1₁₆₁. *καὶ ἐποίησεν ὁ θεὸς τοὺς δύο φω-στῆρας τοὺς μεγάλους ... καὶ τοὺς ἀστέρας*. Der eine *φωστήρ*, den die Tafel nur nennt, ist wegen der Zusammenstellung mit den Sternen wohl der Mond, der von Aquila und Symmachus

---

[1] Kenyon 68; Wessely I 129. Noch deutlicher *Pap. Lugd.* J 384 IV ₁₁₁. (Fleck. Jbb. Suppl. XVI 800; Leemans II 17): *μέλλω τὸ μέγα ὄνομα λέγειν Αωθ* (oder Θωθ), *ὂν ... πᾶς δαίμων φρίσσει.*

[2] Vergl. z. B. Hamburger II 283 u. 75, auch J. A. Eisenmenger, *Entdecktes Judenthum*, o. O. 1700, I 165; ich citiere das Werk nach dem in meinem Besitze befindlichen Exemplar, das *Gedruckt sein will im Jahr nach Christi Gebuhrt 1700*, aber, da es sich ankündigt als *Des ᵈⁱᵉ bey 40. Jahr von der Judenschafft mit Arrest bestrickt gewesene, nunmehro aber Durch Autorität eines Hohen Reichs-Vicariats relaxirte Johann Andreä Eisenmengers ... Entdecktes Judenthum*, scheinbar frühestens 1740 gedruckt sein könnte. Die Sache wird so liegen, dass in den ca. 1740 freigegebenen Exemplaren von 1700 (vergl. C. Siegfried in der Allg. deutschen Biographie V [1877] 772 ff.) das ursprüngliche Titelblatt durch das irreführende jetzige ersetzt worden ist.

[3] Vergl. den Index von Wessely sub *ἤδη*.

[4] J. Krall, Koptische Amulete, Mittheilungen aus der Sammlung der Papyrus Erzherzog Rainer V, Wien 1892, 118 u. 121.

[5] Delattre, *Bulletin de correspondance hellénique* XII (1888) 302 liest das deutliche *ΗΔΗΗΔΗΤΑΧΥΤΑ* sonderbar als »*ἤδη, ἤδη, ταῦτα*(?)«.

Ps. 73 [74] ι₆ [1] ebenfalls φωστήρ genannt wird. — διὰ φωνῆς
προστάγματος αὐτοῦ: die Schöpfungsakte erfolgen auf den
Befehl Gottes LXX Ps. 32 [33] ₉ ὅτι αὐτὸς εἶπε καὶ ἐγενήθησαν,
αὐτὸς ἐνετείλατο καὶ ἐκτίσθησαν; in formeller Hinsicht sind zu
vergleichen die nicht seltenen Formeln der LXX διὰ φωνῆς
κυρίου und διὰ προστάγματος κυρίου. Man beachte die angeblich »hebraisierende« Umschreibung [2] der Präposition διά durch
διὰ φωνῆς, die ein Grieche als Pleonasmus empfinden konnte,
die aber nicht direkt ungriechisch ist. — ὥστε φαίνειν
πᾶσιν ἀνθρώποις: LXX Gen. 1₁₇ καὶ ἔθετο αὐτοὺς ὁ θεὸς
ἐν τῷ στερεώματι τοῦ οὐρανοῦ ὥστε φαίνειν ἐπὶ τῆς γῆς.

Z. 25 f. τὸν συνσείσαντα πᾶσαν τὴν οἰκουμένην:
LXX Ps. 59 [60] ₄ συνέσεισας τὴν γῆν. Zu πᾶσαν τὴν οἰκουμένην vergl. LXX Jes. 13₅. — καὶ τὰ ὄρη ἐκτραχηλίζοντα
καὶ ἐκβράζοντα [3]: Wiederholung des Gedankens von Z. 18;
formell selbständig.

Z. 26 f. τὸν ποιοῦντα ἔκτρομον τὴν γῆν ἄπασ〈αν〉:
LXX Ps. 103 [104] ₃₂ ὁ ἐπιβλέπων ἐπὶ τὴν γῆν καὶ ποιῶν
αὐτὴν τρέμειν; ἔκτρομος scheint sonst nicht aufbehalten zu
sein, die LXX gebrauchen in demselben Sinne ἔντρομος Ps.
17 [18] ₈ und 76 [77] ₁₉.

Z. 27. 〈καὶ〉 καινίζοντα πάντας τοὺς κατοικοῦντας:
mit MASPERO habe ich das καί hinzugefügt. Es dürfte ausgeschlossen sein, dass καινίζοντα ethisch gemeint ist im Sinne
des πνεῦμα καινόν Ez. 11₁₉ vergl. Ps. 50 [51] ₁₂ und der καρδία
καινή Ez. 36₂₆; man wird es aufzufassen haben als Ausdruck
des Gedankens der Erhaltung der Menschheit durch das Empor-
sprossen immer neuer Generationen; dem Redaktor mögen
Worte vorgeschwebt haben wie LXX Ps. 32 [33] ₁₄ ἐπέβλεψεν
ἐπὶ πάντας τοὺς κατοικοῦντας τὴν γῆν und Zeph. 3₁₇ κύριος ὁ

---

[1] FIELD II 218.

[2] Vergl. A. BUTTMANN, Grammatik des neutestamentlichen Sprachgebrauchs, Berlin 1859, 78. 158. 162. 273 f. Zur Fragwürdigkeit der
allgemeinen Behauptung, dass solche Umschreibungen »hebraisierend«
seien, vergl. unten III sub κατά.

[3] ἐκβράζω LXX Neh. 13₂₈, 2 Macc. 1₁₁, 5₈ (Cod. A).

ϑεὸς ... καινεῖ σε ἐν τῇ ἀγαπήσει αὐτοῦ, vergl. Ps. 102 [103] ₈
ἀνακαινισϑήσεται ὡς ἀετοῦ ἡ νεότης σου. Von der göttlichen
σοφία heisst es Sap. Sal. 7 ₂₇ τὰ πάντα καινίζει.

Z. 27 f. τὸν ποιήσαντα σημεῖα ἐν οὐρανῷ καὶ ἐπὶ
γῆς καὶ ϑαλάσσης: Dan. 6 ₂₇ καὶ ποιεῖ σημεῖα καὶ τέρατα
ἐν τῷ οὐρανῷ καὶ ἐπὶ τῆς γῆς, vergl. LXX Joel 2 ₃₀.

Z. 31. ἐρωτῶντα: hier, wie häufig bei Paulus, Synopt.,
Act. Ap., Joh., im Sinne von *bitten*, nicht »eine offenbar durch
Einfluss des hebräischen שאל erst entstandene Verwendung des
Wortes«,[1] die sich dann doch bei den LXX am ehesten zeigen
müsste, sondern vulgärgriechisch.[2]

Z. 33. ὃν φοβεῖται ὄρη καὶ νάπαι: MASPERO schreibt
οὗ statt des deutlichen ὅν. Specialisierung des Gedankens, dass
auch die Erde *Furcht Gottes* habe: LXX Ps. 32 [33] ₈ φοβη-
ϑήτω τὸν κύριον πᾶσα ἡ γῆ, Ps. 66 [67] ₈ φοβηϑήτωσαν αὐτὸν
πάντα τὰ πέρατα τῆς γῆς. Zur Zusammenstellung von ὄρη
und νάπαι, vergl. LXX Jes. 40 ₁₂, Ez. 6 ₃, 36 ₆.

Z. 34. δι᾽ ὃν ὁ λέων ἀφίησιν τὸ ἅρπαγμα erinnert
in diesem Zusammenhange sachlich sehr an τὸν ποιήσαντα
τὴν ἡμίονον μὴ τεκεῖν Z. 16. Auffallend ist, dass von Gott
gesagt wird, er veranlasse den Löwen seinen Raub[3] zu lassen,
während ein biblischer Gedanke gerade der ist, dass Gott den
Löwen für ihren Frass sorgt Job 38 ₃₉. Man könnte an eine
Anspielung auf Dan. 6 ₂₇ ὅστις ἐξείλατο τὸν Δανιὴλ ἐκ χειρὸς
τῶν λεόντων und ähnliche Stellen denken, zumal kurz vorher
Z. 27 f. ein starker Anklang an die erste Hälfte desselben
Verses vorlag; aber dagegen dürfte ἅρπαγμα sprechen. Wir
werden nicht fehl gehen, den Satz aufzufassen als einen Ausdruck der Allmacht Gottes, seiner völligen Herrschaft über die
Natur: Gott ist sogar imstande, das Naturwidrige möglich zu
machen, dass der Löwe seine Beute loslässt. Man erinnere
sich dabei der prophetischen Bilder der messianischen Zukunft

---

[1] H. CREMER, Biblisch-theologisches Wörterbuch der Neutestamentlichen Gräcität,[?] Gotha 1893, 393.

[2] U. VON WILAMOWITZ-MOELLENDORFF bei GUIL. SCHMIDT, *De Flavii Iosephi elocutione observationes criticae*, FLECK. Jbb. Suppl. XX (1894) 516.

[3] ἅρπαγμα vom Raube des Löwen LXX Ez. 22 ₂₅ vergl. 19 ₃ ₆.

Jes. 11ₑ καὶ μοσχάριον καὶ ταῦρος καὶ λέων ἅμα βοσκηθήσονται καὶ παιδίον μικρὸν ἄξει αὐτούς und Jes. 65₂₅ = 11₇ καὶ λέων ὡς βοῦς φάγεται ἄχυρα, in denen ebenfalls ausgesprochen ist, dass der Löwe seine Natur ändere, wenn Gott es so wolle. Der Redaktor hat aus biblischem Material den Satz frei komponiert. — καὶ τὰ ὄρη τρέμει: LXX Jer. 4₂₄ εἶδον τὰ ὄρη καὶ ἦν τρέμοντα.

Z. 35. ἕκαστος ἰδάλλεται ὃν ἔχει φόβος τοῦ Κυρίου: wohl der schwierigste Passus der Inschrift. ἰδάλλομαι (εἰδάλλομαι) oder ἰνδάλλομαι heisst scheinen, erscheinen, sichtbar werden, sich zeigen, auch gleichen. Das Wort kommt bei den LXX nicht vor, dagegen steht das Substantiv ἴνδαλμα Jer. 27 [50]₃₉, wahrscheinlich im Sinne von Gespenst, Sap. Sal. 17₃ für Trugbild, welche Bedeutungen sich leicht aus der des Verbums ergeben. Das Verbum steht in der biblisch-kirchlichen Litteratur meines Wissens zuerst Clem. Rom. 1 Cor. 23₃ διὸ μὴ διψυχῶμεν μηδὲ ἰνδαλλέσθω ἡ ψυχὴ ἡμῶν ἐπὶ ταῖς ὑπερβαλλούσαις καὶ ἐνδόξοις δωρεαῖς αὐτοῦ [Gottes] und hat hier entweder die Bedeutung dünken, sich dünken, etwa wie φυσιοῦσθαι, oder es ist, wie nach Anderen neuerdings wieder Bryennios vorschlägt, synonym den Verben ἰλιγγιᾶν verwirrt sein und ἐνδοιάζειν schwanken.[1] ἕκαστον ἰδάλλεται nun, wie die Stelle im Originale lautet, gibt keinen Sinn; Maspero konjiciert ὃν ἕκαστος εἰδάλλεται und übersetzt à qui chacun devient semblable, was mir grammatisch unmöglich zu sein scheint. Zu der von mir vorgeschlagenen Lesung, die sich formell durch die Geringfügigkeit der Textänderung empfehlen dürfte, verweise ich auf die von Hesychius gegebene Erklärung des Verbums: ἰνδάλλεται· ὁμοιοῦται, φαίνεται, δοκεῖ, στοχάζεται, ἰσοῦται, σοφίζεται,[2] womit zu vergleichen ist die Notiz des Suidas: εἰδαλίμας· συνετάς. Nehmen wir ἰδάλλεται = σοφίζεται,[3] so

---

[1] Näheres in Patrum Apostolicorum opera recc. O. de Gebhardt, A. Harnack, Th. Zahn, fasc. I part. I², Lipsiae 1876, 42.

[2] σοφίζομαι sapiens fio, sapio LXX oft, z. B. 1 Reg. 4₃₁ [₁₁]; besonders häufig in Sap. Sir.

[3] Die vox media ἰνδάλλομαι würde dann hier sensu bono stehen, wie Clem. Rom. 1 Cor. 23₃ sensu malo.

erhalten wir den geläufigen biblischen Gedanken, dass die *Furcht Gottes* dem Menschen *Weisheit* verleiht: LXX Ps. 110 [111]₁₀ = Prov. 1₇, 9₁₀ ἀρχὴ σοφίας φόβος κυρίου, Prov. 22₄ γενεὰ σοφίας φόβος κυρίου, vergl. Ps. 18[19]₈ und 10 ἡ μαρτυρία κυρίου πιστὴ σοφίζουσα νήπια ... ὁ φόβος κυρίου ἁγνὸς διαμένων εἰς αἰῶνα αἰῶνος. Gegen unsere Erklärung wird nur eingewendet werden können, dass der Satz ohne Verbindung mit dem Vorhergehenden steht; ein καὶ oder die Wiederholung des δἰ ὅν wäre allerdings erwünscht, aber man wird es bei jeder anderen Lesung ebenfalls vermissen. Der Schreiber der Tafel scheint den Satz nicht verstanden zu haben. — Zu ὅν ἔχει φόβος τοῦ κυρίου (vergl. LXX Job. 31₂₃ φόβος γὰρ κυρίου συνέσχε με) ist auf den gleichen, der Profangräcität ebenfalls geläufigen Gebrauch von ἔχειν LXX Job 21₆, Jes. 13₈, Marc. 16₈ zu verweisen; zu φόβος τοῦ κυρίου sind Belege überflüssig.

Z. 36. ἀθανάτου: Sap. Sir. 51₉[₁₃] schreibt Cod. A καὶ ἀπὸ ἀθανάτου ῥύσεως ἐδεήθην, was wahrscheinlich heissen soll *und von dem Unsterblichen erflehte ich Rettung*; 1 Tim. 6₁₆ ὁ μόνος ἔχων ἀθανασίαν. Der Gedanke ist hellenisch, in unserem Zusammenhange (vergl. Z. 35) erinnert dieses Epitheton Gottes an den grossartigen hellenistisch-jüdischen Gedanken, dass die Gotteserkenntnis, der Besitz der göttlichen σοφία und der δικαιοσύνη *Unsterblichkeit* verleihe: Sap. Sal. 15₃ εἰδέναι σου τὸ κράτος ῥίζα ἀθανασίας, 8₁₇ ἔστιν ἀθανασία ἐν συγγενείᾳ σοφίας, vergl. 1₈ ἕξω δἰ αὐτὴν ἀθανασίαν, 1₁₅ δικαιοσύνη γὰρ ἀθανασία ἐστίν.[1] — παντεφόπτου:[2] Add. Esth. 5₁ τὸν πάντων ἐπόπτην θεόν, 3 Macc. 2₂₁ ὁ πάντων ἐπόπτης θεός, 2 Macc. 7₃₅ (vergl. 3₃₉) τοῦ παντοκράτορος ἐπόπτου θεοῦ, vergl. LXX Job 34₂₄ ὁ γὰρ κύριος πάντας (Cod. A τὰ πάντα) ἐφορᾷ, ähnlich 2 Macc. 12₂₂ und 15₂. — μισοπονήρου: der

---

[1] Vergl. auch Aquila Ps. 47[48]₁₁ und dazu die Bemerkungen von FIELD II 169.

[2] Zu dem vulgären φ vergl. WINER-SCHMIEDEL § 5, 27c (S. 59 ff.); ἐφόπτας steht auch *Pap. Par. Bibl. nat.* ₁₄₄₉ (WESSELY I 78).

Gedanke ist dem A. T. geläufig;[1] zum Worte vergl. $\mu\iota\sigma\sigma\pi\sigma\nu\eta\text{-}$ $\varrho\acute{\epsilon}\omega$ 2 Macc. 4₄₆ und 8₄, $\mu\iota\sigma\sigma\pi\sigma\nu\eta\varrho\acute{\iota}\alpha$ 2 Macc. 3₁.

Z. 36 ff. $\dot{\epsilon}\pi\iota\sigma\tau\alpha\mu\acute{\epsilon}\nu\sigma\upsilon$ $\varkappa\tau\lambda$.: bekannter biblischer Gedanke, unter Benützung biblischer Formen selbständig ausgeführt.

Z. 43. $\sigma\upsilon\mu\beta\iota\sigma\tilde{\upsilon}\nu\tau\alpha\varsigma$: das Wort Sap. Sir. 13₇.

Z. 45. $\dot{\epsilon}\pi\iota\vartheta\upsilon\mu\sigma\tilde{\upsilon}\nu\tau\alpha$ mit dem Akkusativ wie nicht selten bei den LXX, vergl. z. B. Exod. 20₁₇ $\sigma\dot{\upsilon}\varkappa$ $\dot{\epsilon}\pi\iota\vartheta\upsilon\mu\acute{\eta}\sigma\epsilon\iota\varsigma$ $\tau\dot{\eta}\nu$ $\gamma\upsilon\nu\alpha\tilde{\iota}\varkappa\alpha$ $\tau\sigma\tilde{\upsilon}$ $\pi\lambda\eta\sigma\acute{\iota}\sigma\nu$ $\sigma\sigma\upsilon$.

Werfen wir einen Rückblick auf die Inschrift, so bestätigt sich uns zunächst die Vermutung, dass der Schreiber oder die Schreiberin der Tafel nicht identisch sein kann mit dem Verfasser des Textes. Wer sich so vertraut zeigt selbst mit intimeren Gedanken der griechischen Bibel, der kann nicht in den landläufigsten Dingen, wie den Namen der Erzväter und anderem, in solche naiven Irrtümer verfallen. Am richtigsten dürfte die Annahme sein, dass die Tafel mit Ausschluss der auf den Einzelfall bezüglichen Stellen aus einem Zauberbuche abgeschrieben ist und dass hierin bereits der ursprüngliche Text verderbt vorgelegen hat. Ist die Tafel selbst im dritten Jahrhundert geschrieben und liegt zwischen ihr und dem Redaktor des ursprünglichen Textes bereits eine geraume Zeit, innerhalb deren korrumpierte Abschriften entstanden und kursierten, so würde sich als *terminus ad quem* für die Abfassungszeit etwa das zweite nachchristliche Jahrhundert ergeben; indessen sind wir durch nichts gehindert, den ursprünglichen Text noch höher hinaufzurücken.

Als Ort der ursprünglichen Abfassung ist Ägypten, vielleicht Alexandrien, zu vermuten, sowohl wegen des allgemeinen Charakters des Textes, als auch wegen der ägyptischen Provenienz der mit ihm verwandten Texte.

---

[1] Vergl. auch LXX Ps. 96 [97]₁₀ $\sigma\dot{\iota}$ $\dot{\alpha}\gamma\alpha\pi\tilde{\omega}\nu\tau\epsilon\varsigma$ $\tau\dot{\sigma}\nu$ $\varkappa\acute{\upsilon}\varrho\iota\sigma\nu$ $\mu\iota\sigma\epsilon\tilde{\iota}\tau\epsilon$ $\pi\sigma\nu\eta\varrho\acute{\sigma}\nu$.

Der Verfasser ist ein griechischer Jude gewesen; das ergibt sich unwiderleglich, wie mir scheint, aus dem formellen
Charakter des Textes. Hätten wir in dem Zauberspruche eine
Aneinanderreihung wörtlicher Citate der Septuaginta, so wäre
die Annahme eines jüdischen Verfassers zwar auch die zunächst-
liegende, aber man müsste doch auch mit der Vermutung
rechnen, dass ein »Heide«, überzeugt von der Zauberkraft des
fremden Gottes, den geheimnisvollen Blättern des heiligen und
nicht immer verständlichen *Buches* dieses Gottes die *Sprüche*
entnommen hätte, etwa so, wie man zu Zauberzwecken beliebige Stellen aus Homer [1] niederschrieb und wie bis auf den
heutigen Tag aus Bibelsprüchen Amulette gemacht werden.[2]
Aber eigentlich wörtliche Citate, die als solche mechanisch
abgeschrieben sein könnten, bietet unser Text fast gar nicht,
trotz der denkbar grössten sachlichen und formalen Abhängigkeit von dem griechischen Alten Testament. Wir haben hier
ein lehrreiches Beispiel jener gedächtnismässigen Reproduktion
biblischer Stellen, die auch bei Citaten und Anspielungen in
den altchristlichen Schriften eine so grosse Rolle gespielt hat.
Der Redaktor unseres Textes hat sicherlich nicht seine griechische
Bibel nachgeschlagen, als er ein biblisches Epitheton Gottes
an das andere reihte, die Worte flossen ihm in die Feder,
ohne dass er sich im einzelnen Falle Rechenschaft gab von
ihrer Herkunft oder dass er in ängstlicher Bibliolatrie den
Buchstaben kontrollierte. So schreiben, wie er es gethan
hat, konnte nur ein Mann, der in der Bibel und zwar in der
alexandrinischen Bibel lebte und webte. Wenn ihm dabei
einiges mitunterlief, was sich aus den Septuaginta nicht direkt
belegen lässt, so spricht das nicht gegen, sondern für unsere
Auffassung. Der theologische Begriff des Kanons ist in der
Volksfrömmigkeit, ja wir dürfen sagen in der Frömmigkeit
überhaupt, noch niemals populär gewesen. Zu allen Zeiten hat
ihm eine unbewusste und unausgesprochene, aber deshalb nicht

---

[1] Vergl. zur Homeromantie besonders den *Pap. Lond.* CXXI (3. Jahrh.
n. Chr.) und dazu die Bemerkungen von KENYON 83 f.

[2] A. WUTTKE, Der deutsche Volksaberglaube der Gegenwart, 2. völlig
neue Bearbeitung, Berlin 1869, 321 f.

minder wirksame Gleichgültigkeit des religiösen Instinktes Abbruch gethan, indem er ihn sowohl einengte, als auch erweiterte. Wie viele Worte der kanonischen Bibel sind noch niemals imstande gewesen, als *heilige* Schrift zu wirken, wie vieles Ausserkanonische hat ganze Generationen mit Trost, Freudigkeit und religiösem Enthusiasmus erfüllt! Wie die Christen der neutestamentlichen Zeit nicht selten Worte als *Schrift* citieren, die man im Kanon vergebens gesucht hätte — vorausgesetzt, dass damals schon eine genaue Grenzregulierung vorgenommen oder bekannt geworden war, so zeigt auch der Text von Hadrumetum bei aller Gebundenheit an die Bibel eine unbefangene Selbständigkeit gegenüber dem Kanon.

In formeller Beziehung ist noch folgendes von Interesse. Der Text ist fast völlig frei von den grammatischen Eigentümlichkeiten der Septuaginta, welche man mit einem nicht unmissverständlichen Ausdrucke *Hebraismen* zu nennen pflegt. Ein Beleg für die auch anderweitig[1] sich zeigende Thatsache, dass der syntaktische »Einfluss« der alexandrinischen Übersetzung bei weitem nicht so stark gewesen ist, als der lexikalische. Der griechische Sprachgeist der Kaiserzeit war entgegenkommend genug, wenn es galt, den Begriffsschatz zu bereichern; die guten alten Wörter waren zum Teile abgegriffen, und man tastete nach neuen und nach dem volkstümlichen Sprachgute, als ob innere Depravation durch äussere Bereicherung wieder gut zu machen wäre. Aber man war immerhin noch spröde genug, logische Zumutungen von sich abzuhalten, die der Seele zuwider waren. Das angebliche »Judengriechisch«, dessen vornehmstes Denkmal die alexandrinische Übersetzung des Alten Testamentes sein soll, hat als lebendiger Dialekt niemals existiert. Man wird doch nicht im Ernste behaupten wollen, der unbeholfene Barbarismus des Aramäers, der den Versuch machte, sich in griechischer Sprache verständlich zu machen, habe sich in den Regeln einer »judengriechischen« Grammatik bewegt. Gewisse Eigentümlichkeiten namentlich der

---

[1] Vergl. meine Schrift Die neutestamentliche Formel »in Christo Jesu« untersucht, Marburg 1892, 66 ff.

Wortstellung werden sich ja häufig wiederholt haben, aber so
wenig man aus ähnlichen Idiotismen eines deutsch redenden
Engländers eine Syntax des englischen Hochdeutsch zusammen-
stellen wird, so wenig sollte man nach den syntaktischen Regeln
eines semitischen Griechisch suchen. Die Beobachtung, dass
die griechischen Übersetzungen semitischer Vorlagen eine mehr
oder weniger deutliche Konstanz von Semitismen zeigen, darf
uns nicht irre machen; diese Konstanz ist nicht das Ergebnis
eines in den Ghettos von Alexandrien und Rom entstandenen
und ausgebildeten Dialektes, sondern nur die maskierte Ge-
setzmässigkeit der semitischen Vorlage, die man zum Teil
weniger übersetzte, als übertünchte. Weshalb haben der Jude
Philo und der Benjaminite Paulus eine von der Art der griechischen Übersetzungen sich so deutlich abhebende Syntax?
Sie waren, obwohl im Gesetze gross geworden und darüber
nachsinnend Tag und Nacht, Alexandriner und Tarsenser, und
als solche fügten sie unbefangen ihre Worte so, wie man in
Ägypten und Kleinasien redete, nicht wie die unbeholfene
Pedanterie [1] der Studierstube sich Zeile für Zeile einem anderen
Geiste unterwerfend. Die Übersetzer des Alten Testaments
waren griechische Juden so gut wie Philo und Paulus, aber
sie kleideten sich, vielleicht in der Meinung bei ihrer heiligen
Arbeit ein priesterliches Gewand anlegen zu müssen, in eine
Zwangsjacke. Ihr Werk ist von einem Erfolge begleitet gewesen,
wie er wenigen Büchern zuteil geworden ist; es wurde eine
historische Grossmacht. Aber wenn sich auch das griechische
Judentum und das Christentum in seine Begriffswelt versenkten
und in ihr lebten, so unverdorben waren doch der Glaube und
die Sprache, dass man, natürlich ohne darüber zu reflektieren,

---

[1] Ich möchte die Andeutung nicht unterlassen, dass sich dieses Urteil
über die LXX nur auf ihre Syntax bezieht, und auch hier wird die fort-
schreitende Erforschung des ägyptischen und des volkstümlichen Griechisch
wohl noch manches als Alexandrinismus oder Vulgarismus erweisen, was
man seither als Semitismus aufgefasst hat. In lexikalischer Hinsicht
haben die Übersetzer Respektables geleistet und sich nicht selten mit
souveräner Freiheit über die Vorlage hinweggesetzt. Näheres im Abschnitt III dieser Arbeit.

das verkleidete Hebräisch nicht für heilig und erst recht nicht
für nachahmenswert gehalten hat.[1]

Sodann zeigt die Tafel von Hadrumetum eine aus der
Litteratur des hellenistischen Judentums bekannte Eigentümlichkeit, die ich auch als eine formelle glaube auffassen zu müssen.
Es ist die Häufung der Epitheta Gottes, die besonders
in Gebeten beliebt gewesen zu sein scheint.[2] Sie ist bereits
für gewisse heidnische Gebete charakteristisch; man glaubte
die Götter durch Aufzählung ihrer Epitheta zu ehren und zur
Spendung ihrer Gnaden zu bewegen.[3] Es ist mir wahrscheinlich, dass hierdurch die Form auch der jüdisch-griechischen
Gebete mitbeeinflusst ist.[4] Jedenfalls spricht sich ursprünglich
darin der gleiche naive Sinn aus, dem GRIMM mit Unrecht
»Verkennung und Mangel des ächten Gebetsgeistes« vorwirft:
man gab, um doch auch etwas zu geben, Gott gute Worte,
man appellierte gleichsam an sein göttliches Selbstgefühl. So
schmeicheln Kinder. Für diesen auch in unserem Texte deutlichen Gebetston vergleiche man das Gebet der drei Männer,
sodann 3. Macc. 2 2ff. und 6 2ff., besonders aber folgende Stellen:

2 Macc. 1 24f.: κύριε κύριε ὁ θεὸς ὁ πάντων κτίστης ὁ φο-
βερὸς καὶ ἰσχυρὸς καὶ δίκαιος καὶ ἐλεήμων, ὁ μόνος βασιλεὺς
καὶ χρηστὸς ὁ μόνος χορηγὸς ὁ μόνος δίκαιος καὶ παντοκράτωρ
καὶ αἰώνιος, ὁ διασώζων τὸν Ἰσραὴλ ἐκ παντὸς κακοῦ, ὁ ποιήσας
τοὺς πατέρας ἐκλεκτοὺς καὶ ἁγιάσας αὐτούς,

Gebet des Manasse (bei O. F. FRITZSCHE, Libri apocr. V.
T. graece p. 92) 1—4: κύριε παντοκράτωρ ὁ θεὸς τῶν πατέρων
ἡμῶν τοῦ Ἀβραὰμ καὶ Ἰσαὰκ καὶ Ἰακὼβ καὶ τοῦ σπέρματος

---

[1] Eine besondere Stellung nehmen natürlich z. B. die synoptischen
Evangelien ein, soweit ihre Bestandteile irgendwie auf aramäische Vorlagen zurückgehen. Aber auch hier sind die syntaktischen Parallelen zu
den LXX weniger eine »Nachwirkung« derselben, als eine Folge der Gleich-
artigkeit der Vorlage.

[2] GRIMM HApAT IV (1857) 45.

[3] GRIMM ebenda. Instruktiv ist z. B. die von A. DIETERICH, Abraxas
67 mitgeteilte ὑμνῳδία κρυπτή des Hermes Trismegistos, die freilich aufs
stärkste von biblischen Elementen durchsetzt ist.

[4] Man beachte jedoch schon die Form einiger Psalmen.

αὐτῶν τοῦ δικαίου, ὁ ποιήσας τὸν οὐρανὸν καὶ τὴν γῆν σὺν παντὶ τῷ κόσμῳ αὐτῶν, ὁ πεδήσας τὴν θάλασσαν τῷ λόγῳ τοῦ προστάγματός σου, ὁ κλείσας τὴν ἄβυσσον καὶ σφραγισά- μενος αὐτὴν τῷ φοβερῷ καὶ ἐνδόξῳ ὀνόματί σου, ὃν πάντα φρίσσει καὶ τρέμει ἀπὸ προσώπου δυνάμεώς σου.

Die Übereinstimmung namentlich dieses Stückes mit dem Texte von Hadrumetum ist so frappant, dass man an eine Benutzung des Gebetes des Manasse durch unseren Redaktor glauben müsste, wenn nicht eben beide in demselben Rahmen einer gebräuchlichen Form mit demselben Materiale arbeiteten. Dass diese Form im weiteren Verlaufe liturgisch von grossem Einflusse gewesen ist und noch heute aus der Monotonie mancher agendarischer Gebete zu uns spricht, kann hier nur angedeutet werden. Sie ist gewiss mit die Ursache, dass das Wort *Litanei* in unserem Sprachgebrauche eine un- angenehme Nebenbedeutung erhalten hat.

Ich habe die soeben charakterisierte Eigentümlichkeit als eine formelle bezeichnet. Denn wenn ihr Ursprung psycho- logisch auch auf eine der Religion nicht ganz fremde Stimmung hinweist, so ist doch, wo das religiöse Motiv vor dem litur- gischen, der unbefangene Sinn des wirklichen Beters vor dem litterarischen Interesse des Gebetbuchschreibers gewichen war, ihr Gebrauch im allgemeinen rein agendarisch, das heisst schematisch. Und doch sind die Epitheta Gottes im Texte von Hadrumetum auch in sachlicher Beziehung von hohem Interesse, wenn man sie nämlich auf die Auswahl hin untersucht, welche der Redaktor getroffen hat. Gewiss, sie stehen da als die Vehikel eines *Zaubers*, aber wie sehr unter- scheiden sie sich in ihrer Einfachheit und Verständlichkeit von dem wüsten Durcheinander der meisten anderen *incantamenta*. Die Umgebung, in der sie stehen, soll uns nicht hindern, sie religiös zu würdigen. Man denke sich die Beschwörung des Dämons zu den trivialen Zwecken der schmachtenden Sehn- sucht hinweg, und wir können uns einen Begriff machen von der Vorstellung, die der unbekannte Verfasser von Gott gehabt hat. Dass er ein Betrüger gewesen sei und sich der biblischen Wendungen mit Bewusstsein als Hokuspokus bedient habe, dieser

Verdacht ist ja nicht völlig ausgeschlossen; aber er lässt sich durch nichts begründen, und es wäre eine Verkennung der ungeheueren Macht, mit welcher der »abergläubische« Gedanke, in der Religion übernatürliche Kräfte zu besitzen, das Volksgemüt zu allen Zeiten beherrscht hat, wenn man die litterarischen Vertreter der Zauberei ohne weiteres für Schwindler erklären wollte. Unser Redaktor hat gerade wegen der verhältnismässigen Schlichtheit seiner Formeln einen Anspruch darauf, ernst genommen zu werden. Da fallen denn vor allem die Gedanken auf, welche die Allmacht Gottes bezeugen. Der Gott, durch den er den Dämon beschwört, ist ihm der Schöpfer, Erhalter und Beherrscher der Natur im weitesten Sinne; er hat natürlich die Kraft, den armseligen Geist des Grabes zu zermalmen. Aber neben dieser mehr den Sinnen als dem Gewissen imponierenden Auffassung Gottes, an der die religiöse Poesie des biblischen und nachbiblischen Judentums sich immer wieder erbaute,[1] hat sich der unbekannte Mann doch auch aus dem Besten des jüdischen Glaubens das Beste gerettet, den ethischen Gott des Prophetismus, der die Frommen absondert von den Frevlern, weil er das Böse hasst, und dessen »Furcht« der Anfang der Weisheit ist.

So ist die Tafel von Hadrumetum ein Denkmal des alexandrinischen Alten Testaments. Sie zeigt nicht nur, welchen gewaltigen formalen Einfluss die griechische Bibel, namentlich das Gesangbuch der griechischen Bibel, auf die Schichten gehabt hat, die ausserhalb des officiellen Schattens der Synagoge und Kirche lebten und sich deshalb der Geschichte gern entziehen, sie lässt uns auch ahnen, dass die ewigen Gedanken des Alten Testaments selbst da ihre Keimkraft nicht ganz verloren hatten, wo sie, spät und abseits, scheinbar unter die Dornen gefallen waren.

---

[1] Für eine etwas entlegenere Verwendung dieser Gedanken vergl. J. Bernays, Die heraklitischen Briefe, Berlin 1869, 29. Die Zauberpapyri bieten hierfür eine Menge von Belegen.

III.

Beiträge
zur Sprachgeschichte der griechischen Bibel.

ἀνοίγω τὰ μνήματα ὑμῶν καὶ ἀνάξω ὑμᾶς ἐκ τῶν
μνημάτων ὑμῶν καὶ εἰσάξω ὑμᾶς εἰς τὴν γῆν τοῦ
Ἰσραήλ.

Seitdem man über die Sprache der griechischen Bibel zuerst nachgedacht hat, muss sich der heilige Text die sonderbarsten Meinungen gefallen lassen.

Es hat eine Zeit gegeben, in der man das Griechisch des Neuen Testaments· für das wahrhaft klassische gehalten hat; natürlich, denn der heilige Geist, der sich der Apostel als seiner Schreibrohre bediente, konnte seine Gedanken nur in das würdigste Gewand kleiden. Diese Zeit ist vorbei: die fast zum Dogma erstarrte Lehre von der Inspiration zerbröckelt von Tag zu Tage mehr, und unter dem Schutte der ehrwürdigen Ruine warten die menschlichen Werke der frömmeren Vorzeit unversehrt auf den entzückten Beschauer. Wer sich mit freiem Blicke dem Eindrucke hingibt, den die Sprache der ältesten Christen macht, für den ist es völlig sicher, dass das Griechisch des Neuen Testaments seine geschichtlichen Anknüpfungspunkte nicht in der Zeit des Epos und der attischen klassischen Litteratur hat. Paulus hat so wenig die Sprache der homerischen Gedichte oder der Tragiker und des Demosthenes geredet, wie Luther die Sprache des Nibelungenliedes.

Und doch fehlt noch viel, bis die Einwirkung des Inspirationsgedankens auf die Erforschung der altchristlichen Gräcität beseitigt ist. Macht sie sich auch nicht mehr in jenem pathetischen Werturteile geltend, so zeigt sie sich doch in der heimlich weit verbreiteten Meinung, als repräsentiere »Das Neue Testament« sprachlich eine Einheit und eine Individualität: man glaubt die im Kanon enthaltenen Schriften als Gegenstand der Sprachforschung isolieren zu sollen und innerhalb dieses Bezirkes die Gesetze eines eigentümlichen »Sprachgeistes« nachweisen zu können. Darum kann man in theologischen Kommentaren

selbst bei religiös ganz neutralen Ausdrücken die Bemerkung
finden, sie seien »neutestamentliche« ἅπαξ λεγόμενα,[1] und man
liest in einer philologischen Untersuchung über die sprachlichen
Verhältnisse der Atticisten bei einer eigentümlichen Struktur
die missverständliche Notiz, »im N. T.« komme dergleichen
nicht vor.[2] Oder es handelt sich darum, die Bedeutung eines
Wortes in der Apostelgeschichte festzustellen; dasselbe steht im
Neuen Testament noch öfter, aber in einem Sinne, der an der
betreffenden Stelle bei weitem nicht so gut passt, wie ein
anderer, der sich etwa aus Galen belegen lässt. Würde der
Versuch, das »neutestamentliche« Lexikon aus Galen zu bereichern, nicht sofort auf den lebhaftesten Widerspruch derer
stossen, denen der einheitliche, in sich abgeschlossene materiale
und formale Charakter der »neutestamentlichen« Sprache feststeht? Sie würden die Behauptung entgegenhalten, »im Neuen
Testament« werde jenes Wort in dem und dem Sinne gebraucht,
also auch in der Apostelgeschichte.

In Hunderten von derartigen kleinen Bemerkungen der
Litteratur deutet sich so die methodische Voraussetzung an,

---

[1] Wenn solche Bemerkungen nicht völlig nichtssagend sein sollen, so
können sie nur dann einen Sinn haben, wenn vorausgesetzt ist, dass »der
Sprachgeist des Neuen Testaments« bestimmte Wörter und Strukturen nicht
liebe. Ganz anders verhält es sich natürlich mit der Notierung von ἅπαξ
λεγόμενα eines bestimmten greifbaren Schriftstellers, wie z. B. des Paulus.

[2] W. SCHMID, Der Atticismus in seinen Hauptvertretern von Dionysius von Halikarnass bis auf den zweiten Philostratus III, Stuttgart
1893, 338. Es handelt sich dort um das zwischen Präposition und Nomen
eingeschobene καί. Ich glaube nicht, dass SCHMID, dessen Buch für das
Verständnis der biblischen Texte hochbedeutsam ist, die oben angedeutete verkehrte Meinung, wenn er sie principiell entscheiden sollte, vertreten würde, zumal der Zusammenhang der citierten Stelle mich vermuten
lässt, dass er »das N. T.« als volkstümliches Litteraturdenkmal hier der
beabsichtigten Eleganz [?] des Älian entgegensetzen will. Aber diese Zusam-
menfassung der verschiedenen Schriften des Kanons unter den sprach-
wissenschaftlichen Begriff *Neues Testament* ist eine Mechanisierung.
Wer sagt uns, dass z. B. Paulus nicht auch hier und da absichtlich nach
Eleganz des Ausdrucks gestrebt hat? Gerade das angeblich nicht neutestamentliche μετὰ καί scheint mir Phil. 4₃ vorzuliegen (anders Act.
Ap. 25₁₂ σύν τε — καί), vergl. ἅμα σύν 1 Thess. 4₁₇ u. 5₁₀.

dass »das Neue Testament« ein sprachwissenschaftlicher Bezirk
sei, etwa wie Herodot oder Polybius. Man überträgt den Begriff
des Kanons auf die Sprache und konstruiert eine sakrale Gräcität
des Urchristentums.[1]

Es ist nur eine Erweiterung dieser Voraussetzung, wenn
die »neutestamentliche« Gräcität in den grösseren Zusammenhang einer »biblischen« Gräcität hineingestellt wird. »Das
Neue Testament« redet die Sprache der Septuaginta — in
diesem ebenfalls sehr beliebten Satze liegt die doppelte Theorie,
dass die LXX ein ihnen eigentümliches Idiom gesprochen haben
und dass dasselbe dann auch den Männern des Neuen Testaments eigen gewesen sei. Würde diese Theorie auf die lexikalischen Elemente beschränkt, so hätte sie ein gewisses Recht.
Aber sie wird auch auf die syntaktischen Verhältnisse ausge-
dehnt, und Eigentümlichkeiten z. B. der Prothesie des Paulus
werden ohne weiteres durch den angeblich übereinstimmenden
LXX-Gebrauch erklärt.

Die angedeutete Theorie ist in der Auslegung eine Grossmacht, und es soll nicht geleugnet werden, dass sie eines gewissen einschmeichelnden Charakters nicht entbehrt. Sie ist
erbaulich, und mehr als das, sie ist bequem. Aber sie ist
verkehrt. Sie mechanisiert die wundervolle Mannigfaltigkeit
der sprachlichen Elemente der griechischen Bibel und kann
weder sprachpsychologisch, noch historisch begründet werden.
Sie erschwert das sprachliche Verständnis der biblischen Texte
in demselben Masse, wie die Inspirationslehre überhaupt der

---

[1] Selbstverständlich hat die Sprache der ersten Christen eine Reihe
von ihr eigentümlichen religiösen Begriffen, die sie zum Teil neu bildete,
zum Teil aus vorhandenen Ausdrücken zu technischen Termini erhoben
hat. Aber diese Thatsache ist nicht auf das Urchristentum zu beschränken, sondern zeigt sich bei allen neuen Kulturbewegungen: die
Vertreter eigenartiger Gedanken bereichern die Sprache stets durch individuelle Begriffe. Diese Bereicherung erstreckt sich aber nicht auf die
»Syntax«, deren Gesetze vielmehr auf neutralem Boden entstehen und sich
modificieren.

geschichtlichen und der religiösen Wertung der heiligen Schrift
hinderlich gewesen ist. Sie nimmt die im Kanon oder in den
beiden Bänden des Kanons zusammengestellten Sprachdenk-
mäler, die unter den verschiedensten Bedingungen, zu den verschiedensten Zeiten und an den verschiedensten Orten entstanden
sind, als einheitliche Grösse hin und übersieht die Spuren, die
von dem feierlichen Schritte der Jahrhunderte ihr stilles Zeugnis
ablegen. Ich mache mir die Tragweite dieser Methode an einer
Analogie klar. Wenn jemand den Kanon Muratori, ein paar
Italafragmente, die Hauptschriften Tertullians, die Bekenntnisse
Augustins, die lateinischen Katakombeninschriften der römischen
Christen und eine alte lateinische Übersetzung des Josephus in
einem grossen Corpus vereinigen und behaupten würde, hier
hätte man Denkmäler »der« altkirchlichen Latinität, er würde
auf denselben Abweg geraten sein, wie die Wanderer nach
dem Trugbilde »der« biblischen Gräcität. Dass in jenem
Corpus eine gewisse sprachliche Einheit vorhanden wäre, kann
nicht in Abrede gestellt werden, aber diese Einheit würde nicht
auf der Thatsache beruhen, dass es samt und sonders »kirchliche« Schriften sind, die man vor sich hat, sondern auf der
trivialen Wahrheit, dass es samt und sonders spätlateinische
Schriften sind. Genau so darf alles, was in der griechischen
Bibel nach einer sprachlichen Einheit aussieht, nicht auf den
zufälligen Umstand zurückgeführt werden, dass ihre Texte
zwischen denselben Buchdeckeln des Kanons vereinigt sind. Die
Einheit gründet sich lediglich auf den historischen Thatbestand,
dass diese Texte sämtlich spätgriechisch sind. Die sprachliche
Einheit der griechischen Bibel hebt sich ab auf dem Hintergrunde
der klassischen, nicht der gleichzeitigen »profanen« Gräcität.

Für die Erforschung der griechischen Bibel gilt es daher,
sich vor allen Dingen des methodischen Gedankens der sakralen
Individualität ihrer Texte zu entschlagen. Indem wir den zum
Dogma gewordenen Grundsatz ihrer sprachlichen Zusammen-
pferchung und Isolierung durchbrechen, müssen wir nach einer
Erkenntnis der einzelnen, unter einander heterogenen Elemente
des »biblischen« Griechisch streben und diese auf ihre historischen Grundlagen untersuchen.

Wir haben zu beginnen mit dem griechischen Alten
Testament. Die LXX haben einen semitischen Text in ihre
Sprache übersetzt. Diese Sprache war der ägyptisch-alexan-
drinische Dialekt. Aus beiden Thatsachen ergiebt sich die
Methode der Forschung.

Übersieht man, dass es eine Übersetzung ist, die wir vor
uns haben, so gibt man damit ein wichtiges Erkenntnismittel
ihres sprachlichen Charakters aus der Hand. Die Übersetzung
ist methodisch sehr verschieden von dem, was wir heute so
nennen. Vergleicht man die Arbeitsweise der alexandrinischen
Theologen etwa mit der Methode, die WEIZSÄCKER bei der
Übersetzung der Paulusbriefe angewandt hat, so wird der
Unterschied sofort klar. War es Unbeholfenheit, war es Pietät,
was jene Männer an vielen Stellen geleitet hat? Wer kann es
wissen! Eines ist sicher, so unerhört der Gedanke, das heilige
Buch einer anderen Sprache zugänglich zu machen, für die
damalige Zeit gewesen ist, so hülflos mussten die Übersetzer
sich fühlen, wenn sie etwa über die richtige Methode einer
Übertragung aus dem Semitischen ins Griechische hätten Rechenschaft ablegen sollen. Sie haben in einer glücklichen natürlichen Unkenntnis hermeneutischer Gesetze [1] gearbeitet, und man
muss staunen über das, was sie trotzdem geleistet haben. Die

---

[1] In ganz anderer Weise ist einige Jahrhunderte später ein wichtiges
semitisches Werk ins Griechische umgearbeitet worden, die Urschrift des
Jüdischen Krieges von Josephus. Er selbst berichtet in der Vorrede, dass
er es zuerst in vaterländischer (d. h. aramäischer) Sprache verfasst habe.
Bei der Umarbeitung zog er des griechischen Stiles wegen Mitarbeiter zu
Rate (c. Ap. I 9), vergl. SCHÜRER I (1890) 60 f. Wir haben hier also
den Fall, dass mit der bewussten Absicht, griechische Eleganz zu erreichen,
ein semitischer Text unter griechischer Kontrolle übersetzt worden ist.
Streng genommen dürfte der Jüdische Krieg daher nicht als Quelle für
den Stil des Semiten Josephus benutzt werden. Anders verhält es sich
mit den Altertümern, wenn sie formell nicht ebenfalls redigiert sein sollten.
Übrigens hat GUIL. SCHMIDT, De Flavii Iosephi elocutione observationes
criticae, FLECK. Jahrbb. Suppl. XX (1894) 514 ff. — höchst lehrreich für
die Frage nach dem »Einflusse« des semitischen Sprachgefühles — nachgewiesen, dass sich bei Josephus höchstens ein einziger Hebraismus findet,
noch dazu ein lexikalischer, der Gebrauch von προστίθεσθαι = יסף.

Hauptschwierigkeit lag für sie nicht in den lexikalischen, sondern in den syntaktischen Verhältnissen der Vorlage. An der Syntax des hebräischen Textes sind sie in vielen Fällen gestrauchelt; sie haben dem gravitätisch einherschreitenden Hebräer ihr leichtes heimatliches Gewand übergeworfen, ohne unter dessen Falten die welsche Eigenart der Bewegungen des Fremdlings verbergen zu können. So entstand ein papierenes semitisches Griechisch,[1] das weder vorher noch nachher ein Mensch gesprochen geschweige litterarisch vertreten hat.[2] Die Meinung, die Übersetzer hätten es bequem gehabt, weil ein längst vorhandenes »Judengriechisch« ihrer syntaktischen Aufgabe entgegen kam,[3] ist kaum zu halten. Wir haben ja aus Alexandria eine ganze Reihe anderer jüdischer Texte,[4] aber lassen sich

---

[1] Vergl. die Bemerkungen von WINER, adoptiert von SCHMIEDEL, WINER-SCHMIEDEL § 4, 1 b (S. 25 f.), über das von dem Übersetzergriechisch unabhängige Griechisch der lebendigen Volkssprache der Juden. Doch beachte man meine Notiz unten S. 69 Anm. 1.

[2] Vergl. oben S. 50 ff.

[3] Besonders J. WELLHAUSEN vertritt diese Meinung, vergl. seine Bemerkungen bei F. BLEEK, Einleitung in das A. T.[4], Berlin 1878, 578 und schon Der Text der Bücher Samuelis untersucht, Göttingen 1871, 11. Gerade das Beispiel indessen, das er an der letzten Stelle anführt, ist für unsere Auffassung instruktiv. 1 Sam. 4₂ u. ₃ steht zweimal das Verbum πταίω, das erste Mal intransitiv, das zweite Mal transitiv; es entspricht dort dem Niphal, hier dem Qal von נגף. WELLHAUSEN hält es mit Recht für unglaublich, dass die LXX »nicht Willens oder im Stande gewesen wären,« den »Unterschied zwischen Qal und Hifil u. s. w.« durch zwei griechische Wörter auszudrücken. Wenn er aber das zweimalige πταίω in der verschiedenen Bedeutung auf den schon vorhandenen Sprachgebrauch der Volksgenossen der LXX (d. h. im Zusammenhange: der alexandrinischen Juden) zurückführt, so übersieht er, dass πταίω auch im transitiven Sinne griechisch ist. Die LXX vermieden einen Wechsel des Verbums, weil sie dieselbe hebräische Wurzel durch dasselbe griechische Wort wiedergeben wollten, und ein Grieche konnte in diesem Falle nichts dagegen einwenden. — Von einer anderen Eigentümlichkeit der LXX, dem stehenden Gebrauche »des griechischen Aoristes als Inchoativ entsprechend dem hebräischen Perfectum«, gibt WELLHAUSEN selbst zu, dass »hier das classische Hellenisch Anknüpfungspunkte bot.«

[4] Zu den hierher gehörenden litterarischen Quellen sind neuerdings Fragmente von Aktenstücken getreten, die sich auf den jüdischen Krieg

ihre Eigenheiten nur im entferntesten mit den im Augenblicke
entstandenen Sonderbarkeiten der LXX vergleichen?¹ Bis wirkliche Denkmäler eines originalen Judengriechisch nachgewiesen
werden, muss es gestattet sein, die an sich wahrscheinliche
Vermutung, dass es nie als lebendige Sprache existiert habe,
weiter zu vertreten.

Trajans beziehen und jedenfalls von einem alexandrinischen Juden verfasst
sind: *Pap. Par.* 68 (*Notices* XVIII 2 S. 383 ff.) und *Pap. Lond.* 1 (Kenyon
229 f.); vergl. Schürer I 53, näheres und neue Lesung bei U. Wilcken,
Ein Aktenstück zum jüdischen Kriege Trajans, Hermes XXVII (1892)
464 ff. (siehe schon Hermes XXII [1887] 487), dazu GGA 1894, 749. Auch
Pap. Berol. 8111 (BU XI S. 333 Nr. 341) gehört dazu. Ich kann mit
dem besten Willen nicht finden, dass sich der leider sehr grosse
lesbare Teil der Fragmente sprachlich im geringsten von den nichtjüdischen
gleichzeitigen Papyri unterscheidet. — Die Fragmente bieten, auch abgesehen von ihrem historischen Werte, einiges Interessante. Ich nenne
κωστωδία (Mt. 27₆₅ f., 28₁₁ κουστωδία, Mt. 27₆₆ Cod. A κωστουδία; Cod.
D schreibt κουστουδία), ἀχρεῖοι δοῦλοι (Luc. 17₁₀ vergl. Mt. 25₃₀). In den
ὅσιοι Ἰουδαῖοι mit Wilcken gerade Nachfolger der Ἀσιδαῖοι der Makkabäer-
zeit zu erblicken, empfiehlt sich kaum; der Ausdruck bezeichnet nicht
eine Richtung innerhalb des alexandrinischen Judentums, sondern ist wohl
allgemeine ehrende Selbstbezeichnung. — Wilcken hat übrigens auch die
Veröffentlichung eines anderen Papyrusfragments in Aussicht gestellt
(Hermes XXVII 474), welches einen Bericht über den Empfang einer
jüdischen Gesandtschaft beim Kaiser Claudius in Rom enthält.

¹ Von der höchsten Bedeutung ist in dieser Frage das sprachliche
Verhältnis des Sirachprologes zu der folgenden Übersetzung des Buches
(vergl. das ähnliche Verhältnis des Lukasprologes zu den Hauptbestandteilen
des Evangeliums, unten S. 71 Anm. 1). Der Prolog ist lang genug, um eine
erfolgreiche Vergleichung zu gestatten; niemand wird sich des Eindruckes
erwehren können, dass hier ein alexandrinischer Grieche, nachher ein
verkleideter Semite redet. Der Übersetzer selbst hat das richtige Gefühl
gehabt, wie sehr eine solche Grücisierung eines semitischen Textes sich
vom Griechischen — und das ist die von ihm gesprochene und im
Prologe geschriebene Sprache — unterscheidet. Er bittet um Nachsicht,
wenn sein Werk trotz des aufgewandten Fleisses den Eindruck mache
τισὶ τῶν λέξεων ἀδυναμεῖν· οὐ γὰρ ἰσοδυναμεῖ αὐτὰ ἐν ἑαυτοῖς Ἑβραϊστὶ
λεγόμενα καὶ ὅταν μεταχθῇ εἰς ἑτέραν γλῶσσαν. Wer den griechischen
Sirach zu den Denkmälern eines als lebendige Sprache aufgefassten »Judengriechisch« rechnet, muss nachweisen, weshalb der Übersetzer, wo er nicht
als Übersetzer redet, Alexandrinergriechisch spricht.

So ist die Thatsache, dass das alexandrinische Alte Testament Übersetzung ist, von grundlegender Wichtigkeit für seine
syntaktische Gesamtbeurteilung. Aus seinen »Hebraismen«
lässt sich nichts für die von den gleichzeitigen hellenistischen
Juden wirklich gesprochene Sprache entnehmen; sie sind nichts
weiter, als Belege für die völlige Verschiedenheit der semitischen
und der griechischen Syntax. Eine andere Frage ist, ob sie
nicht etwa auf die Leser der Folgezeit sprachlich eingewirkt
haben; es könnte ja sein, dass das papierene Judengriechisch
bei immer wiederholtem Lesen das Sprachgefühl der späteren
Juden und der ersten Christen beeinflusst und umgebildet habe.
Für gewisse lexikalische Erscheinungen ist diese Vermutung
natürlich ohne weiteres zu begründen; die originalgriechischen
Apokryphen des A. T., Philo, Josephus, Paulus, die altchristlichen Epistolographen bewegen sich mehr oder weniger alle
in dem religiös-ethischen Begriffsschatze, den die LXX boten.
Es ist auch sehr wohl denkbar, dass gewisse aus den Psalmen
oder dem Gesetze geläufige Formeln und formelhafte Wendungen
von dem einen oder anderen adoptiert wurden oder dass das
litterarische Pathos hier und da einmal absichtlich die harte
fremdartige Feierlichkeit der für *biblisch* gehaltenen Redeweise
nachahmte. Aber ein principieller Einfluss der LXX auf das
syntaktische das heisst logische Empfinden eines Kleinasiaten
oder Abendländers ist unwahrscheinlich, und es ist höchst
gewagt, gewisse grammatische Erscheinungen z. B. der Paulusbriefe ohne weiteres mit zufälligen Ähnlichkeiten der Bibelüber-
setzung zusammenzustellen. Eine genauere Erforschung der
alexandrinischen Gräcität wird übrigens, wie bereits angedeutet,
ergeben, dass weit mehr angebliche Hebraismen der LXX, als
man gewöhnlich annimmt, thatsächlich ägyptische oder gemein-
griechische Spracherscheinungen sind.[1]

Damit sind wir auf den zweiten Punkt gekommen: die
siebzig Dolmetscher haben von Hause aus das ägyptische

---

[1] Nachweise für den griechischen Charakter angeblicher Hebraismen
bei Josephus von U. von WILAMOWITZ - MOELLENDORFF u. GUIL. SCHMIDT in
der citierten Studie des letzteren 515 f. u. 421. — Vergl. schon oben S. 45.

Griechisch der Ptolemäerzeit geredet und geschrieben. Mussten sie es als Übersetzer in syntaktischer Hinsicht oft verbergen oder verkleiden, so konnten sie bei der lexikalischen Arbeit um so ungezwungener aus dem reichen Begriffsschatze ihrer hochkultivierten Umgebung der bunten Mannigfaltigkeit der Bibel gerecht werden. So ist denn ihr Werk eine der wichtigsten Urkunden der ägyptischen Gräcität.[1] Umgekehrt wird das Verständnis seines specifisch ägyptischen Charakters nur durch einen Vergleich mit alle dem ermöglicht, was wir von der Ptolemäerzeit ab bis etwa auf Origenes[2] an Schriftdenkmälern des griechischen Ägyptens besitzen. Seitdem F. W. Sturz[3] seine Studien hierüber angestellt hat, ist nahezu ein Jahrhundert vergangen, das eine Unzahl neuer Quellen erschlossen hat. Schon eine methodische Verwertung der ägyptischen griechischen Inschriften konnte der Septuaginta-Forschung neues Blut zuführen; neuerdings sind wir durch die Papyrusfunde in die Lage versetzt, den ägyptischen Dialekt durch Jahrhunderte hindurch sozusagen urkundlich kontrollieren zu können. Ein grosser Teil der Papyri, für uns jedenfalls der wertvollste, stammt aus der Ptolemäerzeit selbst; diese ehrwürdigen Blätter sind im Original genau so alt, wie das in jungen Abschriften auf uns gekommene Werk der jüdischen Übersetzer.[4] Es ist ein eigenartiges Gefühl der reizvollsten Unmittelbarkeit, ich möchte sagen der auferstandenen historischen Wirklichkeit, das uns ergreift, wenn wir diese Blätter betrachten: so haben

---

[1] Vergl. die Bemerkungen von Brugsch, Rhein. Mus. für Philologie N. F. XLVI (1891) 208 ff.

[2] In der reichen patristischen Litteratur aus Ägypten steckt viel Material für die Erforschung der ägyptischen Gräcität. Man soll sich hier den »Einfluss« namentlich des Lexikons der LXX nicht allzugross vorstellen. Vieles haben die ägyptischen Väter wohl noch aus der lebendigen Umgangssprache ihrer Zeit gehabt, und man braucht nicht immer Entlehnungen aus den LXX anzunehmen. Zur Kontrolle können die Papyri des 2. u. 3. Jahrhunderts n. Chr. dienen.

[3] *De dialecto Macedonica et Alexandrina liber, Lipsiae 1808.*

[4] Selbst aus der Zeit des in der LXX-Legende so wichtigen Ptolemäus II. Philadelphus besitzen wir Papyri.

auch die Siebzig, die vielgenannten, die unnahbaren, geschrieben,
auf dasselbe Material, mit denselben Buchstaben und in derselben Sprache. Über ihr Werk ist eine inhaltreiche Geschichte
von zwanzig Jahrhunderten dahingezogen; hervorgegangen aus
einem so wirkungsvollen Selbstbewusstsein des Judentums, wie
es nie wieder erreicht worden ist, hat es dem Christentume
Weltreligion werden helfen; es hat den Scharfsinn und die
Sorgfalt der jungen christlichen Theologie beschäftigt und war
in Bibliotheken zu finden, wo man den Homer und den Cicero
vergeblich gesucht hätte; dann war es scheinbar vergessen,
aber in seinen Tochterübersetzungen beherrschte es doch die
vielsprachige Christenheit; — verstümmelt, nicht in der ursprünglichen Wahrheit ist es uns von der Vorzeit übergeben
und bietet der Rätsel und Aufgaben so viele, dass nicht nur
die fertige Unwissenheit, sondern oft auch die Resignation
der Besten nicht herantreten mag. Inzwischen ruhten jene
gleichaltrigen Papyrusurkunden in ihren Gräbern und unter
dem sich häufenden Schutte; aber unser suchendes Zeitalter
hat sie erstehen lassen, und was sie dankbar aus der Vergangenheit berichten, das kommt auch dem Verständnisse des
griechischen Alten Testaments zu gute. Sie gewähren uns Einblicke in das hochentwickelte Kulturleben der Ptolemäerzeit;
wir lernen die gespreizte Sprache des Hofes, die technischen
Ausdrücke der Industrie, des Ackerbaus und des Rechts kennen,
wir blicken ins Innere des Serapisklosters und in die vor der
Geschichte sich versteckenden Verhältnisse der Familie. Wir
hören das Volk und die Beamten reden, unbefangen, weil ohne
die Absicht Litteratur zu machen. Eingaben und Bescheide,
Briefe, Rechnungen und Quittungen — das sind im wesentlichen
die alten Blätter; der Historiker der Staatsaktionen wird sie
enttäuscht beiseite legen, und nur dem Erforscher der Litteratur
bieten sich Autorenfragmente von allgemeinerer Bedeutung.
Aber trotz des zunächst trivial erscheinenden Inhaltes sind die
Papyri für das Verständnis der LXX-Sprache von der höchsten
Wichtigkeit,[1] weil sie unmittelbare Quellen sind, weil dieselben

[1] Auch in formeller Hinsicht dürfte wenigstens ein Teil der Papyri
für die LXX von Bedeutung sein. Ich meine die von geschulten Kanzlei-

Verhältnisse des Lebens auch in der Bibel zur Sprache kommen und ins ägyptische Griechisch übersetzt worden sind. Natürlich werden auch die dunkelen Texte der Papyri durch die LXX oft ihr Licht erhalten; einsichtige Herausgeber haben daher auch begonnen, die LXX heranzuziehen, und ich glaube, dass sich hierdurch noch vieles erreichen liesse. Mit einigen der folgenden Artikel hoffe ich umgekehrt den Wert der ägyptischen Papyri und Inschriften für die Erforschung der LXX glaubhaft gemacht zu haben. Ich habe im wesentlichen die vorchristlichen Quellen[1] herangezogen; aber auch die aus der früheren Kaiserzeit werden sicher noch reiche Ausbeute gewähren. Eine Beobachtung scheint mir über jeden Zweifel erhaben zu sein: die Vorliebe der Übersetzer für die technischen Ausdrücke ihrer Umgebung. Auch sie verstanden es, den Ägyptern ihre Schätze zu entwenden. Technische, manchmal auch nichttechnische Begriffe der hebräischen Vorlage haben sie gern durch technische Begriffe der Ptolemäerzeit wiedergegeben.[2] Dadurch haben sie die Bibel hier und da nicht nur ägyptisiert, sondern von ihrem Standpunkte aus auch modernisiert. Manche Sonderbarkeiten, aus denen man sonst gar eine Differenz des ihnen

---

beamten geschriebenen, mit den LXX etwa gleichzeitigen officiellen Bescheide. Während die Orthographie der Briefe und ähnlicher Privaturkunden wie bei uns zum Teil sehr willkürlich ist, scheint mir hier eine gewisse Einheitlichkeit vorhanden zu sein. Man wird annehmen dürfen, dass die LXX als »Gebildete« sich der officiellen Orthographie ihrer Umgebung befleissigten. — Auf die Papyri haben in der LXX-Forschung bereits verwiesen H. W. J. Thiersch, *de Pentateuchi versione Alexandrina libri tres, Erlangae 1841,* 87 ff., neuerdings B. Jacob, Das Buch Esther bei den LXX, ZAW X (1890) 241 ff. Für die Kritik des Aristeasbriefes sind die Papyri ebenfalls von hohem Werte; Winke geben die Schriften von Giac. Lumbroso.

[1] U. Wilcken bereitet eine Sammlung der Ptolemäertexte vor (DLZ XIV [1893] 265). Bis dahin sind wir auf die in den verschiedenen Ausgaben zerstreuten, zum Teil schwer benutzbaren Texte angewiesen.

[2] Besonders lehrreich ist, dass Begriffe der Hofsprache zum Ausdrucke religiöser Verhältnisse herangezogen wurden, umgekehrt wie bei uns der Servilismus und die Ironie z. B. das Wort *Gnade* profanieren. Auch die Begriffe der Rechtssprache erlangten eine hohe Bedeutung im religiösen Gebrauche.

vorliegenden Textes von dem unsrigen wittern könnte, erklären
sich, wie mir scheint, durch jenes Bestreben, sich den Ägyptern
verständlich zu machen. Vom Standpunkte des modernen
Übersetzers aus ist dieses Bestreben natürlich unberechtigt; die
antiken Gelehrten, die den Begriff »historisch« nicht kannten,
haben ganz naiv gearbeitet, und wenn man ihnen deshalb die
Verwischung mancher zeitlichen und örtlichen Besonderheiten der
Bibel[1] verzeihen kann, so wird man auf der anderen Seite das
Geschick bewundern dürfen, mit dem sie ihre falsch gestellte
Aufgabe zu lösen suchten. Für ein künftiges Lexikon der
LXX[2] ergibt sich aus solchen Beobachtungen die Forderung,
sich mit der Aufstellung von Gleichungen nicht zu begnügen;
in gewissen Fällen entspricht das gewählte griechische Wort
durchaus nicht der hebräischen Vorlage, und es wäre ein
schwerer Irrtum, wollte man überall annehmen, die LXX hätten
dieses oder jenes Wort im Sinne des betreffenden hebräischen
gebraucht. Sehr oft haben die LXX die Vorlage nicht übersetzt, sondern ersetzt, und die wirkliche Bedeutung des Ersatz-
wortes kann natürlich nur aus der ägyptischen Gräcität heraus
ermittelt werden. Ein LXX-Lexikon wird nur dann Anspruch
auf Brauchbarkeit erheben können, wenn es zu jedem Worte
mitteilt, was sich etwa aus den ägyptischen Quellen ermitteln
lässt. An einigen Stellen haben die Übersetzer die Vorlage

---

[1] Ganz ähnliche Modernisierungen und Germanisierungen technischer
Begriffe finden sich auch in Luthers Übersetzung. Luther hat auch manche
religiös-ethisch wichtige Begriffe bei scheinbar wörtlicher Übersetzung
dogmatisch nüanciert; mir ist immer besonders lehrreich gewesen seine
Übersetzung des paulinischen *υἱοὶ θεοῦ* durch *Kinder Gottes*, des *υἱός
θεοῦ* durch *Sohn Gottes*. Das dogmatische Gefühl sträubte sich gegen
eine gleichartige Übersetzung von *υἱός* in beiden Fällen: es wollte weder
die Christen *Söhne Gottes*, noch den Herrn *das Kind Gottes* nennen und
differenzierte daher das Wort *υἱός*. Man erinnere sich auch der Übersetzung *νόημα* 2 Cor. 10. durch *Vernunft*, wodurch der Satz *fides prae-
cedit intellectum* biblisch belegt wurde.

[2] Das himmelschreiende Bedürfnis eines LXX-Lexikons sollte nicht
durch den Hinweis auf den traurigen Zustand des Textes abgefertigt
werden. Für die Textkritik ist die Kenntnis der lexikalischen Verhältnisse
doch selbst eine Vorbedingung.

nicht mehr verstanden; man denke nur an die Fälle, in denen
sie hebräische Wörter, auch Nichteigennamen, einfach transskribieren. Aber im allgemeinen haben sie gut hebräisch ge-
konnt oder sind doch gut beraten worden. Wenn sich nun
durch eine Vergleichung ihrer Übersetzung mit der Vorlage
eine Verschiedenheit der Bedeutungen des hebräischen und des
griechischen Wortes ergeben sollte, so darf hieraus nicht ohne
weiteres auf einen Mangel an Verständnis geschlossen werden:
nicht selten verraten gerade solche Fälle den nachdenklichen
Fleiss der Gelehrten.

Was von der Erforschung der LXX im engeren Sinne gilt,
das muss auch bei den sonstigen Übersetzungen semitischer Vorlagen ins Griechische beachtet werden.
Für Eigentümlichkeiten der Syntax und des Stiles ist zunächst
nicht ein angebliches Judengriechisch der Übersetzer, sondern
der Zustand der Vorlage verantwortlich zu machen. Nicht nur
viele der alttestamentlichen Apokryphen sind nach diesem Grund-
satze sprachlich zu beurteilen, sondern auch die synoptischen
Evangelien, soweit sie Bestandteile umfassen, die ursprünglich
aramäisch gedacht und gesprochen sind.[1] Schon für die
hierhergehörenden Apokryphen ist die Aufgabe erschwert
durch das Fehlen der Vorlage; aber an manchen Stellen wird
der Forscher, der von den LXX herkommt, die Vorlage mit
einiger Sicherheit rekonstruieren und sich damit das not-
wendigste Hilfsmittel wenigstens einigermassen verschaffen

---

[1] Der These von WINER und SCHMIEDEL (an der oben S. 62 Anm. 1 genannten Stelle), zur Ermittelung des »unabhängigen« (im Gegensatze zu
dem durch die Vorlage gebundenen LXX-Griechisch) Griechisch der Juden
müsse man sich »an den erzählenden Stil der Apokryphen, der Evangelien
und der Apostelgeschichte« halten, kann ich nicht zustimmen. Unter
»den« Apokryphen und »den« Evangelien finden sich doch starke Bestandteile, die als Übersetzungen ebensowenig »unabhängig« sind, wie das
Werk der LXX. — Auch bei einigen Teilen der Apokalypse des Johannes
muss wohl die Frage gestellt werden, ob sie nicht irgendwie auf eine
semitische Vorlage zurückgehen.

können. Ungünstiger steht die Sache bei den synoptischen Worten Jesu sowie seiner Freunde und Gegner, die zum ursprünglichsten Bestande der vorhellenistischen Evangelienüberlieferung gehört haben. Wir wissen über die Übersetzung dieser ursprünglich im palästinensischen Volksidiom gesprochenen und weitergegebenen Stücke ins Griechische nichts Näheres, nur das, was sich dem dreifachen Texte selbst ablauschen lässt: »man verdolmetschte·, so gut es ging«.[1] Ich bin nicht im stande zu beurteilen, inwieweit eine Rückübersetzung ins Aramäische die Semitismen, die in den drei Texten mehr oder minder stark zu Tage treten, verständlich machen würde, und fürchte, dass auch der Textzustand gerade in wichtigen Kleinigkeiten die Lösung der Aufgabe in ähnlicher Weise erschwert, wie die wilde Überlieferung mancher Teile der LXX die Erkenntnis ihres Griechisch hindert. Aber gethan werden muss das Werk: der Schleier, der für den Gräcisten über dem Abbilde der evangelischen Worte ruht, kann von der geweihten Hand des Kenners wenn nicht fortgezogen so doch leise gehoben werden.[2] Bis dahin sollte man sich vor dem Wahne[3] hüten, als hätte ein antiochenischer oder ephe-

---

[1] Jülicher, Einleitung in das N. T., 1. u. 2. Aufl., Freib. i. B. u. Leipzig 1894, 235. — Wir haben uns diese Übersetzerthätigkeit jedenfalls ganz anders zu denken, als die in demselben Halbjahrhundert vorgenommene, »wissenschaftliche« könnte man sagen, Übersetzung des aramäischen Jüdischen Krieges des Josephus, vergl. oben S. 61 Anm. 1. Josephus wollte dem litterarischen Publikum imponieren, die Logienübersetzer wollten den griechischen Christen den Herrn vor die Augen malen. Was dem Geschmacke der lesenden Gebildeten barbarisch vorgekommen wäre, das machte auf die Griechen, die Jesum sehen wollten, den Eindruck des Echten und Verehrungswürdigen, des Biblischen.

[2] Ich denke z. B. an das, was bei Wellhausen, Israelitische und Jüdische Geschichte, Berlin 1894, 312 in der ersten Anmerkung geschrieben steht.

[3] Auch vor der unmethodischen Art, Eigentümlichkeiten z. B. der Diktion des Paulus durch Verweis auf äusserliche Ähnlichkeiten bei den Synoptikern zu erklären. Wie völlig verschieden ist, um ein instruktives Beispiel zu nennen, das synoptische ἐν τῷ ἄρχοντι τῶν δαιμονίων (Marc. 3,22 etc.) von dem paulinischen ἐν Χριστῷ Ἰησοῦ! Vergl. meine Schrift Die neutestamentliche Formel »in Christo Jesu« untersucht, 15 u. 60.

sischer Christ, und wenn er wie Paulus dem Judentume ent-
stammte, jemals so gesprochen, wie er vielleicht die Logien-
sammlung übersetzte, beglückt und beengt durch das scheue
Gefühl, die heiligen Worte des Sohnes Gottes den Griechen
vermitteln zu dürfen. Vielleicht beruht, was bei den LXX
naiver Absichtslosigkeit entsprang, bei den Übersetzern der
Herrnworte auf einer bewussten oder unbewussten liturgischen
Stimmung; sie kannten von ihrem Bibellesen her die feierliche
Altertümlichkeit des Klanges der Propheten- und Psalmworte:
wie zu den Alten geredet war, so liessen sie auch den Herrn
reden, zumal die Vorlage sie dazu aufforderte; sie selbst redeten
anders,[1] auch Paulus redete anders,[2] aber Er war ja auch ein
anderer, als die Seinen.

Deutlich hebt sich von den Übersetzungen oder doch auf eine
Übersetzung zurückgehenden Teilen der biblischen Schriften die
andere, originalgriechische Hauptgruppe ab. Alexandriner,
Palästinenser und Kleinasiaten sind ihre Verfasser. Wer will
behaupten, dass die Juden unter ihnen, abgesehen von den
Palästinensern, von Hause aus samt und sonders aramäisch oder
gar hebräisch gesprochen haben? Die Möglichkeit, dass bei den
jüdischen Alexandrinern und Kleinasiaten Kenntnis eines semitischen Dialektes vorauszusetzen ist, darf nicht zu einem Grund-
principe ihrer sprachgeschichtlichen Gesamtbeurteilung erhoben
werden. Mir scheint, man folgert allzu rasch, mehr poetisch
als nüchtern, aus ihrer nationalen Zugehörigkeit zum Judentume
ein gleichsam angeborenes semitisches Sprachgefühl. Aber die

---

[1] Man vergleiche den Prolog des Evangeliums nach Lukas. Es ist
mir nicht bekannt, ob die Aufgabe schon gelöst ist, die übernommenen
und die selbständigen Teile der Evangelien einer sprachvergleichenden
Untersuchung zu unterziehen. Notwendig ist sie, dankbar auch.

[2] Auch in solchen Fällen, wo Paulus LXX-Citate nicht durch eine
ausdrückliche Citationsformel einleitet oder sonst kenntlich macht, verraten sie sich nicht selten dem Leser durch den Klang. Sie heben sich
von dem Paulustexte ab, wie etwa Luthercitate von dem übrigen Texte
einer modernen Streitbroschüre.

Mehrzahl der hellenistischen Diaspora-Juden wird von Hause
aus griechisch gesprochen haben; wer die heilige Sprache der
Väter verstand, der hatte sie eben später hinzugelernt.[1] Die
Möglichkeit, dass sein Hebräisch gräcisiert wurde, ist grösser,
als dass sein Griechisch hebraisiert wurde. Weshalb ist denn
eigentlich das griechische Alte Testament geschaffen worden?
Weshalb fertigte man, nachdem die alexandrinische Übersetzung
verdächtig geworden war, neue griechische Übersetzungen an?
Weshalb haben wir selbst da, wo die Juden ganz unter sich
waren, in den römischen Katakomben, jüdische Inschriften in
griechischer Sprache?[2] Das hellenistische Judentum sprach
griechisch, betete griechisch, sang griechische Psalmen, schrieb
griechisch und producierte griechische Litteratur; seine besten
Geister haben auch griechisch gedacht.[3] So mag man denn
immerhin bei der Beurteilung der Gräcität eines palästinensischen
Schriftstellers den leider sehr unkontrollierbaren Einfluss seines
semitischen »Sprachgefühles« mit in die Wagschale legen, bei
den anderen ist diese Methode unberechtigt. Wie sollte der
semitische »Sprachgeist« über sie gekommen sein? Und erst
gar über die altchristlichen Autoren, die etwa dem Heidentume
entstammten?

Dieser Geist soll bleiben, wo er sich heimisch fühlt; der
Erforscher der Gräcität des Paulus und der neutestamentlichen
Epistolographen muss ihn beschworen haben, wenn er ihr
wirkliches Gesicht sehen will. Wir haben von der sprachhistorischen Umgebung dieser Autoren auszugehen, nicht von
einem unwahrscheinlichen und im besten Falle undefinierbaren
sprachlichen Traducianismus. Die Quellen, aus denen wir die
Kenntnis der sprachhistorischen Umgebung schöpfen können,

---

[1] So wird es sich z. B. bei Paulus verhalten, der nach Act. Ap. 21 40
in »hebräischem Dialekte« reden konnte. Gemeint ist wohl das Aramäische.

[2] Soviel ich weiss, sind ausserhalb Palästinas erst vom 6. Jahrh. n. Chr.
ab hebräische Inschriften der Juden bekannt; vergl. Schürer II 543 und
überhaupt die dortigen Nachweise.

[3] Schon Aristoteles freute sich, in einem Juden aus Cölesyrien einen
Mann kennen zu lernen, der Ἑλληνικὸς ἦν, οὐ τῇ διαλέκτῳ μόνον, ἀλλὰ
καὶ τῇ ψυχῇ (Joseph. c. Ap. I 22).

sind reichlich genug vorhanden. Für das Lexikon kommt vor
allem in Betracht die alexandrinische Bibel; sie gehört zur Umgebung der Leute, einerlei ob sie in Alexandria, Kleinasien
oder Europa schrieben, weil sie das internationale Erbauungs-
buch des hellenistischen Judentums und des Urchristentums
war. Freilich sollte man sich stets die Frage vorlegen, ob die
Begriffe der LXX, wenn sie von den Späteren angewandt
wurden, bei diesen nicht etwa bereits eine Umbildung der Bedeutung erfahren hatten. So wenig das Lexikon der LXX
aus einfachen Gleichungen der griechischen Wörter und ihrer
hebräischen Vorlagen konstituiert werden darf, so wenig dürfen
jüdische oder altchristliche Ausdrücke, die sich bereits bei den
LXX finden, deshalb ohne weiteres mit diesen gleichgesetzt
werden. Selbst bei ausdrücklichen Citaten ist stets mit der
Annahme zu rechnen, dass in die alten Formen ein neuer
Inhalt gegossen ist. Die Geschichte der religiösen — und nicht
nur der religiösen — Begriffe zeigt, dass sie immer die Neigung
haben, sich zu bereichern oder zu entleeren, jedenfalls aber
stets sich abzuwandeln.[1] Nehmen wir den Begriff *Geist*. Paulus,
Augustin, Luther, Servet, der moderne Laienrationalismus, sie
alle fassen ihn anders, und selbst dem historisch geschulten
Exegeten fällt es schwer, sich von den Einflüssen der philo-
sophischen Denkweise seines Jahrhunderts zu befreien, wenn
er die biblischen Vorstellungen über den *Geist* beschreiben soll.
Wie anders stellten sich wohl die Kolosser die *Engel* vor, als
der von Kind auf unter dem mächtigen Eindrucke der kirchlichen Kunsttradition stehende zu seinem Schutzengel betende
katholische Handwerksbursche! Welche Wandlungen hat in
der Geschichte der Christenheit der Begriff *Gott* durchgemacht,
von der massivsten Vermenschlichung bis hinauf zur schüch-
ternsten Spiritualisierung! Man könnte Religionsgeschichte
schreiben als Geschichte der religiösen Begriffe, oder richtiger,
man soll die Geschichte der religiösen Begriffe als ein Kapitel
Religionsgeschichte auffassen. Im Verhältnisse zu dem im
hebräischen Alten Testamente sich beurkundenden gewaltigen

---

[1] Feine Bemerkungen hierüber bei J. FREUDENTHAL, Die Flavius Josephus beigelegte Schrift Ueber die Herrschaft der Vernunft, Breslau 1869, 26 f.

religionshistorischen Processe stellt das Werk der LXX eine
völlig andere Phase dar; es schliesst nicht die israelitische
Religionsgeschichte ab, sondern steht am Anfange der jüdischen,
und der Satz, dass das Neue Testament seine Anknüpfungspunkte im Alten habe, ist nur richtig, wenn man das Alte Testament meint, wie man es im Zeitalter Jesu las und verstand.
Selbst das griechische Alte Testament wurde in der Kaiserzeit
nicht mehr so verstanden, wie unter den Ptolemäern, und ein
römischer Heidenchrist las es natürlich wieder anders, als etwa
Paulus. Man kann bei dem paulinischen Begriffe des *Glaubens*
deutlich sehen, was ich meine. Ob Paulus ihn entdeckt hat oder
nicht, kann uns jetzt gleichgültig sein. Jedenfalls glaubte er ihn in
seiner Bibel zu finden, und äusserlich betrachtet hatte er recht.
Thatsächlich aber ist sein Glaubensbegriff ein anderer; niemand
wird die πίστις der LXX mit der πίστις des Paulus identificieren. Dieselbe Abwandlung ist auch bei anderen Begriffen
deutlich, bei allen ist sie wenigstens principiell als möglich zu
setzen, und diese Möglichkeit fordert genaue Prüfung; ich erinnere z. B. an *Geist, Fleisch, Leben, Tod, Gesetz, Werke,
Engel, Hölle, Gericht, Opfer, Gerechtigkeit, Liebe.* Auch bei
den religiös-ethisch neutraleren Ausdrücken hat das biblische
Lexikon sich die gleiche Frage zu stellen. Die Männer des
Neuen Testaments brachten wie die alexandrinischen Übersetzer
aus ihrer »profanen« Umgebung die verschiedensten ausserbiblischen Elemente der Gedankenwelt und der Sprache mit.

Darum genügt es nicht, dass wir bei der Erklärung der
altchristlichen Schriften uns auf die LXX beziehen oder auf
den möglicherweise differenzierten Begriffsschatz der LXX, wir
müssen die wirkliche Umgebung der neutestamentlichen Autoren
kennen zu lernen suchen. Wie wollte man auch sonst die
Untersuchung jener möglichen Differenzierungen erschöpfend
anstellen? Würden wir uns auf die LXX beschränken oder
gar auf künstlich versteinerte LXX-Begriffe, was wäre das
anders, als eine Koncession an die Legende von dem »biblischen«
Griechisch? Aus den engen und schwer zu beleuchtenden
Räumen des Kanons wollen die altchristlichen Schriften unter
die Sonne und den blauen Himmel ihrer Heimat und ihrer

Zeit gestellt werden. Hier finden sie Genossen ihrer Sprache, vielleicht auch Genossen ihrer Gedanken. Hier reihen sie sich sofort der mächtigen Erscheinung der κοινή ein. Aber auch diese Thatsache darf nach mehreren Seiten hin nicht mechanisch aufgefasst werden. Man darf sich weder die κοινή vorstellen als ein einheitliches Ganzes, noch die altchristlichen Autoren samt und sonders in eine Reihe stellen mit einer deutlichen Einzelerscheinung wie Polybius. Bei aller Blutsverwandtschaft mit den litterarischen Vertretern des Weltgriechisch fehlen den altchristlichen Griechen doch nicht charakteristische Eigenzüge. Elemente der Vulgärsprache verraten die Abstammung von den gesunden Kreisen, an die sich das Evangelium wandte; in neuen technischen Begriffen kündet sich kraftvoll die siegreiche Zukunft der unscheinbaren Bruderschaften an, und die Apostel der zweiten und dritten Generation reden in den verstandenen oder unverstandenen Wendungen des »grossen Sprachbildners«[1] Paulus.

So genügt es denn ebenfalls nicht, wenn wir die gleichzeitige »profane« Litteratur lexikalisch und grammatisch verwerten. Sie wird gewiss die lehrreichsten Aufschlüsse gewähren, aber sie hat für die Sprache der altchristlichen Autoren doch nur eine sekundäre Bedeutung, wenn wir sie mit den unmittelbaren Quellen vergleichen, die sich uns darbieten. Ich meine die Inschriften der Kaiserzeit. Wie wir unsere Septuagintadrucke neben die Ptolemäerpapyri legen müssen, so haben wir das Neue Testament zu lesen über den aufgeschlagenen Folianten der Inschriftensammlungen. Die klassischen Autoren besitzen wir nur in der Überlieferung einer unzuverlässigen späteren Zeit; für alle sogenannten formellen Dinge können ihre späten Codices ebenso wenig ein sicheres Zeugnis ablegen, wie die ehrwürdigsten Uncialen des Neuen Testaments uns mitteilen, wie etwa der Römerbrief im Original mag ausgesehen haben. Wenn hier überhaupt jemals Klarheit geschafft werden kann, dann werden uns die Inschriften und Papyri der Wahrheit am

---

[1] Ich adoptiere diesen Ausdruck von Bursian Rh. Mus. f. Phil. N. F. XLVI (1891) 207.

nächsten bringen. Natürlich repräsentieren auch sie nicht eine
formelle Einheit; aber wenn die hier bestehende Mannigfaltigkeit wenigstens das kanonische Vertrauen zu der Zuverlässig-
keit der gedruckten Texte des Neuen Testaments in den
»Äusserlichkeiten« erschütterte, dann wäre schon etwas erreicht.
Auch hier ist eine naive Anerkennung des Inspirationsgedankens
zu bekämpfen; genau so wie vor Zeiten konsequente Männer
die Vokalzeichen des hebräischen Textes inspiriert sein liessen,
so zwängt man hier und da auch heute noch »das« Neue
Testament in die angeblichen Regeln einer einheitlichen Orthographie. Worauf aber, wenn nicht auf das Diktat des heiligen
Geistes, will man die Meinung stützen, als müsse Paulus z. B.
die griechische Form des Namens *David* ebenso geschrieben
haben, wie Johannes der Theologe oder Marcus?

Wichtiger, als die Hülfeleistung bei der Korrektur der
Druckbogen unserer Texte, ist der Dienst, den die Inschriften
für das sprachliche Verständnis selbst leisten. Mag ihr Inhalt
oft dürftig sein, mögen Hunderte von Steinen, auf denen sich
dieselbe monotone Formel ermüdend wiederholt, nur den Wert
eines einzigen Zeugnisses haben, in ihrer Gesamtheit geben uns
die epigraphischen Denkmäler genug Material an die Hand,
man darf nur nicht zu viel von ihnen erwarten und nicht zu
wenig. Ich denke hier nicht an die allgemeinen historischen
Beiträge zur Skizzierung des Zeitbildes, das wir uns von Ägypten,
Syrien, Kleinasien, Europa zu machen haben, wenn wir die
Bibeltexte verstehen wollen; auch hier sind sie unersetzlich.
Ich denke an den Wert der Inschriften für die Sprachgeschichte der griechischen Bibel, zumal des Neuen Testaments.
Genau in derselben örtlichen und zeitlichen Mannigfaltigkeit,
die wir bei unseren Texten zu berücksichtigen haben, stehen
die steinernen Zeugen vor uns; bei den meisten kann man die
Zeit, bei fast allen die Provenienz mit Sicherheit bestimmen.
Sie gewähren uns völlig zuverlässige Einblicke in gewisse Aus-
schnitte aus dem Gedankenkreise und Wortvorrate bestimmter
Gegenden, in denen gleichzeitig Christengemeinden entstanden,
christliche Schriften geschrieben wurden. Dass zu diesen Aus-
schnitten auch religiöses Begriffsgut gerechnet werden darf, ver-

danken wir den vielen sakralen Inschriften. Man kann dabei die Beobachtung machen, dass hier und da eine feste, zum Teil liturgisch formelhafte Terminologie bestanden hat. Wenn nun Einzelausdrücke dieser Terminologie sich bei altchristlichen Autoren, aber auch schon bei den LXX finden, so wird die Frage gestellt werden müssen: gebrauchen die christlichen Schriftsteller den und jenen Ausdruck, weil sie in der griechischen Bibel zu Hause sind, oder weil sie unbefangen die Sprache ihrer Umgebung reden? Die natürliche Antwort wird, wenn es sich z. B. um kleinasiatische Inschriften und kleinasiatische Christen handelt, dahin lauten: die Ausdrücke waren dem betreffenden Christen aus seiner Umgebung bekannt, bevor er die LXX las; als sie ihm dort ebenfalls begegneten, fühlte er seinen Wortschatz nicht bereichert, sondern glaubte auf bekanntem Boden zu wandeln; er hat schon als LXX-Leser, da ihm der SCHLEUSNER zu seinem Glücke nicht zu Gebote stand, die in ihrem Zusammenhange vielleicht vollwertigeren, vielleicht auch nicht so gehaltvollen Ausdrücke mit den Augen des Kleinasiaten gelesen und möglicher Weise denaturiert. Sie wurden ihm Matrizen, in die er bald gutes, bald minderwertiges Metall hineingoss, je nach seinem Besitze. Gebraucht ein Kleinasiate LXX-Wörter, so liegt darin noch nicht die Gewähr, dass er LXX-Begriffe gebraucht. Ich nenne als Beispiele Wörter wie ἁγνός, ἱερός, δίκαιος, γνήσιος, ἀγαθός, εὐσέβεια, θρησκεία, ἀρχιερεύς, προφήτης, κύριος, θεός, ἄγγελος, κτίστης, σωτηρία, διαθήκη, ἔργον, αἰών. Bei diesen allen und vielen anderen den LXX und den kleinasiatischen Inschriften der Kaiserzeit gemeinsamen Wörtern wird zu prüfen sein, inwieweit die kleinasiatischen Christen bestimmte lokale Begriffsnüancen zur Septuagintalektüre mitheranbrachten und auch dann unbewusst zur Geltung brachten, wenn sie dieselben entweder selbst gebrauchten oder von den Aposteln hörten. Dasselbe gilt von solchen Ausdrücken, die specifische Lieblingsbegriffe der ältesten Christenheit waren, wie z. B. die Bezeichnungen des Herrn als υἱὸς θεοῦ, als ὁ κύριος ἡμῶν und als σωτήρ. Zu dem ersteren habe ich unten näher ausgeführt, weshalb der ausserbiblische, namentlich durch die Inschriften zu belegende technische Gebrauch des Ausdruckes

nicht ignoriert werden darf, bei den anderen liesse sich eine
ähnliche Untersuchung leicht anstellen. Selbst wenn sich nachweisen liesse, dass »das« Neue Testament diese Ausdrücke
stets in ihrer ursprünglichen inhaltsvollen christlichen Bestimmt-
heit gebraucht, wer garantiert uns, dass nicht Hunderte von
Hörern der Missionspredigt und von Lesern der Briefe sie in
dem abgeblassten formelhaften Sinne verstanden, bei dem sie
sich ebensoviel und ebensowenig dachten, wie wenn sie Weih-
inschriften zu Ehren des υἱὸς θεοῦ Augustus, eines anderen
als ὁ κύριος ἡμῶν bezeichneten Kaisers und des Apollo σωτήρ
lasen. Zwischen dem in Kleinasien bereits geläufigen religiösen
Begriffsmaterial auf der einen, dem »biblischen« und »christlichen« Gute auf der anderen Seite hat schon im Zeitalter des
Neuen Testaments ein gegenseitiger Assimilationsprocess[1] statt-
gefunden: biblische Ausdrücke wurden säkularisiert, heidnische
verkirchlicht, und die Inschriften als die unbefangensten Zeugen
des vorneutestamentlichen Sprachgebrauches sind die Quellen,
die uns eine tastende Erforschung dieses Processes am ehesten
gestatten.

Auch das sonstige Sprachgut gewisser Teile des Neuen
Testaments kann nicht selten durch inschriftliche Parallelen
erläutert werden, ebenso manches aus der sogenannten Syntax.
M. Fränkel[2] hat darauf hingewiesen, welche »ausserordentliche
Übereinstimmung in Wortschatz und Stil« zwischen den pergamenischen Inschriften aus vorrömischer Zeit und Polybius
bestehe; es stelle sich heraus, dass derselbe, »eines individuellen
Stilgepräges anscheinend fast entbehrend, die reich aber zopfig
ausgebildete Sprache der officiellen Kanzleien seiner Zeit an-
genommen« habe. Dieselbe Bedeutung haben, wie mir scheint,
die kleinasiatischen Inschriften für die neutestamentliche Sprachgeschichte. Manche der hier möglichen Beobachtungen haben
freilich »nur« philologischen Wert, das mag gern den Draussen-
stehenden zugegeben werden; wer sie anstellt, weiss, dass er

---

[1] Soviel ich sehe, zeigt sich dieser Process bei den katholischen und
den Pastoral-Episteln deutlicher, als bei Paulus.
[2] Altertümer von Pergamon VIII 1, Berlin 1890, S. XVII.

nicht nur der Stimme der Wissenschaft folgt, sondern auch den
Geboten der Pietät gegen das Buch der Menschheit.

Im folgenden habe ich versucht, die angedeuteten methodischen Gedanken hier und da praktisch durchzuführen. Ich
möchte bitten auch die Beobachtungen hinzuzurechnen, die sich
in den übrigen Teilen meiner Schrift zerstreut finden. Wenn
ich die Bitte um Nachsicht hinzufüge, so möchte ich nicht
unterlassen zu betonen, dass ich mich damit nicht jener ab-
gegriffenen litterarischen Sitte anbequeme, bei der nur die
captatio benevolentiae ernst gemeint ist. Die Eigentümlichkeit
des Materiales, das mich anzog, zwingt je länger je mehr zur
Selbstbescheidung, wenn man sie nicht schon herantretend erstrebt haben sollte.

ἀγάπη.

»*Vox solum biblica et ecclesiastica*«,[1] »der Profan-Gräcität völlig fremd«.[2] Das Wort findet sich jedoch bereits in der ägyptischen Gräcität; in dem zu den Urkunden des Serapeums gehörenden Briefe eines Dionysius an Ptolemäus *Pap. Par.* 49[3] (zwischen 164 und 158 v. Chr.) steht: τοι[αύ]την ἐμαντοῦ [ἀν]ελευθερίαν καὶ τὴν βαναυσίαν ἐκτέθει[κ]α πᾶσιν ἀνθρώποις, μάλιστ[α δ]ὲ σοι κ[αὶ] τῷ σῷ ἀδελφῷ διά τε τ[ὴν] ἀγά[π]ην καὶ τὴν σὴν ἐλευθε[ρί]αν κα[τα]πεπείραμαι. Die betreffende Stelle des Papyrus fordert zwar die Ergänzung eines Buchstabens, aber dass dieser ein anderer als das von dem Pariser Herausgeber eingesetzte π sei, ist ausgeschlossen. Zudem passt ἀγάπην vorzüglich in den Zusammenhang des verbindlichen und höflichen Briefeinganges.[4] Selbst vorausgesetzt, dass die LXX‑Stellen, in denen ἀγάπη vorkommt, sämtlich älter sind als unser Papyrus, so ist die Annahme doch unmöglich, dass das Wort von den LXX gebildet und von hier aus in die ägyptische Gräcität eingedrungen sei. Natürlich liegt die Sache umgekehrt: die LXX haben ein Wort der ägyptischen Volkssprache, für das wir zufällig nur den einen Beleg haben, übernommen, von hier aus ist ἀγάπη dann dem religiösen Sprach-

---

[1] *Ch. G. Wilkii Clavis Novi Testamenti philologica,*[2] *Lipsiae* 1888, 3. Vergl. schon den *Thesaurus* I (1831) *s. v.*: »*vox mere biblica*«.

[2] CREMER[7] 14.

[3] *Notices* XVIII 2 S. 319.

[4] Die Bedeutung kommt etwa der von φιλανθρωπία nahe, das ebenfalls im Briefstile beliebt ist. Vergl. den ähnlichen Gebrauch von ἀγάπη im Eingange des Privatbriefes Philem. 5 u. 7, wenn auch der Begriff dort religiös vertieft ist.

gebrauche der Juden und Christen geläufig geworden, und seine
Geschichte zeigt, wie aus einem vulgären unklassischen Worte
ein Centralbegriff der Weltreligion werden konnte, der höher
steht, als die *Glossen* von Menschen und Engeln.

ἀγγαρεύω.

Von den persischen *ἄγγαροι* berichten Herodot und Xenophon. Das Wort ist persischen Ursprungs und bezeichnet die
königlichen *Couriere*. Von *ἄγγαρος* ist gebildet das Verbum
ἀγγαρεύω, welches Marc. 15 ₂₁ = Matth. 27 ₃₂ und Matth. 5 ₄₁
(Herrnwort) gebraucht wird im Sinne von *jemanden zu
etwas nötigen*. E. Hatch [1] findet die frühste Verwendung
des Verbums in einem Briefe des Demetrius I. Soter an den
Hohenpriester Jonathan und das Volk der Juden Joseph. *Antt.*
XIII 2 ₃: κελεύω δὲ μηδὲ ἀγγαρεύεσθαι τά Ἰουδαίων ὑποζύγια.
Der Brief soll kurz vor dem Tode des Königs geschrieben sein,
und wir würden die Stelle hiernach kurz vor das Jahr 150 v. Chr.
zu setzen haben. Aber gegen diese Annahme erhebt sich das
Bedenken, dass 1 Macc. 10 ₂₅—₄₅, die Quelle des Josephus, welche
jenen Brief ebenfalls wörtlich citiert, unsere Stelle nicht kennt.
Josephus scheint vielmehr den Passus seiner Vorlage, in der
von einem Erlasse der Steuern auf die Tiere geredet wird (V. ₃₃
καὶ πάντες ἀφιέτωσαν τοὺς φόρους καὶ τῶν κτηνῶν αὐτῶν),
dahin verändert zu haben, dass sie nicht zu öffentlichen
Arbeiten herangezogen werden sollen. Selbst wenn man es mit
Grimm [2] für möglich hält, dass die Makkabäerstelle dasselbe
meint, wie Josephus mit seiner Paraphrase, so wird der Ausdruck — und auf den kommt es hier allein an — doch auf
Rechnung des Josephus zu setzen sein, also nichts für das zweite
vorchristliche Jahrhundert beweisen, sondern nur für das erste
nachchristliche.

Wir finden jedoch bereits viel früher, als Hatch annahm,
das Verbum im Gebrauche. Zweimal wird es *Pap. Flind. Petr.* II
XX [3] (252 v. Chr.) angewandt, beidemale von einem zum Post-

---

[1] *Essays in Biblical Greek, Oxford* 1889, 37.
[2] HApAT III (1853) 155 f.
[3] Mahaffy II [64].

dienste benutzten Kahne: τοῦ ὑπάρχοντος λέμβου ἀγγαρευθέντος ὑπό σου und ἀγγαρεύσας τὸν Ἀντικλέους λέμβον.

Bestätigt wird dieser Gebrauch des Verbums im ägyptischen Dialekt[1] durch die Inschrift vom Tempel der grossen Oase von 49 n. Chr.,[2] die uns auch sonst sprachliche Ausbeute für die griechische Bibel gewährt und auf die Hatch bereits aufmerksam gemacht hat: μηδὲν λαμβάνειν μηδὲ ἀγγαρεύειν εἰ μή τινες ἐμὰ διπλώματα ἔχωσι.

Von hier aus wird der Gebrauch der Synoptiker[3] und des Josephus in einen deutlicheren historischen Zusammenhang gerückt: bereits im dritten Jahrhundert v. Chr. muss das ursprünglich nur für eine persische Einrichtung passende Wort einen allgemeineren Sinn gehabt haben.[4] Zwar ist dieser Sinn zunächst auch ein technischer gewesen, wie aus dem Papyrus und der Inschrift, auch aus Josephus hervorgeht, aber das Wort muss so geläufig geworden sein, dass es die Evangelisten ganz allgemein für *nötigen* gebrauchen konnten.

ἀδελφός.

Für die Anwendung des *Bruder*namens zur Bezeichnung der Glieder der christlichen Gemeinden ist instruktiv der ähnliche durch die Papyri bekannt gewordene Gebrauch von ἀδελφός in der technischen Sprache des Serapeums von Memphis.

---

[1] Das persische Lehnwort erinnert an die persische Herrschaft über Ägypten, vergl. unten παράδεισος. — Es kann auffallen, dass die LXX ἄγγαρος etc. nicht gebrauchen, trotzdem in den Schriften aus persischer Zeit das vielleicht ebenfalls aus dem Persischen stammende אגרת vorkommt und sie dazu auffordern konnte, ein ähnliches griechisches Substantiv anzuwenden; sie übersetzen es und aram. אגרא an allen Stellen mit ἐπιστολή, jedenfalls weil es ein aus ἄγγαρος gebildetes griechisches Wort für *Brief* nicht gab.

[2] CIG III No. 4956, A 21.

[3] Welches aramäische Wort ist wohl Matth. 5,41 durch ἀγγαρεύω wiedergegeben?

[4] Vergl. Birt, Rhein. Mus. für Philologie N. F. XLVI (1891) 219: »Das in sehr früher Zeit eingebürgerte persische Lehnwort ἀγγαρεύω muss sehr volkstümlich geworden sein — die neugriechische Vulgärsprache hat es noch —«.

Ich verweise auf die Ausführungen von A. Petron,[1] Leemans,[2]
Brunet de Presle[3] und Kenyon.[4]

ἀναστρέφομαι.

Die ethische Bedeutung *se gerere* 2 Cor. 1 ᵢᵥ, Eph. 2 ₈,
1 Pe. 1 ᵢᵥ, 2 Pe. 2 ᵢ₈, Hebr. 10 ₃₃, 13 ᵢ₈, 1 Tim. 3 ᵢ₅ wird von
Grimm[5] unnötig durch die Analogie des hebräischen הָלַךְ illustriert. Sie findet sich in der Inschrift von Pergamon No. 224 A[6]
(Mitte des 2. Jahrh. v. Chr.), wo von einem hohen Beamten
des Königs gesagt wird ἐν πᾶσιν κα[ιροῖς ἀμέμπτως καὶ ἀθ]εῶς
ἀναστρεφόμενος.

ἀναφάλαντος.

LXX Lev. 13 ₄₁ = גִּבֵּחַ *mit kahlem Vorderkopfe*, häufig
in Personalbeschreibungen der Papyri von 237, 230 und 225
v. Chr.;[7] vergl. ἀναφαλάντωμα = גַּבַּחַת LXX Lev. 13 ₄₂ u. ₄₃.

ἀναφέρω.

1 Pe. 2 ₂₄ wird von Christus gesagt: ὃς τὰς ἁμαρτίας
ἡμῶν αὐτὸς ἀνήνεγκεν ἐν τῷ σώματι αὐτοῦ ἐπὶ τὸ ξύλον, ἵνα
ταῖς ἁμαρτίαις ἀπογενόμενοι τῇ δικαιοσύνῃ ζήσωμεν. Manche
Ausleger sehen in dem Ausdrucke ἀναφέρειν τὰς ἁμαρτίας ein
Citat von LXX Jes. 53 ₁₂ καὶ αὐτὸς ἁμαρτίας πολλῶν ἀνήνεγκε
und fordern, dass er in demselben Sinne verstanden werde
wie bei Jesaia[8]: *die Sünden tragen,* d. h. *die Strafe für die
Sünden erleiden.* Wenn auch zuzugeben ist, dass der ganze

---

[1] *Papyri Graeci regii Taurinensis musei Aegyptii I, Taurini 1826,* 60 ff.

[2] I 53 u. 64.

[3] *Notices* XVIII 2 S. 308.

[4] S. 31.

[5] *Clavis* [5] 28.

[6] Fränkel S. 129. — Auch bei Polybius kommt das Wort so vor.
W. Schulze macht mich noch auf die Inschrift von Sestos (*ca.* 120 v. Chr.)
Zeile ₅₇ aufmerksam; vergl. dazu W. Jerusalem, Wiener Studien I (1879) 53.

[7] Einzelnachweise siehe bei Mahaffy I (1891) Index [88], vergl. Kenyon
46; *Notices* XVIII 2 S. 131. Zur Etymologie W. Schulze, *Quaestiones
epicae, Gueterslohae 1892,* 464; schon ἀναφαλαντίασις (Aristot. *H. A.* III 11)
setzt ἀναφάλαντος voraus.

[8] So Hebr. 9 ₂₈.

Abschnitt von Reminiscenzen an Jes. 53 durchsetzt ist, so ist doch die Behauptung methodisch nicht richtig, der Verfasser müsse ἀναφέρειν in demselben Sinne gebraucht haben wie die Vorlage, an die er sich anschloss. Es gibt nicht wenige Fälle, in denen sogar wörtliche, mit den feierlichen Citationsformeln eingeführte LXX-Worte durch den jeweiligen neuen Zusammenhang, in den sie gerückt werden, einen anderen Sinn erhalten haben. Die altchristlichen Schriftsteller citieren nicht mit der formellen und sachlichen Akribie, die in unseren wissenschaftlichen Untersuchungen sich zeigen sollte; die harmlose Frömmigkeit dieser »praktischen« Schriftausleger verfolgt mit Citaten einen religiös-sittlichen, nicht einen wissenschaftlichen Zweck. *Citate* kann man ihre Anführungen deshalb eigentlich nicht nennen, *Sprüche*, in dem prägnanten Sinne unseres Sprachgebrauches, wäre der richtigere Ausdruck. Dieselbe Souveränität über den Buchstaben haben die besten »praktischen« Ausleger aller Zeiten für ihr natürliches Recht gehalten. Dass an unserer Stelle, selbst wenn sie auf Jesaia anspielt, ἀναφέρειν nicht aus der eventuellen[1] Meinung des griechischen Prophetentextes erklärt werden kann, ergibt sich mit Sicherheit aus dem Zusatze ἐπὶ τὸ ξύλον. Bei der Bedeutung *tragen* = *Strafe erleiden* würde auf das Verbum ἐπὶ τῷ ξύλῳ folgen müssen[2]; ἐπί c. acc. empfiehlt ohne weiteres *hinauftragen*.

Was heisst nun, Christus habe unsere Sünden in seinem Leibe auf das Holz *hinaufgetragen*? Man macht auf die öfter vorkommende Verbindung ἀναφέρειν τι ἐπὶ τὸ θυσιαστήριον aufmerksam und findet den Gedanken ausgesprochen, dass der Tod Christi ein Sühnopfer sei. Aber dieser Erklärungsversuch erledigt sich,[3] wenn man beachtet, dass ja gar nicht dasteht, Christus habe *sich* auf das (Kreuzes-)Holz (als den Altar) gelegt; vielmehr sind die ἁμαρτίαι ἡμῶν das Objekt des ἀναφέρειν, und von ihnen kann nicht gesagt sein, dass sie geopfert worden seien. Das wäre wenigstens eine seltsame und beispiel-

---

[1] Wenn nämlich die LXX die Begriffsgleichung ἀναφέρειν = נשׂא vollzogen haben.

[2] E. Kühl, Meyer XII [6] (1887) 165.

[3] Vergl. Kühl 166 f.

lose Ausdrucksweise. Die einfachste Erklärung wird die sein:
wenn Christus die Sünden der Menschen aufs Kreuz *hinauf-
trägt*, so sind die Menschen nicht mehr im Besitze der Sünde,
das *Hinauftragen* ist ein *Wegnehmen*. Der Ausdruck besagt also
ganz allgemein, dass Christus durch seinen Tod die Sünden
weggenommen habe; die speciellen Gedanken der Stellvertretung
und des Opfers sind durch nichts angedeutet.

Diese an sich völlig genügende Erklärung scheint mir indessen
noch mehr nüanciert werden zu können. In dem Kontrakte
Pap. Flind. Petr. 1 XVI 2¹ (230 v. Chr.) kommt folgender
Passus vor: περὶ δὲ ὧν ἀντιλέγω ἀναφερομεν [........] ὀφειλη-
μάτων κριϑήσομαι ἐπ᾽ Ἀσκληπιάδον. Der Herausgeber ergänzt
die Lücke durch ων εἰς ἐμέ und liest also ἀναφερομένων εἰς ἐμέ.
Er ist damit meines Erachtens in der Hauptsache sicher im
Rechte; eine andere Ergänzung des Participiums ist unmöglich,
und der Zusammenhang mit den folgenden Sätzen fordert,
dass die ἀναφερόμενα ὀφειλήματα in Beziehung stehen zu dem
ich in ἀντιλέγω. Ob gerade die Präposition εἰς² die richtige
Ergänzung ist, ist kaum zu entscheiden, aber es hängt auch
nicht viel davon ab. Der Sinn des Satzes ist jedenfalls dieser:
Was nun die auf mich (oder *gegen mich*) ἀναφερόμενα ὀφειλήματα *betrifft, gegen die ich protestiere, so werde ich mich von
Asklepiades richten lassen.*³ Von vornherein ist hier wahrscheinlich, dass ἀναφέρειν τὰ ὀφειλήματα ein technischer Ausdruck der Gerichtssprache ist: wer einem anderen die Schulden
eines dritten *auflegt*,⁴ will diesen von der Verpflichtung des

---

¹ Mahaffy I [47].

² ἐπί wäre ebensogut denkbar; vergl S. 86 Anm. 1.

³ Mahaffy I [48] übersetzt: »*But concerning the debts charged against
me, which I dispute, I shall submit to the decision of Asklepiades*«.

⁴ ἀναφέρειν kommt zwar auch in der technischen Bedeutung *referre*
vor (vergl. ausser den Wörterbüchern A. Peyron I 110), öfter auch bei
den LXX, und so könnte man den Passus auch übersetzen: *was die gegen
mich* (bei der *Behörde*) *vorgebrachten Schulden betrifft*; ἀναφέρειν hätte
dann etwa den Sinn *einklagen*. Aber die Analogieen aus den attischen
Rednern sprechen für die obige Erklärung. LXX 1 Sam. 20₂₃ ἀνοίσω τὰ
κακὰ ἐπὶ σέ steht ἀναφέρω in ganz ähnlichem Sinne. Zur Entstehung
dieser Übersetzung vergl. Wellhausen, Der Text der Bb. Sam. 116 f.

Zahlens befreien. Ganz so gebrauchen schon die attischen Redner[1] ἀναφέρειν ἐπί Aesch. 3,215 τὰς ἀπὸ τούτων αἰτίας ἀνοίσειν ἐπ' ἐμέ, Isocr. 5,32 ἦν ἀνενέγκῃς αὐτῶν τὰς πράξεις ἐπὶ τοὺς σοὺς προγόνους.

Dass der technische Ausdruck unserem Epistolographen bekannt gewesen sei, lässt sich natürlich nicht beweisen, ist aber nicht unwahrscheinlich.[2] In diesem Falle würde sich sein lokales ἀναφέρειν nüancieren. Die Sünden der Menschen werden dem Kreuze *aufgelegt*, wie eine Geldschuld[3] vor Gericht dem einen abgenommen, dem anderen *aufgelegt* wird. Der Ausdruck darf natürlich nicht gepresst werden; dem Verfasser kommt es nur darauf an zu konstatieren, dass Christus sterbend die Sünden der Menschen weggenommen hat. Der Nerv des eigentümlichen Bildes, das er verwendet, beruht in dem gegensätzlichen Gedanken, dass die Sünden nicht mehr auf den Menschen liegen. Mindestens ebenso kühn, aber ganz im Rahmen unseres Bildes ist der forensische Vergleich Col. 2₁₄: Christus hat das gegen die Menschen ausgestellte χειρόγραφον aus ihrer Mitte entfernt, indem er es an das Kreuz heftete.

ἀντιλήμπτωρ.[4]

Häufig bei den LXX, namentlich in den Psalmen, auch Sap. Sir. 13₂₂, Judith 9₁₁, fast überall von Gott gebraucht als dem *Helfer* der Bedrängten. Seither in der ausserbiblischen Litteratur nicht nachgewiesen.[5] Das Wort steht *Pap. Lond.* XXIII[6] (158/157 v. Chr.) in einer Eingabe an den König und

---

[1] A. BLACKERT, *De praepositionum apud oratores Atticos usu quaestiones selectae*, Marp. Catt. 1894, 45.

[2] Vergl. auch die anderen forensischen Ausdrücke des Abschnittes κρίνειν V. 11 und δικαιοσύνη V. 11.

[3] In dem altchristlichen Gedankenkreise steht die Sünde öfter unter dem Gesichtspunkte einer Geldschuld.

[4] Zur Orthographie vergl. das Programm von W. SCHULZE, *Orthographica*, Marp. 1894, I p. XIV ff.; WINER-SCHMIEDEL § 5, 30 (S. 64).

[5] »Den LXX eigentümlich«, CREMER[1] 554.

[6] KENYON 38.

die Königin, von welchen der Bittsteller sagt, dass er bei
ihnen seine *καταφυγή* finde und dass sie seine *ἀντιλήμπτορες*
seien; vergl. die ähnliche Zusammenstellung von *καταφυγή* und
ἀντιλήμπτωρ LXX 2 Sam. 22₃.

ἀντίλημψις.[1]

Bei den LXX und in den Apokryphen häufig für *Hilfe*. Diese
Bedeutung ist nicht[2] der »biblischen« Gräcität eigentümlich,
sondern in Eingaben an die Ptolemäer geläufig: *Pap. Par.* 26[3]
(163/162 v. Chr.), *Pap. Lond.* XXIII[4] (158/157 v. Chr.), *Pap. Par.*
8[5] (131 v. Chr.), *Pap. Lugd.* A[6] (Ptolemäerzeit), überall synonym mit *βοήθεια*. An den beiden letzten Stellen findet sich
die auch 2 Macc. 15₇ und 3 Macc. 2₃₃ vorkommende Verbindung *τυχεῖν ἀντιλήμψεως*.[7]

Die auch Paulus 1 Cor. 12₂₈ bekannte Bedeutung des
Wortes fanden die LXX, wie es scheint, in der höfischen officiellen Sprache der Ptolemäerzeit vor, ebenso wie die von *ἀντιλήμπτωρ*. Dass sie solche Begriffe der devoten und begehr-
lichen Hofsprache ohne die geringste Schwierigkeit auf religiöse
Verhältnisse übertragen konnten, versteht man, wenn man z. B.
Pap. Lond. XXIII[8] (158/157 v. Chr.) das Königspaar *ὑμᾶς τοὺς
θεοὺς μεγίστους καὶ ἀντιλήμπτορας* angeredet liest; der Königs-
kult hatte den Begriff *θεός* denaturiert, und so hatten *ἀντιλήμπτωρ* und *ἀντίλημψις* schon hierdurch eine Art von religiösem Nimbus.

ἀξίωμα.

Die LXX übersetzen durch *ἀξίωμα* die Wörter בַּקָּשָׁה
(Esth. 5₃₋₈, 7₂f.), תְּחִנָּה (Ps. 118 [119]₁₇₀) und aram. בָּעוּ

---

[1] Zur Orthographie S. 86 Anm. 4.
[2] Gegen Cremer[1] 554, *Clavis*[8] 34.
[3] *Notices* XVIII 2 S. 276.
[4] Kenyon 38.
[5] *Notices* XVIII 2 S. 175.
[6] Leemans I 8.
[7] Vergl. dazu Leemans I 5.
[8] Kenyon 38.

(Dan. 6 ₁), die sämtlich *Bitte*, *Begehren* bedeuten. Ebenso steht das Wort 1 [3] Esra 8 ₄. Es ist »in dieser Bedeutung sehr selten; die Lexika führen es in der Prosa nur aus Plutarch *Conviv. disput.* II 1 ₉ (S. 632 C) an«.[1] Die Inschriften bestätigen die Korrektheit des Gebrauches der LXX: Fragment eines königlichen Dekretes an die Einwohner von Hierokome (Zeit?) aus Tralles,[2] Dekret der Abderiten (vor 146 v. Chr.) aus Teon,[3] Inschrift von Pergamon No. 13 (bald nach 263 v. Chr.).[4] »In allen diesen Beispielen bedeutet das Wort eine an eine höhere Instanz gerichtete Bitte, nimmt also den Sinn von 'Gesuch' oder 'Bittschrift' an.«[5]

ἀπό.

Die Fügung ἀπὸ τοῦ βελτίστου *auf die ehrlichste Weise* 2 Macc. 14 ₄₀, hinter der man eine ungriechische Wendung wittern könnte, ist inschriftlich häufig zu belegen, ebenso aus Dionys von Halicarnass und Plutarch.[6]

ἀρεταλογία.

Sap. Sir. 36 ₁₉ [₁₄ oder ₁₆ anderer Ausgaben] schreibt noch O. F. FRITZSCHE[7] folgendermassen: πλῆσον Σιὼν ἆραι τὰ λόγιά σου καὶ ἀπὸ τῆς δόξης σου τὸν λαόν σου. Dieselbe Lesart setzt wohl M. W. L. DE WETTE voraus, wenn er überträgt: *Erfülle Zion mit dem Lobe deiner Verheissungen und mit deinem Ruhme dein Volk*; er nimmt[8] ἆραι im Sinne von *laudibus extollere*,

---

[1] FRÄNKEL, Altertümer von Pergamon VIII 1, S. 13 f.

[2] WADDINGTON III (PH. LE BAS *et* W. H. WADDINGTON, *Inscriptions grecques et latines recueillies en Grèce et en Asie Mineure, t. III, part. 2, Paris 1870*) No. 1652 (S. 390).

[3] *Bull. de corr. hell.* IV (1880) 50 = GUIL. DITTENBERGER, *Sylloge inscriptionum Graecarum, Lipsiae 1883*, No. 228.

[4] FRÄNKEL S. 12.

[5] FRÄNKEL S. 14.

[6] Nachweise bei FRÄNKEL S. 16.

[7] *Libri apocryphi Veteris Testamenti Graece, Lipsiae 1871*, 475. Ebenso der korrigierte Abdruck von 1887 der Ausgabe von L. VAN ESS.

[8] Vergl. dazu O. F. FRITZSCHE HApAT V (1859) 201.

celebrare, und die wörtliche Übersetzung würde also lauten:
*erfülle Zion, um deine Aussprüche zu verherrlichen, und mit
deinem Ruhme dein Volk.* Dagegen wendet jedoch FRITZSCHE [1]
ein, ἀραι müsse hier im Sinne von נשׂא stehen, und dieses sei
als *empfangen, davontragen* zu fassen, wenn sich diese Fassung
auch durch kein ganz analoges Beispiel beweisen lasse. Abgesehen davon, dass es methodisch nicht angeht, eine dunkele
Übersetzung durch Hinweis auf einen für die eventuelle
Vorlage nicht belegbaren Sinn zu illustrieren, muss gegen DE
WETTE und FRITZSCHE die Verschrobenheit des *parallelismus
membrorum* geltend gemacht werden, die den Vers nach ihrer
Lesung verunstaltet.[2] Worauf gründet sich überhaupt diese
Lesung? Der Versanfang ist in den drei Hauptcodices folgender-
massen überliefert:

     NA   πλησονσιωναρειαλογιασου,
     B   πλησονσιωναρεταλογιασσου,
     Bᵇ   πλησιονσιωναραιταλογιασου.

Die letzte Lesart, die des zweiten Korrektors von B, ist
also massgebend gewesen, nur dass man statt des hier dargebotenen πλησίον das πλῆσον der anderen beibehalten hat;
H. B. SWETE [3] hält es für wahrscheinlich, dass auch das
αρε von NA gleich αραι zu fassen ist; in diesem Falle wäre der
landläufige Text also auch durch NA gestützt. Aber die Sache
liegt thatsächlich ganz anders; den ursprünglichen Text gibt B:
πλῆσον Σιὼν ἀρεταλογίας σου,[4] NA erklärt sich hieraus durch
Hemigraphie des σσ in αρεταλογιασσου, und Bᵇ ist Korrektur
nach dem missverstandenen NA. Dass man sich gegen die
Anerkennung dieses Thatbestandes gesträubt hat — FRITZSCHE [5]
erklärt von B: *sed hoc quidem hic nullo modo locum habere*

[1] Ebenda.
[2] In der deutschen Übersetzung (vergl. oben) ist DE WETTE diesem
Vorwurfe, einem richtigen Gefühle folgend, begegnet, indem er ἀραι durch
ein Substantiv wiedergibt.
[3] Textkritische Anmerkung zu der Stelle in seiner LXX-Ausgabe,
Cambridge 1887 ff.
[4] So setzen denn auch TISCHENDORF und SWETE in den Text.
[5] *Libri apocr.* 475.

potest — und wohl auch schon, dass der Korrektor von B, den Text missverstehend, seine Änderung [1] anbrachte, erklärt sich aus einer Verkennung der Bedeutung von ἀρεταλογία. Schlagen wir z. B. im PAPE [2] *sub* ἀρεταλογία nach, so finden wir, dass das Wort *Possenreisserei* bedeute. Dass Gott nicht aufgefordert werden kann, Zion mit Aretalogie in diesem Sinne zu erfüllen, liegt auf der Hand; also schliesst man vorschnell, der Text müsse anders lauten, — anstatt zu fragen, ob nicht etwa das Lexikon einer Korrektur bedürfe. Schon Symmachus Ps. 29 [30] [3] hätte diese Frage lösen können; er übersetzt dort das Wort רִנָּה *Jubel* der Vorlage, das er sonst stets durch εὐφημία wiedergibt, durch ἀρεταλογία. [3] Die hieraus resultierende Gleichung des Symmachus ἀρεταλογία = εὐφημία und der Parallelismus der Sirachstelle ἀρεταλογία || δόξα erklären und stützen sich gegenseitig und fordern die Annahme, dass beide Übersetzer ἀρεταλογία *sensu bono* gebraucht haben, nämlich vom *Lobpreise Gottes*. Diese Annahme ist so naheliegend, dass sie weiter keiner Stütze bedarf; denn dass das Wort, dessen Etymologie ja klar ist, zuerst natürlich unbefangen das *Reden von den* ἀρεταί bedeutete und dann erst jene schlimme Nebenbedeutung erhielt, ist, nach den Analogieen zu schliessen, unbestreitbar. Über die hier zu Grunde liegende Bedeutung von ἀρετή vergl. den folgenden Artikel.

ἀρετή.

Die Bemerkungen von HATCH [4] über das Wort haben dem Artikel ἀρετή bei CREMER nichts Neues hinzugefügt und ausser

---

[1] Von seinem Standpunkte aus eine nicht üble Konjektur!

[2] Die Lexika zum griechischen Alten Testament resp. den Apokryphen haben das Wort natürlich nicht, auch TROMM nicht weder in der Konkordanz, noch in dem beigegebenen Lexikon zu den Hexapla von B. DE MONTFAUCON und L. BOS. Erst die die Varianten der wichtigsten Handschriften berücksichtigende Konkordanz von E. HATCH und H. A. REDPATH, Oxford 1892 ff., hat das verkannte Wort zu Ehren gebracht; allerdings scheint sie mir des Guten zu viel zu thun, wenn sie aus dem Schreibfehler von אא ein neues Wort ἀρεταλόγιον bildet.

[3] FIELD II 130. Die Syrohexaplaris hat dann dieses Wort des Symmachus nicht = εὐφημία, sondern = *acceptio eloquii* gefasst, FIELD ebenda.

[4] *Essays* 40 f.

acht gelassen, was dort wie mir scheint mit Sicherheit nachgewiesen ist, dass die LXX sich eines bereits vorhandenen
Sprachgebrauches[1] bedienen, wenn sie הוֹד *Pracht, Glanz* (Hab. 3₃
und Zach. 6₁₃) und תְּהִלָּה *Lob, Preis* durch ἀρετή wiedergeben. Aus diesem Sprachgebrauche ergibt sich leicht der Sinn
von ἀρεταλογία; das Wort bedeutet dasselbe, was sonst durch
die verbalen Fügungen LXX Jes. 42₁₂ τὰς ἀρετὰς αὐτοῦ [ϑεοῦ]
ἀναγγέλλειν, LXX Jes. 43₂₁ τὰς ἀρετάς μου [ϑεοῦ] διηγεῖσϑαι,
1 Pe. 2₉ τὰς ἀρετὰς [ϑεοῦ] ἐξαγγέλλειν ausgedrückt wird.
Dass an der letzteren Stelle ἀρεταί wie bei den LXX für
laudes stehe, ist auch mir das Wahrscheinlichste, da die Stelle
aussieht, wie eine Anspielung auf LXX Jes. 42₁₂, noch deutlicher
auf LXX Jes. 43₂₀ f. Indessen ist auch mit der Annahme zu
rechnen, dass das Wort hier einen anderen Sinn hat, auf den
neuerdings SAL. REINACH[2] hingewiesen hat, und den gewiss auch
mancher Leser der citierten LXX-Stellen, der die Vorlage nicht
kannte, in den verbalen Fügungen vorfand. REINACH vertritt
auf grund einer kleinasiatischen Inschrift der Kaiserzeit die
These,[3] dass ἀρετή schon im vorchristlichen Sprachgebrauche
im Sinne von *miracle, effet surnaturel* stehen könne, und findet
sie bestätigt durch eine seither nicht beachtete Bedeutung des
Wortes ἀρεταλόγος, das man an mehreren Stellen nicht in dem
landläufigen schlimmen Sinne *Tugendschwätzer, Possenreisser*
und dergl. zu fassen habe, sondern als technische Bezeichnung
des *interprète de miracles, exégète*, der bei gewissen Heiligtümern
eine amtliche Stellung unter dem Tempelpersonale eingenommen
habe.[4] Auf diesen letzteren Punkt vermag ich nicht näher
einzugehen, obwohl von ihm aus vielleicht auch ein helleres
Licht auf unser ἀρεταλογία fallen dürfte. Ich glaube jedoch
noch auf andere Stellen verweisen zu können, in denen die
ἀρετή *Gottes* nicht die *Tugend*, auch nicht das *Lob*, sondern

---

[1] Nämlich ἀρετή synonym mit δόξα. In diesem Sinne könnte auch
4 Macc. 10₁₀ das Wort gebraucht sein (gegen CREMER[1] 154).

[2] *Les Arétalogues dans l'antiquité, Bull. de corr. hell.* IX (1885) 257 ff.
Ich verdanke den Hinweis auf diesen Aufsatz W. SCHULZE.

[3] S. 264.

[4] S. 264 f.

die *Krafterweisung Gottes* bedeutet. Joseph. *Antt.* XVII 5₆ wird αὖθις ἐνεπαρῴνει τῇ ἀρετῇ τοῦ θείου dem Zusammenhange nach zu übersetzen sein: *er versündigte sich wie im Rausche gegen die Krafterweisung der Gottheit.*[1] Deutlicher noch ist eine Stelle aus einem Hymnus an Hermes *Pap. Lond.* XLVI ₄₁₈ ff.:[2]

ὄφρα τε μαντοσύνας ταῖς σαῖς ἀρεταῖσι λάβοιμι.

Im Originale steht μαντοσύναις, die Korrektur μαντοσύνας (besser als das von KENYON auch zur Wahl gestellte μαντοσύνης) erscheint gesichert.[3] Der Sinn kann nur sein: *damit ich Seherkunst erlange durch deine Krafterweisungen*, und dieser Sinn gestattet, mit A. DIETERICH den Text im übrigen unverändert zu lassen. Zwei anderen Herausgebern scheint jene Bedeutung von ἀρεταί nicht bekannt gewesen zu sein; dass das Wort aber nicht im Sinne von *Tugenden* stehen könne, haben auch sie durch ihre Konjekturen angedeutet. WESSELY[4] ändert:

ὄφρα τε μαντοσύνης τῆς σῆς μέρος ἀντιλάβοιμι,

und HERWERDEN[5] schreibt:

ὄφρα τε μαντοσύνην ταῖς σαῖς ἀρεταῖσι (? χαρίτεσσι) λάβοιμι.

In jedem Falle muss mit dieser Bedeutung von ἀρετή, die sich gewiss noch häufiger nachweisen lässt, 2 Pe. 1₃ gerechnet werden. Ein Vergleich dieser Stelle mit der Inschrift, auf die sich REINACH gestützt hat, dürfte jeden Zweifel ausschliessen. Es handelt sich um die Inschrift von Stratonicea in Karien aus der frühsten Kaiserzeit,[6] die noch öfter unsere Aufmerksam-

---

[1] Darauf weist auch die richtige Andeutung von CREMER[1] 153 hin. In der anderen nach KREBS dort besprochenen Stelle Joseph. *Antt.* XVII 5₆ bedeutet ἀρετή doch wohl *Tugend.*

[2] KENYON 78 f.; WESSELY I 138; A. DIETERICH, Abraxas 64. Der Papyrus ist geschrieben im 4. Jahrhundert n. Chr., über die Abfassungszeit speciell des Hymnus ₄₀₀ ff. habe ich kein Urteil, aber ich glaube, dass man ihn ruhig früher ansetzen kann.

[3] A. DIETERICH, Abr. 65.

[4] In seinem Versuche einer Herstellung des Hymnus I 29.

[5] *Mnemosyne* XVI (1888) 11. Ich citiere nach A. DIETERICH 65 vergl. 51.

[6] CIG III No. 2715 a, b = WADDINGTON III 2 No. 519—520 (S. 142).

keit beschäftigen wird; ich habe ihren Anfang unten bei
den Bemerkungen über die zweite Petrusepistel ganz mitgeteilt und die Vermutung ausgesprochen, dass der Beginn
der Epistel sich zum Teil in den feierlichen Wendungen des
sakralen Pathos bewegt, die auch in dem inschriftlichen Dekrete
gebraucht sind. Hier sei nur bemerkt, dass an beiden Stellen
von der *θεία δύναμις* geredet wird und in diesem Zusammenhange *ἀρετή* für *Wunder* oder wenn man lieber will für
Krafterweisung [1] der Gottheit steht.

ἀρχισωματοφύλαξ.

Bei den LXX Übersetzung von *Schwellenhüter* (Esth. 2 21)
und *Leibwächter* (wörtlich *Hüter des Hauptes* 1 Sam. 28 2).
An der letzteren Stelle ist die Übersetzung korrekt, wenn auch
σωματοφύλαξ (Judith 12 7, 1 [3] Esra 3 4) genügt hätte. Im Esther-
buche ist der Titel in der Übersetzung ägyptisiert [2]: der *ἀρχισω-
ματοφύλαξ* ist am Ptolemäerhofe zunächst ein hoher Offizier, der
Chef der königlichen Leibwache; der Titel scheint jedoch seine
ursprüngliche Bedeutung verloren zu haben, er wird für die
Träger verschiedener höherer Ämter gebraucht. [3] Die Übersetzung auch des Estherbuches ist daher nicht inkorrekt.
Ausser aus ägyptischen Inschriften [4] ist der Titel bekannt aus
Pap. Taur. I [5] (3. Jahrh. v. Chr.), II [6] (gleichzeitig), XI [7] (gleich-

---

[1] CREMER [2] 153 deutet auf grund des Zusammenhanges mit *Selbst-
erweisung* das Richtige an, ebenso KÜHL, MEYER XII [8] (1887) 355 mit
Wirksamkeit; die Übersetzung *Tugend* (H. VON SODEN HC III 2 [2] [1892]
197) ist hier völlig abzuweisen. — Wenn übrigens Hesychius richtig
ἀρετή = θεία δύναμις setzt, so scheint er mir von 2 Pe. 1 3 abhängig
zu sein.

[2] Vergl. B. JACOB ZAW X (1890) 283 f.

[3] GIAC. LUMBROSO, *Recherches sur l'économie politique de l'Égypte sous
les Lagides, Turin 1870,* 191.

[4] JEAN-ANT. [nicht M.] LETRONNE, *Recherches pour servir à l'histoire de
l'Égypte pendant la domination des Grecs et des Romains, Paris 1823,* 56;
LUMBROSO, *Rech.* 191. Auch in der Inschrift von Cypern CIG II No. 2617 (Ptolemäerzeit) wird ein ägyptischer Beamter, wohl der Gouverneur, so genannt.

[5] A. PEYRON I 24.

[6] A. PEYRON I 175.

[7] A. PEYRON II 65.

zeitig), *Pap. Lond.* XVII [1] (162 v. Chr.), XXIII [2] (158/157 v. Chr.),
Ep. Arist. (*ed.* M. Schmidt) *p.* 15 ff., vergl. Joseph. *Antt.* XII 2 s.

ἄφεσις.

1. Die LXX übersetzen Joel 1 so *Wasserbäche* und Thren.
3 47 *Wasserströme* mit ἀφέσεις ὑδάτων und 2 Sam. 22 16
Betten des Meeres mit ἀφέσεις θαλάσσης. Die letztere Übersetzung erklärt sich daraus, dass die Vorlage dasselbe Wort
bietet, wie Joel 1 so, אֲפִיקִים, welches *Bäche* und *Betten* bedeuten
kann. Aber wie ist die eigentümliche [3] Wiedergabe dieses
Wortes durch ἀφέσεις zu verstehen? [4] Man könnte versucht sein,
an eine Beeinflussung durch den Wortanfang *aph* zu denken, [5]

___

[1] Kenyon 11.
[2] Kenyon 41.
[3] Sonst übersetzen es die LXX natürlicher mit φάραγξ und χείμαρρος.
[4] Ps. 125 [126] 4 hat auch die »fünfte« Übersetzung ἀφέσεις = *Bäche*
(Field II 283).
[5] Ähnliche Fälle bei Wellhausen, Der Text der Bb. Sam. 10 f. —
Mit dieser Annahme muss gerechnet werden Ez. 47 2: διῆλθεν ἐν τῷ
ὕδατι ὕδωρ ἀφέσεως, das heisst im Zusammenhange (vorher ist gesagt,
dass Wasser unter dem αἴθριον = *atrium* hervorkam): *er ging in dem
Wasser, dem Wasser* (der Nominativ ist mechanisch gesetzt) *des Los-
lassens*, d. h. *dem* (vorher erwähnten) *losgelassenen Wasser.* So musste
ein Leser der LXX ihre Worte verstehen; die Notiz des Hieronymus (bei
Field II 895), die LXX hätten übersetzt *aqua remissionis*, beruht auf
einem dogmatischen Missverständnisse, ἄφεσις kann hier nur mit *dimissio*
übersetzt werden. Nun steht im hebr. Text *Wasser der Knöchel*, d. h.
Wasser, das bis an die Knöchel reicht. אָפְסַיִם *Knöchel* kommt nur
hier im A. T. vor. C. H. Cornill, Das Buch des Propheten Ezechiel,
Leipzig 1886, 501 vermutet, dass die LXX אֲפִיקִים übersetzt haben.
Wahrscheinlicher wäre m. E. noch, dass ihr ἀφέσις den Dual von
אֶפֶס *das Aufhören* wiedergibt. Aber das Natürlichste ist doch anzunehmen, dass sie das ἅπαξ λεγόμενον nicht verstanden und *aph'sajim* einfach transskribierten, wobei der Zusammenhang nahelegte, nicht nur zu
transskribieren, sondern aus der Transskription ein flektiertes Wort zu
machen. Ich will die Vermutung nicht unterdrücken, dass es nicht unmöglich ist, sich die sonderbare Stelle auch so zurechtzulegen: Der Grieche
verstand das schwierige Wort nicht und übersetzte resp. transskribierte
ὕδωρ ἕως (vergl. das zweimalige ἕως in V. 4) αφες (vergl. Ez. 27 4 LXX
Codd. 23, 62, 147 ἐν αφεκ, Codd. 87, 88, Syrohex. ἐν αφεγ; Theodotion

aber damit ist $\dot{\alpha}\varphi\acute{\epsilon}\sigma\iota\varsigma$ = פְּלָגֵים Thren. 3,4 nicht erklärt, und weshalb soll an allen anderen Stellen eine solche Beeinflussung nicht vorliegen?

Die Erklärung gibt der ägyptische Sprachgebrauch. Wir haben *Pap. Flind. Petr.* II XXXVII[1] amtliche Berichte aus der Ptolemäerzeit über die Bewässerung. Dort ist der technische Ausdruck für das durch Öffnung der Schleusen bewirkte *Loslassen* des Wassers $\dot{\alpha}\gamma\acute{\iota}\eta\mu\iota$ $\tau\grave{o}$ $\mathring{v}\delta\omega\varrho$; der entsprechende substantivische Ausdruck $\mathring{\alpha}\varphi\epsilon\sigma\iota\varsigma$ $\tau o\tilde{v}$ $\mathring{v}\delta\alpha\tau o\varsigma$ steht *Pap. Flind. Petr.* II XIII 2[2] (258 v. Chr.), aber — und hier zeigt sich die technische Bedeutung am klarsten — der Genitiv kann auch fehlen. $\mathring{\alpha}\varphi\epsilon\sigma\iota\varsigma$ allein ist jedermann verständlich: so an mehreren Stellen des ersterwähnten Papyrus. Wenn man sich der grossen Bedeutung der Bewässerung für Ägypten erinnert, wird man es leicht begreiflich finden, dass ihre einzelnen Vorgänge und die technischen Bezeichnungen dafür etwas sehr Bekanntes gewesen sein müssen. *Kanäle*[3] waren dem Ägypter, was dem Palästinenser *Bäche* sind; das Hervorschiessen des Nilwassers aus den geöffneten Schleusen machte auf ihn denselben tiefen Eindruck, wie das Tosen des ersten Winterbaches auf den kanaanitischen Bauern und Hirten. So haben denn die ägyptischen Übersetzer von Thren. 3,4 durch $\dot{\alpha}\varphi\acute{\epsilon}\sigma\epsilon\iota\varsigma$ $\mathring{v}\delta\acute{\alpha}\tau\omega\nu$ die aus den Augen des Volkes hervorbrechenden *Wasserströme* zwar nicht wörtlich wiedergegeben, aber dieses für den Palästinenser überaus anschauliche

---

$\dot{\epsilon}\nu$ $\alpha\varphi\epsilon\kappa$, wenn dort nicht das von Parsons in einem Cod. Jes. gelesene $\nu\alpha\varphi\epsilon\kappa$ [= נָפֵךְ] ursprünglich ist; die Angaben entnehme ich Field II 842); entsprechend haben Aquila, Symmachus und Theodotion, die das seltene Wort verstanden, $\check{\epsilon}\omega\varsigma$ $\dot{\alpha}\sigma\tau\varrho\alpha\gamma\acute{\alpha}\lambda\omega\nu$ (Field II 895). Aus $\mathring{v}\delta\omega\varrho$ $\check{\epsilon}\omega\varsigma$ $\alpha\varphi\epsilon\varsigma$ machte ein findiger Kopf $\mathring{v}\delta\omega\varrho$ $\dot{\alpha}\varphi\acute{\epsilon}\sigma\epsilon\omega\varsigma$, was dann den oben erläuterten Sinn haben konnte. Der Übersetzer des Ezechiel hat taktvoll in vielen sonstigen Fällen nichtverstandene hebräische Wörter einfach griechisch transskribiert (Cornill 96). — Die Lesart $\mathring{v}\delta\omega\varrho$ $\dot{\alpha}\gamma\alpha\iota\varrho\acute{\epsilon}\sigma\epsilon\omega\varsigma$ der Complutensis scheint innergriechische Korrektur des $\mathring{v}\delta\omega\varrho$ $\dot{\alpha}\varphi\acute{\epsilon}\sigma\epsilon\omega\varsigma$ zu sein.

[1] Mahaffy II [119] f.

[2] Mahaffy II [38].

[3] $\mathring{\alpha}\varphi\epsilon\sigma\iota\varsigma$ scheint geradezu *Schleuse* und *Kanal* bedeuten zu können.

Bild durch Umsetzung ins Ägyptische für ihren Leserkreis wirkungsvoll individualisiert. Ebenso ist Joel 1 ₂₀ die Not des Landes für den Ägypter deutlicher, wenn geschildert wird, dass das sorgfältig gesammelte Wasser der *Kanäle* alsbald nach Öffnung der Schleusen versiegt ist (ἐξηράνϑησαν ἀφέσεις ὑδάτων), als wenn von vertrockneten *Bächen* die Rede wäre.[1]

2. Lev. 25 ₁₀ übersetzen die LXX יוֹבֵל, elliptisch für *Jobel-jahr* gebraucht, durch das Substantivum σημασία *Zeichen, Signal*, eine ganz wörtliche, die Eigenart der Vorlage nicht verwischende Wiedergabe. V. ₁₀, ₁₁, ₁₂, ₁₃ desselben Kapitels jedoch übersetzen sie *Jobeljahr*, abgesehen davon, dass sie die an den hebräischen Stellen hier und da vorhandene Ellipse aufgeben, durch ἐνιαυτὸς oder ἔτος ἀφέσεως σημασίας *Signal-jahr der Freilassung.*[2] Der technische Ausdruck *Signaljahr* ist den nichthebräischen Lesern verständlich gemacht durch den Zusatz ἀφέσεως, der aus V. ₁₀ stammt: διαβοήσετε ἄφεσιν ἐπὶ τῆς γῆς, wo ἄφεσις == דְּרוֹר. Von hier aus erklärt sich weiter, dass *Jobeljahr* in den auf die citierten Verse folgenden Abschnitten von Kap. 25 und in Kap. 27 durch ἔτος oder ἐνιαυτὸς τῆς ἀφέσεως wiedergegeben wird; das ist keine Übersetzung,[3] sondern »erklärende Übertragung«.[4] Ebenso wird hier das elliptische *Jobel* im Zusammenhange mit dem Vorher-gehenden unmissverständlich durch ein elliptisches ἄφεσις nachgeahmt.

Dieser Sprachgebrauch der LXX ist nicht als blosse mechanische Nachahmung zu erklären, sondern hatte einen lokalen Anknüpfungspunkt in den Rechtsverhältnissen der

---

[1] Vergl. unten *sub* διῶρυξ.

[2] So und nicht anders haben wegen V. ₁₃ die LXX die Genitive bezogen, auch V. ₁₂, wo der Artikel zu σημασίας gehört. Ohne Rücksicht auf den Zusammenhang konnte ein griechischer Leser den Ausdruck allenfalls auch so auffassen: *Jahr der* ἄφεσις *des Signals*, d. h. in welchem das Signal gegeben wird; ἀφίημι kommt in ähnlichen Ver-bindungen vor.

[3] Eine solche ist der Ausdruck Ez. 46 ₁₇.

[4] CHMMR [1] 439.

Ptolemäerzeit. *Pap. Par.* 63 [1] (165 v. Chr.) zählt unter ver-
schiedenen Arten |der Ländereien auf τὰ τῶν ἐν ἀφέσει καὶ
τὴν ἱερὰν [2] γῆν. LUMBROSO [3] erklärt die ἐν ἀφέσει befindlichen
Grundstücke als solche, die von Abgaben befreit waren, und verweist auf mehrere Stellen des Steines von Rosette [4] (196 v. Chr.),
wo der König gerühmt wird, weil er einige Abgaben definitiv
erlassen habe (εἰς τέλος ἀφῆκεν). [5] Hierher scheint auch schon
Pap. Flind. Petr. II II 1 [6] (260/259 v. Chr.) zu gehören: ὅταν
ἡ ἄφεσις δοϑῇ, vergl. vorher τὰ ἐκφόρια.

Die LXX hätten דְּרוֹר Lev. 25 10, dessen Übersetzung für
ihren ganzen weiteren Sprachgebrauch entscheidend war, auch
durch ein anderes Wort wiedergeben können; dass sie gerade
das ihrer Umgebung geläufige technische Wort ἄφεσις wählten,
erleichterte die Nachahmung des technischen *Jobel.*

βαστάζω.

Matth. 8 17 wird als Wort »des Propheten Jesaia« citiert
αὐτὸς τὰς ἀσϑενείας ἡμῶν ἔλαβεν καὶ τὰς νόσους ἐβάστασεν.
»Die Stelle Jes. 53, 4 ist nach dem Grundtexte angeführt, aber
nicht im historischen Sinne desselben, ... auch nicht nach
der besonderen typischen Beziehung, welche sich im Rückblicke
von den Krankenheilungen Jesu auf jenen prophetischen Spruch
mit als dessen Bestimmung zu erkennen gab (Meyer), sondern
in freier Deutung des Wortlauts. Ohne Zweifel nämlich nimmt
der Evangelist λαμβάνειν im Sinne von: wegnehmen, wie das
נשא des Urtextes auch heissen kann, wenn auch nicht in
dieser Stelle. Zweifelhaft dagegen ist, ob er auch das βαστάζειν

---

[1] *Notices* XVIII 2 S. 368.
[2] Noch in den Berliner ägyptischen Urkunden des 2. u. 3. Jahrh.
n. Chr. kommt die ἱερὰ γῆ vor (U. WILCKEN, *Observationes ad historiam
Aegypti provinciae Romanae depromptae e papyris Graecis Berolinensibus
ineditis, Berol. 1885*, 29).
[3] *Recherches* 90. BRUNET DE PRESLE (*Notices* XVIII 2 S. 471) erklärt
sonderbar, allerdings unter Beifügung eines Fragezeichens, *congé militaire.*
[4] LETRONNE, *Recueil des inscriptions grecques et latines de l'Égypte,
t. I, Paris 1842, p.* 244 ff. = CIG III No. 4697.
[5] Zeile 11 und sonst.
[6] MAHAFFY II [2].

(סָבַל) in dem für das Hebr. unmöglichen Sinne von Wegtragen
(Joh. 20, 15) genommen hat..., oder nicht vielmehr an die Last
und Mühe denkt, die Jesu die Heilungen bis an den späten Abend
bereiteten.‹[1] Wie B. Weiss so identificiert auch H. Holtzmann[x]
λαμβάνειν mit נָשָׂא, βαστάζειν mit סָבַל. Aber die Sache liegt,
wenn ich recht sehe, umgekehrt: Matthäus hat nicht nur die
Übersetzung der LXX verschmäht, sondern auch in seiner Übersetzung die beiden Glieder des hebräischen Satzes vertauscht;[3] er
übersetzt nicht *er trug unsere Krankheiten, und unsere Schmerzen
lud er auf sich*, sondern *unsere Schmerzen lud er auf sich, und
unsere Krankheiten trug er*. Dann wäre nicht סָבַל,[4] sondern נָשָׂא
durch βαστάζειν wiedergegeben.[5] So übersetzen auch die LXX
2 Reg. 18₁₄ und Job 21₃ Cod. A נָשָׂא mit βαστάζειν, ebenso
Aquila an den vier uns erhaltenen Stellen, an denen er
βαστάζειν gebraucht: Jes. 40₁₁,[6] 53₁₁,[7] 66₁₂[8] und Jer. 10₅.[9]
Von diesen letzteren Stellen verdient besonderes Interesse
Jes. 53₁₁, weil sie inhaltlich dem Matthäus-Citate nahe kommt:
καὶ τὰς ἁμαρτίας αὐτῶν αὐτὸς βαστάσει. Wenn man nicht
mit E. Böhl[10] annehmen will, dass das Citat aus einer bereits
vorhandenen Übersetzung stammt, so ist zu sagen, dass Matthäus
oder seine Quelle, als sie das נָשָׂא der Vorlage selbständig
durch βαστάζειν wiedergaben, ebenso verfuhren, wie an anderen
Stellen die LXX und der jüdische Übersetzer des zweiten nach-

---

[1] B. Weiss, Meyer I 1[8] (1890) 169.

[x] HC 1[3] (1892) 76.

[3] Vergl. die Bemerkung über die evangelischen Citate unten *sub υἱός*.

[4] Zu λαμβάνειν = סָבַל vergl. LXX Jes. 46₄, wo dasselbe Verbum
durch ἀναλαμβάνειν wiedergegeben ist.

[5] Ebenso A. Resch, Aussercanonische Paralleltexte zu den Evangelien,
2. Heft (TU X 2), Leipzig 1894, 115.

[6] Field II 510.

[7] Field II 535.

[8] Field II 565.

[9] Field II *Auct.* 39.

[10] Die alttestamentlichen Citate im N. T., Wien 1878, 34. Böhl findet
auch hier seine ›Volksbibel‹ citiert. Aber die ›Volksbibel‹ oder richtiger
eine von den LXX verschiedene Übersetzung würde schwerlich die beiden
Glieder der Vorlage vertauscht haben.

christlichen Jahrhunderts. Freilich folgt aus der von den LXX,
Matthäus und Aquila gebrauchten Gleichung $\beta\alpha\sigma\tau\acute{\alpha}\zeta\epsilon\iota\nu$ = נָשָׂא
nicht mit Notwendigkeit, dass Matth. 8,17 $\beta\alpha\sigma\tau\acute{\alpha}\zeta\epsilon\iota\nu$ deshalb
nun die Bedeutung haben müsse, die נָשָׂא in der hebräischen
Vorlage hat. Vielmehr hat man sich auch hier, wie bei allen
Übertragungen, die Frage vorzulegen, ob der Übersetzer durch
den von ihm gewählten Ausdruck nicht eine neue Nüance in
den Text hineingetragen hat. Es wird methodisch richtiger
sein die Bedeutung von $\beta\alpha\sigma\tau\acute{\alpha}\zeta\epsilon\iota\nu$ an der Matthäusstelle aus
dem Zusammenhange, in den das Citat hineingestellt ist, zu
ermitteln, als aus der Grundbedeutung von נָשָׂא, mag die
Gleichung $\beta\alpha\sigma\tau\acute{\alpha}\zeta\epsilon\iota\nu$ = נָשָׂא äusserlich betrachtet noch so deutlich sein. Um so besser, wenn dann die hier durch den Zu-
sammenhang geforderte Bedeutung von $\beta\alpha\sigma\tau\acute{\alpha}\zeta\epsilon\iota\nu$ [1] *wegtragen*
a u c h dem נָשָׂא, wenigstens wie es anderwärts gebraucht wird,
nicht völlig widerspricht.

Bei ἔλαβεν ist dieser günstige Fall nicht vorhanden; denn
die durch den Kontext geforderte Erklärung *fortnehmen* gibt
den Sinn von סָבַל nicht wieder.

Im religiösen Sprachgebrauche der ältesten Christenheit
spielen die sich mehr oder weniger deutlich von einander
abhebenden Begriffe *tragen* und *fortnehmen*, nicht selten mit
Sünde als Objekt verbunden, eine grosse Rolle; die Synonymik [2]
dieses Sprachgebrauches muss sich die Aufgabe stellen, die

---

[1] Zu $\beta\alpha\sigma\tau\acute{\alpha}\zeta\epsilon\iota\nu$ bei Josephus vergl. Guil. Schmidt, *De Flav. Jos. elocutione,* Fleck. Jahrbb. Suppl. XX (1894) 521. Zu $\beta\alpha\sigma\tau\acute{\alpha}\zeta\omega$ Gal. 6,17 siehe
unten *Spicilegium* die Studie über die »grossen Buchstaben« und die »Mal-
zeichen Jesu« Gal. 6.

[2] In einer taktvoll bearbeiteten Synonymik der religiösen Wendungen
des Urchristentums, an der es sozusagen noch völlig fehlt, läge ein Schutz
gegen die weitverbreitete mechanisierende Methode der sogenannten
Biblischen Theologie des N. T., welche in den Männern, deren Schriften
im Kanon stehen, weniger Propheten und Prophetenschüler sieht, als Tal-
mudisten und Tosaphisten. Diese dogmatisierende Methode parzelliert den
ererbten Mutterboden, als handele es sich in der Offenbarung um tausend
Kleinigkeiten. Sie erweckt durch ihre Paragraphen den Anschein, als sei Er-
lösung ein *ordo salutis.* Sie entweiht das N. T. zu einer Quelle der Dogmengeschichte und sieht nicht, dass es zumeist aus Religion geschrieben ist.

Bedeutungen vielleicht von αἴρω, ἐξαίρω, βαστάζω, λαμβάνω, ἀναλαμβάνω, φέρω, ἀναφέρω, ὑποφέρω auf ihre etwaigen Nüancen zu untersuchen.

βεβαίωσις.

»Der Verkäufer musste in der Regel, d. h. wenn nicht das entgegengesetzte ausgemacht wurde, dem Käufer die verkaufte Sache ἀναμφισβήτητον, unbestritten übergeben; und die Verantwortlichkeit übernehmen, wenn Ansprüche an die Sache erhoben werden sollten. ... Hatte er [der Käufer] aber sich von dem Verkäufer die Gewährleistung versprechen lassen,« ... so konnte er, wenn später von anderen Ansprüche an die Sache erhoben wurden, »auf den Verkäufer zurückgehn, welches man ἀνάγειν εἰς πρᾶσιν nannte, und diesen auffordern, gegen den, der jetzt Ansprüche erhebe, zu bestätigen, dass er ihm die in Anspruch genommene Sache verkauft habe, d. h. er konnte ihn auffordern βεβαιῶσαι. Weigerte sich der Verkäufer dies zu thun, so konnte der Käufer gegen ihn βεβαιώσεως klagen.«[1] In dem Sprachgebrauche des attischen Prozesses hatte also βεβαίωσις *Befestigung* die technische Bedeutung einer bestimmten Verpflichtung des Verkäufers erhalten, welche bei den Römern *auctoritas* oder *evictio*[2] hiess: der Verkäufer überliess nicht nur die Sache dem Käufer, sondern übernahm auch die *Garantie*, die Rechtskraft des Verkaufes gegen etwaige Ansprüche dritter zu verteidigen. Über die Einzelheiten der von dem Käufer eventuell angestrengten δίκη βεβαιώσεως bestehen unter den Historikern des antiken Civilprozesses Meinungsverschiedenheiten,[3] die jedoch für die Begriffsbestimmung des Wortes βεβαίωσις unwesentlich sind.

In Ägypten hat unter den Ptolemäern der technische Ausdruck Eingang gefunden. Die Papyrusurkunden reden nicht nur von dem βεβαιωτής,[4] dem *Kaufhelfer*, dem *auctor secundus* des

---

[1] M. H. E. Meier u. G. F. Schömann, Der Attische Process, neu bearbeitet von J. H. Lipsius, Berlin 1883—1887, II 717, 719, 720.

[2] Ebenda 717 f.

[3] Ebenda 721 f.; K. F. Hermann, Lehrbuch der Griechischen Rechtsalterthümer, 3. Aufl. von Th. Thalheim, Freib. i. B. u. Tüb. 1884, 77.

[4] Hermann-Thalheim 78.

römischen Rechtes, sondern auch von der βεβαίωσις selbst: *Pap. Taur.* 1[1] (2. Jahrh. v. Chr.), *Pap. Par.* 62[2] (2. Jahrh. v. Chr.), an der letzteren Stelle zweimal, darunter einmal in der Verbindung εἰς τὴν βεβαίωσιν ὑποθῆκαι.[3] Wie sehr sich der Ausdruck in Ägypten eingebürgert hat, zeigt die Thatsache, dass wir die βεβαίωσις auch noch in Papyrusurkunden einer Zeit finden, die von den Lagiden durch sieben Jahrhunderte getrennt ist. Es ist allerdings möglich, dass hier wie schon in den Ptolemäerurkunden βεβαίωσις nicht mehr genau denselben specifischen Sinn hat, wie in der strengeren Terminologie des zugespitzten attischen Juristengriechisch,[4] sicher aber ist das Wort auch hier im technischen Sinne von *Garantie, Sicherstellung eines Kaufes* gebraucht: *Pap. Par.* 21 bis[5] (592 n. Chr.), *Pap. Jomard*[6] (592 n. Chr.), *Pap. Par.* 21[7] (616 n. Chr.). Mehrere Male kommt hier die Formel κατὰ πᾶσαν βεβαίωσιν vor, und *Pap. Par.* 20[8] (600 n. Chr.) kehrt sogar die Formel εἰς βεβαίωσιν wieder, die sich also[9] durch mehr als sieben Jahrhunderte erhalten hat.

Bereits Lumbroso[10] hat auf die frappierende Übereinstimmung einer LXX-Stelle mit diesem Sprachgebrauche des ägyptischen Civilrechtes verwiesen. Nur ein einziges Mal findet sich βεβαίωσις in der alexandrinischen Übersetzung, Lev. 25 **, aber in der charakteristischen Formel εἰς βεβαίωσιν: καὶ ἡ γῆ οὐ πραθήσεται εἰς βεβαίωσιν, ἐμὴ γάρ ἐστιν ἡ γῆ. Die Übersetzung ist nicht wörtlich, aber von grosser Feinheit und Korrektheit. Die

---

[1] A. Peyron I 32, vergl. 120 und E. Revillout, *Études sur divers points de droit et d'histoire Ptolémaïque, Paris 1880*, XL f.

[2] *Notices* XVIII 2 S. 355.

[3] Der Text ist zwar verstümmelt, reicht aber für unsern Zweck aus.

[4] Nach Hermann-Thalheim 78 Anm. 1 wäre in den Papyri βεβαιωτής z. B. sogar zur »leeren Form« geworden.

[5] *Notices* XVIII 2 S. 250.

[6] *Notices* XVIII 2 S. 258 u. 259.

[7] *Notices* XVIII 2 S. 244.

[8] *Notices* XVIII 2 S. 241.

[9] Vergl. oben *Pap. Par.* 62 (2. Jahrh. v. Chr.).

[10] *Recherches* 78. Aber lehrreicher als die von ihm citierte Stelle von 600 n. Chr. ist die oben nachgewiesene aus dem 2. Jahrh. v. Chr.

Israeliten sind nur Fremdlinge und Beisassen im Lande, der
Grund und Boden gehört Jahwe, darum darf er nicht *endgiltig*
verkauft werden — das ist der Sinn der Vorlage לִצְמִתֻת
(eigentlich *bis zur Vernichtung*, d. h. *gänzlich, für immer*).
Äusserlich betrachtet ist das *εἰς βεβαίωσιν* der LXX das gerade
Gegenteil des *bis zur Vernichtung* der Vorlage[1]; richtig aufgefasst
zeugt es von gutem Verständnisse des Textes.[2] Ein Verkauf
εἰς βεβαίωσιν ist ein *definitiver, rechtlich garantierter* Verkauf;
natürlich können Beisassen das Land, das sie nur in Pacht haben,
nicht *verkaufen*, erst recht nicht *εἰς βεβαίωσιν*. Die Lesart
der Codices XI, 19, 29 u. a. sowie der Aldina *εἰς βεβήλωσιν*[3]
ist ein plumpes durch LXX Lev. 21₄ mitveranlasstes Missverständnis späterer Abschreiber, welche den feinen Ausdruck
der LXX durch schülerhafte Wörtlichkeit verballhornisierten;
in confirmationem der *Vetus Latina*[3] dagegen ist völlig korrekt,
und auch die Übersetzungen des Aquila[4] *εἰς παγκτησίαν* und
des Symmachus[5] *εἰς ἀλύτρωτον* sind, wenn auch eine Verwischung der eigentlichen Pointe, doch sachlich nicht übel.

Denselben Takt haben die LXX auch an der einzigen
anderen Stelle bewährt, wo jenes hebräische Wort sonst noch
vorkommt, Lev. 25₃₀: *κυρωθήσεται ἡ οἰκία ἡ οὖσα ἐν*
πόλει τῇ ἐχούσῃ τεῖχος βεβαίως τῷ κτησαμένῳ αὐτήν. Dass
sie hier trotz der gleichen Vorlage nicht die Formel *εἰς βεβαίωσιν*
wählten, verrät ein sicheres Verständnis; denn sie würde hier,
da sie zunächst nur von einer Garantieleistung bei dem Ab-
schlusse eines Verkaufes gebraucht wird, nicht gepasst haben.

Der alexandrinische Christ, dem wir den *λόγος τῆς παρα-*
κλήσεως im Neuen Testament verdanken, schreibt Hebr. 6₁₆
ἄνθρωποι γὰρ κατὰ τοῦ μείζονος ὀμνύουσιν καὶ πάσης αὐτοῖς
ἀντιλογίας πέρας εἰς βεβαίωσιν ὁ ὅρκος. Die Umgebung
der Stelle ist wie der Hebräerbrief überhaupt durchsetzt von
juristischen Ausdrücken. Dass auch hier die durch Jahrhunderte hindurch konstante ägyptische Rechtsformel vor-

---

[1] Daher die sogleich zu nennende Variante.

[2] In demselben Kapitel fanden wir auch *ἄφεσις* als rechtlichen Begriff
sachgemäss angewandt.

[3] FIELD I 212.

kommt, verdient unsere Beachtung. Sie braucht nicht denselben scharfgeprägten Sinn wie im attischen Rechte (*Garantie bei einem Verkaufe*[1]) zu haben, sondern wird allgemeiner sein, jedenfalls aber ist sie noch technischer Ausdruck für die rechtliche *Garantie*.[2]

Der sonstige Gebrauch von βεβαίωσις in der biblischen Litteratur scheint mir ebenfalls durch die technische Bedeutung des Wortes beeinflusst zu sein. In dem grossartigen Hymnus[3] auf die Weisheit findet sich Sap. Sal. 6₁₈ die Gnome προσοχὴ δὲ νόμων βεβαίωσις ἀφθαρσίας; hier legt νόμων die juristische Fassung des Wortes noch besonders nahe: wer die *Gesetze* der Weisheit hält, der hat die *gesetzliche Garantie* der Unvergänglichkeit, der braucht nicht zu fürchten, dass ihm die ἀφθαρσία von einem anderen streitig gemacht wird und er eine aussichtslose δίκη βεβαιώσεως erheben muss.

Noch deutlicher hat von βεβαίωσις der Mann geredet, über dessen juristische Terminologie der Jurist JOHANNES ORTWIN WESTENBERG vor hundertsiebzig Jahren eine stattliche Abhandlung[4] hat schreiben können. Paulus sagt Phil. 1₇ καθώς ἐστιν δίκαιον ἐμοὶ τοῦτο φρονεῖν ὑπὲρ πάντων ὑμῶν διὰ τὸ ἔχειν με ἐν τῇ καρδίᾳ ὑμᾶς ἔν τε τοῖς δεσμοῖς μου καὶ ἐν τῇ

---

[1] Unmöglich wäre diese Fassung nicht; zum rechtsgiltigen Verkaufe war z. B. nach den »Gesetzen von Ainos« (der Name ist nicht sicher) ein Eid erforderlich: der Käufer soll dem Apollo der Ortschaft opfern; kauft er ein Grundstück in der Ortschaft, wo er selbst wohnt, desgleichen, und er soll angesichts der eintragenden Behörde und dreier Ortsbewohner schwören, dass er ehrlich kaufe; in derselben Weise auch der Verkäufer, dass er ohne Falsch verkaufe (Theophrast περὶ συμβολαίων bei Stobaeus *Flor.* XLIV 22), vergl. HERMANN-THALHEIM 130 ff.

[2] Vergl. die von hier aus wohl ebenfalls technisch aufzufassenden Begriffe βέβαιος Hebr. 2₂, 3₆, 9₁₇ u. βεβαιόω Hebr. 2₃.

[3] Zu seiner Form (Kettenschluss oder doch Anadiplosis) vergl. Paulus Röm. 5₃₋₅, 10₁₄ f., auch Jac. 1₃ f. und schon LXX Hos. 2₂₁ f., Joel 1₃ f.

[4] *Paulus Tarsensis Jurisconsultus, seu dissertatio de jurisprudentia Pauli Apostoli habita Franequerae 1722.* Die Schrift ist öfter nachgedruckt worden, mir liegt vor eine Ausgabe *Baruthi 1738*, 36 Seiten 4°. Eine neue Bearbeitung des Themas wäre eine nicht undankbare Aufgabe.

ἀπολογίᾳ καὶ βεβαιώσει τοῦ εὐαγγελίου: er ist zwar in Banden, aber er steht vor seiner Apologie, und diese Apologie vor Gericht wird zugleich eine *evictio* oder *convictio* des Evangeliums sein. Zu den zweifellos [1] nicht bildlich zu verstehenden forensischen Ausdrücken *ἐν τοῖς δεσμοῖς* und *ἐν τῇ ἀπολογίᾳ* passt *ἐν βεβαιώσει τοῦ εὐαγγελίου* gut und bildet zugleich den Höhepunkt einer recht wirkungsvollen Klimax.

Dass *βεβαίωσις* selbst in der älteren attischen Bedeutung dem Apostel nicht unbekannt war, wird durch eine überraschende Übereinstimmung seiner sonstigen Ausdrucksweise mit der Terminologie der bei der *βεβαίωσις* konstatierbaren Rechtsverhältnisse höchst wahrscheinlich gemacht: man beachte, wie Paulus die Begriffe *ἀρραβών* und *βεβαιοῦν* verklammert. Der in der Kaiserzeit lebende Lexikograph der attischen Redner Harpokration schreibt in seinem Lexikon *sub βεβαίωσις*: [2] *ἐνίοτε καὶ ἀρραβῶνος μόνον δοθέντος εἶτα ἀμφισβητήσαντος τοῦ πεπρακότος ἐλάγχανε τὴν τῆς βεβαιώσεως δίκην ὁ τὸν ἀρραβῶνα δοὺς τῷ λαβόντι.* Ähnlich die von Imm. Bekker [3] unter den *Lexica Segueriana* herausgegebenen alten *Λέξεις ῥητορικαί sub βεβαιώσεως*: *δίκης ὄνομά ἐστιν, ἣν ἐδικάζοντο οἱ ὠνησάμενοι κατὰ τῶν ἀποδομένων, ὅτε ἕτερος ἀμφισβητοῖ τοῦ πραθέντος, ἀξιοῦντες βεβαιοῦν αὐτοῖς τὸ πραθέν· ἐνίοτε δὲ καὶ ἀρραβῶνος μόνον δοθέντος. ἐπὶ τούτοις οὖν ἐλάγχανον τὴν τῆς βεβαιώσεως δίκην οἱ δόντες τὸν ἀρραβῶνα τοῖς λαβοῦσιν, ἵνα βεβαιωθῇ ὑπὲρ οὗ ὁ ἀρραβὼν ἐδόθη.* Wenn nun auch über die Möglichkeit der Begründung einer *δίκη βεβαιώσεως* auf die Annahme des *Angeldes* durch den Verkäufer Zweifel bestehen,[4] so viel ist doch klar, dass im technischen Sprachgebrauche *ἀρραβών* und *βεβαιοῦν* in einem sachlichen Verhältnisse zu einander stehen. Genau so redet Paulus, indem sein unerschütterlicher Glaube das Verhältnis Gottes zu den Gläubigen sich unter dem Bilde eines rechtlich unantastbaren

---

[1] Paulus hofft 2₁₉, wie auch aus dem Tone des ganzen Briefes hervorgeht, eine baldige und günstige Entscheidung seiner *Sache*.

[2] Bei Hermann-Thalheim 77.

[3] *Anecdota Graeca I, Berol. 1814*, 219 f.

[4] Hermann-Thalheim 77, Meier-Schömann-Lipsius II 721.

Verhältnisses vergegenwärtigt, 2 Cor. 1₂₁f.: *ὁ δὲ βεβαιῶν ἡμᾶς σὺν ὑμῖν εἰς Χριστὸν καὶ χρίσας ἡμᾶς θεός, ὁ καὶ σφραγισάμενος ἡμᾶς καὶ δοὺς τὸν ἀρραβῶνα τοῦ πνεύματος ἐν ταῖς καρδίαις ἡμῶν.* So passend das Bild selbst ist, so verständlich es hier und 5₅ namentlich den Christen der Welthandelsstadt gewesen sein wird, ebenso passend ist auch seine Form. Der Apostel hätte ja, ohne das Bild unverständlich zu machen, auch ein anderes Verbum [1] wählen können, aber das technische Wort macht das Bild noch wirkungsvoller. Eine patristische Notiz [2] zu unserer Stelle zeigt denn auch, wie ein griechischer Leser der Eigenart des Bildes gerecht zu werden verstand: *ὁ γὰρ ἀρραβὼν εἴωθε βεβαιοῦν τὸ πᾶν σύνταγμα.*

Wir werden danach ein Recht haben, auch sonst bei Paulus und seinem Kreise *βεβαιόω* [3] und *βέβαιος* [4] von hier aus zu verstehen, zumal diese Wörter z. T. neben anderen juristischen Ausdrücken stehen; durch die Auffassung des *festigen* und *fest* im Geltungswerte der rechtlich garantierten Sicherheit gewinnen die betreffenden Aussagen an kraftvoller Entschiedenheit.

Symmachus [5] gebraucht *βεβαίωσις* einmal: Ps. 88 [89]₁₄ für אֱמוּנָה (LXX *ἀλήθεια*).

γένημα. [6]

LXX sehr oft vom Ertrage des Landes, so auch die Synoptiker; nicht erst aus Polybius [7] zu belegen, sondern schon durch

---

[1] Synonymon ist z. B. das ebenfalls forensische *κυρόω* Gal. 3₁₅. Vergl. noch *Pap. Par.* 20 (600 n. Chr., *Notices* XVIII 2 S. 240): *πράσεως τῆς καὶ κυρίας οὔσης καὶ βεβαίας.*

[2] *Catenae Graecorum Patrum in N. T. ed.* J. A. Cʀᴀᴍᴇʀ, V, Oxonii 1844, 357.

[3] 1 Cor. 1₆ u. 8 (beachte *ἀνεγκλήτους* und *πιστός*), Rom. 15₈; vergl. Marc. 16₂₀.

[4] 2 Cor. 1₇, Rom. 4₁₆; vergl. 2 Pe. 1₁₀ u. 19.

[5] Fɪᴇʟᴅ II 243.

[6] Zur Orthographie vergl. Wɪɴᴇʀ-Sᴄʜᴍɪᴇᴅᴇʟ § 5, 26a (S. 55 f.). Die Papyri schreiben *γένημα.*

[7] *Clavis* [3] 78.

Pap. Flind. Petr. I XVI 2 [1] (230 v. Chr.) τὰ γενήματα τῶν ὑπαρχόντων μοι παραδείσων und mehrere andere gleichzeitige Stellen [2] für Ägypten nachweisbar.

γογγύζω.

Den LXX sehr geläufig, auch bei Paulus, [3] Synopt., Johannes, in der ausserbiblischen Litteratur seither nur nachgewiesen aus Marc Aurel und Epiktet, [4] in der Bedeutung *murren* jedoch schon *Pap. Flind. Petr.* II IX 3 [5] (241/239 v. Chr.) gebraucht: καὶ τὸ πλήρωμα (*Mannschaft*) γογγύζει φάμενοι ἀδικεῖσθαι.

γραμματεύς.

Im A. T. wird als *Schreiber* (ספר und שטר) der *Beamte* überhaupt bezeichnet. Die LXX übersetzen wörtlich γραμματεύς, auch an solchen Stellen, wo *Schreiber* im militärischen Sinne, von *Offizieren*, gebraucht zu sein scheint. Man könnte hier vermuten, dass sie sich sklavisch der Vorlage unterwarfen, denn dem gewöhnlichen griechischen Sprachgebrauche ist die Verwendung von γραμματεύς im militärischen Sinne fremd. Aber sie haben von ihrem Standpunkte aus durchaus korrekt übersetzt: in der ägyptischen Gräcität wird γραμματεύς als Bezeichnung eines Offiziers gebraucht. *Pap. Par.* 63 [6] (165 v. Chr.) begegnet uns der γραμματεύς τῶν μαχίμων und *Pap. Lond.* XXIII [7] (158/157 v. Chr.) der γραμματεύς τῶν δυνάμεων. Diese technische Bedeutung [8] des Wortes ist den alexandrinischen Übersetzern geläufig gewesen. So 2 Paralip. 26 11, wo der γραμματεύς neben dem διάδοχος [9] steht,

[1] Mahaffy I [47].
[2] Vergl. Index bei Mahaffy II [190].
[3] Er kennt das Wort wohl aus seiner Bibellektüre: 1 Cor. 10 10 ist Anspielung auf LXX Num. 14 27.
[4] *Claris* [2] 82.
[5] Mahaffy II [23].
[6] *Notices* XVIII 2 S. 367.
[7] Kenyon 41.
[8] Vergl. Lumbroso, *Recherches* 231.
[9] Über die technische Bedeutung dieses Wortes vergl. unten *sub* διάδοχος.

vergl. auch Jer. 44 [37]₁₈ u. ₂₀, wenn hier der *Schreiber* Jonathan
ein Offizier ist. Ebenso Judic. 5₁₄.[1] Von hohem Interesse
sind dann folgende Stellen, die es zweifellos machen, dass die
Übersetzer den ihnen aus ihrer Umgebung bekannten technischen
Ausdruck gebrauchten. 2 Reg. 25₁₉ ist im Hebräischen, wie
überhaupt 2 Reg. 24₁₈—25₃₀ in Jer. 52, fast wörtlich wiederholt in Jer. 52₂₅; das Königsbuch nennt hier *den Schreiber,*
den Obersten des Heeres.[2] In unserem Jeremiatexte lesen wir
jedoch (der Artikel vor ספר fehlt) *den Schreiber des Obersten*
des Heeres. Die LXX übersetzen die erste Stelle τὸν γραμματέα[3] τοῦ ἄρχοντος τῆς δυνάμεως, als ob ihnen unser Jeremiatext vorgelegen hätte, Jer. 52₂₅ dagegen lautet bei ihnen τὸν
γραμματέα τῶν δυνάμεων, was dem Sinne nach mit 2 Reg.
25₁₉ nach dem überlieferten Texte übereinstimmt. Ohne nun
im geringsten die Fragen nach der Bedeutung von ספר im hebräischen A. T. und nach dem ursprünglichen Texte der beiden
Stellen entscheiden zu wollen, halte ich es doch für evident,
dass die LXX Jer. 52₂₅ den jetzt aus dem Londoner Papyrus
bekannten γραμματεὺς τῶν δυνάμεων und nicht etwa einen
Schreiber des Generalcommandos[4] vorzufinden glaubten.[5] Die

---

[1] Cod. A hat hier eine ganz abweichende Lesart.

[2] So übersetzt DE WETTE, ähnlich E. REUSS: *den Schreiber, der als*
Oberster....; A. KAMPHAUSEN bei KAUTZSCH übersetzt durch *und »den«*
Schreiber des Feldhauptmanns den nach Jer. 52₂₅ veränderten Text. Weshalb
diese Änderung »natürlich« vorzunehmen ist (W. NOWACK, Lehrbuch der
hebr. Archäologie I, Freib. i. B. u. Lpz. 1894, 360), kann ich nicht einsehen.
Man wird doch schwerlich mit K. H. GRAF, der den Text nicht ändert,
aber den Artikel als Hinweisung auf den folgenden Relativsatz erklärt
und *den Schreiber des Heeresobersten* übersetzt, ohne weiteres dekretieren
dürfen: »Der Heeroberste kann nicht ein ספר genannt werden, dieser
Titel gebührte nur den Leuten von der Feder« (Der Prophet Jeremia
erklärt, Leipzig 1862, 628).

[3] γραμματαιαν des Cod. A ist dieselbe Form (αι = ε) mit vulgär
angehängtem ν (WINER-SCHMIEDEL § 9, 8 [S. 89]).

[4] So O. THENIUS, Die Bücher der Könige (Kurzgef. ex. Handb. zum
A. T. IX), Leipzig 1849, 463.

[5] Wenn dort im hebr. Texte aus 2 Reg. 25₁₉ der Artikel eingefügt
würde, dann wäre die Übersetzung der LXX eine völlig sachgemässe
Wiedergabe der Vorlage und die Annahme von SIEGFRIED-STADE 467, die

Wahl des Plurals *δυνάμεων*, durch den Singular der Vorlage
nicht geboten, erklärt sich nur aus der Herübernahme der
längst geprägten festen Verbindung.

Am instruktivsten ist Jes. 36₁₁; unser hebräischer Text
führt dort einfach einen סֹפֵר auf, ohne jeden Zusatz, die LXX
aber versetzen ihn in die Armee mit dem Range des *γραμματεύς τῆς δυνάμεως, Schreiber* war ihnen ein militärischer Rang.[1]

Die militärische Bedeutung von *γραμματεύς* hat sich er-
halten·1 Macc. 5₄₂,[2] wahrscheinlich auch Symmachus Judic.
5₁₄,[3] Jer. 44 [37]₁₅.[4]

γράφω.

»Auf dem Gebiete der göttlichen Offenbarung treten die
Urkunden derselben in diese[5] normative Stellung ein, und das

LXX hätten den Jeremiatext ohne שַׂר gelesen, nicht durchaus nötig:
die LXX konnten, wenn sie die Vorlage durch einen festgeschlossenen
terminus technicus wiedergaben, das für den Sinn irrelevante שַׂר unübersetzt lassen, da seine Übertragung eben die feste Fügung *γραμματεύς
τῶν δυνάμεων* gesprengt hätte. — Nachträglich sehe ich, dass der
neueste Bearbeiter des Jeremia thatsächlich aus inneren Gründen den
Jeremiatext nach dem Königsbuche korrigiert und *den Kanzler, dem das
Heer unterstellt war*, für einen militärischen Minister erklärt, der neben
dem sonst erwähnten Kanzler stand (F. Giesebrecht, Das Buch Jeremia
[Handkomm. z. A. T. III 2₁], Göttingen 1894, 263 f.).

[1] In dem technischen *γραμματεύς* scheint überhaupt die Grundbedeutung *Schreiber* verblasst gewesen zu sein: Jes. 22₁₅ hat Cod. A für
Hausminister die Übersetzung *γραμματεύς* aufbewahrt, eine Lesart, die
gegenüber dem griechisch glatteren *ταμίας* z. B. des Cod. B entschieden
den Eindruck des Ursprünglichen macht; zu *γραμματεύς* als Bezeichnung
eines Civilbeamten in Ägypten vergl. Lumbroso, *Recherches* 243 ff. Im
letzteren Sinne ist das Wort auch sonst gebräuchlich. Es ist eine nicht
nur wörtliche, sondern auch von ihrem Standpunkte aus korrekte Übersetzung, wenn die LXX Exod. 5₆, ₁₀, ₁₄, ₁₅, ₁₉ die ägyptischen Auf-
sichtsbeamten *γραμματεῖς* nennen. Sie bezeichnen nachher auch israelitische
Beamte so. Für *γραμματεύς* in diesem Sinne steht LXX Jes. 33₁₈ *γραμματικός*.

[2] Vergl. Grimm zu der Stelle und Wellhausen, Israelitische und
Jüdische Geschichte 209.

[3] Field I 413.

[4] Field II 682.

[5] Nämlich in die normative Stellung, welche juristischen Urkunden
zukommt.

γέγραπται schliesst stets eine Berufung auf unanfechtbare normative Autorität des angezogenen Ausspruches ein.«[1] »Der neutestamentliche Gebrauch von ἡ γραφή . . . . . schliesst dieselbe Anschauung ein, welche sich in dem Gebrauche des γέγραπται ausprägt, nemlich eine Beziehung auf den normativen Charakter des betr. Schriftencomplexes, welcher ihm eine einzigartige Stellung anweist, wie denn auch überall ἡ γραφή im Sinne einer Autorität genannt wird.«[2] Mit diesen Begriffsbestimmungen hat CREMER zweifellos die Wurzeln nicht nur des »neutestamentlichen« Gebrauches, sondern überhaupt des Gedankens, dass der *Schrift* normative Autorität zukomme, richtig definiert. Wenn man sich die Frage vorlegt, woher es komme, dass man mit dem Begriffe der heiligen *Schrift* den Gedanken ihrer absoluten Autorität verbunden habe, so kann die Antwort nur ein Verweis auf den *juristischen* Begriff der *Schrift* sein, den man vorfand und auf die heiligen Urkunden übertrug. Buchreligion ist, auch historisch betrachtet, Gesetzesreligion. Besonders instruktiv für diese juristische Auffassung der biblischen Urkunden ist die gewöhnlich übersehene Thatsache, dass die LXX חוֹרָה in der überwiegenden Mehrzahl der Stellen mit νόμος übersetzen, obwohl sich beide Begriffe durchaus nicht decken, dass sie also aus *Lehre* ein *Gesetz* gemacht haben.[3] Dabei ist es zwar wahrscheinlich, dass sie bereits durch die mechanische Schriftauffassung des jungen Rabbinismus beeinflusst waren, aber in formeller Hinsicht kam ihnen der juristische Sprachgebrauch der Griechen entgegen. CREMER hat für diesen Gebrauch von γράφειν von der gesetzgeberischen Thätigkeit[4] eine Reihe von Belegen aus der älteren Gräcität gegeben und erklärt hieraus das häufige »biblische« γέγραπται. Diese Citationsformel ist indessen nicht nur »biblisch«, sondern findet sich auch in juristischen Papyrusurkunden aus

---

[1] CREMER [2] 241.

[2] CREMER [2] 241 f.

[3] Vergl. die ähnliche Veränderung des Begriffes *Bund* in *Testament* und dazu CREMER [2] 897.

[4] Im prägnanten Sinne ist auch das ὃ γέγραφα γέγραφα des Pilatus Joh. 19₂₂ zu verstehen.

der Ptolemäerzeit und in Inschriften: *Pap. Flind. Petr.* II
XXXa,[1] dann, höchst lehrreich für das häufige καθὼς γέγραπται
der biblischen Autoren,[2] in den Formeln καθότι γέγραπται:
Pap. Par. 13[3] (wahrscheinlich 157 v. Chr.), *Pap. Lugd.* O[4]
(89 v. Chr.), Inschrift von Mylasa in Karien WADDINGTON III 2
No. 416 = CIG II No. 2693c aus der frühesten Kaiserzeit,[5] Inschrift aus der Nähe von Mylasa WADDINGTON III 2 No. 483
(Kaiserzeit?), trotz der Verstümmelung ist hier noch an 4 Stellen
die Formel lesbar, und καθὰ γέγραπται: *Pap. Par.* 7[6] (2. oder
1. Jahrh. v. Chr.), vergl. κα(τ)τάπερ · · · γέγραπ[τοι] in Zeile 60 t.
der Bauinschrift von Tegea (etwa 3. Jahrh. v. Chr.)[7], womit
stets auf einen bestimmten verbindlichen Passus der betr. Urkunde
verwiesen wird.[8]

Dass den Alexandrinern die juristische Auffassung der
heiligen Schrift geläufig gewesen ist, ergibt sich auch direkt
aus Ep. Arist. (*ed.* M. SCHMIDT) *p.* 68 ff.: als die Übertragung
der Bibel ins Griechische beendet war, wurde mit einem Fluche
bedroht, καθὼς ἔθος αὐτοῖς ἐστιν, εἴ τις διασκευάσει προστι-
θεὶς ἢ μεταφέρων τι τὸ σύνολον τῶν γεγραμμένων ἢ ποιούμενος
ἀφαίρεσιν.[9] Die griechische Bibel wäre demnach unter den
Schutz der Rechtsanschauung gestellt worden, welche die Veränderung einer Urkunde untersagte; dieser Grundsatz findet

---

[1] MAHAFFY II [102].

[2] Aus dem A. T. vergl. z. B. LXX Neh. 10 34 ff. und besonders LXX
Job 42 11 (in dem griechischen Nachtrage zum Buche Hiob).

[3] *Notices* XVIII 2 S. 210.

[4] LEEMANN I 77; dazu bemerkt LEEMANN I 133: »γράφειν: *in con-
tractu scribere*.«

[5] Zur Datierung vergl. unten *sub* ὄνομα.

[6] *Notices* XVIII 2 S. 172.

[7] P. CAUER, *Delectus inscriptionum Graecarum propter dialectum me-
morabilium*[2], *Lipsiae 1883*, No. 457.

[8] Nicht in diesem prägnanten Sinne, sondern als einfache Citationsformel (= *es findet sich*) gebraucht Plutarch das γέγραπται, vergl. J. F.
MARCKS, *Symbola critica ad epistolographos Graecos, Bonnae 1883*, 27. So
auch LXX Esth. 10 1.

[9] Vergl. schon Deut. 4 1, 12 11, Prov. 30 6 und später Apoc. Joh. 22 18 t.

sich im griechischen Rechte zwar nicht überall,[1] aber der Apostel Paulus bezeugt sie, wenn er Gal. 3₁₅ *e concessis* argumentierend sagt, dass eine διαϑήκη κεκυρωμένη weder ausser Kraft gesetzt[2] noch mit einem Zusatze versehen werden dürfe.

Von der gleichen Anschauung aus, um noch ein besonders deutliches Beispiel aus der Weiterentwickelung der juristischen Auffassung der Bibelautorität zu geben, bezeichnet der Advokat Tertullian *adv. Marc.* 4₂ und sonst die einzelnen Teile des Neuen *Testamentes* als *instrumenta*, d. h. *rechtsgültige Urkunden*.[3]

διάδοχος und διαδεχόμενος.

διάδοχος kommt bei den LXX nur vor 1 Paralip. 18₁₇ als Ersatz eines לְיָד, 2 Paralip. 26₁₁ als Übersetzung von מִשְׁנֶה, 2 Paralip. 28₇ als Übersetzung von שׁר. An keiner dieser drei Stellen wäre διάδοχος in der gewöhnlichen Bedeutung *Nachfolger* eine korrekte Wiedergabe der Vorlage. Bereits Schleusner[4] hat daher behauptet, διάδοχος entspreche hier den hebräischen Wörtern, sei also etwa gleich *proximus a rege*, und verweist auf Philo *de Josepho* M. *p.* 58 u. 64. Ebenso hat Grimm[5] zu 2 Macc. 4₂₉ auf grund des Kontextes die Bedeutung *Nachfolger* für diese Stelle und 14₂₆, vergl. auch 4₃₁ διαδεχόμενος, abgelehnt. Diese Vermutung wird bestätigt durch *Pap. Taur.* I (1₁₅ u. ₆)[6] (2. Jahrh. v. Chr.), wo οἱ περὶ αὐλὴν διάδοχοι und οἱ διάδοχοι höhere Beamte am Ptolemäerhofe sind;[7] διά-

---

[1] Nach attischem Rechte z. B. war es gestattet, »Nachträge einem Testamente beizufügen oder Modificationen in demselben vorzunehmen«, vergl. Meier-Schömann-Lipsius II 597.

[2] Über die Aufhebung eines Testamentes vergl. Meier-Schömann-Lipsius II 597 f.

[3] Vergl. dazu E. Reuss, Die Geschichte der heiligen Schriften Neuen Testaments⁶, Braunschweig 1887, § 303 S. 340 u. Jülicher, Einleitung in das N. T. 303.

[4] *Novus Thesaurus* II (1820) 87.

[5] HApAT IV (1857) 90.

[6] A. Peyron I 24.

[7] A. Peyron I 56 ff. Vergl. dazu Brunet de Presle, *Notices* XVIII 2 S. 228 und Lumbroso, *Recherches* 195.

δοχος ist also ein ägyptischer Hoftitel.[1] In dieser technischen
Bedeutung haben der alexandrinische Übersetzer der Chronik
und der Alexandriner Philo das Wort gebraucht, und auch
das aus Jason von Kyrene excerpierte zweite Makkabäerbuch
verrät eine Kenntnis des Gebrauches.

Der technischen Bedeutung von διάδοχος verwandt ist
die des Participiums διαδεχόμενος[2] 2 Paralip. 31₁₃ und Esth. 10₃
als Übersetzung des מִשְׁנֶה der Vorlage; ebenso 2 Macc. 4₃₁.

δίκαιος.

Wenn die LXX צַדִּיק oder das genetivische צֶדֶק fast durchweg mit δίκαιος wiedergeben, so haben sie auch an solchen Stellen
korrekt übersetzt, wo der den hebräischen Wörtern zu Grunde
liegende Begriff *normal*[3] sich am reinsten erhalten hat, wo
nämlich *richtige* Maasse als *gerecht*[4] bezeichnet werden. Dass
sie hier nicht mechanisch übersetzt haben, ergibt sich schon
aus Prov. 11₁, wo sie das als שָׁלֵם *voll* bezeichnete Gewicht
ebenfalls durch σταθμίον δίκαιον wiedergeben.[5] Ein dem
semitischen[6] ähnlicher Gebrauch kann auch im Griechischen
konstatiert werden, aber man wird hier besser auf den ägyptischen Sprachgebrauch zu verweisen haben, als auf Xenophon
und andere,[7] welche ἵππος, βοῦς etc. mit dem Prädikate δίκαιος
belegen, wenn dieselben den Anforderungen entsprechen. So
wird in dem zu Ehren des Kaisers Nero verfassten Dekrete der

---

[1] So auch häufig in den Londoner Papyri des 2. vorchristl. Jahrh.,
vergl. dazu Kenyon 9. Über die militärische Bedeutung von διάδοχος
vergl. Lumbroso, *Recherches* 224f.

[2] Vergl. zum späteren Gebrauche F. Krebs, Ägyptische Priester unter
römischer Herrschaft, Zeitschr. für ägyptische Sprache und Altertums-
kunde XXXI (1893) 37.

[3] Vergl. E. Kautzsch, [Über] die Derivate des Stammes צדק im alttestamentlichen Sprachgebrauch, Tübingen 1881, 59.

[4] Über die Unzulänglichkeit des deutschen *gerecht* für die Wiedergabe des hebräischen Wortes vergl. Kautzsch 56 f.

[5] Deut. 25₁₅ ἀληθινόν.

[6] Kautzsch 57 ff. Im Arabischen wird danach dasselbe Wort gebraucht, um z. B. eine Lanze oder eine Dattel als *richtig* zu bezeichnen.

[7] Cremer[7] 270.

Einwohner von Busiris¹ das Wachsen des Nils eine *δικαία ἀνά-βασις* genannt; wichtiger aber ist, weil es sich auch hier um ein *Maass* handelt, die Notiz des Clemens Alexandrinus *Strom.* VI 4 (*p.* 758 Potter), dass bei ägyptischen Ceremonien der *πῆχυς τῆς δικαιοσύνης* herumgetragen wurde, eine *richtige* Elle.² Das ist derselbe Sprachgebrauch, der schon die LXX Lev. 19₃₆ von den *ζυγὰ δίκαια καὶ σταθμία δίκαια καὶ χοῦς δίκαιος*, Deut. 25₁₅ von dem *μέτρον ἀληθινὸν καὶ δίκαιον*, Ez. 45₁₀ von der *χοῖνιξ δικαία* reden liess.

διῶρυξ.

Die LXX übersetzen Jes. 27₁₂ *Strom*, Jes. 33₂₁ *Fluss* und Jer. 38 [31]₉ *Bach* durch *διῶρυξ Kanal.* Sie haben hierdurch die Vorlage ägyptisiert. An der ersten Stelle war eine solche Ägyptisierung vielleicht nahe gelegt, da es sich dort um den »Strom Ägyptens« handelt; an den beiden anderen Stellen fanden sie *Fluss* und *Bach* bildlich gebraucht und haben, ähnlich wie es oben zu *ἄφεσις* gezeigt ist, die Bilder durch lokale Abtönung den Alexandrinern verständlicher gemacht.

εἰς.

»Den N. T. Schriftstellern legte sich die Construction mit Präposition wohl auch durch die expressivere und anschaulichere Redeweise der vaterländischen Sprache nahe, und wir finden daher, wo den Griechen der Dat. commodi oder incommodi hingereicht haben würde, *εἰς,* z. B. Act. 24, 17. *ἐλεημοσύνας ποιήσων εἰς τὸ ἔθνος μου…*«³

Zunächst ist hiergegen zu bemerken, dass dieser Sprachgebrauch nicht erst »den« neutestamentlichen Schriftstellern eignet, sondern bereits dem griechischen Alten Testament.

---

¹ Letronne, *Recueil* II 467, vergl. 468 f., auch Letronne, *Recherches* 396 f., Lumbroso, *Recherches* 290. — Ebenso spricht Plinius *Nat. hist.* V 58 von dem *iustum incrementum*, und Plutarch *de Isid. et Osirid. p.* 368 sagt: *ἡ δὲ μέση ἀνάβασις περὶ Μέμφιν, ὅταν ᾖ δικαία, δεκατεσσάρων πηχῶν.*

² Vergl. auch das ägyptische Maass *δικαιότατον μύστρον* bei F. Hultsch, Griechische und römische Metrologie², Berlin 1882, 636.

³ Winer-Lünemann § 31, 5 (S. 200).

Ich überschaue seinen Gebrauch von *εἰς* zwar nicht, kann aber folgende Stellen nennen, wo *εἰς* den Dativ des Vorteils vertritt: LXX Bel et Draco *δ* ὅσα εἰς αὐτὸν [Bel] δαπανᾶται, *ιι* τὴν δαπάνην τὴν εἰς αὐτόν [Bel], womit zu vergleichen *δ* ἀνηλίσκετο αὐτῷ[1] [Bel]; Ep. Jerem. *δ* (ἀργύριον) εἰς ἑαυτοὺς καταναλοῦσι; Sap. Sir. 37 ι συμβουλεύων εἰς ἑαυτόν (= *δ* ἑαυτῷ βουλεύσεται). An allen diesen Stellen fehlt uns die Vorlage, aber es scheint mir doch sicher zu sein, dass wir es hier nicht mit einem der in der Prothesie so überaus häufigen[2] Hebraismen der Übersetzung zu thun haben, sondern dass dieser Gebrauch des *εἰς* alexandrinisch ist.

Wir haben *Pap. Flind. Petr.* II XXV a-i[3] (ca. 226 v. Chr.) und sonst eine Anzahl von Quittungen, aus deren stehenden Formeln hervorgeht, dass mit *εἰς* die Verwendung der einzelnen Posten einer Rechnung specialisiert wurde. So lautet z. B. die Quittung a[4] ὁμολογεῖ Κεφάλων ἡνίοχος ἔχειν παρὰ Χάρμου ..... εἰς αὐτὸν καὶ ἡνιόχους ζ .. ἄρτων καθαρῶν β΄ χοίνικας .... καὶ εἰς ἱπποκόμους ιγ΄ ἄρτων αὐτοπύρων .. κϛ΄, d. h. *der Wagenlenker Kephalon bescheinigt von Charmos erhalten zu haben für sich und 7 andere Wagenlenker 2 Choiniken Reinbrot und für 13 Pferdeknechte 26 Choiniken Kleienbrot.* Ebenso steht *εἰς* dann auch vor nichtpersönlichen Wörtern: καὶ εἰς ἵππον ἐνοχλούμενον . εἰς χρῖσιν ἐλαίου ὰ γ΄ καὶ .. εἰς λύχνους κίκιως ὰ β΄, d. h. *und für ein krankes Pferd zum Einreiben 3 Kotylen Öl und für die Laternen 2 Kotylen Kiki-Öl.*

Noch deutlicher ist der Passus aus dem Kontrakte *Pap. Par.* 5[5] (114 v. Chr.) καὶ τὸν εἰς Τάγην οἶκον ᾠκοδομημένον.

---

[1] Theodotion *δ* übersetzt dieselbe Stelle καὶ ἐδαπανᾶντο εἰς αὐτὸν [Bel] σεμιδάλεως ἀρτάβαι δώδεκα (*Libri apocryphi V. T. graece ed.* O. F. Fritzsche p. 87).

[2] Vergl. meine Schrift Die neutest. Formel »in Christo Jesu« 55 f.

[3] Mahaffy II [72] ff.

[4] Mahaffy II [72].

[5] *Notices* XVIII 2 S. 131. — *Pap. Lugd.* M (Leemans I 59) steht derselbe Passus; Leemans I 63 erklärt εἰς als Periphrase des Genetivs; ebenso W. Schmid, Der Atticismus III (1893) 91; man beachte hier die für die biblische Philologie wichtigen sonstigen Bemerkungen über die Präpositionen.

Denselben Gebrauch des *εἰς*, für den sich die Belege aus den Papyri mehren lassen, finden wir besonders deutlich bei Paulus: 1 Cor. 16ı *τῆς λογείας τῆς εἰς τοὺς ἁγίους*, ähnlich 2 Cor. 8₄, 9ı u. ı₃, Rom. 15₂₆, vgl. Act. Ap. 24ı₇; wohl auch Marc. 8ı₉ f. ist danach zu erklären.

ἐκτὸς εἰ μή.

Instruktiver für den Gebrauch dieser längst als spätgriechisch erkannten Vermengung[1] bei dem Cilicier Paulus (1 Cor. 14₅, 15₂, vergl. 1 Tim. 5ı₉), als die gewöhnlich citierten Belege aus Lucian etc., ist die Stelle einer Inschrift von Mopsuhestia in Cilicien WADDINGTON III 2 No. 1499 (Datierung ist mir nicht möglich; jedenfalls Kaiserzeit): *ἐκτὸς εἰ μὴ* [*ἐ*]*ὰν Μάγνα μόνη* *θε*[*λή*]*σῃ.*

ἐν.

An keinem Punkte rächt sich die Nichtbeachtung des für die Grammatik (und das Lexikon) der »biblischen« Schriftsteller fundamentalen Unterschiedes zwischen den Übersetzungen semitischer Vorlagen und den griechischen Originalwerken so sehr, als in der Lehre von den Präpositionen. Ich glaube früher an einem nicht unwichtigen Beispiele nachgewiesen zu haben, wie sehr sich eine syntaktische Eigentümlichkeit der originalgriechischen Paulusbriefe von dem scheinbar ähnlichen Gebrauche der Übersetzungen unterscheidet. Eine ähnliche Beobachtung lässt sich bei der Frage nach *ἐν* mit dem *Dativus instrumenti* anstellen. Noch WINER-LÜNEMANN[2] behauptet, *ἐν* stehe »von dem Werkzeug und Mittel (hauptsächlich in der Apokalypse), nicht blos (wie bei den besseren griechischen Prosaikern . . . .) wo auch *in* (oder *auf*) passend ist, ..., sondern auch ohne diese Rücksicht, wo im Griechischen der blosse Dativ als Casus instrumentalis stehen würde, als Nachwirkung des hebräischen ב.« Ähnlich A. BUTTMANN.[3] Beide verfallen in der Aufzählung der Beispiele, soweit dieselben überhaupt in Betracht kommen können, in

---

[1] WINER-LÜNEMANN § 65, 3 (S. 563); SCHMIEDEL HC II 1 (1891) 143.
[2] § 48, d (S. 363).
[3] Grammatik des neutestamentlichen Sprachgebrauchs 157.

den Fehler, dass sie unter Nichtbeachtung jenes Unterschiedes
Stellen aus den Evangelien und der Apokalypse, bei denen
man von einem Einflusse des Semitismus d. h. der eventuellen
semitischen Vorlage reden kann, kritiklos z. B. neben paulinische
setzen, ohne doch anzugeben, wie sie sich die »Nachwirkung«
des ב auf Paulus vermittelt denken. So citiert WINER-LÜNEMANN
Rom. 15₆ ἐν ἑνὶ στόματι δοξάζητε und BUTTMANN[1] 1 Cor. 4₂₁
ἐν ῥάβδῳ ἔλθω πρὸς ὑμᾶς als Belege für ἐν mit dem instru-
mentalen Dativ bei Paulus. Ich glaube, dass beide Stellen
anders zu erklären sind und dass sich, da sie die einzigen sind,
die man mit einem Scheine von Recht anführen kann, bei
Paulus jener Gebrauch des ἐν nicht nachweisen lässt. Die
Römerstelle zunächst gehört zu denen, »wo auch in passend
ist,« d. h. wo der Verweis auf die lokale Grundbedeutung der
Präposition zur Erklärung völlig genügt und es also ganz
überflüssig ist die verstaubte Repositur um ein neues Gefach
zu bereichern: in einem einzigen Munde sollen die Römer Gott
preisen, weil natürlich die Worte in dem Munde gebildet
werden, gerade so wie nach der vulgären Psychologie die
Gedanken in dem Herzen wohnen. Bei 1 Cor. 4₂₁ sodann
scheint die Sache für BUTTMANN günstiger zu liegen, denn die
LXX haben gerade die Fügung ἐν τῇ ῥάβδῳ sehr häufig; was
ist da einfacher als zu behaupten, »die« biblische Gräcität
gebrauche diese Fügung durchweg instrumental? Indessen zeigt
sich auch hier der Unterschied zwischen der durch die Vorlage
beengten Redeweise der Übersetzer und der unbefangenen
Sprache des Paulus recht deutlich. An sämtlichen LXX-Stellen
(Gen. 32₁₀, Exod. 17₅, 21₂₀, 1 Sam. 17₄₃, 2 Sam. 7₁₄, 23₂₁,
1 Paral. 11₂₃, Ps. 2₉, 88[89]₃₃, Jes. 10₂₄, Mich. 5₁, 7₁₄, vergl.
Ez. 39₉, auch Hos. 4₁₂, wo ἐν ῥάβδοις dem vorhergehenden
ἐν [= ב] συμβόλοις konformiert ist,) ist das ἐν der Fügung ἐν τῇ
ῥάβδῳ mechanische Nachahmung eines ב der Vorlage; man
kann also nicht einmal behaupten, dass jene Fügung der
originalen alexandrinischen Gräcität eigentümlich sei. Bei
Paulus dagegen ist ἐν ῥάβδῳ präkonformiert dem folgenden
lokalen ἤ ἐν ἀγάπῃ πνεύματί τε πραΰτητος, ist nur eine freie

[1] S. 284.

Bildung des Augenblickes und kann nicht aus einem syntaktischen Gesetze abgeleitet werden. Unmöglich ist es ja nicht, dass diese Präkonformation sich dem Apostel, der seine griechische Bibel kannte, erleichterte, weil ihm vielleicht eine jener LXX-Stellen vorschwebte,[1] aber es ist sicher verkehrt von der Nachwirkung eines בְ zu reden. Wo sollte dieses wirksame Wörtlein denn bei Paulus seinen sprachpsychologischen Ort gehabt haben?

ἐνταφιαστής.

Die LXX übersetzen רֹפֵא *Arzt* korrekt mit ἰατρός, nur Gen. 50₁₁ mit ἐνταφιαστής. Die Vorlage berichtet dort von ägyptischen Ärzten, welche die Leiche Jakobs einbalsamierten. Die Übersetzung ist nicht einfach bedingt durch das Verbum ἐνταφιάζειν, sondern erklärt sich aus dem Bestreben, den für ägyptische Verhältnisse korrekteren Ausdruck einzuführen; es handelte sich ja um eine Einbalsamierung in Ägypten. Die technische Bezeichnung des damit betrauten Standes[2] war aber ἐνταφιαστής *Pap. Par.* 7ᵃ (99 v. Chr.). Die Abschnitte des Alten Testaments, welche in Ägypten spielen oder auf ägyptische Verhältnisse Rücksicht nehmen, gaben den Übersetzern natürlich die meiste Veranlassung zu ägyptisieren.

ἐντυγχάνω, ἔντευξις, ἐντυχία.

Nur 1 Tim. 2₁ und 4₅ wird ἔντευξις in den neutestamentlichen Schriften gebraucht, an beiden Stellen im Sinne von *Bittgebet*. Diesen Gebrauch erklärt man[4] aus der seit Diodor und Josephus in der ausserbiblischen Litteratur nachweisbaren Verwendung des Wortes für *Bitte*. Die Papyri[5]

---

[1] Aus einer Reminiscenz an jene LXX-Stellen würde sich im Zusammenhange der sonstigen vielen LXX-Citate das eventuell herzustellende ἐν τῇ ῥάβδῳ in Z. 14 der besprochenen Bleitafel von Hadrumetum erklären, vergl. oben S. 89. — In der Stelle Lucian. *dial. mort.* 23₈ καθικόμενον ἐν τῇ ῥάβδῳ wird ἐν für verdächtig gehalten (WINER-LÜNEMANN S. 364).

[2] Vergl. darüber LUMBROSO, *Recherches* 136 f.

[3] *Notices* XVIII 2 S. 172.

[4] *Clavis*⁴ 151.

[5] Die LXX haben das Wort nicht. 2 Macc. 4₈ ist ἔντευξις *Unterredung.*

ergeben, dass er in Ägypten längst der technischen Sprache
geläufig war: *ἔντευξις est ipsa petitio seu voce significata,
seu in scripto libello expressa, quam supplex subditus offert;...
vocem Alexandrini potissimum usurpant ad designandas petitiones
vel Regi, vel iis, qui regis nomine rempublicam moderantur,
exhibitas.*[1] Diese Erklärung ist durch die neu entdeckten
Papyri aus der Ptolemäerzeit durchaus bestätigt worden.[2] Auch
Ep. Arist. (ed. M. Schmidt) p. 58₈ liegt die technische Bedeutung
vor; A. Peyron, der auf diese Stelle bereits aufmerksam macht,
findet sie, wohl nicht mit Recht, auch 2 Macc. 4₈.

In demselben Sinne steht *Pap. Lond.* XLIV[a] (161 v. Chr.)
und 3 Macc. 6₁₀ ἐντυχία, an beiden Stellen in der Redensart
ἐντυχίαν ποιεῖσθαι.

Das Verbum ἐντυγχάνω[4] hat die entsprechende technische
Bedeutung; der komplementäre Begriff für das *Bescheidgeben*
des Königs ist χρηματίζειν.[5]

Sowohl das Verbum als auch das Substantivum werden
häufig mit κατά und ὑπέρ konstruiert, jenachdem sich die
Eingabe *gegen* oder *für* jemanden ausspricht; vergl. das
paulinische ὑπερεντυγχάνω Rom. 8₂₆.

ἐργοδιώκτης.

Das den LXX geläufige, früher nicht nachweisbare Wort ist
durch *Pap. Flind. Petr.* II IV 1[a] (255/254 v. Chr.) als technischer Ausdruck für *Aufseher bei der Arbeit, Werkmeister*
bestätigt. Wenn es nachher auch bei Philo *de vit. Mos.*
I 7 (M. *p.* 86) steht, so hat er es wohl kaum erst von
den LXX, sondern noch aus dem lebendigen Wortschatze

[1] A. Peyron I 101.

[2] Vergl. die Indices von Leemans, der *Notices* XVIII 2, von Mahaffy
u. Kenyon.

[3] Kenyon 34.

[4] Für die Verwendung dieses Wortes im religiösen Sprachgebrauche
(Rom. 8₂₆ u. ₂₇, 11₂, Hebr. 7₂₅, Clem. Rom. 1 Cor. 56₁) ist ausser Sap.
Sal. 8₂₁ instruktiv auch ein späteres Zeugnis, *Pap. Berol.* 7351 (BU VIII
S. 244 No. 246), 2./3. Jahrh. n. Chr.: εἰδότες ὅτι νυκτὸς καὶ ἡμέρας ἐν-
τυγχάνω τῷ θεῷ ὑπὲρ ἡμῶν.

[5] A. Peyron I 102, Lumbroso, *Recherches* 254, Mahaffy II 28.

[6] Mahaffy II [6] vergl. 6.

seiner Zeit. Noch nach Jahrhunderten ist es in Alexandria gebräuchlich: Origenes[1] nennt scherzend seinen Freund Ambrosios seinen *ἐργοδιώκτης*; auch er wird den Ausdruck nicht erst durch Vermittelung der LXX haben.[2]

εὐΐλατος.

Nur LXX Ps. 98 [99]ₐ (Ersatz von נשׂא) und 1 [3] Esra 8₅₃[3] = *sehr gnädig* vorkommend; schon zu belegen durch *Pap. Flind. Petr.* II XIII 19[4] (*ca.* 255 v. Chr.); man beachte, dass hier und an der Esrastelle die gleiche Verbindung *τυχεῖν τινος εὐΐλάτου* sich findet.

εὐχαριστέω.

Zu dem Passiv[5] 2 Cor. 1₁₁ ist instruktiv *Pap. Flind. Petr.* II II 4[6] (260/259 v. Chr.); die Beziehung des *εὐχαριστη-θείς* dort ist allerdings wegen der Verstümmelung des Blattes schwer festzustellen.

τὸ θεμέλιον.

Zur Entscheidung der Frage, ob *θεμέλιον* an den Stellen, an welchen aus dem Zusammenhange das Genus des Wortes nicht deutlich hervorgeht, maskulinisch oder neutrisch zu fassen ist, macht man gewöhnlich darauf aufmerksam, dass sich die neutrische Form erst bei Pausanias (2. Jahrh. n. Chr.) finde. Doch liegt sie bereits *Pap. Flind. Petr.* II XIV 3[7]

---

[1] Hieron. *de vir. inl.* 61, vergl. P. D. Huetii *Origenianorum* I 8 (Lomm. XXII *p.* 38 f.).

[2] Über den Gebrauch des Wortes in der kirchlichen Gräcität und Latinität vergl. die griechischen und lateinischen Glossare von Du Cange. Verwandt scheint zu sein das *ἅπαξ λεγόμενον ἐργοπαρέκτης* Clem. Rom. 1 Cor. 34₁.

[3] Cod. A schreibt *ἱλάτου* (so dürfte das *ιλαστου* der zweiten Hand wohl wiederherzustellen sein).

[4] Mahaffy II [45]. Das Wort bezieht sich auf den König.

[5] Vergl. *Clavis*[3] 184 die Schlussbemerkung und G. Heinrici, Meyer VI[7] (1890) 25.

[6] Mahaffy II [4].

[7] Mahaffy II 30.

(Ptolemäerzeit) vor. Vergl. auch τό θεμέλιον eines unbekannten Übersetzers von Lev. 4₁₈.[1] Daraus ergibt sich für die zweideutigen[2] Stellen Sap. Sir. 1₁₈, Rom. 15₂₀, Eph. 2₂₀, Luc. 6₄₈ f., 14₂₀, 1 Tim. 6₁₉, Hebr. 6₁ wenigstens die Möglichkeit einer neutrischen Fassung.

ἴδιος.

Die LXX übersetzen nicht selten (Gen. 47₁₈, Deut. 15₂, Job 2₁₁, 7₁₀ u. ₁₃, Prov. 6₂, 13₈, 16₂₈, 27₈, Dan. 1₁₀) das durch ein Suffix vertretene Pronomen possessivum durch ἴδιος, ohne dass der Zusammenhang eine solche Hervorhebung des betreffenden Eigentumsverhältnisses forderte. Noch auffallender könnten Stellen wie Job 24₁₈, Prov. 9₁₂, 22₇, 27₁₈ sein, an denen der Übersetzer ἴδιος hinzufügt, ohne dass der hebräische Text überhaupt ein Possessivverhältnis andeutete oder der Zusammenhang die Betonung eines solchen nahelegte. Diese Hervorhebung ist jedoch nur eine scheinbare und die Übersetzung resp. Hinzufügung korrekt. Wir haben hier wohl die frühesten Fälle des spätgriechischen Gebrauches von ἴδιος für die possessiv gebrauchten Genetive ἑαυτοῦ und ἑαυτῶν, der aus Dionys von Halikarnass, Philo, Josephus und Plutarch[3], aus den attischen Inschriften[4] seit 69 v. Chr. nachweisbar ist. Auch die Apokryphen des A. T., besonders häufig die original-griechischen, bestätigen diesen Gebrauch, und viel stärker, als man nach WINER-LÜNEMANN[5] denken sollte, sind die neutestament-

---

[1] FIELD I 174.

[2] Die »unzweideutigen« notiert WINER-SCHMIEDEL § 8, 13 (S. 85).

[3] Nachweise bei GUIL. SCHMIDT, *De Flavii Iosephi elocutione*, FLECK. Jbb. Suppl. XX (1894) 369. Besonders wichtig sind hier die vielen Belege aus Josephus, bei dem auch bereits ein ähnlicher Gebrauch von οἰκεῖος nachgewiesen wird. — Ein entlegeneres Beispiel für dieses abgegriffene οἰκεῖος sei hier notiert. In dem zweiten, unechten Prolog zu Jesus Sirach steht etwa in der Mitte (τὴν βίβλον) Σιρὰχ οὗτος μετ᾽ αὐτὸν πάλιν λαβὼν τῷ οἰκείῳ παιδὶ κατέλιπεν Ἰησοῦ (*Libri apocr. V. T. ed.* O. F. FRITZSCHE p. 388). O. F. FRITZSCHE setzt HApAT V (1859) 7 diesen Prolog ins 4./5. Jahrh. n. Chr., an der citierten Stelle seiner Ausgabe von 1871 scheint er K. A. CREDNER beizustimmen, der ihn ins 9. 10. Jahrh. verweist.

[4] K. MEISTERHANS, Grammatik der attischen Inschriften[2], Berlin 1888, 194.

[5] § 22, 7 (S. 145 f.). »Aus den Griechen möchte sich kein Beispiel

lichen Autoren,[1] besonders auch Paulus, von ihm beeinflusst.
Die Exegese hat an vielen Stellen auf das ἴδιος einen Nachdruck gelegt, den es im Texte durchaus nicht hat. Bei der
überaus weiten Verbreitung des Gebrauches des entleerten
ἴδιος in der nachklassischen Zeit wird es sogar das Richtigste
sein ihn bei der Exegese zunächst immer als den wahrschein-
lichsten vorauszusetzen und ἴδιος nur dann in der alten Bedeutung aufzufassen, wenn der Zusammenhang es absolut
fordert. Ein besonders lehrreiches Beispiel ist 1 Cor. 7₂ διὰ
δὲ τὰς πορνείας ἕκαστος τὴν ἑαυτοῦ γυναῖκα ἐχέτω καὶ ἑκάστη
τὸν ἴδιον ἄνδρα ἐχέτω: ἴδιος steht nur der Abwechselung
halber und ist dem ἑαυτοῦ völlig gleichwertig.

ἱλαστήριος und ἱλαστήριον.

Der Irrtum, als sei ἱλαστήριον bei den LXX begrifflich
identisch mit כַּפֹּרֶת *Deckel* (der Bundeslade), als bedeute
das Wort bei ihnen also *Sühnedeckel* (Luther: *Gnadenstuhl*),
ist einer der angesehensten, folgenschwersten und schlimmsten,
die uns in der exegetischen und lexikalischen Litteratur begegnen. Er ist entstanden, indem man die häufige äusserliche
*Wort*gleichung der LXX ἱλαστήριον = *kappōreth* unbesehen
als *Begriffs*gleichung auffasste. Aber die Untersuchung darf.
nicht von der Voraussetzung dieser Begriffsgleichung ausgehen.
Wir haben vielmehr hier, wie bei allen Fällen, in denen der
griechische Ausdruck der hebräischen Vorlage nicht kongruent
ist, mit der Feststellung dieser Verschiedenheit zu beginnen
und einen Versuch ihrer Erklärung anzufügen. In unserem
Falle sind wir einmal in der günstigen Lage, dass wir diese
Erklärung mit einiger Sicherheit geben können, und dass sich

---

beibringen lassen,« heisst es dort; hingewiesen ist nur auf den byzan-
tinischen Gebrauch von οἰκεῖος und das spätlateinische *proprius* = *suus*
oder = *eius*. A. BUTTMANN 102 f. äussert sich richtiger.

[1] Bei allen, mit Ausnahme von Apoc. Joh., die ἴδιος überhaupt nicht
hat, finden sich leicht feststellbare Belege. Natürlich nicht deshalb, weil
sie alle das »neutestamentliche« Griechisch, sondern weil sie in einer Zeit
schrieben, in der ἴδιος längst abgegriffen war. Die lateinischen Übersetzungen verraten durch das häufige blosse *suus* (A. BUTTMANN 102 Anm.)
ein richtiges Verständnis.

der weitere sprachgeschichtliche Thatbestand ebenso deutlich ermitteln lässt.

Zunächst ist es einfach unrichtig zu behaupten, die LXX übersetzten *kappŏreth* durch ἱλαστήριον. Das Wort begegnete ihnen zum ersten Male Exod. 25₁₆ [₁₇]: *und du sollst eine kappŏreth aus gediegenem Golde anfertigen.* Der Grieche übersetzte καὶ ποιήσεις ἱλαστήριον ἐπίθεμα[1] χρυσίου καθαροῦ. Nicht ἱλαστήριον, sondern ἱλαστήριον ἐπίθεμα ist also seine Wiedergabe von *kappŏreth*; er hat *kappŏreth* richtig verstanden und durch *Deckel* übersetzt,[2] aber er hat das hier technisch gebrauchte Wort durch einen sachlich nicht unrichtigen theologischen Zusatz erläutert.[3] Übersetzung des Wortes *kappŏreth* ist zweifellos ἐπίθεμα, Übertragung des sakralen Begriffes *kappŏreth* ist ἱλαστήριον ἐπίθεμα. Wie ist nun diese theologische Glossierung des hebräischen Wortes zu verstehen? ἱλαστήριον kann nicht Substantiv sein,[4] sondern ist, wie Joseph. *Antt.* XVI 7₁ (ἱλαστήριον μνῆμα) und 4 Macc. 17₂₂ (wenn hier

---

[1] ἐπίθεμα fehlt nur im Cod. 58, in den Codd. 19, 30 etc. steht es vor ἱλαστήριον; zu ἱλαστήριον bemerkt eine zweite Hand am Rande des Cod. VII, eines Ambrosianus des 5. Jahrh. (FIELD I 5), σκέπασμα [*Deckel*] (FIELD I 124). — CREMER[1] 447 citiert für *kappŏreth* = ἱλαστήριον ἐπίθεμα nach THOMM auch LXX Exod. 37₆. Aber dort steht es nur in der Complutensis, nicht in den Handschriften.

[2] Est ist daher unrichtig, wenn die Konkordanz von HATCH u. REDPATH sub ἐπίθεμα andeutet, dass dieses Wort Exod. 25₁₆ [₁₇] keine hebräische Vorlage habe, und wenn sie diese letztere Stelle sub ἱλαστήριον, nicht aber sub ἱλαστήριος aufführt.

[3] Das ist auch die Meinung von Philo, vergl. unten S. 125.

[4] Gegen CREMER[1] 447, der ἱλαστήριον ohne weiteres mit *kappŏreth* identificiert. Seine substantivische Fassung des ἱλαστήριον an unserer Stelle wäre begründeter, wenn das Wort nach ἐπίθεμα stände; dann könnte es als Apposition zu ἐπίθεμα gefasst werden. Die citierte Stelle LXX Exod. 30₂₅ [nicht ₂₆] passt nicht, denn am Schlusse des Verses ist ἔλαιον χρῖσμα ἅγιον ἔσται zu übersetzen *das* (vorher genannte) *Öl soll ein χρῖσμα ἅγιον sein*, und am Anfange des Verses scheint χρῖσμα ἅγιον Apposition zu ἔλαιον zu sein. — CREMER könnte LXX Exod. 25₁₆ [₁₇], wenn er ἱλαστήριον substantivisch = *Sühnedeckel* fasst, höchstens übersetzen *und du sollst einen Sühnedeckel als einen Deckel von reinem Golde anfertigen*, und das steht nicht in der Vorlage.

mit dem Alexandrinus zu lesen ist τοῦ ἱλαστηρίου θανάτου), Adjektiv und bedeutet *zur Sühne dienend.*

Es ist dieselbe theologische Glossierung des sakralen *kapporeth,* wenn es in der griechischen Pentateuchübersetzung [1] zunächst an den auf Exod. 25₁₆ [₁₇] unmittelbar folgenden Stellen und dann auch später mit einer Breviloquenz [2] statt durch ἱλαστήριον ἐπίθεμα durch das blosse ἱλαστήριον ersetzt wird. Das Wort ist Substantivum und bedeutet etwa *Sühne-gegenstand.* Es bedeutet nicht *Deckel,* auch nicht *Sühne-deckel,* sondern es ersetzt den Begriff *Deckel* durch einen anderen, der nur die sakrale Bestimmung des Gerätes zum Ausdrucke bringt. Den Übersetzern war die *kapporeth* ein σύμ-βολον τῆς ἴλεω τοῦ θεοῦ δυνάμεως, wie sie von derselben Theologie aus Philo *de vit. Mos.* III 8 (M. *p.* 150) erläutert, und deshalb nannten sie dieses Symbol ἱλαστήριον. Genau so könnte jeder andere sakrale Gegenstand, der eine Beziehung auf die Sühne hat, unter den Allgemeinbegriff ἱλαστήριον ge-bracht und durch diesen ersetzt werden, wenn nun einmal nicht übersetzt, sondern theologisch paraphrasiert werden soll. So ist es denn von der höchsten Bedeutung, dass die LXX that-sächlich noch einen ganz anderen sakralen Begriff durch ἱλαστήριον verallgemeinernd glossieren [3], עֲזָרָה die *Einfassung* des Altars, Ezech. 43₁₄,₁₇,₂₀; auch sie sollte nach Vers ₂₀ mit dem Blute des Sündopfers besprengt werden und war daher

---

[1] Die scheinbare Gleichung ἱλαστήριον = *kapporeth* findet sich nur Exod., Lev., Num.

[2] Es ist mir unverständlich, wie Carmer [2] 447 den Thatbestand um-kehrend behaupten kann, ἱλαστήριον ἐπίθεμα sei eine »Erweiterung« des blossen ἱλαστήριον = *kapporeth.* Das wäre gerade so, als ob man den Ausdruck *symbolum apostolicum* als eine »Erweiterung« des blossen *apostolicum,* das wir ja auch für *Apostolisches Symbol* gebrauchen, erklären wollte. Zudem wäre es doch sehr sonderbar, wenn die LXX einen Aus-druck schon erweiterten, bevor sie ihn überhaupt gebraucht haben. Dass ἱλαστήριον ἐπίθεμα ihre früheste Wiedergabe von *kapporeth* ist, kann niemand in Abrede stellen. Dann muss aber auch zugegeben werden, dass das blosse ἱλαστήριον Verkürzung ist. Wir haben hier einen ähn-lichen Fall wie bei der Breviloquenz *Jobel* und ἄφεσις (vergl. oben S. 96).

[3] Diese Thatsache wird in den Kommentaren fast immer übersehen.

eine Art von *Sühnegegenstand*: deshalb die theologisierende Übertragung des Griechen. Auch hier bedeutet ἱλαστήριον natürlich weder *Einfassung*, noch *Sühneeinfassung*, sondern *Sühnegegenstand*.

Der Beweis, dass die LXX den Begriff ἱλαστήριον mit *kappōreth* und ῾*azārah* nicht identificiert haben, kann durch folgende Beobachtungen ergänzt werden. Die beiden durch ἱλαστήριον paraphrasierten Wörter werden gelegentlich auch anders wiedergegeben. Exod. 26₃₄ lautet die Vorlage *und du sollst die kappōreth auf die Gesetzeslade thun im Allerheiligsten*; LXX καὶ κατακαλύψεις τῷ καταπετάσματι τὴν κιβωτὸν τοῦ μαρτυρίου ἐν τῷ ἁγίῳ τῶν ἁγίων. Nach CREMER sollen hier die LXX das hebräische Wort gar nicht, geschweige durch καταπέτασμα übersetzt haben. Richtiger ist doch zweifellos die Vermutung, dass sie nicht כַּפֹּרֶת, sondern פָּרֹכֶת *Vorhang* gelesen und das hebräische Wort also doch übersetzt haben.[1] Aber diese Vermutung ist nicht einmal absolut notwendig: ich halte es gar nicht für ausgeschlossen, dass die LXX *kappōreth* gelesen und durch καταπέτασμα übersetzt haben, ähnlich wie an der frühesten Stelle durch ἐπίθεμα. Wichtiger ist 1 Paral. 28₁₁, wo *Haus der kappōreth* wiedergegeben ist durch ὁ οἶκος τοῦ ἐξιλασμοῦ; das ist ebenfalls eine theologische Glossierung, nicht eine wörtliche Übersetzung der Vorlage.[2] Dass so das sakrale Wort auf zweifache Weise glossiert wird, dürfte besonders lehrreich sein. Ebenso ist Ez. 45₁₉ ῾*azārah* durch τὸ ἱερόν umschrieben[3] und 2 Paral. 4₉ und 6₁₃ durch αὐλή übersetzt.

Es scheint mir demnach deutlich zu sein, dass es nicht richtig ist die Wortgleichung der LXX als Begriffsgleichung

[1] Ähnlich lasen sie Am. 9₁ wohl כַּפֹּרֶת statt כַּפְתֹּר *Knauf* und übersetzten ἱλαστήριον, wenn nicht θυσιαστήριον des ῾Cod. A u. a. (FIELD II 979) ursprünglich sein sollte, vergl. dieselbe Variante zu ἱλαστήριον Exod. 38₅ [37₆] (bei FIELD I 152) und Lev. 16₁₄.

[2] Hier wird wohl kaum jemand behaupten wollen, ἐξιλασμός »bedeute« bei den LXX einmal *kappōreth*.

[3] Der Grieche hätte hier, wenn er die Konstruktion der Vorlage verstanden hätte, allerdings schreiben müssen καὶ ἐπὶ τὰς τέσσαρας γωνίας τοῦ ἱεροῦ τοῦ θυσιαστηρίου.

aufzufassen. Den Übersetzern bedeutete ἱλαστήριον, auch wo sie es für *kappŏreth* gebrauchten, *Sühnegegenstand*. Noch Philo hat ein deutliches Bewusstsein der Sachlage gehabt. Die Behauptung,[1] er bezeichne nach dem Vorgange der LXX die *kappŏreth* als ἱλαστήριον, ist nicht richtig: er b e z e i c h n e t sie korrekt als ἐπίθεμα τῆς κιβωτοῦ und bemerkt dabei, dass sie in der Bibel ἱλαστήριον genannt werde: *de vit. Mos.* III 8 (M. *p.* 150) ἡ δὲ κιβωτός ..., ἧς ἐπίθεμα ὡσανεὶ πῶμα τὸ λεγόμενον ἐν ἱεραῖς βίβλοις ἱλαστήριον, ebenda weiter unten τὸ δὲ ἐπίθεμα τὸ προσαγορευόμενον ἱλαστήριον, *de profug.* 19 (M. *p.*561) ... τὸ ἐπίθεμα τῆς κιβωτοῦ, καλεῖ δὲ αὐτὸ ἱλαστήριον. Philo hat offenbar gesehen, dass das ἱλαστήριον der griechischen Bibel eine ganz eigenartige Bezeichnung ist, und sie deshalb ausdrücklich als solche kenntlich gemacht; er setzt das Wort gleichsam in Anführungszeichen. So ist auch *de cherub.* 8 (M. *p.* 143) καὶ γὰρ ἀντιπρόσωπά φασιν εἶναι νεύοντα πρὸς τὸ ἱλαστήριον ἑτέροις deutlich Anspielung auf LXX Exod. 25 so [ı ı], und der Satz, Philo bezeichne hier die *kappŏreth* als ἱλαστήριον[1], müsste lauten: er sagt im Anschlusse an die LXX, dass die Cherubim das ἱλαστήριον beschatten.[2] Wie wenig man von einem »Sprachgebrauche«[3] ἱλαστήριον = *kappŏreth* reden darf, ergibt sich auch noch aus Symmachus, der Gen. 6 ı ᴇ [ı ᴇ] zweimal die *Arche* des Noah durch ἱλαστήριον wiedergibt.[4]

[1] CREMER[1] 447.

[2] Ob dem Verfasser der hebräische Begriff *kappŏreth* überhaupt gegenwärtig war, ist fraglich; jedenfalls ist es nicht richtig ohne weiteres anzunehmen, dass er die *kappŏreth* mit Bewusstsein als ἱλαστήριον bezeichnet habe. Das wäre gerade so, als wenn man — wo in deutschen Erbauungsschriften das Wort *Gnadenstuhl* in Bibelcitaten vorkommt, in denen der Urtext *kappŏreth* hat — behaupten würde, die Verfasser bezeichneten die *kappŏreth* als *Gnadenstuhl*. In den meisten Fällen werden die Verfasser hier einfach von Luther abhängig sein, und ihr Gebrauch des Wortes *Gnadenstuhl* ergibt gar nichts zur Entscheidung der Frage, wie sie die *kappŏreth* aufgefasst haben. Vergl. S 131 f. — Ebenso ist Hebr. 9 ᴇ Anspielung auf LXX Exod. 25 ss [ı ı]; hier gilt dasselbe wie zu der Philostelle.

[3] CREMER[1] 447.

[4] FIELD 1 23 f. Ich schliesse mich dabei der Meinung von FIELD an und glaube, dass Symmachus die Arche dadurch als ein *Sühnemittel* hat bezeichnen wollen: wer in der Arche sich barg, dem war Gott gnädig.

Welches ist nun der Sinn von ἱλαστήριον in der bedeutsamen »christologischen« Aussage Rom. 3₂₅? Von Christus Jesus
sagt hier Paulus ὅν προέθετο ὁ θεὸς ἱλαστήριον διὰ πίστεως
ἐν τῷ αὐτοῦ αἵματι εἰς ἔνδειξιν τῆς δικαιοσύνης αὐτοῦ. Die
römischen Leser sollen den Ausdruck kaum anderswoher gekannt haben, als aus der griechischen Bibel.[1] Selbst wenn
diese Annahme richtig wäre, so müsste erst bewiesen werden,
dass sie aus der griechischen Bibel wissen konnten, ἱλαστήριον bedeute die kappōreth; zudem muss die erste Frage
lauten, was Paulus sich unter dem Begriffe vorgestellt habe.
Ich glaube, dass schon aus Gründen des Kontextes die Meinung
abgelehnt werden muss, als bezeichne der Apostel den gekreuzigten Herrn als »eine«[2] kappōreth. Wenn das Kreuz so
genannt würde, dann wäre das Bild allenfalls zu verstehen;
von einer Person gebraucht, ist es unschön und unverständlich;
zudem Christus, das Ende des Gesetzes, Christus, von dem
Paulus unmittelbar vorher sagt, dass er der Offenbarer der
δικαιοσύνη θεοῦ χωρὶς νόμου sei, wird von demselben
Paulus schwerlich in einem Atem als Deckel der Gesetzeslade bezeichnet werden, das Bild wäre so unpaulinisch wie
möglich. Aber die ganze Voraussetzung dieser Auslegung ist
haltlos: ein »Sprachgebrauch«, wonach man unter ἱλαστήριον
die kappōreth verstehen musste, hat weder bei den LXX noch
später existiert. Gegen diese Erklärung der Römerstelle hat
sich denn auch längst Widerspruch erhoben. Beliebt ist die
Fassung von ἱλαστήριον als Sühnopfer, nach Analogie von
σωτήριον, χαριστήριον, καθάρσιον u. a., bei denen θῦμα zu
ergänzen ist. Sprachlich ist hiergegen kaum etwas ein-
zuwenden, wiewohl es schwer sein dürfte, das Wort in diesem
Sinne zu belegen.[3] Aber der Kontext spricht dagegen: von

---

[1] CREMER⁷ 448.

[2] Dass der Artikel fehlt, ist wichtiger, als CREMER annimmt; gerade
wenn »die« kappōreth, »das« ἱλαστήριον etwas den Lesern so Bekanntes
war, wie CREMER meint, dann konnte der Artikel auch beim Prädikate
stehen bleiben (gegen E. KÜHL, Die Heilsbedeutung des Todes Christi,
Berlin 1890, 25 f.).

[3] WINER-SCHMIEDEL § 16, 2 b Anm. 16 (S. 134) verweist nur auf den
Byzantiner Theophanes Continuatus.

einem Opfer kann nicht gesagt werden, dass Gott es προέθετο.
Darum verdient die neuerdings wieder besonders von B. Weiss [1]
vertretene allgemeinere Erklärung *Sühnemittel* den Vorzug: sie
ist sprachlich die nächstliegende, ist auch bei dem »Gebrauche« der LXX vorausgesetzt und passt, zumal in dem
sogleich nachzuweisenden specielleren Sinne *Sühnegeschenk*,
vorzüglich in den Zusammenhang.

In diesem Sinne war das Wort seither nur belegt aus Dio
Chrysostomus (1./2. Jahrh. n. Chr.) *or.* XI *p.* 355 (Reiske) κατα-
λείψειν γὰρ αὐτοὺς ἀνάθημα κάλλιστον καὶ μέγιστον τῇ Ἀθηνᾷ
καὶ ἐπιγράψειν· ἱλαστήριον Ἀχαιοὶ τῇ Ἰλιάδι — sowie aus
späteren Autoren. Das Wort bedeutet hier soviel wie ἱλαστήριον μνῆμα Joseph. *Antt.* XVI 7₁ (περίφοβος δ' αὐτὸς ἔξῄει καὶ
τοῦ δέους ἱλαστήριον [2] μνῆμα λευκῆς πέτρας ἐπὶ τῷ στομίῳ
κατεσκευάσατο), ein Weihegeschenk, das man der Gottheit
darbringt, um sie gnädig zu stimmen,[3] ein *Sühnegeschenk*.
Schon dieser eine Beleg würde genügen, die oben vertretene
Auffassung der Römerstelle zu stützen. Dass er einem »späten«
Schriftsteller entnommen ist, spricht nicht gegen, sondern für
seine Beweiskraft, und es wäre eine mechanische Auffassung
statistischer Thatsachen, wenn man forderte, dass nur diejenigen
Begriffe der »profanen« Litteratur für die Erklärung z. B. der
Paulusbriefe in Betracht kommen dürften, die sich vor Paulus
belegen lassen: man würde den abenteuerlichen Gedanken
vertreten, dass das erste Vorkommen eines Wortes in den
spärlichen Resten der alten Litteratur identisch sein müsse
mit seinem erstmaligen Gebrauche in der griechischen Sprachgeschichte, und man würde übersehen, dass in den meisten
Fällen die neckische Willkür des statistischen Zufalles den
Pedanten täuschen möchte.

In unserem Falle ist jedoch dafür gesorgt, dass auch der
Anstoss an dem »späten« Citate beseitigt werden kann:
ἱλαστήριον in der angegebenen Bedeutung lässt sich auch vor

---

[1] Meyer IV⁵ (1891) 164 f. und sonst.

[2] ἱλαστήριον könnte übrigens, worauf mich H. Bredt aufmerksam
macht, auch hier Substantiv sein.

[3] Als *Opfer* wird man dieses ἱλαστήριον nicht bezeichnen dürfen.

Paulus belegen, sogar an einem Orte vorkommend, den der
Apostel auf seinen Fahrten sicher berührt hat (Act. Ap. 21₁):
die Inschrift von Kos No. 81[1] lautet

$$\delta\ \delta\tilde{a}\mu o\varsigma\ \dot{v}\pi\grave{\epsilon}\varrho\ \tau\tilde{a}\varsigma\ a\dot{v}\tau o\varkappa\varrho\acute{a}\tau o\varrho o\varsigma$$
$$Ka\acute{\iota}\sigma a\varrho o\varsigma$$
$$\Theta\epsilon o\tilde{v}\ v\acute{\iota}o\tilde{v}[2]\ \varSigma\epsilon\beta a\sigma\tau o\tilde{v}\ \sigma\omega\tau\eta\varrho\acute{\iota}a\varsigma$$
$$\Theta\epsilon o\tilde{\iota}\varsigma\ \dot{\iota}\lambda a\sigma\tau\acute{\eta}\varrho\iota o\nu.$$

Sie steht auf einer Statue oder der Basis einer Statue,[3]
jedenfalls auf einem Weihegeschenke, welches das »Volk« von
Kos für das Heil des »Gottessohnes« Augustus den Göttern als
ἱλαστήριον errichtete. Das ist genau der Gebrauch des Wortes
wie nachher bei Dio Chrysostomus, und die Ähnlichkeit der
beiderseitigen Formeln ist deutlich.

Ebenso ist das Wort gebraucht in der Inschrift von Kos
No. 347[4], die ich nicht genau datieren kann, die aber sicher
in die Kaiserzeit fällt; sie steht auf dem Fragmente einer Säule:

$$[\delta\ \delta\tilde{a}\mu o\varsigma\ \dot{o}\ '\!A\lambda\epsilon\nu\tau\acute{\iota}\omega\nu]$$
$$\ldots\ldots\ \varSigma\epsilon]\beta a\text{-}$$
$$\sigma[\tau]\tilde{\omega}\ \varDelta\iota\tilde{\iota}\ \varSigma[\tau]\varrho a\tau\acute{\iota}\varphi\ \dot{\iota}\lambda a\sigma\text{-}$$
$$\tau\acute{\eta}\varrho\iota o\nu\ \delta a\mu a\varrho\chi\epsilon\tilde{v}\nu\text{-}$$
$$\tau o\varsigma\ \Gamma a\acute{\iota}o\nu\ N\omega\varrho\text{-}$$
$$\beta a\nu o\tilde{v}\ M o\sigma\chi\acute{\iota}\omega\text{-}$$
$$\varrho o[\varsigma\ \gamma\epsilon]\lambda o\varkappa a\acute{\iota}\sigma a\text{-}$$
$$\varrho\eta\varsigma.$$

Soviel geht aus den drei Stellen und auch aus Josephus hervor, dass es in der frühen Kaiserzeit ein nicht ungewöhnlicher
Brauch war den Göttern Sühnegeschenke, die man ἱλαστήρια
μνήματα oder kurz ἱλαστήρια nannte, zu weihen. Ich halte
es für gänzlich ausgeschlossen, dass Paulus das Wort in diesem
Sinne nicht gekannt haben sollte; und wenn es ihm nicht

---

[1] W. R. Paton u. E. L. Hicks, *The inscriptions of Cos*, Oxford 1891,
S. 126.

[2] Zu diesem Ausdrucke vergl. unten *sub* υἱὸς θεοῦ.

[3] Die Herausgeber zählen sie S. 109 zu den Inschriften auf Weihe-
geschenken und Statuen.

[4] Paton u. Hicks S. 225 f.

bereits aus seiner cilicischen Heimat geläufig war, so hat er es sicher auf seinen Wanderungen durch das Reich da und dort gelesen, wenn er vor den Denkmälern des Heidentums stand und sinnend betrachtete, was die Frömmigkeit einer untergehenden Kultur den bekannten oder unbekannten Göttern darzubringen hatte. Ebenso werden die Christen der Hauptstadt, mag man in ihnen nun mit einer irreführenden Unterscheidung Judenchristen oder Heidenchristen erblicken, gewusst haben, was in ihrer Zeit ein ἱλαστήριον war. Wenn man meint, sie müssten bei ihrer »grossartigen Bekanntschaft mit dem Alten Testament«[1] sofort an die kappōreth gedacht haben, so übersieht man ein Doppeltes: einmal, dass auch einem mit den LXX vertrauten Christen recht wohl die entlegenen[2] Stellen über das ἱλαστήριον unbekannt bleiben konnten — wie viele Bibelleser von heute, ja wie viele Theologen von heute, die doch Bibelleser sein sollten, wissen denn aus ihrer unbefangenen, nicht durch die Rücksicht auf die »Ritschlianer« oder auf eventuelle Examensfragen entweihten Bibellektüre Bescheid über die kappōreth? — sodann, dass auch die Christen der Kaiserzeit, die jene Stellen etwa kannten, das dort stehende ἱλαστήριον natürlich in der ihnen geläufigen Bedeutung verstanden, nicht in der angeblichen Bedeutung Sühnedeckel — gerade so wie die theologisch nicht angekränkelten Bibelleser von heute, wenn sie bei Luther das Wort Gnadenstuhl finden, sicherlich nicht an einen Deckel denken.

Es bedarf nicht des Beweises, dass zu dem als Sühnegeschenk im Sinne des griechischen Sprachgebrauches der Kaiserzeit[3] gefassten ἱλαστήριον das Verbum προὐθετο vorzüglich

---

[1] Cremer[1] 448.

[2] Zur Zeit des Paulus war der Ritus, in dem die kappōreth eine Rolle spielte, mit der Bundeslade längst verschwunden; wir können nur vermuten, dass eine geheimnisvolle Kunde von ihm in der theologischen Gelahrtheit ein Asyl gefunden hatte. In der praktischen Frömmigkeit spielte die Sache jedenfalls gar keine Rolle mehr.

[3] Sühnegeschenk ist freilich nicht eine völlig korrekte Wiedergabe: aber wir haben für Geschenk, das die Gottheit gnädig stimmen soll, kein deutsches Wort. Am besten würde man den technischen Ausdruck herübernehmen: Hilasterion.

passt. *Öffentlich aufgestellt* hat Gott den gekreuzigten Christus in seinem Blute vor dem Kosmos, den Juden ein Ärgernis, den Heiden eine Thorheit, dem Glauben ein ἱλαστήριον. Der gekreuzigte Christus ist das Weihegeschenk der göttlichen Liebe für das Heil der Menschheit. Sonst sind es Menschenhände, die ein steinern totes Bild dem Gotte weihen, ihn gnädig zu stimmen: hier hat der gnädige Gott selbst das trostreiche Bild errichtet, weil Kunst und Können der Menschen nicht ausreichte. In dem Gedanken, dass Gott sich selbst ein ἱλαστήριον errichtet habe, liegt dieselbe wundervolle μωρία der apostolischen Frömmigkeit, die auch über andere religiöse Gedanken des Paulus so unnachahmbar die Weihe der naiven Genialität ausgegossen hat. Gott soll gnädig gestimmt werden, er selbst erfüllt die Vorbedingung; die Menschen können gar nichts thun, nicht einmal glauben können sie: Gott thut alles in Christus — das ist paulinische Frömmigkeit, und auch unsere Römerstelle ist ein Ausdruck dieses beseligenden Mysteriums. —

Einer der energischsten Vertreter der Theorie, dass das ἱλαστήριον der Römerstelle die *kappōreth* bezeichne, A. Ritschl,[1] hat bei der Untersuchung dieser Frage folgenden methodischen Kanon aufgestellt: »..für ἱλαστήριον ist die Bedeutung *Sühnopfer* zwar im heidnischen Sprachgebrauch nachgewiesen, für eine Gabe, durch welche der Zorn der Götter gestillt, und dieselben gnädig gestimmt werden. · · · Aber ·· die heidnische Bedeutung des streitigen Wortes dürfte erst dann für die Erklärung des Ausspruches probirt werden, wenn die biblische Bedeutung sich an dieser Stelle als gänzlich unbrauchbar erwiesen hätte.« Selten dürfte wohl die sakrale Auffassung der »biblischen« Gräcität von einem Gegner der Inspirationstheorie deutlicher vertreten worden sein, als es in diesen Sätzen geschehen ist. Was ich an ihren sachlichen Behauptungen über die Bedeutung von ἱλαστήριον im »biblischen«[2] und im »heidnischen« Gebrauche für unrichtig halte, ergibt sich aus dem Vorhergehenden; meine methodischen Bedenken sind in

[1] Die christliche Lehre von der Rechtfertigung und Versöhnung dargestellt, II[3], Bonn 1889, 171.
[2] Vergl. A. Ritschl 168; die dortigen Aufstellungen bedürfen dringend der Korrektur.

der Einleitung zu diesen Untersuchungen enthalten. Aber der Specialfall möge bei seiner Wichtigkeit noch durch eine Analogie geprüft werden, die ich oben bereits angedeutet habe.

In dem Liede *O König, dessen Majestät* von VALENTIN ERNST LÖSCHER († 1749) kommt folgende Strophe vor:[1]

> *Mein Abba, schaue Jesum an,*
> *Den Gnadenthron der Sünder,*
> *Der für die Welt genug gethan,*
> *Durch den wir Gottes Kinder*
> *Im gläubigen Vertrauen sind.*
> *Der ists, bei dem ich Ruhe find;*
> *Sein Herz ist ja gutthätig.*
> *Ich fasse ihn und lass ihn nicht,*
> *Bis Gottes Herz mitleidig bricht.*
> *Gott, sei mir Sünder gnädig!*

Wer sich vornimmt diese Strophe zu erklären, hat zweifellos eine ähnliche Aufgabe wie der Exeget von Rom. 3ₛₛ. Wie an der Paulusstelle ein Wort auf Christus angewandt wird, das auch in der Bibel des Paulus vorkommt, so in dem religiösen Liede ein Wort, das auch in der Bibel seines Dichters steht. Der Apostel nennt Christus ein ἱλαστήριον; ἱλαστήριον steht in der griechischen Bibel mitunter, wo in der hebräischen *kappōreth* steht, also — bezeichnet Paulus Christus als die *kappōreth*. Der sächsische Dichter nennt Christus *den Gnadenthron*; zwar nicht *Gnadenthron*, aber das gleichwertige Wort *Gnadenstuhl* steht in der deutschen Bibel, wo in der griechischen ἱλαστήριον, in der hebräischen *kappōreth* steht, also — bezeichnet der Dichter Christus als ἱλαστήριον = *kappōreth*, d. h. als *Deckel der Bundeslade*. Das wären etwa parallele Folgerungen aus jenem mechanischen Princip der Auslegung. Die geschichtliche Betrachtungsweise ergibt dagegen folgendes Bild. In der hebräischen Bibel bezeichnet *kappōreth* den *Deckel* (der Bundeslade); die griechischen Übersetzer haben diesen Begriff ebenso, wie gelegentlich einen ähnlichen anderen, theologisch paraphra-

---

[1] Ich citiere nach [C. J. BÖTTCHER,] Liederlust für Zionspilger, 2. Aufl., Leipzig 1869, 283.

siert, indem sie das sakrale Gerät nach seiner Bestimmung *ἱλαστήριον ἐπίθεμα* Sühnedeckel und dann allgemein *ἱλαστήριον* *Sühnegegenstand* nannten; die Leser der griechischen Bibel verstanden dieses *ἱλαστήριον* in seinem eigentlichen, auch von den LXX vorausgesetzten Sinne als *Sühnegegenstand*, zumal es ihnen auch sonst in diesem Sinne bekannt war; der deutsche Übersetzer hat auf grund einer Kenntnis des hebräischen Textes den *Sühnegegenstand* wieder zu einem *Sühnegerät* specialisiert, aber auch er hat den Begriff doch wieder theologisch nüanciert, indem er nicht *Sühnedeckel* oder *Gnadendeckel*, sondern *Gnadenstuhl*[1] schrieb; die Leser der deutschen Bibel fassen dieses Wort natürlich in seinem eigentlichen Sinne auf, und wenn wir es in Bibel und Gesangbuch lesen oder in der Predigt hören, dann stellen wir uns etwa einen Thron im Himmel vor, zu dem wir *hinzutreten, auf dass wir Barmherzigkeit empfangen und Gnade finden auf die Zeit, wenn uns Hilfe not sein wird*, kein Mensch denkt an etwas Anderes.

Den Platz des ursprünglichen *kappōreth* haben die LXX und Luther durch Wörter ausgefüllt, die eine Abwandlung des Begriffes bedeuten. Die Glieder *kappōreth*, *ἱλαστήριον*, *Gnadenstuhl* können nicht durch Gleichheitszeichen verbunden werden, ja nicht einmal durch eine gerade Linie, sondern höchstens durch eine Kurve.

ἱστός.

Der griechische Gebrauch findet sich in korrekter Übersetzung der entsprechenden Vorlagen bei den LXX wieder, *Mastbaum* Jes. 30₁₇, 33₂₃, Ez. 27₅ und *Gewebe* (von der Bedeutung *Webebaum* aus zu verstehen) Jes. 59₅ ₆ ₆ (ebenso ohne Vorlage in unserem Texte Jes. 38₁₂), vergl. Tob. 2₁₂ Cod. א. Ich mache hierbei auf eine entlegene Textverbesserung von Lumbroso[2] zum Aristeasbriefe wieder aufmerksam. M. Schmidt schreibt *p.* 69₁₆ (*ἔπεμψε δὲ καὶ τῷ Ἐλεαζάρῳ* ....) *βυσσίνων ὀθονίων εἰς* † *τοὺς ἑκατόν*, völlig

---

[1] Luther hat diese Nüance zweifellos Hebr. 4₁₆ entnommen, wo von dem *θρόνος τῆς χάριτος* die Rede ist; auch hier übersetzt er *Gnadenstuhl*.
[2] *Recherches* 109 Anm. 7.

sinnlos. Natürlich ist nach Joseph. *Antt.* XII 2₁₄ (βυσσίνης ὀϑόιης ἱστοὺς ἑκατόν) zu lesen βυσσίνων ὀϑονίων ἱστοὺς ἑκατόν.

καρπόω etc.

Lev. 2₁₁ wird geboten *ihr dürft keinerlei Sauerteig oder Honig in Rauch aufgehen lassen* (הַקְטִירוּ) als *Feueropfer* (אִשֶּׁה) *für Jahwe.* Die LXX übersetzen πᾶσαν γὰρ ζύμην καὶ πᾶν μέλι οὐ προσοίσετε ἀπ' αὐτοῦ (mechanische Nachahmung von מִמֶּנּוּ) καρπῶσαι κυρίῳ. Scheinbar haben sie damit die Vorlage nicht genügend wiedergegeben: in der Gleichung προσφέρειν καρπῶσαι = als *Feueropfer in Rauch aufgehen lassen* scheint nur der Begriff *Opfer* erhalten, die charakteristische Nüance des Gebotes verwischt und durch eine andere ersetzt zu sein; denn καρποῦν heisst ja »als *Frucht machen, darbringen.«*[1] Sonderbarer als die Ersetzung des *Feuer*opfers durch das *Frucht*opfer wäre dabei jedenfalls die Anschauung der Siebenzig, dass man etwas Gesäuertes oder Honig jemals als *Frucht* darbringen könne. Aber das wird wohl eine Marotte nicht nur der ehrwürdigen alten Herren gewesen sein, denn auch an Stellen, die man nicht zu ihrem Werke im engeren Sinne rechnet, begegnet uns dieselbe sonderbare Vorstellung. 1 [3] Esra 4₅₁ gestattet der König Darius den zurückkehrenden Juden unter anderem καὶ ἐπὶ τὸ ϑυσιαστήριον ὁλοκαυτώματα καρποῦσϑαι καϑ' ἡμέραν, und Cant. tr. puer. 1₁ klagt Azaria καὶ οὐκ ἔστιν ἐν τῷ καιρῷ τούτῳ ἄρχων καὶ προφήτης καὶ ἡγούμενος οὐδὲ ὁλοκαύτωσις οὐδὲ ϑυσία οὐδὲ προσφορὰ οὐδὲ ϑυμίαμα οὐδὲ τόπος τοῦ καρπῶσαι ἐναντίον σου καὶ εὑρεῖν ἔλεος. Wenn so *Ganzbrandopfer* als *Frucht* dargebracht werden können, weshalb soll man das nicht auch mit Gesäuertem und Honig anstellen können?

Die LXX können auf ehrenvollere Weise gerechtfertigt werden. Schon ihr sonstiger Gebrauch von καρπόω kann einen Fingerzeig geben; es steht nur noch[2] Deut. 26₁₄ οὐκ ἐκάρπωσα ἀπ' αὐτῶν εἰς ἀκάϑαρτον, welcher Satz Übertragung sein soll

---

[1] O. F. Fritzsche HApAT I (1851) 32 mit Beziehung auf unsere Stelle. Ähnlich die griechischen Lexika.

[2] Jos. 5₁₁ ist wohl ἐκαρπίσαντο zu lesen.

von *ich habe nichts davon* [von dem Zehnten] *fortgeschafft als
Unreiner.* Dabei ist בְּטֻמְאֵי von den LXX aufgefasst wie noch
von DE WETTE *zu unreinem Gebrauche*, und καρπόω für בִּעֵר
scheint *fortschaffen* heissen zu sollen, eine Bedeutung, die für
das Wort sonst nirgends nachgewiesen ist[1], natürlich, denn
sie besagt etwa das Gegenteil der Grundbedeutung *Frucht
hervorbringen.* Aber nicht die LXX haben καρπόω und *fortschaffen* gleichgesetzt, sondern die unmethodische Betrachtungsweise, die ohne weiteres aus Wortgleichungen der Übersetzung
und der Vorlage Begriffsgleichungen macht. Die wahre Meinung
der Griechen ergibt sich aus einer Nebeneinanderstellung von
Lev. 2₁₁ und Deut. 26₁₄. Man kann an der ersten Stelle
schwanken, ob καρπόω Ersatz von הִקְטִיר oder von אִשֶּׁה sein
soll; aber es ist einerlei, wie man sich entscheidet: in jedem
Falle vertritt es etwa den Begriff *Feueropfer darbringen.*
An der zweiten Stelle steht καρπόω sicher für בִּעֵר, und wenn
nun auch das griechische Wort nicht *fortschaffen* bedeuten
kann, so doch das hebräische *verbrennen.* Es liegt auf der Hand,
dass die LXX auch hier diese geläufige Bedeutung vorzufinden
glaubten; die beiden Stellen stützen sich gegenseitig und
wehren den Verdacht ab, als bedeute καρπόω »bei den LXX«
gleichzeitig *fortschaffen* und *Frucht hervorbringen.* Man mag
das Resultat noch so sonderbar finden, der Befund der
kritischen Vergleichung ist der, dass die LXX καρπόω für *verbrennen* im sakralen und nichtsakralen Sinne gebraucht haben.

Dieser sonderbare Gebrauch findet jedoch eine glänzende
Bestätigung. P. STENGEL[2] hat aus vier Inschriften und den
alten Lexikographen[3] nachgewiesen, dass καρπόω für *verbrennen*
im sakralen Sinne[4] ganz geläufig gewesen sein muss.

---

[1] SCHLEUSNER erklärt καρπόω = *aufero* durch καρπόω = *decerpo*,
aber in dieser Bedeutung kommt nur das Medium vor.

[2] Zu den griechischen Sacralalterthümern, Hermes XXVII (1892) 161 ff.

[3] Die von ihm angeführten Stellen, an denen für καρποῦν wenigstens
die Bedeutung *opfern* vorausgesetzt ist, können erweitert werden durch
die Übersetzung *sacrificium offero* der Itala sowie die Notiz des bei
SCHLEUSNER citierten handschriftlichen Glossars (?) καρπῶσαι, θυσιάσαι.
Bei SCHLEUSNER auch Verweise auf die kirchliche Litteratur.

[4] Er zählt unter den entsprechenden LXX-Stellen auch Deut. 26₁₄
auf, aber hier steht καρπόω sogar im nichtsakralen Sinne für *verbrennen.*

STENGEL erklärt die Entstehung dieser Bedeutung folgendermassen: καρποῦν heisst eigentlich *zerstückeln*; die Holokausta der Griechen wurden zerstückelt, und so muss sich in der Kultussprache καρποῦν zu der Bedeutung *absumere, consumere, ὁλοκαυτεῖν* entwickelt haben.

Die sakrale Bedeutung von καρπόω wird noch deutlicher durch das Kompositum ὁλοκαρπόω [1] Sap. Sir. 45₁₄, 4 Macc. 18₁₁, Orac. Sibyll. 3₅₆₅, sowie durch die bei den LXX und Apokryphen durchweg konstatierbaren Begriffsgleichungen der häufigen Substantiva ὁλοκάρπωμα = ὁλοκαύτωμα und ὁλοκάρπωσις = ὁλοκαύτωσις, die sämtlich ebenso wie κάρπωμα = κάρπωσις zumeist für *Brandopfer* stehen.

Alle diese Substantiva sind nicht von καρπός *Frucht* abzuleiten, sondern von dem sakralen καρπόω *verbrennen*.[2]

κατά.

1. 3 Macc. 5₂₄ und Rom. 12₅ steht ὁ καθ' εἷς[3] für εἷς ἕκαστος und Marc. 14₁₉, Joh. 8₉[4] die Formel εἷς καθ' εἷς für *unusquisque*. Bei diesen der klassischen Gräcität unbekannten Konstruktionen soll entweder εἷς wie ein indeklinabeles Zahlwort, oder die Präposition als Adverbium behandelt sein.[5] Man hat ähnliche Fügungen nur bei den Byzantinern nachgewiesen. Indessen steht bereits LXX Lev. 25₁₀ (καὶ ἀπελεύσεται εἷς ἕκαστος εἰς τὴν κτῆσιν αὐτοῦ) im Codex A εἷς καθ' ἕκαστος.[6] Das ist Übersetzung von אישׁ, kann also nicht als mechanische Nachahmung der Vorlage erklärt werden. Wir werden viel-

---

[1] Es heisst natürlich nicht »eigentlich« *ein Opfer darbringen, das ganz in Früchten besteht* (GRIMM HApAT IV [1857] 366), sondern *ganz verbrennen*.

[2] STENGEL 161.

[3] Zur Orthographie vergl. WINER-SCHMIEDEL § 5, 7g (S. 36).

[4] In der nichtjohanneischen Perikope von der Ehebrecherin.

[5] A. BUTTMANN 26 f., WINER-LÜNEMANN § 37, 3 (S. 234).

[6] Die Konkordanz von HATCH u. REDPATH versieht καθ' sonderbarer Weise mit einem Fragezeichen. HOLMES u. PARSONS (Oxf. 1798) lesen für καθ' »ἑπί uncis inclus.«. Aber das Faksimile (ed. H. H. BABER, London 1816) zeigt deutlich ΚΑΤ'.

mehr hier, vorausgesetzt, dass A die ursprüngliche Lesart aufbewahrt hat, den ersten Fall eines eigenartigen Gebrauches
von κατά haben, und hierdurch würde wenigstens die erste
der von A. Buttmann vorgeschlagenen Erklärungen ausgeschlossen, da es sich hier um ἕκαστος handelt.

Es ist ja freilich möglich, dass das εἷς καθ' ἕκαστος erst
dem späten Schreiber des Cod. A anzurechnen ist. Aber
für seine Ursprünglichkeit scheint mir doch folgendes zu
sprechen. Die LXX übersetzen an unzähligen Stellen das
absolute שׁיאִ durch ἕκαστος. An keiner einzigen Stelle, mit
Ausnahme der unsrigen nach dem gewöhnlichen Texte, wird
es durch εἷς ἕκαστος wiedergegeben. Diese schon bei Thuky-
dides sich findende Verbindung [1], dem »vierten« Makkabäerbuche [2], Paulus und Lukas geläufig, wird von den LXX auch
sonst niemals gebraucht, was bei der grossen Häufigkeit von
ἕκαστος = שׁיאִ gewiss beachtenswert ist. Dazu stimmt, dass
mir auch in den gleichzeitigen Papyri ein Beispiel nicht begegnet ist. [3] Die Verbindung scheint dem alexandrinischen
Dialekte der Ptolemäerzeit ferngeblieben zu sein. [4] So ist es von
vornherein wahrscheinlich, dass, wenn von vertrauenswerter
Seite eine andere Lesart geboten wird, diese den Vorzug verdient. Dass nun unser εἷς καθ' ἕκαστος zunächst sonderbar
und singulär erscheint, spricht nicht gegen sondern für seine
Ursprünglichkeit. Ich kann mir nicht denken, dass der
Schreiber aus dem zu seiner Zeit trivialen εἷς ἕκαστος das harte
εἷς καθ' ἕκαστος sollte gebildet haben. Dass dagegen aus
dieser Lesart jene entstehen konnte, ja von einem einigermassen
»gebildeten« Abschreiber gemacht werden musste [5], liegt auf
der Hand; eine Konkordanz konnte ihn ja nicht belehren, dass

---

[1] A. Buttmann 105.

[2] Bei O. F. Fritzsche, *Libri apocr. V. T. graece*, 4₁₁, 5₁, 8₈ u.₁₀, 13₁₁
(das abhängende Verbum steht im Plural), ₁₁, 14₁₁, 15₈ (καθ' ἕνα ἕκαστον
nach AB, welche Codices nicht zu verwechseln sind mit den ebenso be-
nannten Bibelhandschriften, vergl. *praefatio p. XXI*), ₁₀, 16₁₆.

[3] Eine Garantie kann ich freilich nicht übernehmen.

[4] Noch im Hebräerbriefe fehlt sie. Wenn 4 Macc. von einem Alexandriner stammen sollte, hätten wir hier die ersten Belege.

[5] Daher auch die vielen Korrekturen bei Marc. 14₁₀ und Joh. 8₉.

er in den heiligen Text doch selbst wieder etwas dort Singuläres hineinkorrigierte. Unsere Lesart wird weiter gestützt ausser durch die citierten Analogieen durch Apoc. Joh. 21₃₁ ἀνὰ εἷς ἕκαστος τῶν πυλώνων ἦν ἐξ ἑνὸς μαργαρίτου: auch hier, wie es scheint, ein adverbialer Gebrauch einer Präposition[1], den man kaum als apokalyptischen Hebraismus erklären darf, da 4₈ das distributive ἀνά ganz korrekt mit dem Akkusativ verbunden ist, und es ausserdem schwer sein dürfte anzugeben, welche Vorlage denn etwa hebraisierend nachgeahmt sei.

2. »Noch weitläuftigere und mehr oder weniger hebraisirende Umschreibungen einfacher Präpositionen werden bewirkt mittelst der Substantiva: πρόσωπον, χείρ, στόμα, ὀφθαλμός.«[2] Diese allgemeine Behauptung ist, wie mir scheint, nicht stichhaltig. Die von Buttmann als Beleg mitaufgeführte Verbindung κατὰ πρόσωπόν τινος = κατά steht schon im *Pap. Flind. Petr.* I XXI[3], dem Testamente eines Libyers vom Jahre 237 v. Chr., wo der Text in Zeile ₈ kaum anders ergänzt werden kann als τὰ μὲ[ν κα]τὰ πρόσωπον τοῦ ἱεροῦ.

λειτουργέω, λειτουργία, λειτουργικός.

»Die LXX haben das Wort [λειτουργέω] herübergenommen für den Dienst der Priester und Leviten am Heiligtum, wozu der Sprachgebrauch in der Profangräcität unmittelbar keinen Anhalt bot, da erst spät und sehr vereinzelt [nach S. 562 bei Dionys von Halikarnass und Plutarch] nur ein Wort dieser Familie, λειτουργός, von den Priestern vorkommt.«[4] Die Papyri ergeben jedoch, dass λειτουργέω und λειτουργία im sakralen Sinne in Ägypten häufig gebraucht wurden. Namentlich Dienstleistungen am Serapeum[5] werden so bezeichnet. Für das

---

[1] Vergl. auch 1 [3] Esra 6₁₀ ἕως εἰς πάντες, welches allerdings vielleicht Hebraismus ist und 1 Paral. 5₁₆ Cod. A [!] ἕως πάντες (Field I 708).

[2] A. Buttmann 274.

[3] Mahaffy I [59].

[4] Cremer[7] 560. Bereits im *Thesaurus Graecae Linguae* war jedoch schon Diod. Sic. I 21 τὸ τρίτον μέρος τῆς χώρας αὐτοῖς δοῦναι πρὸς τὰς τῶν θεῶν θεραπείας τε καὶ λειτουργίας notiert.

[5] Vergl. hierüber H. Weingarten, Der Ursprung des Mönchtums, ZKG I (1877) 30 ff., u. R-E[2] X (1882) 780 ff.

Verbum sind hier zu notieren *Pap. Par.* 23 [1] (165 v. Chr.),
27 [2] (dieselbe Zeit), *Pap. Lugd.* B [3] (164 v. Chr.), E [4] (dieselbe
Zeit), *Pap. Lond.* XXXIII [5] (161 v. Chr.), XLI [6] (161 v. Chr.),
Pap. Par. 29 [7] (161/160 v. Chr.), für das Substantivum *Pap.
Lugd.* B [8] (164 v. Chr.), *Pap. Lond.* XXII [9] (164/163 v. Chr.),
XLI [10] (161 v. Chr.), *Pap. Dresd.* II [11] (162 v. Chr.), *Pap. Par.*
33 [12] (ca. 160 v. Chr.). Aber · auch von sonstigen kultischen
Leistungen wird λειτουργέω *Pap. Par.* 5 [13] (113 v. Chr.) zweimal,
λειτουργία in den 99 v. Chr. geschriebenen *Papp. Lugd.* G [14],
II [15] und J [16] gebraucht. [17]

λειτουργικός findet sich nicht »nur in der biblischen
und kirchlichen Gräcität« [18], sondern steht in einer Steuerliste
aus der Ptolemäerzeit *Pap. Flind. Petr.* II XXXIXc [19] sechsmal
in nichtsakraler Bedeutung. In der »biblischen« Litteratur beschränkt sich sein Gebrauch auf die alexandrinischen Schriften:

---

[1] *Notices* XVIII 2 S. 268.
[2] *Notices* XVIII 2 S. 277.
[3] LEEMANS I 9.
[4] LEEMANS I 30.
[5] KENYON 19.
[6] KENYON 28.
[7] *Notices* XVIII 2 S. 279.
[8] LEEMANS I 11.
[9] KENYON 7.
[10] KENYON 28.
[11] WESSELY, Die griechischen Papyri Sachsens, Berichte über die Ver-
handlungen der Kgl. Sächs. Gesellsch. der Wissenschaften zu Leipzig,
philol.-histor. Classe XXXVII (1885) 281.
[12] *Notices* XVIII 2 S. 289.
[13] *Notices* XVIII 2 S. 137 u. 143.
[14] LEEMANS I 43.
[15] LEEMANS I 49.
[16] LEEMANS I 52.
[17] Ein Berliner Papyrus von 134 v. Chr. (PH. BUTTMANN AAB 1824
hist.-phil. Klasse S. 92) gebraucht λειτουργία vom Dienste der unten *sub*
λογεία erwähnten Begräbnisgilde. Ebenso schon *Pap. Lond.* III, 146 oder
135 v. Chr. (KENYON 46 u. 47). Doch fragt es sich, ob dieser Dienst
einen kultischen Charakter hatte.
[18] CREMER [7] 562.
[19] MAHAFFY II [130].

LXX Exod. 31₁₀, 39₁¹, Num. 4₁₅ u. ₁₆, 7₆, 2 Paral. 24₁₄;
Hebr. 1₁₄.

λίψ.

An den drei Stellen 2 Paral. 32₃₀, 33₁₄ und Dan. 8₅ übersetzen die LXX die Himmelsrichtung *Westen* durch λίψ. Sonst
gebrauchen sie λίψ durchweg korrekt für *Süden*. Aber auch
an den angeführten Stellen haben sie keine Nachlässigkeit be-
gangen, sondern sich eines eigentümlich ägyptischen Sprachgebrauches bedient, der schon längst aus einer der am frühesten
bekannt gewordenen Papyrusurkunden belegt werden konnte.
In einem von Boeckh² erklärten Papyrus von 104 v. Chr.
findet sich der Passus λιβὸς οἰκία Τέφιτος. Das kann, da
vorher der Süden (νότος) ausdrücklich genannt wird, nur heissen
im Westen das Haus des Tephis. Boeckh³ bemerkt dazu:
»λίψ ist in Hellas *Südwest, Africus*, weil Libyen den Hellenen
südwestlich liegt, wovon er genannt ist: den Ägyptern liegt
Libyen gerade westlich; also ist ihnen λίψ der *West* selbst, was
wir hier lernen.« Genau so gebraucht das Wort auch schon
das Testament eines Libyers *Pap. Flind. Petr.* I XXI⁴ (237
v. Chr.), wo sich ebenfalls die Bedeutung *Westen* aus dem
Zusammenhange ergibt.

λογεία.

1 Cor. 16₁ nennt Paulus die *Kollekte* für »die Heiligen«
(nach dem gewöhnlichen Texte) λογία und sagt Vers ₂, dass
die λογίαι sofort beginnen sollen. Das Wort soll hier zum
ersten Male vorkommen⁵ und sich nur noch bei den

---

¹ Bei Tromm und Cremer ist auch angegeben Exod. 39₄₂; gemeint
ist wahrscheinlich 39₄₁ [₄₂], wo nur Cod. 72 und die Complutensis das
Wort haben; zu den verwickelten Textverhältnissen vergl. Field I 160.

² Erklärung einer Ägyptischen Urkunde in Griechischer Cursivschrift
vom Jahre 104 vor der Christlichen Zeitrechnung, AAB 1820—21 (Berlin
1822) hist.-phil. Klasse S. 4.

³ S. 30.

⁴ Mahaffy I [59]; vergl. [60].

⁵ Th. Ch. Edwards, *A commentary on the first epistle to the Corin-
thians, London 1885*, 462 behauptet sogar, Paulus habe das Wort geprägt.

Kirchenvätern finden. GRIMM [1] leitet es ab von λέγω. Beides ist unrichtig.

λογεία ist spätestens seit dem 2. Jahrhundert v. Chr. in Ägypten nachzuweisen; es wird gebraucht in Papyrusurkunden der Χναχύται oder Χολχύται (die Orthographie und Etymologie des Wortes ist nicht sicher), einer Genossenschaft, die einen Teil der bei der Einbalsamierung der Leichen notwendigen Ceremonien zu verrichten hatte; sie werden einmal genannt ἀδελφοὶ οἱ τὰς λειτουργίας ἐν ταῖς νεκρίαις παρεχόμενοι.[2] Als Mitglieder der Gilde hatten sie das Recht Sammlungen zu veranstalten und konnten dieses Recht verkaufen. Eine solche Sammlung heisst λογεία: Pap. Lond. III [3] (ca. 140 v. Chr.), Pap. Par. 5 [4] (114 v. Chr.) zweimal, Pap. Lugd. M [5] (114 v. Chr.). Auch sonst begegnet uns das Wort: in der Steuerliste Pap. Flind. Petr. II XXXIXc [6] aus der Ptolemäerzeit [7] wird es sechsmal gebraucht, wahrscheinlich im Sinne von Steuer.

Die Ableitung des Wortes von λέγω ist unmöglich; λογεία gehört in die Klasse [8] der von Verba auf -εύω gebildeten Substantiva auf -εία. Das in der Litteratur nicht nachgewiesene Verbum λογεύω sammeln wird uns denn auch durch die Papyri und inschriftlich geboten: Pap. Lond. XXIV [9] (163 v. Chr.), III [10] (ca. 140 v. Chr.), ein Papyrus von 134 v. Chr. [11], Pap. Taur.

---

[1] Clavis [2] 263.

[2] Pap. Taur. I, 2. Jahrh. v. Chr. (A. PEYRON I 24). Zu dem Brudernamen vergl. oben S. 82 f.; νεκρία nach A. PEYRON I 77 res mortuaria. Über die Gilde überhaupt vergl. zuletzt KENYON 44 f.

[3] KENYON 46.

[4] Notices XVIII 2 S. 143 u. 147.

[5] LEEMANS I 60.

[6] MAHAFFY II [127].

[7] Der Papyrus ist zwar nicht datiert, aber »a fine specimen of Ptolemaic writing« (MAHAFFY ebenda), und andere Steuerlisten, die sub XXXIX publiciert sind, stammen aus der Zeit des Ptolemäus II. Philadelphus, also der Mitte des 3. Jahrhunderts v. Chr.

[8] WINER-SCHMIEDEL § 16, 2a (S. 134).

[9] KENYON 32.

[10] KENYON 47.

[11] PH. BUTTMANN AAB 1824 hist.-phil. Kl. S. 92 und dazu S. 99.

8 [1] (Ende des 2. Jahrh. v. Chr.), ägyptische Inschrift CIG III No. 4956 (49 n. Chr.), vergl. auch das Papyrusfragment, aus dem das Vorkommen von Juden im Faijûm hervorgeht.[2]

Die Papyri bieten auch das Paar παραλογεύω *Pap. Flind. Petr.* II XXXVIII b [3] (242 v. Chr.) und παραλογεία *Pap. Par.* 61 [4] (145 v. Chr.).

Zur Orthographie des Wortes ist zu bemerken, dass die Schreibung λογεία den Gesetzen der Wortbildung entspricht. Ihr konsequenter Gebrauch in den verhältnismässig gut geschriebenen vorchristlichen Papyri legt es ebenfalls nahe sie bei Paulus vorauszusetzen: noch der Vaticanus bietet sie, wenigstens 1 Cor. 16 2.[5] —

Paulus hat zur Bezeichnung der Kollekte für [6] die Armen in Jerusalem neben λογεία mehrere Synonyma, darunter auch λειτουργία 2 Cor. 9 12. Ebenso steht dieser allgemeinere Begriff neben λογεία *Pap. Lond.* III 9.[7]

1 Cor. 16 1 schlugen DONNAEUS und H. GROTIUS vor, »λογία« in εὐλογία zu ändern [8], wie 2 Cor. 9 5 die Kollekte genannt wird. Das ist natürlich unnötig; aber dass an der letzteren Stelle umgekehrt das erste εὐλογίαν in λογείαν zu ändern sei, scheint mir nicht ganz unmöglich zu sein. War λογείαν ursprünglich, so war der Satz viel wirkungsvoller; die Versuchung das seltene Wort nach dem bekannten zu korrigieren konnte über einen Abschreiber so leicht kommen, wie über die späteren Gelehrten.

·

---

[1] A. PEYRON II 45.

[2] Von MAHAFFY I 43 ohne Zeitangabe publiciert.

[3] MAHAFFY II [122].

[4] *Notices* XVIII 2 S. 351.

[5] Nachträglich sehe ich, dass L. DINDORF im *Thesaurus Graecae Linguae* V (1842—1846) Sp. 348 λογεία aus dem Londoner Papyrus (nach der älteren Publikation von J. FORSHALL 1839) bereits notiert hat. Er behandelt zwar λογία und λογεία in zwei Artikeln, identificiert aber die beiden Wörter und entscheidet sich für die Schreibung λογεία.

[6] Zu dem von λογεία abhängenden εἰς vergl. oben S. 113 ff.

[7] KENYON 46. Auch Zeile 11 desselben Papyrus ist statt λειτουργων wohl zu lesen λειτουργιων. Vergl. auch Zeile 44 und *Pap. Par.* 5 (*Notices* XVIII 2 S. 143 oben).

[8] WETSTEIN zu der Stelle.

μειζότερος.

Zu diesem Doppelkomparativ 3 Joh. 4 [1] vergl. den Doppel-superlativ *μεγιστότατος* Pap. Lond. *CXXX* [2] (1. oder 2. Jahrh. n. Chr.).

ὁ μικρός.

Marc. 15 40 wird ein Ἰάκωβος ὁ μικρός genannt. Es fragt sich, ob der Zusatz sich auf das Alter oder die Statur bezieht,[3] und die Entscheidung dieser Alternative ist für die Identi-ficierung des Jakobus und seiner Mutter Maria nicht ohne Belang. Hierzu mache ich auf folgende Stellen aufmerksam. *Pap. Lugd.* N [4] (103 v. Chr.) wird zweimal ein Νεχούτης μικρός genannt. Leemans [5] bemerkt dazu: *»quominus vocem μικρός de corporis altitudine intelligamus prohibent tum ipse verborum ordo quo ante patris nomen et hic et infra in Trapezitae sub-scriptione vs. 4 ponitur; tum quae sequitur vox μέσος, qua staturae certe non parvae fuisse Nechyten docemur. Itaque ad aetatem referendum videtur, et additum fortasse ut distingueretur ab altero Nechyte, fratre majore;«* thatsächlich gehe aus dem *Pap. Taur.* I hervor, dass dieser Nechytes einen Bruder gleichen Namens gehabt habe. In ähnlicher Weise wird *Pap. Flind. Petr.* II XXVi [6] (Ptolemäerzeit) ein Μάρρης μέγας genannt. Mahaffy [7] zieht hier allerdings vor den Zusatz auf die Statur zu deuten.

Auch die LXX kennen, auch abgesehen von der Redens-art ἀπὸ μικροῦ ἕως μεγάλου, einen Gebrauch des μικρός vom Alter, z. B. 2 Paral. 22 1.

νομός.

Jes. 19 1 liest die LXX-Ausgabe von L. van Ess noch 1887 [8]

[1] Winer-Schmiedel § 11, 4 (S. 97).
[2] Kenyon 184.
[3] B. Weiss, Meyer I 2 [1] (1885) 231.
[4] Leemans I 69.
[5] I 74.
[6] Mahaffy II [79].
[7] II 82.
[8] Die Ausgabe ist zwar stereotypiert, aber vor jedem Neudrucke wurden die Platten an einigen Stellen verbessert.

καὶ ἐπεγερθήσονται Αἰγύπτιοι ἐπ' Αἰγυπτίους καὶ πολεμήσει
ἄνθρωπος τὸν ἀδελφὸν αὐτοῦ καὶ ἄνθρωπος τὸν πλησίον αὐτοῦ,
πόλις ἐπὶ πόλιν καὶ νόμος ἐπὶ νόμον. In der Vorlage
schliesst der Satz mit den Worten *Königreich wider Königreich*. In der Konkordanz von Tromm kann man deshalb lesen,
νόμος *lex* stehe für מַמְלָכָה *regnum*, und der Herausgeber
der LXX von van Ess scheint dieselbe Ansicht zu vertreten.
Das Richtige ist längst[1] erkannt: es ist νομός ἐπὶ νομόν zu
accentuieren.[2] νομός ist *terminus technicus* für einen politischen *Bezirk* des Landes, als solcher besonders in Ägypten
gebraucht, wie schon aus Herodot und Strabo bekannt
war. Die Papyri haben über diese Gaueinteilung neue Aufschlüsse gegeben, stammen sie doch in ihrer überwiegenden
Mehrheit aus den »Archiven« des arsinoitischen Nomos. Ich
notiere diese Kleinigkeit, weil die Übersetzung von Jes. 19, der
»ὅρασις Αἰγύπτου«, überhaupt von den LXX aus leicht begreif-
lichen Gründen mit einer ganzen Anzahl specifisch ägyptischer
und zwar im Verhältnisse zur Vorlage modern-ägyptischer Lokaltöne versehen worden ist, eine Beobachtung, die ja auch bei
anderen Stellen des A. T., die sich mit ägyptischen Verhältnissen befassen, gemacht werden kann.

ὄνομα.

Zu der charakteristischen »biblischen« Fügung εἰς τὸ ὄνομά
τινος,[3] wie schon zum Gebrauche von ὄνομα bei den LXX etc.
verdient die höchste Beachtung der in den Papyri mehrere Male
vorkommende Ausdruck ἔντευξις εἰς τὸ τοῦ βασιλέως ὄνομα:
Pap. Flind. Petr. II II 1[4] (260/259 v. Chr.), *Pap. Flind. Petr.* II
XXᴇᴇ[5] (241 v. Chr.), vergl. eventuell *Pap. Flind. Petr.* II
XLVII[6] (191 v. Chr.)

---

[1] Vergl. Schleusner, *Nov. Thes. s. v.*
[2] So auch Tischendorf[4] (1880) und Swete (1894).
[3] Stellen bei Cremer[5] 676 f.
[4] Mahaffy II [2].
[5] Mahaffy II [32].
[6] Mahaffy II [154].

Mahaffy [1] erklärt die Fügung als eine seither nicht bekannte »Formel«. Das wiederholte Vorkommen derselben in Klageschriften legt allerdings die Vermutung nahe, dass sie einen technischen Sinn gehabt haben muss. Von ἔντευξις ist das ja sicher.[2] Eine ἔντευξις εἰς τὸ τοῦ βασιλέως ὄνομα wird gewesen sein eine Immediateingabe, eine Petition an des Königs Majestät[3]; der *Name* des Königs ist der Inbegriff dessen, was der Herrscher ist. Wir sehen, wie nahe dieser Begriff des ὄνομα sich mit dem des alttestamentlichen םשׁ berührt, und wie bequem es für die ägyptischen Übersetzer war das gehaltvolle Wort des heiligen Textes einfach wörtlich wiedergeben zu können.

Die eigenartige Färbung, welche ὄνομα in den altchristlichen Schriften oft hat, ist wohl stark von den LXX beeinflusst, aber diese haben die Farbe nicht erst dem Hebräischen entnommen, sondern brachten sie mit aus dem höfischen, officiellen Wortschatze ihrer Umgebung. Aber auch der kleinasiatische Sprachgebrauch bot der altchristlichen solennen Formel εἰς τὸ ὄνομα mit nachfolgendem Genetiv von *Gott*, *Christus* u. a. einen Anknüpfungspunkt. In der Inschrift von Mylasa in Karien Waddington III 2 No. 416 = CIG II No. 2693e aus der frühesten Kaiserzeit[4] heisst es γενομένης δὲ τῆς ὠνῆς τῶν προγεγραμμένων τοῖς κτηματώναις εἰς τὸ τοῦ Θεοῦ ὄνομα.[5] Das hat den Sinn *nachdem der Kauf der vorhergenannten Objekte mit den κτηματῶναι εἰς τὸ τοῦ Θεοῦ* [des Zeus] *ὄνομα*

[1] II [32].

[2] Vergl. oben S. 117 f.

[3] Die synonyme Verbindung ἔντευξιν ἀποδιδόναι resp. ἐπιδιδόναι τῷ βασιλεῖ findet sich in den Papyri des 2. Jahrh. v. Chr. häufig (Kenyon S. 9, 41 und 10, 11, 17, 28).

[4] Sie ist zwar nicht datiert, aber ihre Verwandtschaft mit einer grossen Reihe ähnlicher Dekrete aus Mylasa (Waddington III 2 No. 403 —415), von denen No. 409 nicht lange nach 76 v. Chr. abgefasst sein kann, gibt doch einen Anhaltspunkt; die oben gegebene Datierung scheint mir eher zu spät als zu früh zu sein.

[5] Genau dieselbe Formel steht in der ebenfalls aus Mylasa stammenden Inschrift CIG II No. 2694 b, wo ebenso wie CIG II No. 2693 e die Lesung von Boeckh τοῖς κτημάτων δὶς εἰς τὸ τοῦ Θεοῦ ὄνομα durch die von Waddington gegebene zu korrigieren ist.

abgeschlossen worden war. Zu dem nur inschriftlich zu belegenden κτηματώνης bemerkt WADDINGTON[1] folgendes: das Wort bedeutet den *Käufer einer Sache;* aber in unserem Zusammenhange ist die betreffende Persönlichkeit nur der ideale Käufer in Stellvertretung des wirklichen Käufers, der Gottheit; der κτηματώνης εἰς τὸ τοῦ θεοῦ ὄνομα ist der *fidéicommissaire du domaine sacré.* Die Stelle scheint mir von hoher Wichtigkeit zu sein, da sie genau denselben Begriff des Wortes ὄνομα voraussetzt, der in den solennen religiösen Wendungen vorliegt. Wie in der Inschrift *kaufen in den Namen Gottes hinein* bedeutet *kaufen, so dass die betreffende Sache Gott gehört,* so liegt auch z. B. den Ausdrücken *taufen in den Namen des Herrn hinein* und *glauben in den Namen des Sohnes Gottes hinein* die Vorstellung zu Grunde, dass die Taufe oder der Glaube die *Zugehörigkeit* zu Gott oder dem Sohne Gottes konstituiert.

Dass der Ausdruck ποιεῖν τι ἐν ὀνόματί τινος in der Profangräcität deshalb fehle, weil derselben eine solche Wertung des *Namens* fremd sei[2], möchte ich demnach bezweifeln. Wir haben hier vielmehr wohl nur mit dem Zufalle zu rechnen; bei dem nachgewiesenen Gebrauche von ὄνομα in der feierlichen Sprache des Hofes und des Kultus könnte sehr wohl eines Tages auch die Wendung ἐν τῷ ὀνόματι τοῦ βασιλέως oder τοῦ θεοῦ in Ägypten oder Kleinasien auftauchen.

Für die Bedeutungsgeschichte der religiösen Begriffe der ältesten Christen ist unser Fall lehrreich. Er zeigt, wie sehr man sich zu hüten hat, ohne weiteres eine »Abhängigkeit« vom griechischen Alten Testament oder gar einen Semitismus zu behaupten, wenn sich z. B. ein kleinasiatischer Christ in eigenartigen Wendungen bewegt, die a u c h in seiner Bibel vorkommen.

ὀψώνιον.

Nicht erst bei Polybius[3], sondern schon *Pap. Flind. Petr.* II XIII 7[4] u. 17[5] (258—253 v. Chr.); *Pap. Flind. Petr.* II

---

[1] Zu No. 338 S. 104.
[2] CREMER[7] 678.
[3] *Clavis*[8] 328.
[4] MAHAFFY II [38].
[5] MAHAFFY II [42].

XXXIIIa [1] (Ptolemäerzeit) steht τὰ ὀψώνια. An allen drei Stellen nicht *Sold* der Soldaten, sondern allgemein *Lohn*; ebenso *Pap. Lond.* XLV [2] (160/159 v. Chr.), XV [3] (131/130 v. Chr.), *Pap. Par.* 62 [4] (Ptolemäerzeit). Inschriftlich ist das Wort seit 278 v. Chr. nachweisbar.[5]

παράδεισος.

Ähnlich wie ἀγγαρεύω ist das Wort, seines ursprünglichen technischen Sinnes entkleidet, in einer allgemeineren Bedeutung geläufig geworden. Es steht für *Garten* überhaupt schon *Pap. Flind. Petr.* II XLVIb [6] (200 v. Chr.), vergl. XXII [7], XXX c [8], XXXIX i [9] (sämtlich aus der Ptolemäerzeit)[10], ebenso die Inschrift von Pergamon bei WADDINGTON III 2 No. 1720 b (nicht datiert). Bei den LXX häufig, stets für *Garten* (darunter an den drei Stellen Neh. 2₈, Eccles. 2₅, Cant. 4₁₃ Auflösung von פַּרְדֵּס [11]), ebenso öfter Sap. Sir. und Sus., Josephus u. a. Natürlich ist auch LXX Gen. 2₈ ff. παράδεισος *Garten*, nicht *Paradies*. Für diese neue technische Bedeutung [12] ist wohl Paulus 2 Cor. 12₄ der erste Zeuge, dann Luc. 23₄₃ und Apoc. Joh. 2₇; 4 Esra 7₃₆, 8₅₂.

παρεπίδημος.

Bei den LXX Gen. 23₄ u. Ps. 38 [39]₁₃ Übersetzung von תּוֹשָׁב; von hier aus wohl gebraucht 1 Pe. 1₁, 2₁₁, Hebr. 11₁₃; belegt

---

[1] MAHAFFY II [113].

[2] KENYON 36.

[3] KENYON 55 u. 56.

[4] *Notices* XVIII 2 S. 357.

[5] Belege bei GUIL. SCHMIDT, *De Flav. Ios. eloc.*, FLECK. Jbb. Suppl. XX (1894) 511 u. 531.

[6] MAHAFFY II [150].

[7] MAHAFFY II [68].

[8] MAHAFFY II [104].

[9] MAHAFFY II [134].

[10] Vergl. auch *Pap. Lond.* CXXXI, 78/79 n. Chr., (KENYON 172).

[11] Noch die Mischna gebraucht פַּרְדֵּס nur vom *Park* im natürlichen Sinne (SCHÜRER II 464).

[12] Vergl. G. HEINRICI, Das zweite Sendschreiben des Apostel Paulus an die Korinthier erklärt, Berlin 1887, 494.

nur[1] aus Polybius und Athenäus. Es wird aber schon gebraucht in dem Testamente eines Aphrodisios von Heraklea *Pap. Flind. Petr.* I XIX[2] (225 v. Chr.), der sich u. a. als παρεπίδημος bezeichnet. MAHAFFY[3] bemerkt dazu: *»in the description of the testator we find another new class, παρεπίδημος, a sojourner, so that even such persons had a right to bequeath their property.«* Von noch grösserem Interesse ist die Stelle eines Testamentes von 238 237 v. Chr.,[4] welches einen jüdischen παρεπίδημος im Faijûm[5] nennt: Ἀπολλώνιον [παρεπ]ίδημον[6] ὅς καὶ συριστὶ Ἰωνάθας[7] [καλεῖται].

Das Verbum παρεπιδημέω z. B. *Pap. Flind. Petr.* II XIII 19[8] (258—253 v. Chr.).

παστοφόριον.

Die LXX gebrauchen das Wort fast an allen den verhältnismässig zahlreichen Stellen, die Apokryphen und Josephus[9] stets von *Seitengemächern des Tempels.* STURZ[10] hatte es dem ägyptischen Dialekte zugewiesen. Seine Vermutung wird durch die Papyri bestätigt. In den vielen das Serapeum[11] bei Memphis betreffenden Urkunden wird παστοφόριον im technischen Sinne gebraucht vom Serapeum selbst oder von *Zellen* im Serapeum[12]: *Pap. Par.* 11[13] (157 v. Chr.), 40[14] (156 v. Chr.),

---

[1] *Clavis*[2] 339.
[2] MAHAFFY I [54].
[3] I [55].
[4] MAHAFFY II 23.
[5] Über Juden im Faijûm vergl. MAHAFFY I 43 f., II [14].
[6] Die Ergänzung ist nicht zu bezweifeln.
[7] Ἀπολλώνιος ist eine Art von Übersetzung des Namens Ἰωνάθας.
[8] MAHAFFY II [45]. Inschriftlich ist das Wort oft zu belegen, Nachweise z. B. bei LETRONNE, *Recueil* I 340; DITTENBERGER, *Sylloge* No. 246₁₀ und 267₄.
[9] Näheres bei GUIL. SCHMIDT, *De Flav. Ios. eloc.*, FLECK. Jbb. Suppl. XX (1894) 511 f. Daselbst auch Verweis auf CIG II No. 2297.
[10] *De dialecto Macedonica et Alexandrina* 110 f.
[11] Vergl. oben S. 137.
[12] Vergl. LUMBROSO, *Recherches* 266 f.
[13] *Notices* XVIII 2 S. 207.
[14] *Notices* XVIII 2 S. 305.

ebenso in den gleichzeitigen Urkunden *Pap. Par.* 41 [1] und 37 [2],
an der letzteren Stelle von dem *Ἀσταρτιεῖον*, welches als *ἐν
τῷ μεγάλῳ Σαραπιείῳ* befindlich bezeichnet wird. [3] Die LXX
haben also in sehr glücklicher Weise den allgemeinen Ausdruck
לִשְׁכָּה da, wo er ein *Gemach des Tempels* bezeichnet, durch
einen ihnen geläufigen technischen Terminus wiedergegeben.
Derselbe ist auch 1 Paral. 9₂₆ u. 2 Esr. [hebr. Esr.] 8₂₉ von
mehreren Codices erhalten. [4]

περιδέξιον.

LXX Num. 31₅₀, Exod. 35₂₂ und Jes. 3₂₀, an den beiden
letzten Stellen ohne hebräische Vorlage, für *Armband.* Zu belegen durch *Pap. Flind. Petr.* I XII [5] (238·237 v. Chr.). Die
dort gegebene Aufzählung von Schmuckgegenständen berührt
sich mit Exod. 35₂₂ und besonders mit Jes. 3₂₀; an der letzteren
Stelle folgen die auch in der ersteren genannten *ἐνώτια* [6] auf
die *περιδέξια*, ebenso im Papyrus. Da an beiden LXX-Stellen
die Vorlage ein entsprechendes Wort nicht hat, so ist der
Zusatz vielleicht auf eine gebräuchliche Zusammennennung der
zwei Schmucksachen zurückzuführen.

περίστασις.

2 Macc. 4₁₆, Symmachus Ps. 33 [34]₆ [7] (LXX haben dort
θλῖψις resp. παροικία) im übelen Sinne für *Not*, nicht erst bei
Polybius, sondern schon *Pap. Lond.* XLII [8] (172 v. Chr.), vergl.

---

[1] *Notices* XVIII 2 S. 306.
[2] *Notices* XVIII 2 S. 297.
[3] Vergl. Brunet de Presle ebenda und Lumbroso, *Recherches* 266.
[4] Field I 712 u. 767. Es sind diejenigen, aus denen de Lagarde den
Lucianus konstituiert; seine Accentuation 1 Paral. 9₂₆ παστοφοριῶν ist
nicht richtig.
[5] Bessere Lesung als bei Mahaffy I [37] siehe Mahaffy II 22.
[6] Der Papyrus schreibt ενωιδια; das ist auch die durch eine Menge
von Inschriften seit 398 v. Chr. zu belegende attische Orthographie,
Meisterhans [2] 51 und 61. Es ist mir unwahrscheinlich, dass die LXX
ἐνώτιον sollten geschrieben haben: man wird in die Texte getrost ἐνῴδιον
setzen dürfen.
[7] Field II 139.
[8] Kenyon 30.

die Inschrift von Pergamon No. 245 A[1] (vor 133 v. Chr.) und die Inschrift von Sestos (*ca.* 120 v. Chr.) Zeile **ɛɛ.**[2]

περιτέμνω.

Die LXX gebrauchen περιτέμνω stets im technischen Sinne von dem sakralen Akte der *Beschneidung*; diese technische Bedeutung liegt auch Stellen zu Grunde, wo von *Beschneidung* in bildlicher Weise geredet wird, Deut. 10ɪ₆ und Jer. 4ₐ. In einem anderen Sinne wird das Wort von den LXX niemals verwandt. Die gewöhnliche Vorlage מול kommt zwar öfter in nichttechnischer Bedeutung vor, aber dann wählen die Übersetzer stets ein anderes Wort: Ps. 57 [58]ₐ ἀσθενέω für *abgehauen sein*[3], Ps. 117 [118]ɪ₀, ɪɪ, ɪₐ ἀμύνομαι für das *Zerhauen* (?) der Feinde, Ps. 89 [90]ₐ ἀποπίπτω vom Grase für *abgehauen werden*.[4] Sogar an einer Stelle, wo מול *beschneiden* bildlich steht, Deut. 30ₐ, verschmähen sie περιτέμνω und übersetzen περικαθαρίζω.[5] Für ihren streng eingehaltenen Sprachgebrauch ist besonders instruktiv die Textgeschichte von Ez. 16ₐ. Der Vorlage (nach unserem hebräischen Texte) *deine Nabelschnur wurde nicht abgeschnitten* entspricht bei den LXX nach dem landläufigen Texte οὐκ ἔδησας τοὺς μαστούς σου, »eine ganz tolle Übersetzung, welche aber schon um ihrer absoluten Sinnlosigkeit willen gewiss alte Überlieferung ist.«[6] So toll ist die »Übersetzung« nicht, wenn man mit dem Alexandrinus und dem Marchalianus[7] ἔδησαν[8] liest, welche Lesart

---

[1] Frankel S. 140.

[2] W. Jerusalem, Die Inschrift von Sestos und Polybios, Wiener Studien I (1879) 34, vergl. 50 f., wo auch die Nachweise aus Polybius gegeben sind.

[3] Das Verhältnis der Übersetzung zu der (korrupten) Vorlage ist mir nicht klar.

[4] Wenn die Vorlage nicht von מלל abzuleiten ist; vergl. Job 14ₐ, die wo die LXX ἐκπίπτω übersetzen.

[5] Vergl. Lev. [so ist statt *Luc.* bei Cremer[7] 886 zu lesen] 19ₐₐ.

[6] Cornill, Das Buch des Propheten Ezechiel 258.

[7] Über diesen Codex vergl. Cornill 15.

[8] Das wäre zu übersetzen *man band*.

durch des Origenes' Bemerkung, die LXX hätten *non alli-
gaverunt ubera tua* übersetzt, »*sensum magis eloquii exponentes
quam verbum de verbo exprimentes*«, gestützt wird. Der Grieche
hätte hier dann unter den verschiedenen Einzelheiten der dem
hülflosen neugeborenen Mädchen zu erweisenden Pflege anstelle
der von dem Hebräer geschilderten Procedur eine andere
gesetzt, die etwa mit dem nachher folgenden ἐν σπαργάνοις
σπαργανωθῆναι auf einer Stufe steht.² Vielleicht hat er indessen
einen anderen Text vor sich gehabt. Jedenfalls ist die Übersetzung einiger Codices³ οὐκ ἐτμίθη ὁ ὀμφαλός σου späte
Korrektur des LXX-Textes nach dem jetzigen hebräischen Texte;
andere Codices schreiben οὐκ ἔδησαν τοὺς μαστούς σου und fügen
die Korrektur οὐκ ἐτμήθη ὁ ὀμφαλός σου hinzu, wieder andere
schreiben ebenso, ersetzen aber das ἐτμίθη durch ein dem
LXX-Gebrauche völlig widersprechendes περιετμήθη, wovor
sich noch des Hieronymus *non ligaverunt mamillas tuas et
umbilicus tuus non est praecisus*⁴ hütet. Auf diese späte
Korrektur geht die Meinung⁵ zurück, die LXX gebrauchten
als Objekt zu περιτέμνειν einmal auch τὸν ὀμφαλόν. Das ist
nicht richtig. Man kann hier wirklich einmal von einem
Sprachgebrauche der Übersetzer reden, περιτέμνω hat bei ihnen
stets sakrale Bedeutung.⁶

Den durch περιτέμνω wiedergegebenen Verben בָּרַת, הֵסִיר
und מוּל gegenüber bedeutet das griechische Wort zweifellos

' Field II 803.

² Die von zwei späten Minuskelhandschriften gebotene Lesart οὐκ
ᾔδεισαν, aus der Cornill als ursprüngliche Schreibung der LXX οὐκ
ᾔδεισας (als auf falscher Analogiebildung beruhende 2. pers. sing. imperf.)
verbessert, scheint mir innergriechische Korrektur des unverstandenen
ἔδησαν zu sein.

³ Field II 803, wo überhaupt der im folgenden benutzte Apparat
besprochen ist.

⁴ Müsste *circumcisus* heissen, wenn Hieronymus περιετμήθη voraussetzte.

⁵ Cremer² 886. Die Bemerkung scheint zurückzugehen auf die irreführende Angabe von Thomм.

⁶ Ebenso περιτομή, nur Gen. 17₁₁ und Exod. 4₂₆ vorkommend. Jer.
11₁₄ ist es nur durch ein Missverständnis der Vorlage nebeneingekommen,
vergl. Cremer² 887.

eine Begriffsnüancierung; in keinem der drei Wörter ist die Nüance, die in dem περί liegt, enthalten. Die Wahl gerade dieses Kompositums erklärt sich daraus, dass es den LXX als technischer Ausdruck für einen der alttestamentlichen *Beschneidung* ähnlichen ägyptischen Gebrauch aus ihrer Umgebung geläufig war. »Die Ägypter hatten die Beschneidung sicher schon im 16. Jahrhundert v. Chr., wahrscheinlich noch viel früher.«[1] Ist nun auch nicht sicher auszumachen, ob die Israeliten die Sache von den Ägyptern erhalten haben, so ist doch höchst wahrscheinlich, dass die griechischen Juden das technische Wort den Ägyptern[2] verdanken. Schon Herodot II 36 und 104 bezeugt es; er berichtet, dass die Ägypter περιτάμνονται τὰ αἰδοῖα. Aber auch direkt ägyptische Zeugnisse belegen den Ausdruck: *Pap. Lond.* XXIV[3] (163 v. Chr.) ὡς ἔθος ἐστὶ τοῖς Αἰγυπτίοις περιτέμνεσθαι, und noch *Pap. Berol.* 7820[4] (14. Januar 171 n. Chr., Faijûm) redet mehrere Male von dem περιτμηθῆναι eines Knaben κατὰ τὸ ἔθος.

Gehört somit περιτέμνω zu den von den LXX übernommenen Wörtern, so dürfte doch die Vermutung[5], ihr häufiges ἀπερίτμητος *unbeschnitten* = עָרֵל sei erst von den Juden Alexandrias geprägt worden, eine gewisse Wahrscheinlichkeit für sich haben. Wenigstens wird in dem zuletzt citierten Berliner Papyrus der noch nicht beschnittene Knabe zweimal als ἄσημος[6] bezeichnet. Das Aktenstück scheint sich hier in festen Wendungen zu bewegen. Vielleicht war ἄσημος der technische Ausdruck für *unbeschnitten* bei den griechischen Ägyptern; das deutlichere und zugleich derbere ἀπερίτμητος

[1] J. Benzinger, Hebräische Archäologie, Freib. i. B. u. Leipzig 1894, 154.
[2] Wie die griechischen Ägypter dazu kamen das Kompositum mit περί zu wählen, weiss ich nicht. Ob das entsprechende ägyptische Wort sie dazu aufforderte? Oder haben sie selbständig dadurch den anatomischen Vorgang illustriert?
[3] Kenyon 32, vergl. 33.
[4] BU XI S. 337 f. No. 347.
[5] Cremer[7] 887.
[6] Und die Beschneidung als σημεῖον; vergl. dazu LXX Gen. 17₁₁ und Rom. 4₁₁.

entsprach eher der Geringschätzung, mit der die griechischen Juden an die *Unbeschnittenen* dachten.

πῆχυς.

Der kontrahierte Genitiv πηχῶν[1] LXX 1 Reg. 7₁ (Cod. A), ₂₆ (Cod. A), Esth. 5₁₄, 7₉, Ez. 40₇, 41₂₂; Joh. 21₈, Apoc. Joh. 21₁₇ ist völlig unbedenklich. Er steht bereits *Pap. Flind. Petr.* II XLI[2] (Ptolemäerzeit) zweimal; Josephus gebraucht ähnlich wie die LXX πήχεων und πηχῶν nebeneinander.[3]

ποτισμός.

Aquila Prov. 3₈[4] *Bewässerung*, zu belegen durch *Pap. Flind. Petr.* II IX 4[5] (240 v. Chr.).

πράκτωρ.

LXX Jes. 3₁₂ für נֹגֵשׂ *Zwingherr*. In den Papyri häufig als Beamtenbezeichnung, der πράκτωρ[6] scheint *the public accountant*[7] gewesen zu sein: *Pap. Flind. Petr.* II XIII 17[8] (258—253 v. Chr.) und mehrere andere, undatierte Papyri der Ptolemäerzeit bei MAHAFFY II.[9]

Luc. 12₅₈ hat das Wort wohl auch technische Bedeutung, bezeichnet aber nicht einen Finanzbeamten, sondern einen niederen *Gerichtsdiener*.

Symmachus Ps. 108 [109]₁₁[10] für נֹשֶׁה *Gläubiger*.

---

[1] WINER-SCHMIEDEL § 9, 6 (S. 88).
[2] MAHAFFY II [137].
[3] GUIL. SCHMIDT, *De Flav. Ios. eloc.*, FLECK. Jbb. Suppl. XX (1894) 493.
[4] FIELD II 315.
[5] MAHAFFY II [24].
[6] Über die πράκτορες in Athen vergl. von WILAMOWITZ-MOELLENDORFF, Aristoteles und Athen I, Berlin 1893, 196.
[7] MAHAFFY II [42].
[8] Ebenda.
[9] Näheres noch bei E. REVILLOUT, *Le Papyrus grec 13 de Turin* in der *Revue égyptologique* II (1881—1882) 140 f.
[10] FIELD II 265.

πρεσβύτερος.

Die LXX übersetzen זָקֵן *Greis* sowohl mit πρεσβύτης als
auch mit πρεσβύτερος. Die natürlichste Übersetzung war πρεσβύτης, die Anwendung des komparativischen πρεσβύτερος muss
einen besonderen Grund gehabt haben. πρεσβύτερος steht
gewöhnlich da, wo die Übersetzer das זָקֵן der Vorlage als
Bezeichnung eines Amtes aufgefasst zu haben scheinen. Dass
sie hier nun von den *Ältern*, nicht von den *Alten* reden, erklärt sich daraus, dass sie πρεσβύτερος in Ägypten bereits als
terminus technicus für den Träger eines Gemeindeamtes vor-
fanden. So wird *Pap. Lugd.* A 35 f.[1] (Ptolemäerzeit) ὁ πρεσβύτερος τῆς κώμης genannt, sicher eine Amtsbezeichnung, wenn
auch über das Wesen dieses Amtes wegen der Verstümmelung
einer anderen Stelle desselben Papyrus (Zeile 17-23) hier nichts
Näheres ermittelt werden kann.[2] Auch *Pap. Flind. Petr.* II
IV 6 18 [3] (255.254 v. Chr.) scheint mir οἱ πρεσβύτεροι Amtsbezeichnung zu sein, vergl. auch *Pap. Flind. Petr.* II XXXIXa
3 u. 14.[4] Ebenso werden noch in dem Dekrete der Priester zu
Diospolis zu Ehren des Callimachus[5] (ca. 40 v. Chr.) die πρεσβύτεροι neben den ἱερεῖς τοῦ μεγίστου θεοῦ Ἀμονρασωνθήρ
genannt. Eine Umschreibung des Titels πρεσβύτεροι haben
wir *Pap. Taur.* 8 60 f.[6] (Ende des 2. Jahrh. v. Chr.), wo einem
gewissen Erieus das Prädikat τὸ πρεσβεῖον ἔχων παρὰ τοὺς
ἄλλους τοὺς ἐν τῇ κώμῃ κατοικοῦντας beigelegt wird. Noch im
2. Jahrhundert n. Chr. finden sich οἱ πρεσβύτεροι als ägyptische
Dorfbehörde, innerhalb deren ein Kolleg von drei Männern, οἱ
τρεῖς, eine besondere Stellung gehabt zu haben scheint.[7]

---

[1] LEEMANS I 3.
[2] LEEMANS I 3 unten.
[3] MAHAFFY II [10].
[4] MAHAFFY II [125].
[5] CIG III No. 4717; vergl. dazu, wie überhaupt zu dem Titel πρεσβύτεροι LUMBROSO, *Recherches* 259.
[6] A. PEYRON II 46.
[7] U. WILCKEN, *Observationes ad historiam Aegypti provinciae Romanae
depromptae e papyris Graecis Berolinensibus ineditis*, Berol. 1885, 29 f.

Die alexandrinischen Übersetzer haben also auch hier einen ihrer Umgebung geläufigen technischen Ausdruck verwandt.

Man wird die »neutestamentlichen« d. h. altchristlichen Stellen, an denen πρεσβύτεροι als Amtsbezeichnung vorkommt, nicht unbesehen auf den »Septuagintasprachgebrauch«, der thatsächlich ein alexandrinischer ist, zurückführen dürfen. Zwar in den Fällen, wo der Ausdruck zur Bezeichnung jüdischer Stadtbehörden [1] und des Synedriums [2] gebraucht wird, ist die Vermutung berechtigt, dass er sich aus der griechischen Bibel her bei den griechischen Juden [3] eingebürgert hatte, und dass es für christliche Übersetzer des Begriffes *die Alten* nahelag ihn durch das geläufige Wort οἱ πρεσβύτεροι wiederzugeben. Aber deshalb ist dieses technische Wort nicht eine Eigentümlichkeit des jüdischen Sprachgebrauches. Wie der jüdische Gebrauch auf Ägypten zurückgeht, so ist auch möglich, dass die kleinasiatischen Christengemeinschaften, die ihre Vorsteher πρεσβύτεροι nannten, das Wort nicht erst durch Vermittelung des Judentums erhalten, sondern ihrer Umgebung entnommen haben. [4] Die kleinasiatischen Inschriften ergeben mit Sicherheit, dass πρεσβύτεροι an den verschiedensten Orten der technische Ausdruck für die Mitglieder einer Körperschaft [5] gewesen ist: in Chios CIG II No. 2220 und 2221 (erstes Jahrh. v. Chr.[6]),

---

[1] Schürer II 132 ff.

[2] Schürer II 144 ff.

[3] Vergl. den Gebrauch des Wortes πρεσβύτεροι in den Apokryphen und bei Josephus.

[4] In jedem Falle ist es nicht richtig, mit Curtius [1] 816 das Wort ἐπίσκοπος als die »griechisch gefärbte Bezeichnung« dem Ausdrucke πρεσβύτεροι (doch wohl als dem jüdisch gefärbten) gegenüberzustellen. Bevor die Juden von πρεσβύτεροι redeten, war das Wort ein technischer Ausdruck bei den ägyptischen Griechen, und ebenso ist es in Kleinasien für die Kaiserzeit an den verschiedensten Orten im griechischen Sprachgebrauche nachweisbar.

[5] Der Hinweis auf die kleinasiatischen πρεσβύτεροι hat hier natürlich nur einen sprachgeschichtlichen Zweck: die Frage nach dem Wesen des Presbyter-»Amtes« berühre ich damit nicht; es kann sich individuell ausgebildet haben, mag der Name herstammen woher er will.

[6] Beide Inschriften sind gleichzeitig mit der ins erste Jahrh. v. Chr. zu setzenden No. 2214.

an beiden Stellen wird das Kolleg der πρεσβύτεροι auch τὸ
πρεσβυτικόν genannt; in Kos CIG II No. 2508 = PATON u.
HICKS No. 119 (Kaiserzeit[1]); in Philadelphia in Lydien CIG II
No. 3417 (Kaiserzeit), das hier erwähnte συνέδριον τῶν πρεσ-
βυτέρων ' wird vorher auch γερουσία genannt. »Seit Anfang
der Kaiserzeit ist auf einigen Inseln und in vielen Städten
Kleinasiens neben der Bule eine Gerusia nachweisbar, welche
die Rechte einer Corporation besitzt und wie es scheint gewöhnlich aus Buleuten besteht, die in sie abgeordnet werden.
Ihre Mitglieder heissen γέροντες, γερουσιασταί, πρεσβύτεροι,
γεραιοί. Sie haben einen Vorsitzenden (ἄρχων, προστάτης, προ-
ηγούμενος), einen Schreiber, eine eigene Casse, ein eigenes
Versammlungslocal (γεροντικὸν, γερουσία) und eine Palaistra.«[3]

πρόθεσις.

Die LXX übersetzen den von Luther durch *Schaubrot*
wiedergegebenen technischen Ausdruck *Brot des Angesichtes*
(auch *Schichtbrot* und *beständiges Brot* genannt) 1 Sam. 21₈
und Neh. 10₃₃ durch οἱ ἄρτοι τοῦ προσώπου und Exod. 25₃₀
durch οἱ ἄρτοι οἱ ἐνώπιοι, die gewöhnliche Übersetzung
aber ist οἱ ἄρτοι τῆς προθέσεως. Man erklärt hier πρόθεσις
gewöhnlich als *Ausstellung*, nämlich des Brotes vor Gott. Ich
lasse dahingestellt, ob diese Erklärung richtig ist; jedenfalls
ist zu fragen, wie die LXX zu dieser freien Übersetzung
kommen, während doch an den drei anderen Stellen die Vorlage
wörtlich nachgeahmt ist. Es scheint mir nicht unwahrscheinlich zu sein, dass sie beeinflusst sind durch die Erinnerung
an eine kultische Sitte ihrer Umgebung: »*Au culte se rat-
tachaient des institutions philantropiques telle que la suivante:
Le médecin Dioclès cité par Athénée (3, 110), nous apprend
qu'il y avait une* πρόθησις »*« de pains périodique à Alexandrie,
dans le temple de Saturne* (Ἀλεξανδρεῖς τῷ Κρόνῳ ἀφιεροῦντες
προτιθέασιν ἐσθίειν τῷ βουλομένῳ ἐν τῷ τοῦ Κρόνου ἱερῷ).

---

[1] Nach PATON u. HICKS S. 148 möglicher Weise näher in die Zeit
des Claudius zu setzen.

' Vergl. die Angaben von SCHÜRER II 147 f. Anm. 461.

' O. BENNDORF u. G. NIEMANN, Reisen in Lykien und Karien, Wien
1884, 72.

Cette προθεσις των αρτων *se retrouve dans un papyrus du
Louvre (60 *bis*).*[1]* Der Ausdruck προθεσις αρτων steht auch
LXX 2 Paral. 13,11, vergl. 2 Macc. 10,3.

πυρράκης.

Seither nur bekannt aus LXX Gen. 25,25, 1 Sam. 16,12, 17,42
für *rötlich*; zu belegen durch *Pap. Flind. Petr.* I XVI 1,12 (237
v. Chr.), XXI,3 (237 v. Chr.), eventuell auch XIV,4 (237 v. Chr.).

σιτομέτριον.

Luc. 12,42 für *portio frumenti*, nur hier nachgewiesen, aber
zu belegen durch *Pap. Flind. Petr.* II XXXIII a,5 (Ptolemäerzeit).
Vergl. σιτομετρέω LXX Gen. 47,12 (von Joseph in Ägypten).

σκευοφύλαξ.

Zuerst in der Recension des Lucianus[6] 1 Sam. 17,22,
wörtliche Übersetzung von שׁוֹמֵר הַכֵּלִים *Trosswächter.*[7] Für
die Vermutung, dass das Wort nicht erst als augenblickliche
Bildung des Recensenten eingekommen, sondern ihm gut
überliefert ist, spricht sein Vorkommen *Pap. Flind. Petr.* II
XIII 10,8 (258—253 v. Chr.): σκευφυλακα dort ist nach σκευοφυλάκιον *Pap. Flind. Petr.* II V a,9 (vor 250 v. Chr.) σκευο-
φύλακα zu deuten.

---

[1] Lumbroso, *Recherches* 280. Die Papyrusstelle, allerdings nicht ganz
deutlich lesbar, *Notices* XVIII 2 S. 347. Lumbroso rechtfertigt seine
Lesung *Recherches* 23 Anm. 1.

[2] Mahaffy I [47].

[3] Mahaffy I [59].

[4] Mahaffy I [43]. Die Stelle ist verstümmelt.

[5] Mahaffy II [113]. Dort thut ein οἰκονόμος Rechnung von seinem
Haushalt. Das in dieser Abrechnung vorkommende σιτομετρια scheint
mir als Plural von σιτομέτριον gefasst werden zu müssen, nicht als
Singular σιτομετρία. Die Stelle ist verstümmelt.

[6] Herausgeg. von de Lagarde, *Librorum V. T. canonicorum pars prior
graece, Gottingae 1883.*

[7] Das blosse φύλακος unseres LXX-Textes ist von Origenes mit dem
asteriscus versehen, Field I 516.

[8] Mahaffy II [39].

[9] Mahaffy II [16]. Zu σκευοφυλάκιον vergl. Suidas.

σπυρίς, σφυρίς.

Zu dem Marc. 8₈, ₂₀, Matth. 15₃₇, 16₁₀, Act. Ap. 9₂₅ gut überlieferten σφυρίς (Vulgäraspiration [1]) vergl. σφυρίδα Pap. Flind. Petr. II XVIII 2 a² (246 v. Chr.), doch beachte man die Schreibung σπυριδίου Pap. Flind. Petr. Z d³ (Ptolemäerzeit).

στάσις.

Die LXX übersetzen mit στάσις unter anderen Wörtern, deren Wiedergabe durch στάσις mehr oder weniger verständlich ist, מָעוֹז Festung Nah. 3₁₁ und הֲדֹם Schemel 1 Paral. 28₂, und Symmachus⁴ gebraucht στάσις Jes. 6₁₃ für מַצֶּבֶת Wurzelstock (truncus) oder Setzling.⁵ Gewiss ein sehr auffallender Gebrauch des Wortes, der durch die sonderbare Bemerkung des alten SCHLEUSNER⁶ zu der Nahumstelle »στάσις est firmitas, consistentia, modus et via subsistendi ac resistendi« kaum erklärt sein dürfte. Den drei durch στάσις übersetzten Wörtern gemeinsam ist der Begriff des Sicherhebens über den Boden, des Aufrechtstehens, und von hier aus ist die Vermutung berechtigt, dass den Übersetzern ein Gebrauch von στάσις ganz allgemein für jeden aufrechtstehenden Gegenstand⁷ bekannt war.

Unsere Vermutung bestätigt sich durch Pap. Flind. Petr. II XIV 3⁸ (Ptolemäerzeit?), wenn die Erklärung des an dieser allerdings sehr schwierigen Stelle vorkommenden στάσις durch erections, buildings⁹ richtig ist. Deutlicher scheint mir dieser Gebrauch des Wortes zu sein in einer Inschrift aus Mylasa in Karien CIG II No. 2694 a (Kaiserzeit?), wo BOECKH das von ihm ergänzte στάσεις durch stabula erklärt.

---

[1] WINER-SCHMIEDEL § 5, 27 e (S. 60).
[2] MAHAFFY II [59].
[3] MAHAFFY II 33.
[4] FIELD II 442.
[5] Bei den LXX fehlt diese Stelle, Aquila übersetzt στήλωσις, Theodotion στήλωμα (FIELD ebenda).
[6] Novus Thesaurus V (1821) 91.
[7] Vergl. unser Stand für Marktbude.
[8] MAHAFFY II [51].
[9] MAHAFFY II 30.

συγγενής.

In den alttestamentlichen Apokryphen findet sich nicht
selten der Ausdruck *Verwandter* eines Königs. Er ist ebenso
wie *Freund*[1] u. a. ein Hoftitel, der aus dem persischen Sprachgebrauche in die Hofsprache Alexanders des Grossen übergegangen und von da aus bei den Diadochen sehr geläufig
geworden ist. Man vergleiche für Ägypten die ausführlichen
Nachweise bei LUMBROSO[2], für Pergamon die Inschrift No. 248
Zeile 26f. (135.134 v. Chr.).[3]

συνέχω.

Luc. 22,63 von den Schergen, die Jesus *verhaftet* hielten;
in derselben Bedeutung *Pap. Flind. Petr.* II XX[4] (252 v. Chr.).

σῶμα.

Apoc. Joh. 18,13 steht *σώματα* für *Sklaven.* Schon früh
wurde *σῶμα* für *Person* gebraucht, und so werden schon in
der klassischen Gräcität die Sklaven *σώματα οἰκετικά* oder
δοῦλα genannt.[5] Ohne einen solchen Zusatz steht *σῶμα* für
Sklave erst LXX Gen. 34,29, (36,6)[6], Tob. 10,10, Bel et Draco 32,
2 Macc. 8,11, Ep. Arist. (*ed.* M. SCHMIDT) *p.* 16,29, bei Polybius
und Späteren. Die griechischen Übersetzer des A. T. fanden
den Gebrauch in Ägypten vor: die Papyri der Ptolemäerzeit
bieten eine grosse Zahl von Belegen, vergl. namentlich *Pap.
Flind. Petr.* II XXXIX.[7]

ὑποζύγιον.

An sehr vielen Stellen übersetzen die LXX חֲמוֹר *Esel* mit

---

[1] Vergl. unten *sub* φίλος.

[2] *Recherches* 189 f. — Auch die Inschrift von Delos vom 3. Jahrh.
v. Chr. *Bull. de corr. hell.* III (1879) S. 470 kommt für Ägypten in Betracht:
der dort genannte *Χρύσερμος* ist *συγγενὴς βασιλέως Πτολεμαίου.*

[3] FRÄNKEL S. 166.

[4] MAHAFFY II [61].

[5] CH. A. LOBECK *ad Phryn.* (*Lips.* 1820) p. 373.

[6] Vergl. das alte Scholion zu der Stelle *σώματα τοὺς δούλους ἴσως
λέγει* (FIELD I 52).

[7] MAHAFFY II [125] ff.

ὑποζύγιον (vergl. auch Theodotion Judic. 5₁₀,[1] 19₁₀[2] [an beiden
Stellen lesen auch der Alexandrinus und die Recension des
Lucianus ὑποζυγίων], Symmachus Gen. 36₂₄[3]). Ebenso steht
ὑποζύγιον für *Esel* Matth. 21₅ (vergl. Sach. 9₉) und 2 Pe. 2₁₆.[4]
Diese Einschränkung des ursprünglich allgemeinen Begriffes
Jochtier, *Lasttier* bezeichnet GRIMM[5] als einen eigentümlichen
Gebrauch der heiligen Schrift, der sich aus der Bedeutung des
Esels als des orientalischen Lasttieres κατ' ἐξοχήν erkläre. Schon
die Statistik des Wortes konnte indessen lehren, dass wir es
hier nicht mit einer »biblischen« Besonderheit zu thun haben,
sondern höchstens mit einem eigenartigen Gebrauche der LXX,
der eventuell weitergewirkt hätte. Aber auch die LXX stehen
nicht isoliert, vielmehr bedienen sie sich eines bereits vorhandenen ägyptischen Sprachgebrauches. Wenigstens scheint
mir an folgenden Stellen der »biblische« Gebrauch von ὑποζύγιον
bereits vorzuliegen: *Pap. Flind. Petr.* II XXII[6] (Ptolemäerzeit)
werden nach einander genannt βοῦς[7] ἢ ὑποζύγιον ἢ πρόβατον;
Pap. Flind. Petr. II XXV d[8] (2. Hälfte des 3. Jahrh. v. Chr.)
quittiert der *Esel*treiber Horos einem Charmos dessen Schuldig-
keit für ὑποζύγια: ὁμολογεῖ Ὧρος ὀνηλάτης ἔχειν παρὰ Χάρμου
δέοντα ὑποζυγίων κατὰ σύμβολον; ähnlich derselbe Papyrus i.[9]

Zur Erklärung dieses Sprachgebrauches wird man die
Bemerkung von GRIMM natürlich verwerten dürfen.

φίλος.

Freund war am Ptolemäerhofe der Ehrentitel der höchsten
königlichen Beamten. »Freilich nennen griechische Schrift-

---

[1] FIELD I 412.
[2] FIELD I 464.
[3] FIELD I 52 f.
[4] An dieser Stelle ist die Erklärung *Esel* nicht einmal notwendig;
die Eselin des Bileam, die bei den LXX ἡ ὄνος heisst, könnte hier ganz
gut mit dem allgemeinen Ausdrucke *Lasttier* bezeichnet sein.
[5] *Clavis*[6] 447.
[6] MAHAFFY II [68].
[7] βους ist von MAHAFFY allerdings mit ? versehen.
[8] MAHAFFY II [75].
[9] MAHAFFY II [79].

steller bereits die Beamten des Perserkönigs mit diesem Namen, von den Perserkönigen übernahm diese Einrichtung Alexander und von ihm sämmtliche Diadochen, besonders oft tritt sie uns aber als ägyptische Titulatur entgegen.«[1] Von ihrem Standpunkte aus ersetzen die LXX daher ganz korrekt שר *Oberster* Esth. 1₃, 2₁₈, 6₉ durch φίλος, und derselbe Gebrauch ist überaus häufig in den Makkabäerbüchern.[2] Ich halte es für wahrscheinlich, dass der alexandrinische Verfasser des Buches der Weisheit sich diesem Sprachgebrauche anschloss, als er die Frommen φίλους θεοῦ nannte (Sap. Sal. 7₂₇ vergl. ₁₄); ebenso der Alexandriner Philo *Fragm.* (M.) II p. 652 πᾶς σοφός θεοῦ φίλος und *de sobr.* (M.) I p. 401, wo er das Wort LXX Gen. 18₁₇ (nach unserem Texte οὐ μὴ κρύψω ἐγὼ ἀπὸ Ἀβραὰμ τοῦ παιδός μου) so citiert: μὴ ἐπικαλύψω ἐγὼ ἀπὸ Ἀβραὰμ τοῦ φίλου[3] μου. Man verweist zur Erklärung auf Plato *Legg.* IV p. 716 ὁ μὲν σώφρων θεῷ φίλος, ὅμοιος γάρ; aber wenn auch nicht geleugnet werden soll, dass diese Stelle allenfalls auf die Wahl des Ausdruckes einen Einfluss gehabt haben kann, so werden ihn die Alexandriner doch zunächst in dem Sinne verstanden haben[4], der sich durch jenen geläufigen technischen Gebrauch von φίλος empfahl: φίλος θεοῦ ist die Bezeichnung einer hohen Würde bei Gott[5], nicht mehr und nicht weniger. Die Frage, ob *Freund Gottes* aufzulösen sei durch *der Gott*

---

[1] JACOB ZAW X 283. Die Belege aus den Papyri und Inschriften sind massenhaft. Ausser der von JACOB angegebenen Litteratur vergl. LETRONNE, *Rech.* 58, A. PEYRON I 56, GRIMM HApAT III (1853) 38, LETRONNE, *Notices* XVIII 2 S. 165, BERNAYS, Die heraklitischen Briefe 20, LUMBROSO, *Rech.* 191 ff. 228.

[2] Joh. 19₁₂ ist der Ausdruck φίλος τοῦ Καίσαρος wohl von römischen Voraussetzungen aus zu verstehen; doch ist wohl auch *amicus Caesaris* wieder abhängig von der Hofsprache der Diadochen.

[3] Vergl. Jac. 2₂₃, Clem. Rom. 1 Cor. 10₁ u. 17₂.

[4] Von den biblischen Stellen ist jedenfalls wieder abhängig der Ausdruck *Gottesfreunde* bei den deutschen Mystikern, aber er erhielt dort einen anderen Sinn.

[5] Die Bezeichnung gerade des Abraham, dieser religiösen Normalgestalt des Judentums und des älteren Christentums, als des φίλος θεοῦ stimmt zu der Würdestellung, die er im Himmel hatte.

lieb hatte oder durch *den Gott lieb hatte*, ist nicht nur unentscheidbar [1], sondern überflüssig. Philo und die anderen werden kaum an ein »Verhältniss des Wollens...., doch so, dass als Hauptfactor das Wohlwollen und die Liebe Gottes gegen den Menschen zu betonen ist«[2], gedacht haben.

Joh. 15₁₅ *οὐκέτι λέγω ὑμᾶς δούλους ... ὑμᾶς δὲ εἴρηκα φίλους* steht *φίλος* natürlich, wie der Gegensatz zeigt, im unbefangenen Sinne *Freund*.

υἱός (*τέκνον*).

Die in altchristlichen Schriften recht häufigen Umschreibungen gewisser adjektivischer Begriffe durch *υἱός* oder *τέκνον* mit dem folgenden Genetiv werden von A. BUTTMANN [3] auf eine »Einwirkung orientalischen Sprachgeistes« zurückgeführt, von WINER-LÜNEMANN [4] als »hebräischartige Umschreibung« erklärt, die aber nicht müssige Umschreibung sei, sondern auf die lebendigere Anschauung des Morgenländers zurückgehe, der die innigste Zusammengehörigkeit, Herkunft und Abhängigkeit auch im geistigen Gebiete als Sohnesverhältnis betrachte; nach GRIMM [5] stammen sie »*ex ingenio linguae hebraeae*«, und CREMER [6] bezeichnet sie als »die hebräischartigen Wendungen, in welchen *υἱός*·· entsprechend dem hebr. בֵּן gebraucht wird.«

Zum Verständnisse des »neutestamentlichen« Sprachgebrauches ist auch hier notwendig, dass man die Fälle unterscheidet, in denen dieses »umschreibende« *υἱός* oder *τέκνον* [7] in Übersetzungen semitischer Vorlagen und in denen es in originalgriechischen Texten sich findet. Dabei ergibt sich sofort

---

[1] W. BEYSCHLAG, MEYER XV⁵ (1888) 144.

[2] GRIMM HApAT VI (1860) 145.

[3] Gramm. des neutest. Sprachgebrauchs 141.

[4] § 34, 3 b Anm. 2 (S. 223 f.).

[5] *Clavis*⁵ 441.

[6] 7. Aufl. 907.

[7] Der solenne Ausdruck *υἱοὶ* resp. *τέκνα θεοῦ* gehört natürlich nicht hierher, da er das Korrelat zu *θεὸς πατήρ* bildet.

die statistische Thatsache, dass es in den zuerst genannten Zusammenhängen häufiger als in den zuletzt genannten vorkommt. Man wird deshalb die »neutestamentlichen« Stellen nicht einheitlich auf die Einwirkung eines ungriechischen »Sprachgeistes« zurückführen dürfen, sondern in der Mehrheit der Fälle einfach von einer *Übersetzung* aus dem Semitischen zu reden haben. Nicht ein Sprachgeist, den die Übersetzer mitbrachten, hat das häufige *υἱός* oder *τέκτον* veranlasst, sondern die hermeneutische Methode, zu der sie sich unbewusst durch die Vorlage auffordern liessen.

Solche Übersetzungen liegen zunächst für *υἱός* an folgenden Stellen vor: Marc. 2₁₉ = Matth. 9₁₅ = Luc. 5₃₄ *οἱ υἱοὶ τοῦ νυμφῶνος*, Herrnwort. — Marc. 3₁₇ *υἱοὶ βροντῆς*, die Vorlage *Βοανεργες* oder *Βοανηργες* steht dabei, und die Gleichung *βοανε* oder *βοανη* = בְּנֵי ist jedenfalls klar. — Matth. 8₁₂ = 13₃₈ *οἱ υἱοὶ τῆς βασιλείας*, Herrnworte. — Matth. 13₃₈ *οἱ υἱοὶ τοῦ πονηροῦ*, Herrnwort. — Matth. 23₁₅ *υἱὸν γεέννης*, Herrnwort. — Matth. 21₅ *υἱὸν ὑποζυγίου*, Übersetzung [1] des hebräischen

---

[1] Man wird bei dieser Stelle wohl kaum sagen dürfen, »Matthäus« »citiere« nach dem hebräischen Urtexte; ich vermute, dass er, oder wer sonst den griechischen Vers geschrieben hat, den ihm von der semitischen Tradition hier schon als Citat dargebotenen hebräischen Urtext übersetzt hat. An den meisten Stellen stimmen die alttestamentlichen Citate bei »Matthäus« mit den LXX überein: der Grieche hat eben, wo die semitische Tradition hebräische Bibelworte darbot, bei seiner Übersetzung die griechische Bibel benutzt, natürlich nur wenn es ihm gelang die Stellen dort zu finden. Matth. 21₅ war ihm als Wort »des Propheten« eine freie Zusammenstellung von Sach. 9₉ und Jes. 62₁₁ überliefert; die konnte er nicht identificieren, und deshalb übersetzte er sie auf eigene Hand. Genau so verhält es sich Matth. 13₃₅: hier war ihm als Wort »des Propheten Jesaia« ein Spruch überliefert, der nicht im Jesaia, sondern Ps. 78₂ steht; er fand die Stelle nicht, ἡρμήνευσε δ' αὐτὰ ὡς ἦν δυνατός. Ebenso ist Marc. 1₂ f. als Wort »des Propheten Jesaia« eine Zusammenstellung von Mal. 3₁ und Jes. 40₃ überliefert; im Jesaia stand nur die zweite Hälfte, und diese ist deshalb nach den LXX citiert, die nichtauffindbare erste Hälfte aber ist von dem botreffenden griechischen Christen selbst übersetzt und in dessen Fassung Matth. 11₁₀ und Luc. 7₂₇ als anonymes

בֶּן־אֱהֹחֹנֹוֹת Sach. 9₉. — Luc. 10₆ *υἱὸς εἰρήνης*, Herrnwort. — Luc. 16₈ und 20₃₄ *οἱ υἱοὶ τοῦ αἰῶνος τούτου*, Herrnworte. — Luc. 16₈ *τοὺς υἱοὺς τοῦ φωτός*, Herrnwort. — Luc. 20₃₆ *τῆς ἀναστάσεως υἱοί*, Herrnwort. — Act. Ap. 4₃₆ *υἱὸς παρακλήσεως*, die Vorlage *Βαρναβας*[1] steht dabei. — Auch Act. Ap. 13₁₀ *υἱὲ διαβόλου* ist hier zu nennen, da der Ausdruck deutlich einen sarkastischen Gegensatz zu *Βαριησοῦ Sohn Jesu* (Vers ₆) bildet.

Bei *τέκνον* liegt dieser Fall vor (Matth. 11₁₉ =) Luc. 7₃₅ *τῶν τέκνων αὐτῆς [σοφίας]*, Herrnwort.

Für die Beurteilung des originalen Sprachgebrauches dürften ebenfalls nicht in Betracht kommen Citate und deutliche Analogiebildungen: *υἱοὶ φωτός* 1 Thess. 5₅ (dabei die Analogiebildung *υἱοὶ ἡμέρας*) und Joh. 12₃₆, vergl. *τέκνα φωτός* Eph. 5₈, ist wahrscheinlich als Citat von Luc. 16₈ resp. des dort aufbewahrten Herrnwortes, jedenfalls aber als bereits geläufige Wendung aufzufassen; *οἱ υἱοὶ τῶν προφητῶν* Act. Ap. 3₂₅ ist Citat einer aus LXX 1 Reg. 20₃₅, 2 Reg. 2₃, ₅, ₇ geläufigen Verbindung, das folgende *καὶ [υἱοὶ] τῆς διαθήκης* ist Analogiebildung; *ὁ υἱὸς τῆς ἀπωλείας* 2 Thess. 2₃ und Joh. 17₁₂ klingt an an LXX Jes. 57₄ *τέκνα ἀπωλείας*; *τὰ τέκνα τοῦ διαβόλου* 1 Joh. 3₁₀ ist vielleicht Analogiebildung zu *οἱ υἱοὶ τοῦ πονηροῦ* Matth. 13₃₈.

Es bleiben somit übrig die Verbindungen *υἱοὶ τῆς ἀπειθείας* (Col. 3₆,) Eph. 2₂, 5₆ und das Contrarium *τέκνα ὑπακοῆς* 1 Pe.

Bibelwort übernommen worden. — An allen diesen Stellen handelt es sich um Bibelworte, die nicht innerhalb der Reden Jesu oder seiner Freunde und Gegner stehen, die also nicht zum ursprünglichsten Bestande der vorsynoptischen evangelischen Überlieferung gehören. Aber der eigentümliche Charakter der besprochenen Citate, den ich mir nicht anders zurechtlegen kann, fordert die Annahme, daß eine Art von »verbindendem Texte«, daß speciell die Anwendung bestimmter Bibelworte auf den Herrn bereits früh zu jener semitischen Urüberlieferung hinzugekommen ist; von ihrer nachmaligen Übertragung ins Griechische sehen wir in den Evangelien hier und da noch die Methode.

[1] Vergl. dazu unten S. 175 ff.

1 14; τὰ τέκνα τῆς ἐπαγγελίας Gal. 4 28, Rom. 9 8 und das Contrarium κατάρας τέκνα 2 Pe. 2 14, τέκνα ὀργῆς Eph. 2 8. Aber
auch zur Erklärung dieser Ausdrücke ist es durchaus nicht
notwendig auf ein hebräisches Ingenium oder auf orientalischen
Sprachgeist zurückzugreifen. Die von den alexandrinischen
Übersetzern des Alten Testaments befolgte Methode kann uns
hier einen lehrreichen Wink geben. In einer Unzahl von Fällen
hatten sie jene charakteristisch semitischen mit בן gebildeten
Wendungen ins Griechische zu übertragen. Sie haben sie allerdings nicht selten durch die entsprechenden Fügungen mit
υἱός wiedergegeben, aber sehr häufig auch, von ihrem Standpunkte aus frei übersetzend, durch andersartige griechische
Ausdrücke ersetzt. Bei der verhältnismässigen Sorgfalt, mit
der sie sich im allgemeinen der Vorlage anpassen, müsste das
auffallen, wenn man bei ihnen, wie bei den altchristlichen
Autoren, einen im Rücken ihres griechischen Sprachgefühles
gleichsam im Hinterhalte liegenden semitischen »Sprachgeist«
voraussetzt. Würden sie jenes charakteristische בן stets durch
υἱός nachahmen, so könnte man ja mit einem Scheine von
Recht behaupten, sie hätten die willkommene Gelegenheit benutzt
zugleich wörtlich zu übersetzen und den ungriechischen Bedürf-
nissen ihrer angeborenen sprachpsychologischen Natur gerecht
zu werden: da sie es nicht gethan haben, darf man sagen,
dass sie ein solches Bedürfnis nicht gehabt haben. Ich nenne
folgende Fälle[1], aus denen dies mit Sicherheit hervorgeht:
»Sohn« des Menschen Jes. 56 2, Prov. 15 11 = ἄνθρωπος, Sohn
des Oheims Num. 36 11 = ἀνέψιος, Sohn der Eselinnen Sach.
9 9 = πῶλος νέος[2], »Sohn« des Monats oft = μηνιαῖος, »Sohn«
der Morgenröte Jes. 14 12 = πρωῒ ἀνατέλλων, »Sohn« der Fremde
oft = ἀλλογενής oder ἀλλόφυλος, »Sohn« des Volkes Gen. 23 11
= πολίτης, »Sohn« des Köchers Thren. 3 13 = υἱὲ[3] φαρέτρας,

---

[1] Sie lassen sich mehren.

[2] Der Übersetzer derselben Verbindung Matth. 21 5 hat durch sein
υἱὸς ὑποζυγίου die Vorlage sorgsam nachgeahmt.

[3] So die übereinstimmende Überlieferung aller Codices mit Ausnahme

»Sohn« der Kraft 2 Paral. 28₆ = δυνατὸς ἰσχύϊ, »Sohn« des
Elends Prov. 31₈ = ἀσθενής, »Sohn« der Schläge Deut. 25₂
ἄξιος πληγῶν. Wenn sich im Gegensatze hierzu Fälle auf-
weisen lassen, in denen die LXX das charakteristische בֵּן
nachahmen [1], so ist das υἱός des griechischen Textes zunächst
nicht durch die orientalische Denkweise der Übersetzer veranlasst, sondern durch die Vorlage. Man dürfte also höchstens
von einem Übersetzungshebraismus, nicht von einem Hebraismus
schlechthin [2] reden. Aber ich meine, man hat überhaupt nicht
nötig hier überall an einen Hebraismus zu denken; ich kann
wenigstens nicht einsehen, weshalb Fügungen [3] wie LXX Judic.
19₂₂ υἱοὶ παρανόμων, 1 Sam. 20₃₁ υἱὸς θανάτου[4], 2 Sam. 13₂₈
υἱοὶ δυνάμεως, 2 Esr. [hebr. Esra] 4₁, 10₇ u. ₁₆ [nicht 6₁₉] υἱοὶ
ἀποικίας, Hos. [nicht Hes.] 2₆ τέκνα πορνείας, Jes. 57₄ τέκνα
ἀπωλείας ungriechisch sein sollen.[5] Natürlich ein korinthischer
Sackträger oder ein alexandrinischer Eselstreiber wird so nicht
reden, die Ausdrücke sind gehoben und klingen feierlich gewählt; aber sie könnten deshalb bei einem griechischen Dichter
stehen. Ganz ähnlich gebraucht Plato das Wort ἔκγονος[6]:
Phaedr. p. 275 D ἔκγονα τῆς ζωγραφίας und Rep. p. 506 E und

---

von 239 und der Syrohexaplaris (FIELD II 754), die υἱοὶ φαρέτρας schreiben,
eine naheliegende Korrektur nach dem hebräischen Texte.

[1] Ich bin nicht darüber orientiert, wie sich diese Fälle auf die einzelnen Bücher der LXX verteilen, und inwieweit die individuelle Methode
der jeweiligen Übersetzer hierbei von Einfluss gewesen ist.

[2] Die Begriffe »Hebraismus« und »Semitismus« müssen, wenn nicht
tausend Missverständnisse entstehen sollen, in dieser oder einer ähnlichen
Weise differenziert werden.

[3] Ich nenne die von CREMER[7] 907 und 901 angeführten Stellen unter
Rektificierung der Citate.

[4] An der zu υἱὸς θανάτου von CREMER citierten Stelle 2 Sam. 2₇ steht
υἱοὶ δυνατούς. Gemeint ist vielleicht 2 Sam. 12₅.

[5] Hierher gehören auch LXX Ps. 88 [89]₂₃ υἱὸς ἀνομίας und 1 Macc.
2₄₇ υἱὸς τῆς ὑπερηφανίας.

[6] Die Angaben hierüber in der Claris[7] 429 am Schlusse des Artikels
τέκνον sind nicht korrekt.

507 A *Ĕκγονος τοῦ ἀγαθοῦ* (Genetiv von *τὸ ἀγαθόν*). Die feierliche Redeweise der Inschriften und Münzen verwendet *υἱός*
in einer Anzahl formelhafter Ehrentitel[1] wie *υἱὸς τῆς γερουσίας*,
υἱὸς τῆς πόλεως, *υἱὸς τοῦ δήμου*[2], *υἱὸς Ἀφροδισιέων* und
anderen. Mag also das *υἱός* jener Stellen immerhin zunächst
durch die Vorlage veranlasst sein, es ist trotzdem nicht ungriechisch.

So dürfte denn die sprachgeschichtliche Beurteilung der
citierten originalgriechischen Wendungen des Paulus und
der Petrusepisteln etwa so zu formulieren sein. Ungriechisch
sind sie in keinem Falle; sie könnten gebildet sein auch von
der feierlichen Sprache eines Griechen. Da jedoch ähnliche
Wendungen in der griechischen Bibel stehen und zum Teil
von Paulus und anderen citiert werden, so wird man in
jenen Fällen mit der Annahme lexikalischer Analogiebildungen
auskommen.

ὁ υἱὸς τοῦ θεοῦ.

Dass die »neutestamentliche« Bezeichnung Christi als des
Sohnes Gottes auf eine »alttestamentliche« Ausdrucksweise
zurückgeht, ist von der höchsten Wahrscheinlichkeit. Wenn
man sich jedoch die Frage vorlegt, wie etwa die kleinasiatischen,
römischen, alexandrinischen »Heidenchristen« diese Bezeichnung
verstanden haben, so ist es ebenso wahrscheinlich, dass bei
ihnen jene »alttestamentlichen Voraussetzungen« nicht vorhanden
waren. Es ergibt sich also die Aufgabe zu untersuchen, ob
sie den Würdenamen des Erlösers etwa aus dem Begriffs-
bewusstsein ihrer Umgebung verstehen konnten. War die
feierliche Wendung ihnen in irgend einem Sinne bereits geläufig, so haben sie dieselbe in diesem Sinne auch verstanden,
wenn sie ihnen in der Missionsrede der fremden Männer begegnete, erst recht in dem Falle, dass *Sohn Gottes* bei den

---

[1] Näheres bei Waddington III 2 S. 26.
[2] Hierzu vergl. auch Paton u. Hicks, *The inscriptions of Cos* S. 125 f.
Auch *υἱὸς γερουσίας* steht dort No. 95—97.

»Heiden« ein technischer und deshalb um so fester sich einprägender Begriff war. Als ich den Ausdruck zum ersten Male in einer nichtchristlichen Urkunde las, *Pap. Berol.* 7006 [1] (Faijûm, 22. August 7 n. Chr.): ἔτους ἑ[κ]του καὶ τριακοστοῦ [τῆς] *Καίσαρος κρατήσεως θεοῦ υἱοῦ*, wo unzweifelhaft der Kaiser Augustus als *θεοῦ υἱός* bezeichnet wird, ahnte ich nicht, wie überaus häufig in den Inschriften dieser Titel für Augustus und seine Nachfolger gebraucht wird. Ich habe mich inzwischen überzeugt, dass dies der Fall ist: *υἱὸς θεοῦ* ist Übersetzung des in lateinischen Inschriften ebenso häufigen *divi filius*.

Wenn sonach feststeht, dass seit dem Beginne des ersten Jahrhunderts der Ausdruck *θεοῦ υἱός* ein der griechisch-römischen Welt sehr geläufiger gewesen ist [2], so darf diese Thatsache nicht länger von uns ignoriert werden: sie ist für die Geschichte des altchristlichen Würdenamens Christi indirekt von hoher Bedeutung. Sie erklärt zwar nicht seine Entstehung und seinen ursprünglichen Sinn, aber sie gibt einen Beitrag zu der Frage, wie er im Reiche aufgefasst werden konnte. [3] Sie ist in den Zusammenhang zu rücken, in dem A. HARNACK [4] den Begriff *θεός* der Kaiserzeit betrachtet hat.

In Korinth hat man das Evangelium anders verstanden als in Jerusalem, und in Ägypten anders als in Ephesus. Die Geschichte unserer Religion zeigt in ihrem weiteren Verlaufe

---

[1] BU VI S. 180 No. 174.

[2] Einzelnachweise sind überflüssig. Ich nenne hier nur die durch ihre Provenienz für uns interessante Inschrift von Tarsus WADDINGTON III 2 No. 1476 (S. 348) ebenfalls zu Ehren des Augustus:

Αὐτοκράτορα Καί]σαρα θεοῦ υἱὸν Σεβαστὸν
ὁ δῆμ]ος ὁ Ταρσέων.

Vielleicht hat der junge Paulus hier zum ersten Male den Begriff *Gottessohn* gelesen, lange bevor derselbe sich ihm mit einem anderen Inhalte erfüllte.

[3] Die Begriffsgeschichte des älteren Christentums lehrt — das sei hier nur angedeutet —, dass andere feierliche Wendungen aus der religiösen Sprache der Kaiserzeit auf Christus übertragen worden sind.

[4] Lehrbuch der Dogmengeschichte I [2], Freiburg i. B. 1888, 103 und 159.

deutlich verschiedene Gestaltungen des Christentums: wir sehen
nacheinander und nebeneinander ein jüdisches und ein inter-
nationales, ein römisches, ein griechisches, ein germanisches
und ein modernes Christentum. Die Voraussetzungen dieser
lebensvollen Entwickelungsgeschichte liegen zum guten Teile in
dem Reichtume der individuellen Formen, welche sich dem
Begriffsgute der Evangelisten und Apostel darboten. Die
Religion hat nicht immer Not darunter gelitten, wenn ihre
Begriffe sich abwandelten: das Reich Gottes steht nicht in
Worten.

IV.

Zur
biblischen Personen- und Namenkunde.

τὸν ἥλιον αὐτοῦ ἀνατέλλει ἐπὶ πονηροὺς καὶ ἀγα-
θοὺς καὶ βρέχει ἐπὶ δικαίους καὶ ἀδίκους.

Heliodor.

Das zweite Makkabäerbuch weiss eine wunderbare Geschichte zu erzählen von dem misslungenen Versuche des Königs Seleucus IV. Philopator den Tempelschatz in Jerusalem plündern zu lassen. Ein gewisser Simon, der Ursache hatte sich an dem Hohenpriester Onias zu rächen, war zu Apollonius, dem syrischen Statthalter von Cölesyrien und Phönicien, geeilt und hatte ihm die grossartigsten Vorstellungen von dem Tempelgute in Jerusalem zu erwecken verstanden. Grund genug für den König, auf die Kunde von diesem Reichtume hin seinen Minister Heliodor nach Jerusalem zu schicken, um das heilige Gold zu holen. Heliodor war der rechte Mann für solchen Auftrag. In Jerusalem vermochten ihn weder die Vorstellungen des Hohenpriesters noch die Klagen des Volkes zu rühren. Da nahm man in der höchsten Not seine Zuflucht zum Gebete. Und als der herzlose Beamte mit seinen Trabanten sich wirklich anschickte den Schatz zu rauben, da *erschien ihnen ein Pferd mit einem furchtbaren Reiter und mit prächtigem Geschirre geschmückt, das mächtig einhersprengend mit den Vorderhufen nach Heliodoros ausschlug. Der aber, der darauf sass, erschien in goldener Rüstung. Und noch zween andere Jünglinge erschienen ihm, von Stärke herrlich, schön von Glanze, ausgezeichnet ihre Gewandung — die traten auf beide Seiten und geisselten ihn ohne Unterlass und gaben ihm viele Schläge. Er aber fiel plötzlich zur Erde, und grosse Finsternis umhüllte ihn, und man riss ihn weg und legte ihn auf eine Bahre und trug ihn fort.* Ein Opfer des Hohenpriesters rettete dem Halbtoten das Leben, und mit denselben Kleidern angethan erschienen ihm dann die beiden Jünglinge wieder: dem Onias habe er sein Leben zu verdanken. Als Heliodor dann nach seiner

Rückkehr von dem Könige befragt wurde, wen man nun wohl nach Jerusalem senden könne, antwortete er: *Wenn du einen Feind oder Widersacher deiner Regierung hast, so sende ihn dahin, und du wirst ihn gegeisselt wiedererhalten, wenn anders er überhaupt davon kommt, denn um den Ort waltet in Wahrheit eine Gottesmacht.*

Nicht so klar als der fromme Zweck der Geschichte 2 Macc. 3, die heute durch Raffaels Gemälde sicherlich bekannter ist als durch ihren ersten Erzähler, sind ihre historischen Grundlagen. GRIMM[1] ist geneigt einen geschichtlichen Kern zuzugeben; bis Vers 13 enthalte der Bericht keinen einzigen Zug, der sich nicht buchstäblich habe zutragen können. Wegen der durch den Friedensschluss mit Rom veranlassten Finanznot seien Tempelplünderungen bei den Seleuciden gewissermassen an der Tagesordnung gewesen. So nimmt GRIMM denn die Geschichtlichkeit des Versuches der Tempelplünderung selbst an und lässt nur dahingestellt, welches das von der Legende ausgeschmückte Ereignis war, durch das Heliodors Vorhaben vereitelt wurde. Ich bin nicht im stande diese Frage zu entscheiden, wiewohl mir ihre Beantwortung durch GRIMM im allgemeinen[2] richtig zu sein scheint. In jedem Falle aber bestätigt auch dieser Abschnitt wenigstens die Beobachtung[3], dass das Buch oder seine Quelle, Jason von Cyrene, im Detail nicht selten gut unterrichtet ist.

Von dem Helden der Erzählung nämlich, Heliodor[4], hat das Buch sicher das Richtige überliefert, wenn es ihn als den

---

[1] HApAT IV (1857) 77.

[2] Auch bis Vers 13 finde ich jedoch Züge, die aus der erbaulichen Tendenz des Buches abzuleiten sind.

[3] SCHÜRER II 740.

[4] Das »vierte« Makkabäerbuch, welches die Erzählung zu erbaulichen Zwecken verwertet, lässt nicht Heliodor, sondern Apollonius als Tempelräuber auftreten. J. FREUDENTHAL, Die Flav. Joseph. beigelegte Schrift Ueber die Herrsch. der Vernunft 85 f., ist geneigt zwar beide Berichte als verdächtig zu verwerfen, den des 4 Macc. aber für den besseren zu halten: er berichte »einfach und schmucklos, was das II MB. in verzerrter Uebertreibung erzählt.« Ich kann diesem Urteile nicht beistimmen; was FREUDENTHAL dort »einfach und schmucklos«, hier »verzerrte Uebertreibung«

ersten Beamten des syrischen Königs bezeichnet. Zwar aus
der alten Litteratur lässt sich diese Notiz nicht belegen; denn
Appian. *Syr. p.* 45 (MENDELSSOHN I *p.* 416) thut nur eines
Heliodoros als τινὸς τῶν περὶ τὴν αὐλήν des Seleucus Erwähnung, und wenn es auch schon auf grund dieser Stelle mehr
als »wahrscheinlich«[1] ist, dass das zweite Makkabäerbuch denselben Mann meint, so wäre doch, wenn weiter kein Zeugnis
vorläge, mit der Annahme ernstlich zu rechnen, es habe seiner
Tendenz zuliebe den blossen Hofbeamten als den ersten Minister
des Syrerkönigs auftreten lassen, um das Wunder seiner Be-
strafung und Sinnesänderung noch imponierender zu gestalten.
Aber gerade diese an sich verdächtige Einzelheit ist zu erhärten
durch zwei von TH. HOMOLLE bekannt gemachte Inschriften
von Delos, die hier folgen mögen:

I.[2]   Ἡλιόδωρον Αἰσχύλου Ἀντ[ιοχέα]
       τὸν σύντροφον[3] τοῦ βασιλέως Σ[ελεύκου]
       Φιλοπάτορος καὶ ἐπὶ τῶν πρα[γμάτων]
       τεταγμένον οἱ ἐν Λα[οδικείᾳ?]
       τῇ ἐν Φοινίκῃ ἐγδοχεῖς καὶ να[ύκληροι?]
       εὐνοίας ἕνεκεν καὶ φιλοστο[ργίας]
       [τ]ῆς εἰς τὸν βασιλέα καὶ εὐεργ[εσίας]
              τῆς εἰς αὐτοὺς
              Ἀπόλλωνι.

Die Inschrift ist angebracht auf der Basis einer (nicht
mehr vorhandenen) Statue; sie besagt, dass phönicische Schiffs-
herren die Statue des Heliodoros aus Dankbarkeit für dessen
Wohlwollen und wegen seiner guten Gesinnung gegen den
König dem delischen Apollo geweiht haben.

---

nennt, kann nach den völlig verschiedenen Zwecken der beiden Bücher
nur durch die formalen Gegensätze *kurz* und *ausführlich* charakterisiert
werden. — Aus dem Apollonius des vierten und dem Heliodor des zweiten
Makkabäerbuches ist wohl das Zwittergeschöpf *Apollodoros*, von dem
L. FLATHE, Geschichte Macedoniens II, Leipzig 1834, 601 redet, entstanden
(FREUDENTHAL 84).

[1] GRIMM 69.

[2] *Bulletin de correspondance hellénique* I (1877) 285.

[3] Vergl. dazu unten S. 179 f.

II.[1] Ἡλιόδωρον Αἰσχύλου τὸν σ[ύντροφον βασιλέως]
Σελεύκου τεταγμένον δὲ κ[αὶ ἐπὶ τῶν πραγμάτων]
καὶ τὴν συγγένειαν αὐτο[ῦ] . . . .
Ἀρτεμίδωρος Ἡρακλείδου τῶν . . . .
ἀρετῆς ἕνεκεν καὶ δικα[ιοσύνης . . . . . . ἧς ἔχων]
διατελεῖ εἴς τε τὸν βασιλέα κ[αὶ] . . . . . .
φιλίας δὲ καὶ εὐεργεσίας τ[ῆς εἰς ἑαυτὸν ἀνέθηκεν]
Ἀπόλλωνι Ἀ[ρτέμιδι Λητοῖ.]

Auch diese Inschrift steht auf der Basis einer Statue; ihr
Inhalt ist ein ganz ähnlicher wie bei No. I; in Z. 3 wird συγγένειαν mit einem zu ergänzenden Participium denselben Titel
bezeichnen, der uns als συγγενής sonst bekannt ist.[2]

Die Vermutung von HOMOLLE scheint mir völlig gesichert
zu sein, dass dieser Heliodoros mit dem von dem zweiten Makkabäerbuche und Appian erwähnten identisch ist[3]; man beachte,
wie korrekt ihn 2 Macc. 3₇ ebenfalls als Ἡλιόδωρον τὸν
ἐπὶ τῶν πραγμάτων einführt. Dieser Titel, auch sonst
den Makkabäerbüchern geläufig (1 Macc. 3₃₂, 2 Macc. 10₁₁,
13₃ u. ₂₃, 3 Macc. 7₁), ist für Syrien[4] auch anderweitig zu belegen,
ebenso für Pergamon.[5] Bei Polybius und Josephus wird er
dem *Statthalter*, dem *Stellvertreter des* abwesenden *Königs*
beigelegt, ebenso 1 Macc. 3₃₂, 2 Macc. 13₂₃; 2 Macc. 3₇ hat
er die weitere Bedeutung *Reichskanzler, erster Minister*[6], ebenso
10₁₁, 13₂, 3 Macc. 7₁.

---

[1] *Bull. de corr. hell.* III (1879) 364.
[2] Vergl. oben S. 158.
[3] Dann würden die Inschriften sicher vor 175 v. Chr. verfasst sein;
in diesem Jahre hat Heliodor seine φιλοστοργία εἰς τὸν βασιλέα, die
gerühmt wird, in der eigentümlichen Weise bethätigt, dass er den König
ermordete.
[4] FRÄNKEL, Altertümer von Pergamon VIII 1 S. 110, citiert Polyb.
V 41 und Joseph. *Antt.* XII 7₃.
[5] Inschriften No. 172—176 (erste Hälfte des 2. Jahrh. v. Chr.) bei
FRÄNKEL S. 108 f.
[6] Diese von GRIMM 69 vorgetragene Erklärung vertritt auch
FRÄNKEL S. 110.

Durch die erste Inschrift wird übrigens auch die von den meisten Handschriften gebotene Lesart 2 Macc. 3ı $\pi\varrho\alpha\gamma\mu\acute{\alpha}\tau\omega\nu$ bestätigt. Die Codices 19, 44, 71 etc., die hier[1] $\pi\varrho\alpha\gamma\mu\acute{\alpha}\tau\omega\nu$ durch $\chi\varrho\eta\mu\acute{\alpha}\tau\omega\nu$ ersetzen, haben sich offenbar durch den Inhalt der Erzählung bestimmen lassen, aus dem *Kansler* einen *Schatzmeister* zu machen: denn so dürften sie ihren Titel $\tau\grave{o}\nu$ $\grave{\epsilon}\pi\grave{\iota}$ $\tau\tilde{\omega}\nu$ $\chi\varrho\eta\mu\acute{\alpha}\tau\omega\nu$ gemeint haben. Von ihnen wieder dürfte Syncellus (8. Jahrh. n. Chr.) *Chronogr. p.* 529ı (Bonner Ausgabe) abhängig[2] sein, der Heliodor ebenfalls als $\acute{o}$ $\grave{\epsilon}\pi\grave{\iota}$ $\tau\tilde{\omega}\nu$ $\chi\varrho\eta\mu\acute{\alpha}\tau\omega\nu$ bezeichnet.

Durch die epigraphischen Zeugnisse erweitert sich unsere Kenntnis dahin: Heliodoros stammte aus Antiochia[3] und war der Sohn eines Aischylos. In seiner hohen Stellung als erster Minister des Königs Seleucus IV. Philopator, zu dessen Vertrautenkreise ($\sigma\acute{v}\nu\tau\varrho o\varphi o\iota$) er jedenfalls schon vorher gehörte, hat er sich Verdienste um den Seehandel erworben und ist deshalb mannigfach geehrt worden.

Antike Künstler haben das Marmorbild des Heliodoros für phönicische Kaufleute angefertigt, und der delische Apollo freute sich des frommen Geschenkes; ein bibelgläubiger Erzähler der letzten vorchristlichen Zeit hat ihn zum Mittelpunkte eines farbenreichen Gemäldes gemacht, und mit heiligem Grauen erbaute man sich an dem Schicksale des Tempelräubers; anderthalb Jahrtausende später veredelte Raffaels *Stanza d'Eliodoro* dieses naive Behagen an der Pein des Gottlosen zu dem stolzen wenn auch unhistorischen Gedanken, dass die Kirche des Vatikans allezeit triumphiere.

Barnabas.

Der Verfasser der Apostelgeschichte berichtet 4₃₆, dass dem Cyprier $\text{'}I\omega\sigma\acute{\eta}\varphi$ der Zuname $B\alpha\varrho\nu\alpha\beta\alpha\varsigma$ $\grave{\alpha}\pi\grave{o}$ $\tau\tilde{\omega}\nu$ $\grave{\alpha}\pi o\sigma\tau\acute{o}\lambda\omega\nu$

----

[1] Nur an dieser Stelle ist diese Differenz vorhanden.

[2] Gegen FREUDENTHAL 86, der die Änderung auf Rechnung des Syncellus setzt.

[3] Wenn die Ergänzung von No. Iı richtig ist, was ich für sehr wahrscheinlich halte.

gegeben worden sei, ὅ ἐστιν μεθερμηνευόμενον υἱὸς παρακλήσεως. Selbst wenn die Notiz richtig sein sollte, dass »die
Apostel« ihn so genannt haben, so wäre es doch unwahrscheinlich, dass sie den Namen erst erfunden haben sollten. Vielmehr wird der Name alt sein. Die Ableitung, die der altchristliche Geschichtsschreiber gibt, ist nur in ihrem ersten
Teile klar: βαρ ist natürlich das in semitischen Namen überaus häufige aramäische בַּר Sohn; bei dem zweiten Bestandteile des Namens, ναβας, ist jedoch nicht deutlich, welches
semitische Wort der Aposteltext durch παράκλησις übersetzt
hat. Gewöhnlich vermutet man נְבוּאָה. Aber das heisst
Prophezeiung und wird demgemäss LXX 2 Esr. [Esr.] 6₁₄,
Neh. 6₁₂, 2 Paral. 15₈ ganz richtig durch προφητεία, 2 Paral.
9₂₉ durch λόγοι wiedergegeben. A. KLOSTERMANN[1] schlägt daher
das aramäische נְיָחָא *Beruhigung, Tröstung* vor; ob sich jedoch
hieraus die Transskription ναβας erklären lässt, ist mir zweifelhaft. Ich halte es, selbst wenn die Etymologie der Apostelgeschichte deutlicher wäre als sie ist, für richtiger, sie der
Erklärung nicht zu Grunde zu legen[2], da der Verdacht einer
nachträglichen Volksetymologie hier wie an vielen anderen
Stellen sich sofort aufdrängt. Wir haben den Namen vielmehr
aus sich selbst zu verstehen, und hier scheinen mir zwei Mög-
lichkeiten der Erklärung des allein fraglichen -ναβας vorzuliegen.

In der griechischen Bibel wird *Nun*, der Vater des Josua,
Ναυη genannt. Wie diese Form zu erklären ist, ob sie wirklich,
wie man annimmt, als Korruption[3] von *NAYN* in *NAYH* zu
verstehen ist, geht uns hier weiter nichts an. Wichtig ist nur,

---

[1] Probleme im Aposteltexte neu erörtert, Gotha 1883, 8 ff.

[2] Schon Hieronymus, *liber interpretationis hebraicorum nominum* 67₁₁ f.
(*Onomastica Sacra* PAULI DE LAGARDE *studio et sumptibus alterum edita,
Gottingae 1887, p.* 100) hat sich an die Etymologie der Apostelgeschichte
nicht ohne weiteres angeschlossen, denn er gibt drei Deutungen: *Barnabas filius prophetae uel filius uenientis aut (ut plerique putant) filius
consolationis.*

[3] Ich begreife dabei nicht, wie *Nun* ursprünglich sollte *Ναυν* transskribiert worden sein. Wahrscheinlicher ist mir, dass die LXX בָּרֵה
gelesen haben, oder dass *Ναυη* resp. *Ναβη* oder *Ναβι* thatsächlich als
Personname vorkam und dass sie durch ihn *Nun* ersetzt haben.

dass für *Nαυη* auch die Varianten *Ναβη* resp. *Ναβι* vorkommen.
Ob dieses *Ναυη* — *Ναβη* — *Ναβι* zur Zeit der LXX bereits als Personenname (= *Prophet*) vorkam, lässt sich nicht ermitteln; jedenfalls aber ist es nachmals durch die griechische Bibel den Juden
als solcher bekannt geworden. Man könnte in dem *-ναβας*
diesen Namen wiederfinden: *Βαρναβας* wäre ein mit griechischer
Endung versehenes *Βαρναβη* oder *Βαρναβι Prophetensohn.*

Aussichtsvoller scheint mir jedoch zu sein *Βαρναβας* mit
dem kürzlich entdeckten semitischen Namen *Βαρνεβοῦς* zu-
sammenzubringen. Eine in Islahie, dem alten Nikopolis in Nordsyrien, gefundene Inschrift [1], die von O. Puchstein wohl nach dem
Schriftcharakter in das 3. oder 4. Jahrhundert n. Chr. gesetzt
wird, lautet: ·

   Βαρνεβοῦν τὸν καὶ [2] *Ἀπολλινάριον Σαμμανᾶ αὐθαίρετον
δημιουργὸν καὶ γυμνασίαρχον φίλ[οι].*

Die Herausgeber erklären den Namen *Βαρνεβοῦς* zweifellos
richtig durch *Sohn des Nebo.* [3] Ihre Vermutung ist noch besonders durch Symmachus Jes. 46₁ zu stützen, der נבו *Nebo*,
von LXX, Aquila und Theodotion *Ναβώ* transskribiert, durch
Νεβοῦς wiedergibt. [4] *Βαρνεβοῦς* ist einer der vielen mit *Nebo*
zusammengesetzten Personennamen und wird als theophorer
Name verhältnismässig alt sein. Die Annahme der Verwandtschaft oder ursprünglichen Identität von *Βαρναβας* mit *Βαρνεβοῦς*
wird erleichtert durch die bekannte Thatsache, dass die griechischen Transskriptionen anderer mit *Nebo* zusammengesetzter
Namen den *E*-Laut dieses Wortes ebenfalls durch *α* ersetzen, [5]

---

[1] K. Humann u. O. Puchstein, Reisen in Kleinasien und Nordsyrien,
Textband, Berlin 1890, 398.

[2] Zu diesem *τὸν καὶ* vergl. unten S. 181 ff.

[3] *Ἀπολλινάριος* ist (vergl. *Ἀπολλώνιος* = *Ἰωνάθας* oben S. 147 *sub
παρεπίδημος*) Nachahmung des theophoren *Βαρνεβοῦς*; man braucht deshalb jedoch nicht mit den Herausgebern an eine religionsgeschichtliche
Gleichung *Nebo* = *Apollo* zu denken.

[4] Field II 522.

[5] Der *A*-Laut steht auch in den babylonisch-assyrischen Grundformen.
Es ist nicht ausgeschlossen, dass der oben besprochene Name *Ναβη*, wenn
er nicht von den LXX gebildet ist, ursprünglich mit *Nebo* zusammenhängt.

z. B. *Nebukadnezar* = LXX *Ναβουχοδονοσορ* = Berosus und Josephus *Ναβουχοδονόσορος* = Strabo *Ναβοχοδρόσορος* und *Nebuza-
radan* 2 Reg. 25₈ = LXX *Ναβουζαρδαν*. Dass statt *Βαρτεβοῦς*
auch *Βαρναβοῦς* vorkommen konnte, ist somit höchst wahrscheinlich. Diese letztere Form scheint mir die ursprüngliche Form des
Namens *Βαρναβᾶς* [1] zu sein. Die Endung -*οῦς* hätte sich dann
in -*ᾶς* abgewandelt, aber das ist bei der Willkür, mit der man
semitische Namen gräcisierte, nicht auffallend; vielleicht haben
die Juden -*ους* mit bewusster Absicht durch die überaus
häufige griechische Namensendung -*ας* ersetzt, um dem Namen
das bedenklich heidnische Aussehen zu nehmen: die Verstümmelung ethnisch-theophorer Namen galt auf grund von
Deut. 7₂₆ und 12₃ den Juden geradezu als religiöse Pflicht.[2]
Wir sehen gerade bei einem anderen mit *Nebo* gebildeten
Personennamen diese Pflicht erfüllt: der Name *Abed Nego* [3] des
Danielbuches ist höchstwahrscheinlich absichtliche Entstellung
von *Abed Nebo, Diener des Nebo*. So wurde aus dem altsemi-
tischen *Βαρτεβοῦς* oder *Βαρναβοῦς* das jüngere griechisch-
jüdische *Βαρναβᾶς*. Die Volksetymologie hat es dann verstanden
den fromm entstellten Namen religiös zu deuten. Dass es
uns schwer fällt festzustellen, welches semitische Wort sie
dem -*ναβας* unterlegte, spricht lediglich für die vorgetragene
Vermutung.

Manaën.

1 Macc. 1₆ werden nach der vulgären Lesart *παῖδες σύντροφοι ἀπὸ νεότητος* Alexanders des Grossen und 2 Macc. 9₂₉
ein gewisser Philippos als *σύντροφος* des Königs Antiochus IV.
Epiphanes erwähnt; ebenso wird Act. Ap. 13₁ der angesehene

---

[1] Diese Accentuation dürfte sich dann eher empfehlen, als die »her-
gebrachte« *Βαρνάβας*.

[2] WINER-SCHMIEDEL § 5, 27a Anm. 56 (S. 58). Dort viele ähnliche
Fälle.

[3] LXX *Ἀβδεναγώ*. Man beachte auch hier die Wiedergabe des *E*-
Lautes durch *α*.

antiochenische Christ Manaēn [1] mit dem Epitheton Ἡρώδου τοῖ τετραάρχου σύντροφος ausgezeichnet.

An der ersten Stelle ist jedoch durch den Alexandrinus, den Sinaiticus etc. συνέκτροφοι gut bezeugt, ein Wort, das sonst nicht vorkommt, »aber gerade desshalb durch συντρ. verdrängt werden konnte« [2]; für die Ursprünglichkeit [3] des συνέκτροφοι scheint mir auch der Zusatz ἀπὸ νεότητος zu sprechen. So hat sich denn auch O. F. FRITZSCHE in seiner Ausgabe für συνέκτροφοι entschieden. Die Bedeutung des Wortes ist zweifellos *Mitauferzogener* im eigentlichen Sinne. [4]

Anders verhält es sich mit dem σύντροφος der beiden anderen Stellen. Die Kommentare stellen zu Act. Ap. 13₁ die Bedeutungen *Milchbruder* und *Erziehungsgenosse* zur Wahl, [5] aber die erste Erklärung erledigt sich bei der sogleich nach-

----

[1] Der Mann heisst *Μαναήν*; das ist natürlich מנחם. Ebenso transskribiert der Alexandrinus LXX 2 Reg. 15₁₄ ff. *Menachēm Μαναήν*, während die anderen Codices *Μαναήμ* schreiben. Durch die Endung -ην erhielt der barbarische Name eine Art von griechischem Aussehen: Kosenamen auf -ην sind bei den Griechen hier und da gebräuchlich (A. FICK, Die Griechischen Personennamen nach ihrer Bildung erklärt, 2. Aufl. von F. BECHTEL u. A. FICK, Göttingen 1894, 28). Man wird hier kaum den bei den Transskriptionen semitischer Eigennamen nicht seltenen willkürlichen Wechsel von μ und ν (vergl. darüber WINER-SCHMIEDEL § 5, 27g und Anm. 63 [S. 61]) anzunehmen haben.

[2] GRIMM HApAT III (1853) 6.

[3] Sie scheint auch durch den Syrer bestätigt zu werden, GRIMM ebenda 7.

[4] Dagegen kann nicht geltend gemacht werden, dass die hierdurch gebotene Auffassung den historischen Verhältnissen nicht entspreche (die παῖδες, unter die Alexander sein Reich verteilte, waren schwerlich alle seine συνέκτροφοι im eigentlichen Sinne); der Verfasser hat jedenfalls diese Meinung gehabt. Vielleicht erklärt sich die Variante σύντροφοι aus dem Bestreben eines denkenden Abschreibers den historischen Anstoss zu beseitigen; σύντροφοι in dem sogleich zu bestimmenden technischen Sinne war korrekter; das ἀπὸ νεότητος freilich liess der gedankenlose Denker stehen.

[5] H. HOLTZMANN HC I² (1892) 371.

zuweisenden Häufigkeit des Ausdruckes in Verbindung mit einem
Königsnamen ohne weiteres, wenn man bedenkt, wie komisch
die Konsequenzen sind, die sie nach sich zieht; so müsste man
z. B. annehmen, dass an den verschiedensten Orten und zu
den verschiedensten Zeiten gerade die neugeborenen Kronprinzen
sehr oft der bürgerlichen Gesundheit anvertraut werden mussten,
und dass der Knabe der unköniglichen Amme auch dann noch
am Leben war, wenn sein *conlactaneus* den Thron der Väter
bestiegen hatte. Die Erklärung *Erziehungsgenosse* ist schon
richtiger; man könnte dabei an *Jugendgespielen* des Dauphins
denken, die selbstverständlich den besten Familien entnommen
waren, und von denen der eine oder andere nachher der Vertraute des herangewachsenen Fürsten blieb, soweit dies die
Ehrfurcht zuliess. Aber auch diese Annahme ist zu speciell;
σύντροφος τοῦ βασιλέως ist ein höfischer Titel, der natürlich
aus der Grundbedeutung des Wortes zu erklären ist, bei dessen
Gebrauche sich aber diese Grundbedeutung verwischt hatte und
in die allgemeine Bedeutung *Vertrauter* übergegangen war.
Es steht damit ganz so, wie mit dem Titel *Verwandter* eines
Königs.[1] Als Titel ist σύντροφος τοῦ βασιλέως bezeugt für
Pergamon durch Polybius XXXII 25₁₀, ausserdem durch die
pergamenischen Inschriften No. 179₃, 224₁, 248₆ u. ₂₈[2], sämtlich
aus vorrömischer Zeit (vor 133 v. Chr.). »Er scheint in den
hellenistischen Königreichen allgemein üblich gewesen zu sein.«[3]
Für Makedonien citiert FRÄNKEL Polyb. V 9₄, für Pontus ver-
weist er auf die Inschrift *Bulletin de correspondance hellénique*
VII (1883) 355, für Ägypten auf die Bemerkungen von LUM-
BROSO.[4] Am instruktivsten für die Stelle der Apostelgeschichte
ist die oben[5] mitgeteilte Inschrift von Delos aus der ersten
Hälfte des 2. Jahrh. v. Chr., in welcher der Titel auch für
Syrien bezeugt ist; dort wird Heliodoros, wahrscheinlich

---

[1] Vergl. oben S. 158 *sub* συγγενής.
[2] FRÄNKEL S. 111, 129, 164 ff.
[3] FRÄNKEL S. 111 f.
[4] *Recherches* 207 f.
[5] S. 173.

ebenfalls ein Antiochener, mit dem Ehrennamen σύντροφος τοῦ βασιλέως Σελεύκου Φιλοπάτορος belegt. So dürfte auch Manaën als *Vertrauter* des Herodes Antipas aufgeführt sein; mehr besagt der technische Ausdruck nicht, ein darauf begründeter Schluss auf das Vorleben des Mannes oder gar auf zarte Beziehungen seiner Mutter zu dem neugeborenen Herodes ist sehr gewagt. Im Zusammenhange der Erzählung ist das so verstandene Epitheton natürlich für Manaën und die antiochenische Gemeinde noch ehrenvoller, als bei der herkömmlichen Erklärung.

Saulus Paulus.

Ganz unvermittelt tritt Act. Ap. 13 ₉ für den seither stets Σαῦλος genannten Apostel die Bezeichnung ein Σαῦλος ὁ καὶ Παῦλος, und von da ab wird in dem Buche stets der Name Παῦλος gebraucht. Die Stelle hat zu den weitgehendsten Vermutungen Anlass gegeben; man hat sogar die Behauptung aufgestellt, der Erzähler wolle durch das ὁ καὶ Παῦλος andeuten, dass der Namen»wechsel« des Apostels irgendwie mit der eben geschilderten Bekehrung des Proconsuls Sergius Paulus zusammenhänge. Bei der Untersuchung dieses Punktes darf nicht übersehen werden, dass gar nicht dasteht, der Apostel habe den Namen gewechselt: nur der Erzähler thut es: durch das ὁ καί konstruiert er den Übergang von dem seitherigen Gebrauche des Σαῦλος zu dem künftigen des Παῦλος.

Ich habe nirgends zu der Stelle erwähnt gefunden [1], dass dieses elliptisch stehende καί bei Doppelnamen ein dem Zeitalter des N. T. überaus geläufiger Gebrauch ist. In seinen für die Sprachgeschichte der griechischen Bibel hochbedeutsamen Studien über den Atticismus hat kürzlich W. Schmid [2]

---

[1] Winer-Lünemann § 18, 1 (S. 102) verweist nur auf ganz späte Schriften. Dagegen notiert die Sorgfalt eines Wetstein bereits 1752 zu der Stelle *Inscriptiones!* Das will zu seiner Zeit mehr besagen, als Dutzende von sonstigen »Observationen« der fleissigen und freiblickenden Exegeten des vorigen Jahrhunderts.

[2] Der Atticismus III (1893) 338. — Seine Belege sind zu erweitern durch die Inschrift von Mylasa in Karien Waddington III 2 No. 361

aus den Papyri und Inschriften nachgewiesen, wie verbreitet
dieser Gebrauch allenthalben gewesen ist; als ersten Beleg
nennt er eine Inschrift des Antiochus Epiphanes. »Da das
Lateinische in derselben Weise bei familiären Bezeichnungen
qui et verwendet...., so könnte man an einen Latinismus
denken; wenn nicht die Antiochus-Inschrift wahrscheinlicher
machte, dass der lateinische Gebrauch ein Gräcismus sei.«[1]

Für die frühesten Fälle in der Litteratur scheint W. Schmid
einige Stellen aus Älian und Achilles Tatius zu halten. Aber
auch hier ist der wohl aus der Volkssprache stammende
Gebrauch bedeutend früher nachzuweisen. Bereits 1 Macc.
7₆, 1₂, ₂₀ₐ., 9₆, ₆ₐ., 2 Macc. 14₃ bieten wenigstens die Codices
64, 93, 19 (an der letzten Stelle auch Cod. 62) die Lesart
Ἄλκιμος ὁ καὶ Ἰάκιμος. Aber auch wenn dieselbe nicht ursprünglich sein sollte, so braucht man um litterarische Zeugnisse doch nicht verlegen zu sein: sie sind aus Josephus in
verhältnismässig .grosser Anzahl nachgewiesen.[2] Der jüdische
Geschichtsschreiber gebraucht zur Bezeichnung von Doppelnamen nicht nur vollere Wendungen, wie Σίμων ὁ καὶ
δίκαιος ἐπικληθείς (Antt. XII 2₄), Ἄλκιμος ὁ καὶ Ἰάκιμος
κληθείς (Antt. XII 9₇), Ἰωάννην τὸν καὶ Γαδδὶν λεγόμενον
(Antt. XIII 1₃), Διόδοτος ὁ καὶ Τρύφων ἐπικληθείς (Antt.
XIII 5₁), Σελήνη ἡ καὶ Κλεοπάτρα καλουμένη (Antt. XIII
16₄), Ἀντίοχος ὁ καὶ Διόνυσος ἐπικληθείς (Bell. Jud. I 4₇),
sondern er verbindet die beiden Namen auch einfach durch

(Kaiserzeit), durch eine Menge von Belegen aus lykischen Inschriften, vergl.
besonders die Gerontenlisten von Sidyma bei O. Benndorf und G. Nik-
mann,* Reisen in Lykien und Karien, Wien 1884, S. 73 ff. (Zeit des Com-
modus) — sowie durch viele Stellen der Ägyptischen Urkunden aus den
Kgl. Museen zu Berlin, z. B. No. 39; 141²; 200; 277¹; 281. Im *Pap.
Berol.* 6815 (BU II S. 43 No. 30) steht sogar Μάρκου Ἀντωνίου Διοσκόρου
ὁ καὶ Πτολεμαίου, ein Beweis, wie fest und formelhaft geläufig dieses
ὁ καὶ gewesen sein muss.

[1] W. Schmid ebenda.

[2] Gul. Schmidt, *De Flav. Ios. elocutione*, Fleck. Jahrbb. Suppl. XX
(1894) 355 f.

unser ὁ καί: Ἰανναῖον [τὸν καὶ Ἀλέξανδρον (Antt. XIII 12₁),[1]
Ἰώσηπος ὁ καὶ Καϊάφας (Antt. XVIII 2₃)[1], Κλεόδημος ὁ͵ καὶ
Μάλχος (Antt. I 15), Ἄρχη ἡ καὶ Ἐκδείπους (Antt. V 1₁₁),
Ἰούδας ὁ καὶ Μακκαβαῖος (Antt. XII 6₄), Παχόρῳ τῷ καὶ πρεσ-
βυτέρῳ (Antt. XX 3₃).

Act. Ap. 13₉ kann, in diesen sprachgeschichtlichen Zusammenhang gestellt, unmöglich sagen wollen *Saulos, der von
jetzt an auch Paulos hiess*; ein antiker Leser konnte nur
verstehen *Saulos, der auch ausserdem Paulos hiess.*[2] Wollte
die Apostelgeschichte mitteilen, dass der Apostel sich den grä-
cisierten römischen Namen zu Ehren des Proconsuls, oder
dass er ihn sich überhaupt jetzt erst beigelegt habe, so musste
sie einen anderen Ausdruck wählen. Das ὁ καί lässt keine
andere Vermutung zu, als dass er bereits vor seiner Ankunft
auf Cypern *Saulos Paulos* hiess; er hatte einen Doppelnamen,
wie viele Kleinasiaten, Juden und Ägypter seiner Zeit. Wann
er den nichtsemitischen Namen zu dem semitischen erhalten
hat, wissen wir nicht. Man wird kaum die Forderung erheben
dürfen, dass eine Veranlassung glaubhaft gemacht werden
müsse, infolge deren er *Paulos* zubenannt worden sei. Die
Bestimmungen des römischen Rechtes, welche sich auf die
Führung von Namen bezogen, können in unserer Frage nicht
berücksichtigt werden. Wenn irgendwo in Kleinasien oder am
Nil ein unbekannter Mensch durch Annahme eines nicht-
barbarischen zweiten Namens seinem Jahrhundert glaubte nach-
kommen zu sollen, so wird sich die Behörde schwerlich darum
gekümmert haben. In der Wahl solcher griechisch-römischer
zweiter Namen herrschte die harmlose Freiheit des volkstümlichen Geschmackes. Aber man kann hier und da sehen, dass
solche besonders beliebt gewesen sein müssen, die an den
heimatlichen Namen irgendwie wenigstens anklangen.[3] Bei
jüdischen Namen ist dies z. B. der Fall bei *Ἰάκιμ — Ἄλκιμος* (Joseph. *Antt.* XII 9₇), *Ἰησοῦς ὁ λεγόμενος Ἰοῦστος* (Col.

---

[1] Zum Texte vergl. Gen. Schmidt 355.
[2] Vgl. H. H. Wendt, Meyer III⁹/¹ (1888) 284.
[3] Winer-Schmiedel § 16, 9 (S. 143).

4₁₁), Ἰωσῆφ...ὃς ἐπεκλήϑη Ἰοῦστος (Act. Ap. 1₂₃)¹, aus
Ägypten ist mir bekannt Σαταβοῦς ὁ καὶ Σάτυρος (Pap. Berol.
7080 Col. 2, Faijûm, 2. Jahrh. n. Chr.).² So dürfte auch bei
dem Tarsenser Σαοὺλ³, als er in einer uns unbekannten Zeit,

---

¹ Nicht zu verwechseln mit diesen Fällen, in denen zu den jüdischen
Namen ähnlich klingende nichtjüdische hinzutraten, sind die, in denen
jüdische Namen durch ähnlich klingende nichtjüdische ersetzt wurden;
die Träger der betreffenden Namen werden im Verkehre mit den Fremden
nur diese Namen geführt haben. So ist der häufige Judenname Ἰάσων
Ersatz von Ἰησοῦς; der Apostel Symeon (Petrus) wird gewöhnlich Σίμων
genannt, nicht weil dieses Wort Transkription von שִׁמְעוֹן ist, wie noch
Clavis⁴ 400 steht, sondern weil es der wirklichen Transskription dieses
hebräischen Namens, Συμεών (so von Petrus noch Act. Ap. 15₁₄, 2 Pe. 1₁),
ähnlich ist, — Σίμων ist ein gut griechischer Name (Fick-Bechtel 251);
so ersetzt noch die Vulgata durch Cleophas (= Κλεοφᾶς, Fick-Bechtel
20 u. 164 unten; nicht zu verwechseln mit Κλεοπᾶς Luc. 24₁₈, Fick-
Bechtel 164 Mitte) den wahrscheinlich semitischen Namen Κλωπα(ς?,
Accent?, [Joh. 19₂₅]; ich weiss weder, worauf sich die Meinung [Clavis⁴
244] gründet, die semitische Form von Κλωπα(ς?) sei חלפי, noch erst
recht, wie P. Feine, Der Jakobusbrief, Eisenach 1893, 16 behaupten kann,
es sei »auch sonst anerkannt«, dass Κλωπᾶς griechisch und = Κλεοπᾶς
sei); ebenso ist Σιλουανός, denke ich, Ersatz des semitischen Σίλας.
² BU IX S. 274 No. 277¹.
³ Die oft beachtete Thatsache, dass Paulus in den Berichten über
die Bekehrung Act. Ap. 9₄ u. ₁₇, 22₇ u. ₁₃, 26₁₄ von Jesus und Ananias
Σαούλ angeredet wird, dürfte sich aus einem ähnlichen liturgischen Takt-
gefühle des Erzählers erklären lassen, wie der Name Συμεών (für den
sonst von ihm Σίμων und Πέτρος genannten Petrus), den er 15₁₄ dem
Jakobus in feierlicher Rede in den Mund legt. Ähnlich haben die ersten
Christen z. B. auch den ehrwürdigen Namen des Erzvaters Jakob ungräcisiert
gelassen: Ἰακώβ klang »biblisch«, Ἰάκωβος modern. Ebenso scheint Paulus
die altertümliche theokratische Form Ἱερουσαλήμ von dem modernen
politischen Namen Ἱεροσόλυμα unterschieden zu haben: wo er die erstere
Form gebraucht, liegt ein feierlicher Nachdruck auf dem Worte, besonders
deutlich Gal. 4₂₅ u. ₂₆ (vergl. Hebr. 12₂₂, Apoc. Joh. 3₁₂, 21₂ u. ₁₀); aber
auch als die Wohnstätte der Heiligen ist ihm Jerusalem mehr als blosser
geographischer Begriff, pietätsvoll auszeichnend sagt er 1 Cor. 16₃, Rom.
15₂₅ ff. Ἱερουσαλήμ; Rom. 15₁₉ endlich passt dieser Name ebenfalls am
besten in den Zusammenhang des begeisterten Rückblickes auf die Aus-
breitung des Evangeliums. Man denke auch an die Konservierung

aber jedenfalls vor Act. Ap. 13₉, einen nichtsemitischen zweiten Namen erhielt, für die Wahl gerade von *Παῦλος* lediglich der Umstand entscheidend gewesen sein, dass *Παῦλος* an den ehrwürdigen Namen des Stammesgenossen [1] einigermassen anklang.

Als Name eines Juden war *Παῦλος* meines Wissens sonst nicht belegt; es ist daher von Interesse, dass die neuerdings bekannt gewordenen Papyrusfragmente über den jüdischen Krieg Trajans [2] mehrfach einen alexandrinischen Juden *Παῦλος* [3] nennen, welcher der Führer einer mit dem Kaiser verhandelnden Deputation gewesen zu sein scheint.

Die Frage, weshalb der Erzähler den Apostel bis Act. Ap. 13₉ *Σαῦλος*, von da ab *Παῦλος* nenne, ist keine onomatologische und hat auch mit der Geschichte des Paulus nichts zu thun, sie ist nur eine litterarhistorische. Ihre ansprechendste Beantwortung dürfte — wenn man nicht auf eine Verschiedenheit der Quellen zurückgehen will — noch immer die Vermutung [4] sein, dass der Chronist die beiden Glieder des Doppelnamens je nach dem Schauplatze gebraucht, auf dem sein Held thätig

---

mancher evangelischer Herrnworte in aramäischer Sprache und vergleiche oben S. 71. — Die Behauptung von A. BUTTMANN, Gramm. des neutest. Sprachgebr. 6, so oft Paulus angeredet werde, erscheine regelmässig die »volksthümliche« (?? — für den Leserkreis der griechischen Apostelgeschichte?) Form *Σαούλ*, erledigt sich durch Act. Ap. 26₁₄, 27₁₄.

[1] Vergl. Act. Ap. 13₂₁ und dazu Rom. 11₁ und Phil. 3₅.

[2] Vergl. oben S. 62 f.

[3] Der Name ist zwar an fast allen Stellen verstümmelt, so dass hier auch die Ergänzung in *Σαῦλος* möglich wäre, aber in Col. VII der Ausgabe von WILCKEN, Hermes XXVII (1892) 470, ist deutlich *Παῦλος* zu lesen.

[4] Hierfür ist vielleicht folgende Beobachtung lehrreich. Die Apostelgeschichte erwähnt an mehreren Stellen einen *Ἰωάννης ὁ ἐπικαλούμενος Μάρκος*, und zwar entweder mit diesem Doppelnamen oder mit seinem jüdischen Namen *Ἰωάννης*; besonders deutlich ist 13₁₃ die Wahl des blossen *Ἰωάννης*: der Mann hatte den Apostel Paulus verlassen und war nach Jerusalem zurückgekehrt. Ganz anders 15₃₉: da geht er mit Barnabas nach Cypern, und hier ist die einzige Stelle, wo ihn die Apostelgeschichte bloss mit dem griechischen Namen *Μάρκος* belegt. Das kann natürlich auch Zufall sein.

ist; seit 13ı ist der jüdische Jünger Σαῦλος Weltapostel: höchste
Zeit, dass er den Griechen endlich unter dem nicht mehr
barbarischen Namen vorgestellt wird, den er selbst ja als
Apostel auch allein geführt hat. —

Σαῦλος ὁ καὶ Παῦλος — nur als solchen verstanden ihn
wohl manche seiner stammverwandten Brüder; aus seinen
Bekenntnissen wissen wir, dass er eher ein Παῦλος ὁ καὶ Σαῦλος gewesen ist, ein Mann, der für die Zukunft und die Menschheit gearbeitet hat, wenn auch als Sohn Benjamins und als
Zeitgenosse der Cäsaren. Die Christen nachher hätten ihn
manchmal am liebsten nur Saulus genannt: aber deshalb steht
in der Geschichte doch nur der Name Paulus über der engen
Pforte, durch welche Augustin und Luther geschritten sind.

V.

Prolegomena
zu den biblischen Briefen und Episteln.

γίνεσθε δόκιμοι τραπεζῖται.

I.

1. Briefe haben die Menschen geschrieben, seitdem sie schreiben gelernt hatten. Wer der erste Briefschreiber gewesen ist, wissen wir nicht.[1] Aber das ist ganz in der Ordnung: wer einen Brief schreibt, kommt einer Forderung des Augenblickes entgegen; er hat ein persönliches Anliegen, das sonst niemanden etwas angeht, am wenigsten die Neugier der Späteren. Wir wissen ja zum Glücke ebensowenig, wer zum ersten Male Reue empfunden hat oder wer der erste Beter gewesen ist. Wer einen Brief schreibt, stellt sich nicht auf den Markt. Der Brief ist ein Geheimnis, und der Briefschreiber will, dass sein Geheimnis geschützt werde; in Hülle und Siegel vertraut er es dem verschwiegenen Boten an. Der Brief unterscheidet sich seinem innersten Wesen nach in nichts von der mündlichen Zwiesprache; er ist persönliche, vertraute Mitteilung so gut wie diese, und je mehr der Brief den Ton der Zwiesprache trifft, um so brieflicher das heisst besser ist er. Nur das Mittel der Unterredung ist ein anderes. Man bedient sich der fernewirkenden Schrift, weil die Stimme nicht im stande ist den anderen zu erreichen; man redet mit dem Griffel, weil

---

[1] Es nimmt sich naiv genug aus, wenn Tatian (*or. ad Graec.* p. 1 u f. Schwartz) und Clemens Alexandrinus (*Strom.* 1 16 *p.* 364 Potter) dem Geschichtschreiber Hellanikos nachschreiben, die persische Königin Atossa (6./5. Jahrh. v. Chr.) sei die Erfinderin des *Briefschreibens*. So, nicht im Sinne von *Briefe in ein Ganzes zusammenfassen und herausgeben*, was R. Bentley (*D.* Rich. Bentley's Abhandlungen über die Briefe des Phalaris etc. deutsch von W. Ribbeck, Leipzig 1857, 532) auch für möglich hielt, dürfte der bei beiden vorkommende Ausdruck ἐπιστολὰς συντάσσειν zu verstehen sein; vergl. M. Kremmer, *De catalogis heurematum, Lipsiae 1890,* 15.

die räumliche Trennung ein Plaudern Auge in Auge nicht gestattet.[1] Nur für den anderen ist der Brief bestimmt, nicht für
eine Öffentlichkeit, und selbst wenn er an eine Mehrheit von
Personen gerichtet ist, so will er doch von Öffentlichkeit nichts
wissen: Privatbriefe, wirkliche Briefe sind auch die Briefe an
Eltern und Geschwister, an Genossen der Freude, des Leides
und der Gesinnung. So wenig die Worte des scheidenden Vaters
an die Kinder eine *Rede* sind, — wären sie eine *Rede*, so wäre
besser gewesen, der Scheidende hätte geschwiegen — so wenig
ist der Brief eines Weisen an seine vertrauten Schüler eine
Schrift, ein litterarisches Ereignis, und die Schüler, wenn sie
Weisheit gelernt haben, werden ihn nicht zu ihren Büchern
stellen, sondern legen ihn andächtig zu dem Bilde des Meisters
und den anderen kostbaren Reliquien. Welche Form der Brief
hat und wie er äusserlich aussieht, ist für die Bestimmung seines
Wesens völlig einerlei. Ob er auf Stein oder Thon, auf Papyrus
oder Pergament, ob in Wachs oder auf ein Palmblatt, auf
rosa Papier oder eine Weltpostkarte geschrieben ist, ist ebenso
unwesentlich[2], als ob er sich in die bestimmten Formeln des
Zeitalters einhüllt; ob er gewandt oder ungewandt, ob er von
einem Propheten oder einem Bettler geschrieben ist, das ändert
an seiner charakteristischen Eigenart gar nichts. Wesentlich

---

[1] [Pseudo-] Diogenes *ep.* 3 (*Epistolographi Graeci, rec.* R. Hercher,
Parisiis 1873, p. 235): δύνανται γὰρ αἱ ἐπιστολαὶ πολλὰ καὶ οὐχ ἥττονα
τῆς πρὸς παρόντας διαλέξεως. — Demetr. *de elocut.* 223 f. (Hercher p. 13):
Ἀρτέμων μὲν ···· φησιν ὅτι δεῖ ἐν τῷ αὐτῷ τρόπῳ διαλόγου τε γράφειν
καὶ ἐπιστολάς· εἶναι γὰρ τὴν ἐπιστολὴν οἷον τὸ ἕτερον μέρος τοῦ διαλόγου. καὶ λέγει μέν τι ἴσως, οὐ μὴν ἅπαν δεῖ γὰρ ὑποκατεσκευάσθαι
πως μᾶλλον τοῦ διαλόγου τὴν ἐπιστολήν. ὁ μὲν γὰρ μιμεῖται αὐτοσχεδι-
άζοντα, ἡ δὲ γράφεται καὶ δῶρον πέμπεται τρόπον τινά. — [Pseudo-]
Proclus *de forma epistolari* (Hercher p. 6): ἐπιστολὴ μὲν οὖν ἐστιν ὁμιλία
τις ἐγγράμματος ἀπόντος πρὸς ἀπόντα γινομένη καὶ χρειώδη σκοπὸν ἐκ-
πληροῦσα, ἐρεῖ δέ τις ἐν αὐτῇ ἅπερ ἂν παρὼν τις πρὸς παρόντα.

[2] Vergl. Th. Birt. *Das antike Buchwesen in seinem Verhältniss zur
Litteratur*, Berlin 1882, 2 oben. — In höchst sonderbarer Weise bestreiten
Plinius (*Nat. hist.* XIII 13) und nach ihm Bentley (deutsch von Ribbeck
532 f.), dass die bei Homer erwähnten Briefe auf Wachstafeln *Briefe*
gewesen seien.

ist auch nicht der besondere Inhalt. Wesentlich ist allein der
Zweck, dem er dient, die vertraute, individuelle Zwiesprache
räumlich getrennter Personen. Man will den anderen oder die
anderen um etwas bitten, man will sie loben oder ermahnen
oder verletzen, man will danken und Mitfreude bekunden —
immer ist es ein persönliches Etwas, das dem Briefschreiber
die Feder in die Hand drückt.[1] Wer einen Brief schreibt in
dem Gedanken, seine Zeilen könnten von Fremden gelesen
werden, der kokettiert mit dieser Möglichkeit entweder, oder er
fürchtet sie; er ist im ersten Falle eitel, im zweiten vorsichtig[2],

---

[1] Demetr. *de elocut.* 231 (Hercher p. 14): φιλοφρόνησις γάρ τις βού-
λεται εἶναι ἡ ἐπιστολὴ σύντομος καὶ περὶ ἁπλοῦ πράγματος ἔκθεσις καὶ
ἐν ὀνόμασιν ἁπλοῖς.

[2] Cic. *fam.* 15,21: *aliter enim scribimus quod eos solos quibus mittimus,
aliter quod multos lecturos putamus.* Cic. *Phil.* 2,7 *quam multa ioca solent
esse in epistulis quae prolata si sint inepta videantur! quam multa seria
neque tamen ullo modo divolganda!* — Johann Kepler hatte an Reimarus
Ursus einen Brief geschrieben, mit dem dieser dann in einer für Kepler
und Tycho Brahe peinlichen Weise renommierte. Hierdurch gewarnt,
nahm Kepler sich für die Zukunft vor: »scribam caute, retinebo exem-
plaria« (*Joannis Kepleri astronomi opera omnia ed.* Ch. Frisch, *I* [*Francof.
et Erl. 1858*] 234, vergl. C. Anschütz, Ungedruckte wissenschaftliche
Correspondenz zwischen Johann Kepler und Herwart von Hohenburg 1599,
Prag 1886, 91 f.). — Der pfälzische Leibmedicus Helisäus Röslinus († 1616)
sagt über einen seiner Briefe, der ohne sein Vorwissen gedruckt worden
war: »Das hab ich geschrieben gleich den andern Tag hernach, als ich
Zinstag zu Abendt den 2/12. October den newen Stern erstlich mit Ver-
wunderung gesehen. hab ich solches gleich in Eil an einen guten Freund
gen Strassburg geschrieben. · · · · Solcher Brief (6 *paginarum*) ist wider
mein Wissen und Willen hernach gedruckt worden, dessen ich zwar kein
schewen trag, aber so ich solches zuvor gewist, ihnen etwas besser anstellen und mich runderer erkleren können, wie mir dann vnterm schreiben
selber eingefallen« (*Joannis Kepleri opp. omn.* I 666). — Moltke an seine
Frau, 3. Juli 1864: »Ich habe Dir vorstehend eine Beschreibung der
Wegnahme von Alsen gegeben, die keinen offiziellen Bericht, sondern die
Anschauung eines Augenzeugen enthält, wobei die Darstellung immer an
Frische gewinnt. Wenn Du glaubst, dass sie auch andere interessiert, so
habe ich nichts dagegen, dass Abschriften genommen werden, in welchen
einige Personalien weggelassen und ich nicht genannt werde, Auer wird
Dir das besorgen« (Gesammelte Schriften und Denkwürdigkeiten des

in beiden Fällen nicht unbefangen, kein richtiger Briefschreiber. Mit dem individuellen Zwecke des Briefes muss sich notwendig die Unbefangenheit der Stimmung des Schreibers verbinden; man ist es nicht nur sich und dem andern, sondern mehr noch dem Briefe selbst schuldig, dass man sich gibt, wie man ist. So sollte der Brief, auch der kleinste und ärmste, ein Stück schöner oder trivialer, jedenfalls aber wahrer menschlicher Naivetät vorstellen.[1]

2. Der Brief ist älter als die Litteratur. Wie die Zwiesprache älter ist als der Dialog und das Lied älter als das Gedicht, so reicht die Geschichte des Briefes zurück in das goldene Zeitalter, in dem es weder Schriftsteller noch Verleger gab und auch keine Recensenten. Litteratur ist das für die Öffentlichkeit bestimmte Schrifttum; wer Litteratur macht, will, dass sich andere um sein Werk bekümmern, will gelesen sein. Er wendet sich nicht an den Freund, er schreibt nicht an seine Mutter: er vertraut seine Blätter den Winden an und weiss nicht, wohin sie getragen werden; er weiss nur, dass sie von dem und jenem Unbekannten und Unverschämten aufgefangen und besehen werden. Litteratur unterscheidet sich ihrem eigen-

---

General-Feldmarschalls Grafen Helmuth von Moltke, VI [Berlin 1892] 408 f.). Man merkt aber schon diesem »Briefe« an, dass er mit Rücksicht auf die eventuellen Abschriften verfasst ist. Vergl. auch die ähnliche Stimmung (es handelt sich um Tagebuchaufzeichnungen, die mit Briefen wesentlich verwandt sind,) bei K. von Hase vom Jahre 1877: »Es könnte die Unbefangenheit dieser Selbstgespräche stören, dass ich weiss, sie werden bald in andre Hand kommen. Indess wird das doch die Hand freundlicher und geliebter Menschen sein, und so sei der Gedanke daran ein flüchtig vorübergehender Schatten« (Annalen meines Lebens, Leipzig 1891, 271).

[1] Demetr. *de elocut.* 227 (Hercher p. 13): σχεδὸν γὰρ εἰκόνα ἕκαστος τῆς ἑαυτοῦ ψυχῆς γράφει τὴν ἐπιστολήν. καὶ ἔστι μὲν καὶ ἐξ ἄλλου λόγου παντὸς ἰδεῖν τὸ ἦθος τοῦ γράφοντος, ἐξ οὐδενὸς δὲ οὕτως ὡς ἐπιστολῆς. Greg. Naz. *ad Nicobulum* (Hercher p. 16): πέρας τοῦ λόγου, ὅπερ τῶν κομψῶν τινος ἤκουσα περὶ τοῦ ἀετοῦ λέγοντος, ἡνίκα ἐκρίνοντο περὶ βασιλείας οἱ ὄρνιθες καὶ ἄλλοι ἄλλως ἧκον ἑαυτοὺς κοσμήσαντες, ὅτι ἐκείνου κάλλιστον ἦν τὸ μὴ οἴεσθαι καλὸν εἶναι. τοῦτο κἀν ταῖς ἐπιστολαῖς μάλιστα τηρητέον τὸ ἀκαλλώπιστον καὶ ὅτι ἐγγυτάτω τοῦ κατὰ φύσιν.

sten Wesen nach in nichts von der öffentlichen Rede; sie entbehrt des vertraulichen Charakters so sehr wie diese, und je mehr sie die Allgemeinheit zu fesseln vermag, um so litterarischer das heisst interessanter ist sie. Nur das Mittel der Kundgebung ist ein anderes. Man will nicht zur versammelten Sippe oder Gemeinde reden, sondern zur grossen thörichten Öffentlichkeit, und so sorgt man dafür, dass jeder der will geschrieben nach Hause tragen kann, was man zu sagen hatte; die mündliche Mitteilung ersetzt man durch das *Buch*. Auch das dem Freunde oder den Freunden gewidmete *Buch* ist seines litterarischen Charakters durch die Widmung nicht entkleidet, es ist deshalb nicht zu einem Privatschreiben geworden. Welche Form das *Buch* hat und wie es aussieht, ist für die Erkenntnis seines eigentümlichen Charakters unwesentlich, und auch der jeweilige Inhalt kommt nicht in Betracht. Ob der Verfasser Gedichte, Tragödien oder Historien, Predigten oder langweilige Wissenschaft, Politisches oder sonst etwas in die Welt hinausgibt, ob sein *Buch* durch die Sklaven des alexandrinischen Buchhändlers, durch den geduldigen Mönch oder den ungeduldigen Drucker vervielfältigt wird, ob es in den Bibliotheken als Blatt, Rolle oder Foliant aufbewahrt wird, ist ebenso einerlei, als ob es gut oder schlecht ist und ob es gekauft worden ist oder nicht. *Buch, Litteratur* im weitesten Sinne ist jedes nach der Absicht des Verfassers für die Öffentlichkeit bestimmte Schriftwerk.[1]

3. Das *Buch* ist jünger als der Brief. Selbst wenn die ältesten auf uns gekommenen Briefe jünger wären als die frühesten erhaltenen Litteraturwerke, so würde der Satz bestehen bleiben. Denn er braucht nicht mit historischen Mitteln erhärtet zu werden, ja es wäre thöricht einen solchen Versuch zu machen: der Brief ist vergänglich, das folgt mit Notwendigkeit aus seinem Wesen; er ist vergänglich, wie die Hand, die ihn geschrieben hat, wie die Augen, die ihn lesen sollten. Der Briefschreiber arbeitet ebenso wenig, wie für die Öffentlichkeit

---

[1] Birt, Buchwesen 2: »Ebenso ist damals [im Altertume] die Scheide zwischen Privatscriptur und Litteraturbuch der Augenblick gewesen, wo ein Autor sein Manuscript seiner eigenen Sclavenschaft oder der Sclavenschaft eines Unternehmers zur vielfältigen Abschrift übergab.«

seines Zeitalters, für die Nachwelt [1]; der wirkliche Brief ist, wie
er unwiederholbar sein muss, so auch nur in einem einzigen
Exemplare vorhanden. Vervielfältigt und dadurch der Öffentlichkeit zugänglich, der Nachwelt möglicherweise zugänglich
gemacht wird nur das *Buch.* Wir besitzen durch die Freundlichkeit des Zufalles alte, uralte Briefe — den ältesten werden
wir niemals zu Gesichte bekommen; er war ein Brief und hat
es verstanden sich selbst und sein Geheimnis zu hüten. Vor
dem litterarischen Zeitalter liegen bei allen Völkern die Tage,
in denen man zwar auch schrieb, aber keine *Bücher.* [2] So hat
man ja auch längst gebetet und wahrscheinlich besser gebetet,
ehe es Agenden gab, und die Menschheit war Gott nahe, bevor
sein Dasein litterarisch bewiesen wurde. Der Brief flüchtet uns,
wenn wir nach seinem Wesen fragen, in die heilige Einsamkeit
des schlichten unbefangenen Menschentumes; er weist uns,
wenn wir nach seiner Geschichte fragen, in die durch kein *Buch*
beunruhigten Kindheitsjahre des vorlitterarischen Menschen.

4. Wenn der Freund von den Genossen, der Meister von
den Jüngern für immer geschieden ist, dann besinnt sich die
trauernde Pietät der Verwaisten darauf, was der Entrissene
ihnen gewesen ist. Mit mehr als überredender Kraft sprechen
die alten Blätter zu ihnen, die eine segensreiche Stunde ihnen
von dem Teueren überbracht hatte; sie werden gelesen und
wieder gelesen, man tauscht sie aus, man nimmt sich Abschriften der im Freundesbesitze befindlichen Briefe, man sammelt
die kostbaren Stücke — vielleicht entschliesst man sich die
Sammlung zu vervielfältigen; in der unübersehbaren unbekannten Öffentlichkeit könnte der eine oder andere Unbekannte
sich nach der Förderung sehnen, die man selbst erfahren hat.
So geschieht es da und dort, dass aus den Gründen der Pietät
die Briefe der Grossen ihres intimen Charakters entkleidet
werden: sie werden zur Litteratur gemacht, *Briefe* werden

---

[1] A. Stahr, Aristotelia, I, Halle 1830, 192 f.

[2] Wellhausen, Israelitische und Jüdische Geschichte 58: »Geschrieben
wurde zwar schon früh, aber nur Urkunden und Verträge, ausserdem
Briefe, wenn der Inhalt der Botschaft das Tageslicht scheute oder aus
anderen Gründen geheim gehalten werden sollte.« Die hebräische Litteratur erblühte erst später.

nachträglich zu einem *Buche*. Wenn am Euphrat oder am Nil
die konservativen Trümmer einer zerfallenen Kulturstätte uns
Briefe entdecken lassen, deren Alter sich nur nach Jahrtausen-
den und Jahrhunderten berechnen lässt, dann freut sich die
Wissenschaft des glücklichen Tages; in neuem Gewande über-
gibt sie die ehrwürdigen Funde der dankbaren Gegenwart, und
wir lesen in unseren Büchern und in unseren Sprachen, was
palästinensische Vasallen dem Pharao auf ihren Thontafeln zu
berichten hatten, längst bevor es ein Volk Israel und ein Altes
Testament gab, und wir erfahren die Nöte und Wünsche ägyptischer Mönche aus Papyrusfetzen, die so alt sind wie das Buch
der siebzig Dolmetscher. So ist es die Wissenschaft von heute,
welche den privaten Kundgebungen einer grauen Vorzeit ihr
eigenstes Wesen genommen und Briefe, wirkliche Briefe, nachträglich zur Litteratur gemacht hat. So wenig jedoch irgend
ein unbekannter Mann der römischen Kaiserzeit seinem Kinde
das Spielzeug mit ins Grab gegeben hat, damit die Späteren
es dereinst finden und im Museum aufstellen könnten, ebenso
wenig sind Privatbriefe, die nachträglich durch Veröffentlichung
zur Litteratur gemacht worden sind, deshalb als Litteratur aufzufassen; Briefe bleiben Briefe, mag die Vergessenheit mit ihrem
schützenden Schleier sie verbergen, oder mag hier die Pietät,
dort die Wissenschaft, anderswo Pietät und Wissenschaft nach
schwesterlicher Überlegung es für gut befinden das Geheimnis
nicht länger der Ehrfurcht und dem Drange nach Wahrheit
zu verschweigen. Was der Herausgeber durch die Veröffentlichung den Briefen nehmen musste, das müssen die Leser,
sofern sie nicht nur zu buchstabieren verstehen, ihnen wieder
schenken, indem sie ihre unbefangene schlichte Schönheit mit
geschichtlicher Gerechtigkeit anerkennen.

5. Als zum ersten Male aus Briefen nachträglich ein *Buch*
gemacht wurde — die Pietät, nicht die Wissenschaft wird hier
den Anfang gemacht haben — war das litterarische Zeitalter
natürlich längst angebrochen, und längst hatte es sich verschiedene Formen geschaffen, mit denen es arbeitete. Jenes
erste aus wirklichen Briefen nachträglich gemachte Buch be-
reicherte die vorhandenen Formen der Litteratur um eine neue.

Man wird freilich nicht sagen dürfen, dass es die Formen des
öffentlichen Schrifttumes ohne weiteres durch den Litteraturbrief,
die *Epistel* [1], vermehrt habe ; nur den Antrieb zur Ausbildung
dieses neuen litterarischen Eidos [2] hat jenes Buch wider seinen
Willen gegeben. Ich kann mir nicht denken, dass jemand
litterarische Abhandlungen in Briefform sollte verfasst und veröffentlicht haben, bevor ein aus wirklichen Briefen zusammen-
gestelltes Buch vorlag. Sobald dasselbe jedoch vorlag, forderte
es durch seine reizvolle Neuheit zur Nachahmung auf. Hätte
man seine Aufforderung richtig verstanden, so hätte man sich
freilich nur veranlasst sehen dürfen die Briefe anderer ver-
ehrungswürdiger Männer ebenfalls zu veröffentlichen, und nicht
selten ist die Aufforderung denn auch wirklich in diesem ihrem
wahren Sinne verstanden worden: aus allen Zeiten fast besitzen
wir solche Sammlungen »echter«, »wirklicher« Briefe, unersetz-
liche Kleinode für den Geschichtsschreiber des menschlichen
Gemütes. Aber der litterarische Mensch ist oft mehr litterarisches Wesen als Mensch, und so imponierte ihm bei dem
Erscheinen jener ersten Briefsammlung mehr das Litterarische
an ihr als das Menschliche, das zufällige Äussere mehr
als ihr unerfindbar wundervolles innerstes Wesen. Anstatt
sich zu freuen, dass sein blödes Auge einen Blick in eine
grosse Menschenseele thun durfte, beschloss er ebenfalls einen
Band »Briefe« zu schreiben. Er wusste nicht, was er that,
hatte kein Gefühl dafür, dass er etwas Seltsames wagte [3]; er

---

[1] So werde ich im folgenden den Litteraturbrief stets nennen, weil
ich das Fremdwort für geeignet halte den technischen Sinn auszudrücken.

[2] F. Susemihl, Geschichte der griechischen Litteratur in der Alexandrinerzeit, II, Leipzig 1892, 579: »Es mag wohl sein, dass zu diesem
Zweige schriftstellerischer Thätigkeit die in einzelnen Philosophenschulen,
wie der epikureischen, frühzeitig vorgenommene Sammlung der ächten
Correspondenz ihrer Stifter und ältesten Mitglieder den nächsten Anstoss gab.«

[3] Vergl. von Wilamowitz-Moellendorff, Aristoteles und Athen, II, Berlin
1893, 392: »er [Isokrates] hat nicht begriffen, dass der brief als eine
vertrauliche und improvisirte äusserung erst dann gut geschrieben ist,
wenn er für das lesen geschrieben ist, nicht das hören, wenn er von der

sah nicht, dass er durch seinen litterarischen Entschluss sich
selbst die Möglichkeit unterband ihn auszuführen, denn Briefe
sind Erlebnisse, und Erlebnisse kann man nicht machen. Ein
grosser fördernder Geist ist der Vater der Epistel nicht gewesen, sondern ein Paragraphenmensch, ein Schablonenarbeiter.
Aber vielleicht hatte er einmal in den Bergen ein Hirtenlied
gehört und sich dann zu Hause hingesetzt, um so eines auch
zu machen: der bewundernde Beifall seiner Klientenschar be-
stärkte ihn in der Meinung, es sei gelungen. Hatte er ein Lied
zu stande gebracht, weshalb sollte er nicht auch Briefe zu
stande bringen? Und so setzte er sich denn hin und machte
sie. Aber das zu einem Schema entwürdigte Vorbild zeigte
misstrauisch dem verdächtigen blassen Gesellen nicht sein wahres
Gesicht, geschweige sein Herz. So kam es, dass die Epistel
dem Briefe nur das bischen briefliche Form abgucken konnte,
weiter nichts. Glich der wahre briefliche Brief dem Gebete, so
war die nachahmende Epistel nur ein Plappern; lächelte aus
dem Briefe ein geheimnisvolles Kindergesicht, so grinste die
Epistel starr und dumm wie eine Puppe.

Aber die Puppe gefiel, und man hat es verstanden sie zu
vervollkommnen und menschenähnlicher zu machen. Ja nicht
selten ist es da und dort vorgekommen, dass in einer müssigen
Stunde selbst ein Künstler so ein Ding geformt hat. Das fiel
natürlich netter aus als die meisten anderen und sah sich nied-
licher an als etwa ein garstiges Kind; in jedem Falle konnte
es keinen Lärm machen. Eine gute Epistel gefällt mehr als
ein trivialer Brief. An guten Episteln ist wohl in keiner Litteratur ein Mangel. Sie sehen oft so brieflich aus, dass man sich
über ihren wahren Charakter gerne einmal hinwegtäuschen
lässt. Aber sie sind keine Briefe, und je mehr Mühe sie sich
geben müssen Briefe zu sein, um so deutlicher verraten sie,
dass sie es nicht sind.[1] Auch die Trauben des Zeuxis konnten

---

stilisirten rede sich κατ' εἶδος unterscheidet.« Dieses Urteil bezieht sich
noch dazu auf wirkliche, echte Briefe des Isokrates.

[1] VON WILAMOWITZ-MOELLENDORFF, Antigonos von Karystos (Philologische
Untersuchungen IV), Berlin 1881, 151: »die existenz einzelner gleich für
die publication geschriebener briefe ist wesentlich von einer privat-
correspondenz verschieden.«

nur Sperlinge täuschen; ich fürchte überdies, es sind keine richtigen Sperlinge gewesen, sondern Tierchen aus dem Vogelbauer, die mit der Freiheit und Frechheit ihre Natur aufgegeben hatten; unsere rheinischen Spatzen wären aus ihren Weinbergen gar nicht erst herbeigeflogen. Die Künstler unter den Epistolographen haben selbst am besten gewusst, dass sie in ihren Episteln auch im besten Falle künstelten, künsteln mussten. »Der Herausgeber bittet beim Lesen dieses Buchs den Titel desselben nicht zu vergessen; es sind nur Briefe, Briefe, das Studium der Theologie nur betreffend. In Briefen erwartet man keine Abhandlungen, noch weniger Abhandlungen in steifer Einförmigkeit und Proportion der Theile. Wie sich die Materie giebt und wendet, wie sich das Gespräch zieht und bindet, oft wie Liebhaberei oder einzelne Zwischenvorfälle es absetzen und lenken, so wenden sich, so folgen die Briefe; und ich müsste mich sehr irren, wenn nicht dieser Faden eines lebendigen Zusammenhanges, dies Individuelle ihres Ursprungs und ihrer Beziehung sie eben dazu machte, was sie in der Handschrift seyn sollten und nachher im Druck freilich nicht mehr sind. Auch kann ich es nicht bergen, dass bei diesen Briefen, wie sie jetzt gedruckt sind, gerade vielleicht das Lehrreichste, die genauere Beurtheilung einzelner Schriften fehle. Es hat sich indessen nicht anders thun lassen und noch weiss ich kaum, ob die folgenden Briefe, in denen die Materien immer specieller, andringender, individueller werden, gar des Drucks fähig seyn dürften. Die öffentliche Stimme des Markts und die vertrauliche eines Privat-Briefwechsels sind und bleiben immer sehr verschieden.« Herder[1] hat nach diesen auch für das Verständnis des wirklichen Briefes klassischen Worten für sein Buch »Briefe« zwar brieflichen Charakter in Anspruch genommen, aber doch das deutliche Bewusstsein gehabt, dass ein gedruckter das heisst im Zusammenhange ein litterarischer Brief sich von dem wirklichen Briefe wesentlich unterscheidet.

Dass die Epistel bei fast allen litterarischen Völkern eine beliebte Form des öffentlichen Schrifttumes geworden ist,

---

[1] Briefe, das Studium der Theologie betreffend, Dritter Theil, Frankfurt und Leipzig 1790, Vorbericht zur ersten Ausgabe, S. I—IIL

ist leicht verständlich. Eine bequemere Form gab es wohl kaum.
Sie war so ungemein bequem, weil sie eigentlich so völlig unlitterarisch, weil sie eigentlich eine »Form« überhaupt nicht zu
nennen war. Man brauchte nur irgend einer Plauderei eine
Adresse als Etikette aufzukleben, und man hatte erreicht, was
sonst nur durch eine gewissenhafte Befolgung strenger künst-
lerischer Formgesetze erarbeitet werden konnte. Weder an
den Ausdruck noch an den Inhalt stellt die Epistel höhere
Anforderungen. Man konnte sich im Stile gehen lassen, und
die Briefetikette wurde zur Schutzmarke für Gedanken, die
für ein Gedicht zu einfältig, für eine Abhandlung zu dürftig
gewesen wären. Die Epistel braucht, wenn man von der
aufgeklebten Adresse absieht, nichts weiter zu sein als etwa
ein Feuilleton oder eine Causerie von heute. Die Blüte der
Epistolographie wird stets als ein Zeichen des Niederganges
der Litteratur aufgefasst werden dürfen; sie ist epigonenhaft,
alexandrinisch, und wenn auch von grossen schöpferischen
Geistern Episteln verfasst und herausgegeben sein sollten, so
wird dadurch der sekundäre Charakter dieses litterarischen
Triebes nicht in Frage gestellt: auch die Grossen wollen einmal plaudern, tändeln, sich ausruhen. Ihre Episteln mögen
gut sein, die Epistel als litterarische Erscheinung ist leichte
Ware.

6. Epistelsammlungen, die unter dem Namen bekannter
Dichter und Weisen gehen, liegen uns allerdings in grosser
Anzahl vor. Viele von ihnen sind nicht »echt«; sie sind von
anderen unter dem Schutze des berühmten Namens verfasst
und in die Welt hinausgegeben.[1] Die nervöse Unwissenheit,

---

[1] Man führt die Entstehung unechter Briefsammlungen bei den
Griechen auf »Stilübungen der athenischen Rhetorenschulen in der ältesten
und älteren hellenistischen Zeit« zurück, Susemihl II 448 und 579. War
einem angehenden Rhetor eine derartige Übung besonders gut gelungen,
so konnte er sich versucht fühlen sie zu publicieren. Wirkliche Fälschungen
in der gewinnsüchtigen Absicht mit den grossen Bibliotheken ein Geschäft
zu machen sind auch nicht ausgeschlossen, vergl. Susemihl II 449 f.;
Bentley (deutsch von Ribbeck) 81 ff.; A. M. Zumetikos, *De Alexandri
Olympiadisque epistularum fontibus et reliquiis*, Berolini 1894, 1. — Noch

die von litterarischen Gewohnheiten keine Kenntnis hat, brand-
markt sie unbesehen samt und sonders durch den sittlichen
Begriff *Fälschung*; sie wähnt, alles in der Welt müsse sich
zwischen den beiden Polen *sittlich* und **unsittlich** unterbringen
lassen, und übersieht, dass das unendliche Sein und Werden
zum grössten Teile nach aussersittlichen Gesetzen sich vollzieht
und als sittliches Adiaphoron beurteilt werden möchte. Wer
die Echtheitsfragen der Litteraturgeschichte als solche schaudernd
für Probleme aus dem Kampfe zwischen Wahrheit und Lüge
hält, der muss den brutalen Mut haben die Litteratur überhaupt als Fälschung zu bezeichnen. Der litterarische Mensch
ist, mit dem unlitterarischen verglichen, stets ein befangenes
Wesen; er schöpft nicht aus dem Eigentume seiner menschlichen Wirklichkeit, sondern er stellt sich unter die Herrschaft
des Ideales, von dem er selbst am besten weiss, dass es niemals gewesen ist und niemals wirklich sein wird. Der litterarische Mensch entfernt sich mit jedem Striche seiner Feder
von der trivialen Wirklichkeit, weil er sie ändern, veredeln,
vernichten will, weil er sie niemals anerkennen kann. Als
Mensch fühlt er sich freilich verkauft unter die Herrschaft des
erbärmlichen Objektes; er weiss, dass er als thörichter Knabe
die Muscheln des Weltmeeres sammeln wollte, als er über die
Gesetze des Kosmos schrieb; er seufzt nach Offenbarung, indem er seiner Nation den Faust schenkt; dass seinem Unglauben
geholfen werden müsse, treibt ihn um, und doch schreibt er
Reden über die Religion. So weiss er sich in einen Widerspruch verstrickt des Unendlichen zu dem Endlichen [1]; die

---

1551 erlaubte sich Joachim Camerarius den harmlosen Scherz, »*ad in-
stitutionem puerilem*« eine griechische Korrespondenz zwischen Paulus und
dem Presbyterium von Ephesus zu erdichten (Th. Zahn, Geschichte des
Neutestamentlichen Kanons, II 2, Erlangen und Leipzig 1892, 585).

[1] Vergl. das Bekenntnis, das von Wilamowitz-Moellendorff, Aristoteles und Athen, I, Berlin 1893, Vorwort S. VI ausspricht: »die schriftstellerische aufgabe fordert in unlösbarem widerspruche zu der wissenschaftlichen forschung einen abschluss. wir wissen seit dem Phaidros, dass das
buch überhaupt ein elendes ding gegenüber der lebendigen forschung ist,
und wir sind hoffentlich im colleg klüger als in unsern büchern. aber Platon

kleinen glücklichen Leute, deren schläfrige Seele von seiner
Pein nichts ahnt, werden von ihm hineingewiegt in den süssen
Traum, dass man der Wahrheit, Schönheit und Ewigkeit nur
Altäre zu bauen habe, um sie zu besitzen: wenn sie aufwachten,
müssten sie ihn anklagen, dass er sie getäuscht habe. Sie
entdecken, dass er ist, wie sie auch; sie flüstern sich gegenseitig zu, dass der Weise, der Dichter und der Prophet doch
nur ein Menschlein sei, vielleicht klüger, aber nicht verständiger
und besser als die anderen auch. Mit einer sittlich klingenden
Phrase entschädigen sie den, der ihnen ein Führer sein konnte,
nicht zu seiner armen eigenen Hütte, sondern zur Stadt auf
dem Berge, die nicht von Menschenhänden erbaut ist. Die
undankbaren Thoren! Die Litteratur stellt uns vor eine Un-
wirklichkeit, indem sie der Wahrheit dient; der litterarische
Mensch gibt sich selbst auf, weil er Humanität erstrebt; er
ist befangen, weil er davor zurückbebt anderen nur sich selbst
zu geben. Was von der Litteratur überhaupt gilt, muss auch
bei ihren einzelnen charakteristischen Erscheinungen beachtet
werden. So wenig der Platonische Sokrates und der Schillersche
Wallenstein »Fälschungen« sind, so wenig sollte man die ge-
samte »pseudonyme« [1] Schriftstellerei so nennen dürfen. Dass
ein Teil der unter falschem Namen gehenden Schriftwerke von
ihren Verfassern mit bewusster Absicht gefälscht worden ist,
ist ja ohne weiteres zuzugeben; Pseudonymität in politischen
und kirchlichen Schriftwerken ist in jedem Falle verdächtig,
denn niemand kennt heiligere und heiligendere Zwecke, als
der undisciplinierte Naturtrieb der Dynasten und Hierarchen
samt ihrem Anhange. Aber es gibt auch eine harmlose, treuherzige, eine ehrliche Pseudonymität [2], und wenn überhaupt
ein Litteraturwerk Rückschlüsse auf den Charakter seines

hat doch auch bücher geschrieben, hat jedesmal was er wusste, so gut
ers wusste, frei heraus zu sagen gewagt, sicher sich selbst das nächste
mal zu widersprechen und hoffentlich zu berichtigen.«

[1] Der Ausdruck *pseudonym* ist zwar an sich gravierend, hat sich im
Gebrauche aber so abgeschliffen, dass er auch in ganz harmlosem Sinne
verwandt wird.

[2] Vergl. hierzu besonders JÜLICHER, Einleitung in das N. T. 32 ff.

Verfassers gestattet, so wird man in einem solchen Falle nicht
auf Heimtücke und Feigheit, sondern auf Bescheidenheit und
ängstliche Naivetät raten dürfen. Zwischen der »echten« Epistel
und der pseudonymen Epistel besteht nicht der tiefgreifende,
wesentliche Unterschied wie zwischen der Epistel und dem
Briefe. »Echt« im Sinne der Echtheit des Briefes ist die
Epistel niemals, kann sie niemals sein, weil sie die Form des
Briefes nur zu benutzen vermag, indem sie sein Wesen aufgibt.
Die Herdersche Epistel, und wenn sie noch so brieflich aussieht,
ist kein Herderscher Brief; nicht der Mensch Herder, sondern
der Theolog und theologische Schriftsteller Herder hat sie
geschrieben: sie ist »echt« in einem unechten Sinne, wie ein
im September blühender Apfelbaum zwar »echte« Apfelblüten
hat, aber sich dabei doch bis ins Mark hinein vor seinen
reifenden Früchten schämen muss. Litterarische »Echtheit«
ist nicht zu verwechseln mit echter Natürlichkeit. Litterarische
Echtheitsfragen können uns Kopfzerbrechen machen; was
menschlich echt ist, ist dem echten Menschen niemals ein
Problem. Von der bloss litterarisch echten Epistel zur fingierten
Epistel war nur ein Schritt; der echte Brief konnte höchstens
nachgeäfft, die echte Epistel musste und wollte nachgeahmt
werden. Die Sammlungen echter Briefe haben die Epistolographie mittelbar veranlasst; den Sammlungen echter Episteln
folgte die fiktive Epistellitteratur auf dem Fusse nach.

II.

7. In den seitherigen principiellen Bemerkungen habe ich
im allgemeinen die litterarischen Verhältnisse stillschweigend
vorausgesetzt, in die uns die griechisch-römische und die
auf ihr sich erhebende moderne Kultur[1] hineinstellen. Sie

---

[1] Besonders lehrreich in methodischer Hinsicht ist die Geschichte der
»Brief«-Litteratur bei den italienischen Humanisten. Bereits STAHR,
Aristotelia II 187 f., hat darauf aufmerksam gemacht. Man findet die
beste Belehrung darüber bei G. VOIGT, Die Wiederbelebung des classischen
Alterthums oder das erste Jahrhundert des Humanismus, II², Berlin 1893,
417—436.

scheinen mir zu gebieten, dass man alles, was uns unter dem
weiten unpräcisen Begriffe *Brief* überliefert ist, nicht unbesehen
unter den ebenso unpräcisen Begriff *Brieflitteratur* unterbringt,
sondern dass jedes einzelne Stück dieser interessanten und ver-
nachlässigten Überlieferung an seinen Ort in der Entwicklungs-
linie *wirklicher Brief, nachträglich zur Litteratur gemachter
Brief, Epistel, fingierte Epistel* gestellt wird. Würde man verlangen, dass ich die einzelnen Etappen dieser Linie mit historischen Belegen nachwiese, so würde ich in einige Verlegenheit
geraten. Ich habe bereits angedeutet, dass das erste Glied
dieser Reihe, der *Brief*, prälitterarisch ist; hier ist es nicht
nur unmöglich einen Beleg zu geben, sondern auch unbillig
einen zu verlangen. Eher könnte man erwarten, dass sich für
die anderen Glieder, die irgendwie litterarisch sind und als
solche historisch kontrollierbar sein könnten, etwas Sicheres ermitteln lassen müsste. Aber selbst wenn das weite Feld der
antiken »Briefe« mehr angebaut wäre, als es seither geschehen
ist, so würde man im besten Falle doch auch nur den
ersten bekannten Fall einer nachträglichen Sammlung wirklicher Briefe, einer Epistel, einer fingierten Epistel feststellen
können, nicht aber an die Anfänge des litterarischen Triebes
selbst gelangen. Jene Linie konnte nur auf grund allgemeiner
Erwägungen gezogen werden. Ich sehe nicht, wie sie anders
gezogen werden könnte. Dass der wirkliche Brief das erste, die
fingierte Epistel das letzte Glied der Entwicklung sei, wird
niemand bezweifeln, ebenso wenig, dass eines der Zwischen-
glieder zwischen beiden die Epistel [1] sein muss. Nur über die
Entstehung der Epistel selbst kann man schwankend sein: sie
setzt den wirklichen Brief natürlich voraus, denn sie ist seine
Nachäffung; aber es ist für die allgemeine Litteraturgeschichte
nicht sicher nachzuweisen, was ich in der griechischen für
wahrscheinlich halte, dass sie nämlich auch die Sammlung
wirklicher Briefe voraussetzt. Wenigstens findet sich die Epistel

---

[1] von WILAMOWITZ-MOELLENDORFF, Antigonos von Karystos 151: »ich
kann mir nicht vorstellen, dass fictive briefwechsel als litteraturgattung
aufgekommen wären, ehe es ächte gab.«

als Form der Litteratur schon sehr frühe bei den Ägyptern, und wie sie hier entstanden ist, weiss ich nicht. Die Sammlung der Papyrus Erzherzog Rainer zu Wien besitzt eine aus dem 12. Jahrhundert v. Chr. stammende poetische Beschreibung der Stadt Pi-Ramses, die in Briefform abgefasst ist und sich zum Teile mit dem Papyrus Anastasi III des Britischen Museums deckt. Dieser Text »zeigt, dass uns in derartigen Briefen nicht Privatcorrespondenzen, sondern literarische Compositionen, welche sich im alten Aegypten grosser Verbreitung erfreuen mussten, vorliegen. Wir erhalten sonach einen werthvollen Beitrag zur Charakteristik der altägyptischen Literatur«.[1] Ist demnach die Epistel schwerlich von den Griechen erfunden, so wird es indessen trotzdem gestattet sein anzunehmen, dass sie unter den eigentümlichen Bedingungen der griechischen Litteratur selbständig entstehen konnte und entstanden ist.

8. Wie man sich nun auch die Entstehung der Epistel bei den Griechen denken mag, für die Aufgabe des Litterarhistorikers, den unter dem vieldeutigen Namen »Briefe« überkommenen Komplex von Schriftwerken in seinen einzelnen Bestandteilen zu differenzieren, ist diese Frage von geringerer Bedeutung. Es kommt hier nur darauf an die verschiedenen Kategorieen, in die jene Bestandteile eingeordnet werden müssen, reinlich von einander zu sondern. Wir können also die Frage nach der Entstehung dieser Kategorieen auf sich beruhen lassen — sie ist zum guten Teile, wie überhaupt die Fragen nach der »Entstehung« geistiger Grössen, Vexierfrage — es mag uns genügen, dass sie in den von der Vorzeit erhaltenen »Briefen« sämtlich vertreten sind. Der wissenschaftliche Sprachgebrauch ist freilich nicht so einheit-

---

[1] J. KARABACEK, Mittheilungen aus der Sammlung der Papyrus Erzherzog Rainer, I, Wien 1887, 51, vergl. J. KRALL im Führer durch die Ausstellung [der Pap. Erzh. R.], Wien 1894, 32. — Ob sich auf die von FRIEDR. DELITZSCH (Beiträge zur Assyriologie 1893 u. 1894) unter der Bezeichnung *babylonisch-assyrische Brieflitteratur* veröffentlichten Briefe in Keilschrift der Ausdruck *Litteratur* wirklich anwenden lässt, scheint mir fraglich zu sein.

lich, dass eine Begriffsbestimmung überflüssig wäre. Deshalb
seien die folgenden Bemerkungen noch vorausgeschickt, die
zugleich die seither gebrauchten Termini rechtfertigen mögen.

Vor allem ist es irreführend einfach von *Briefen* zu reden,
ohne diesen Begriff näher definiert zu haben. Diese Erkenntnis
hat manche veranlasst, als den Gegensatz zum Litteraturbriefe
den *Privatbrief* zu bezeichnen. In dieser Bezeichnung kann sich
die richtige Beobachtung aussprechen, dass der wirkliche Brief
ein privates Ding ist, eine persönliche, vertrauliche Angelegen-
heit. Aber der Ausdruck ist doch ungenügend, denn er führt
irre. So z. B. gebraucht ihn B. Weiss[1] als Gegensatz zum
Gemeindebriefe; eine Terminologie, die nicht vom Wesen des
Briefes ausgeht, sondern von der jeweiligen Verschiedenheit der
Adressaten. So könnte man dem Privatbriefe etwa auch den
Familienbrief entgegensetzen, d. h. einen Brief, den z. B. ein
Sohn aus der Fremde an die Seinen richtet; aber hier ist es
deutlich, dass die Unterscheidung keinen Sinn hat, denn auch
dieser Brief ist ein privater. Oder ein als Feldprediger im
Feindesland befindlicher Pfarrer schreibt seiner fernen heimatlichen Gemeinde einen Brief[2]; das wäre also ein *Gemeindebrief*,
vielleicht wird er sogar in der Kirche durch den Vikar verlesen
-- aber offenbar unterscheidet sich dieser Brief seinem Wesen
nach nicht im geringsten von einem Privatbriefe, vorausgesetzt,
dass sein Verfasser das Herz auf dem rechten Flecke hat: je
privater, persönlicher, individueller er ist, ein um so besserer
Gemeindebrief wird er sein, und eine rechtschaffene Gemeinde
würde sich für pastoraltheologische Paragraphen bedanken;
die trägt der Herr Vikar den Leuten mitunter vor, denn er ist
noch nicht lange von der Universität abgegangen. Die Mehrheit der Adressaten eines Briefes konstituiert nicht die
Öffentlichkeit im litterarischen Sinne, und eine an einen einzelnen Privatmann gerichtete Epistel ist deshalb nicht ein

---

[1] Meyer XIV[2] (1888) 187.

[2] Vergl. z. B. den Brief von K. Ninck an seine Gemeinde Frücht
vom 1. September 1870 aus Corny, teilweise abgedruckt bei F. Cuntz,
Karl Wilh. Theodor Ninck. Ein Lebensbild. 2. Aufl., Herborn 1891, 94 ff.

Privatbrief, sie ist Litteratur. So ist es verkehrt die Eigenart eines wie ein Brief aussehenden Schriftstückes danach zu bestimmen, ob der Verfasser die Adressaten in der zweiten Person Singularis oder Pluralis anredet; das unterscheidende Merkmal kann nicht etwas Formelles noch dazu im äusserlichen Sinne des Wortes sein, sondern nur die innere, eigentümliche Absicht des Verfassers. Darum empfiehlt es sich *Gemeindebrief* und ähnliche äusserliche Kategorieen im wissenschaftlichen Sprachgebrauche zu vermeiden und auch *Privatbrief* durch einen korrekteren Ausdruck zu ersetzen. Als solcher bietet sich ohne weiteres die einfache Bezeichnung *Brief* dar, aber es wird bei der Verwässerung, die dieser schlichte Begriff im Laufe der Jahrhunderte erfahren hat, schwer sein damit auszukommen; wir werden einen Zusatz wählen müssen. Ich sage daher im Anschlusse an Männer [1], von denen man lernen kann, was ein Brief ist, *wirklicher Brief*.

Wird ein wirklicher Brief durch nachträgliche Publikation zur Litteratur gemacht, so haben wir damit selbstverständlich keine neue Species. Er bleibt auch dem Litterarhistoriker, was er dem ersten Empfänger war, ein wirklicher Brief; er selbst protestiert in der Öffentlichkeit, in die man ihn hineingestellt hat, fortwährend dagegen, dass man ihn für ein öffentliches Wesen halte. Wir müssen ihm den Gefallen thun seinen Protest zu respektieren; würden wir ihn irgendwie von den anderen wirklichen Briefen trennen, die das Glück hatten nie-

---

[1] E. Reuss, Die Geschichte der h. Schrr. N. T.⁴ § 74 S. 70 gebraucht den Ausdruck *wirkliche an bestimmte und besondere Leser gerichtete Sendschreiben*. von Wilamowitz-Moellendorff, Aristoteles und Athen II 393, vergl. 394: *wirkliche briefe*, ebenda 392: *briefe, ἐπιστολαί im vollen sinne des wortes*. Derselbe, Ein Weihgeschenk des Eratosthenes, Nachrichten der Kgl. Gesellschaft der Wissenschaften zu Göttingen 1894, S. 5: *wirklicher Privatbrief*. — Auch Birt gebraucht — neben den Bezeichnungen *Privatsc[k]riptur* (Buchwesen 2, 20, 61, 277 u. 433) und *Gelegenheitsbrief* (61 u. 325) — den Ausdruck *wirkliche Correspondenzen* (326). Ebenso nennt sie A. Westermann, De epistolarum scriptoribus graecis 8 progrr., I, Lipsiae 1851, 13 r e r a s *epistolas*, h. e. *tales, quae ab auctoribus ad ipsos, quibus inscribuntur, homines revera datae sunt.*

mals aus ihrer Verborgenheit aufgestört zu werden, so würde man das durch die Publikation an ihm begangene Unrecht noch grösser machen.

Eine neue Species ist nur der *Litteraturbrief*, und diese ist dafür denn auch von der ersten völlig verschieden. Auch hier begegnen uns im wissenschaftlichen Sprachgebrauche verschiedene Bezeichnungen, aber es kommt bei weitem nicht so sehr wie bei dem wirklichen Briefe darauf an, dass eine einheitliche Terminologie sich einbürgert. Man mag den Litteraturbrief *litterarischen Brief*[1] oder, wie ich der Einfachheit halber oben vorgeschlagen habe, *Epistel* nennen, auf die Bezeichnung braucht man kein Gewicht zu legen, wenn die Sache klar ist. Natürlich sind auch die aus den Entstehungsverhältnissen der Epistel sich ergebenden Unterabteilungen unwesentlich, es sind nicht Unterabteilungen des Begriffes *Epistel*, sondern Teilungen der vorhandenen Episteln nach ihrem historischen Charakter, wenn wir *echte* und *unechte* Episteln unterscheiden und bei den letzteren wieder harmlose Fiktionen und tendenziöse Fälschungen.

Mit diesem Begriffsmateriale treten wir an den gewaltigen geschriebenen Stoff heran, den uns das griechisch-römische Altertum unter dem problematischen Namen ἐπιστολαί, *epistulae* hinterlassen hat. Wir haben diese von der mütterlichen Vorzeit ererbten Blätter, die von Erbschleichern und Advokaten, vielleicht auch schon von der zitternden ehrwürdigen Hand ihrer greisen Besitzerin durcheinander gebracht worden sind, zu ordnen, ehe wir uns ihres Besitzes freuen dürfen. Die Arbeit der Ordnung ist freilich noch nicht so weit gefördert, wie es der Wert des Erbes verdiente.[2] Aber was seither geschehen ist, ermöglicht auch dem Fernerstehenden wenig-

---

[1] von Wilamowitz-Moellendorff, Ein Weihgeschenk des Eratosthenes 3.

[2] Man kann die Klage über die Vernachlässigung des Studiums der antiken »Briefe« häufig genug bei den Philologen hören. Die klassische Vorarbeit von Bentley hat lange nicht die Nachfolge gefunden, deren sie und ihr Stoff würdig waren. Erst neuerdings scheint ein allgemeineres Interesse erwacht zu sein.

stens den oberflächlichen Eindruck, dass wir von sämtlichen oben festgestellten Kategorieen von *ἐπιστολαί* charakteristische Repräsentanten aus dem Altertume besitzen.

III.

9. *Wirkliche Briefe* aus dem Altertume besitzen wir, im vollsten Sinne des Wortes *besitzen*, nur dann, wenn wir die Originale haben. Und wir sind durch die Papyrusfunde der letzten Jahrzehnte allerdings in der glücklichen Lage, dass wir eine Unzahl wirklicher Briefe im Original unser eigen nennen können, aus der Ptolemäerzeit bis tief ins christliche Mittelalter hinein. Ich muss gestehen, dass ich, bevor mir antike Papyrusbriefe, wenn auch nur in Nachbildungen, bekannt wurden, nie recht gewusst oder doch mir nie recht deutlich gemacht hatte, was ein Brief ist. Betrachtet man einen Papyrusbrief der Ptolemäerzeit neben einem etwa gleichzeitig ebenfalls auf Papyrus geschriebenen Tragikerfragmente, so wird man äusserlich einen Unterschied nicht bemerken; dieselben Schriftzüge, dasselbe Material, derselbe Fundort. Und doch unterscheiden sich beide ihrem Wesen nach wie Wirklichkeit und Kunst: dort ein geschriebenes Blatt, das einem ganz bestimmten unwiederholbaren Zwecke menschlicher Gemeinschaft gedient hat, hier ein verwehtes Blatt aus einem *Buche*, ein Stückchen Litteratur!

Deutlicher als ich es vermochte werden diese Briefe selbst sagen, was sie sind. Ich lasse deshalb eine kleine nach zeitlichen und inhaltlichen Gesichtspunkten getroffene Auswahl hier folgen. Es war mir selbstverständlich, dass die formellen[1] und stilistischen Eigentümlichkeiten zu belassen waren; es sind nicht selten vom Standpunkte des litterarischen Menschen Fehler, aber was eine Epistel verunziert hätte, das erhöht meinem Gefühle nach oft die harmlose Schönheit der Briefe: ich denke, ein rechter Sohn wird ein falsch geschriebenes Fremdwort im mütterlichen Geburtstagsbriefe nicht rot anstreichen.

---

[1] Die Itacismen habe ich im Texte nicht besonders kenntlich gemacht.

1.

Beschwerdebrief der Poliere der freien Steinmetzen an ihren Baumeister Kleon, 14. Mai 255 v. Chr.[1]

*Κλέωνι χαίρειν οἱ δεκατάρχοι τῶν ἐλευθέρ[ων] λατόμων.[2]
ἀδικούμεθα· τὰ γὰρ ὁμολογηθέντα ὑπὸ Ἀπολλωνίου τοῦ διοικητοῦ οὐθὲν γίνεται ἡμῖν. ἔχει δὲ τὴν γραφὴν Διότιμος. σπούδασον οὖν ἵνα καθὰ ἐξειλήφαμεν ἤδη[3] ὑπὸ Διονυσίου καὶ
Διοτίμου χρηματισθῇ ἡμῖν καὶ μὴ τὰ ἔργα ἐνλειφθῇ καθὰ καὶ
ἔνπροσθεν ἐγένετο. ἐὰν γὰρ αἴσθωνται οἱ ἐργαζόμενοι οὐθὲν
ἡμᾶς εἰληφότας τὸν σίδηρον ἐνέχυρα θήσουσιν. ἔτους λ
παχὼς[4] ιθ.*

Auf der Rückseite die Adresse: *ΚΛΕΩΝΙ.*

2.

Brief einer gewissen Isias an den in das Serapeum zu Memphis eingetretenen »Bruder« Hephaistion, 24. Juli 172 v. Chr.[5]

*Ἰσιὰς Ἡφαιστίωνι τῷ ἀδελφῷ χαί(ρειν).[6] εἰ ἐρρωμένῳ τἆλλα
κατὰ λόγον[7] ἀπαιτᾷ, εἴηι[ε][ic] ἂν ὡς τοῖς θεοῖς εὐχομένη δια-*

---

[1] *Pap. Flind. Petr.* II XIII 1, MAHAFFY II [33]. Im antiken Sprachgebrauche würde man diesen Brief etwa eine *ἐπιστολὴ ἀπειλητική* nennen (HERCHER 9).

[2] Hier scheint mir die Adresse zu Ende zu sein. (MAHAFFY setzt den Punkt nach *χαίρειν*, vergl. seine Übersetzung.) Die Voranstellung des Adressaten ist nicht gewöhnlich, aber gerade in Ägypten läßt sich eine grosse Anzahl von Fällen nachweisen, in denen es aus Höflichkeit geschehen ist. Die Poliere durften diese verbindliche Form um so eher anwenden, als der Brief selbst nicht gerade ein Muster von Höflichkeit ist; schön ist er doch.

[3] Die Lesung ist unsicher.

[4] Soll heissen *παχῶνος*. Der Pachon ist ein ägyptischer Monat.

[5] *Pap. Lond.* XLII, KENYON 30, vergl. WILCKEN GGA 1894 S. 722. Letzterer erklärt die Bittstellerin für die Schwester und Gattin des Hephaistion zugleich. Doch bezieht sich der Ausdruck *Bruder* vielleicht auf die Zugehörigkeit zum Serapeum, vergl. oben S. 82.

[6] Lesung von WILCKEN.

[7] Die auch bei Polybius sich findende Formel *κατὰ λόγον* ist in den Papyrusbriefen nicht selten, vergl. z. B. *Pap. Par.* 63 (*Notices* XVIII 2 S. 361), 2. Jahrh. v. Chr.; dazu stimmt ihr Gebrauch in dem Briefe 3 Macc. 3,14. Sie bedeutet *nach Wunsch*. Ihr Gegenteil *παρὰ λόγον*, ebenfalls in einem Briefe, steht 3 Macc. 7,4.

14

τελῶ. καὶ αὐτὴ δ' ὑγίαινον καὶ τὸ παιδίον καὶ οἱ ἐν οἴκῳ
πάντες σου διαπαντὸς μνείαν ποιούμενοι.[1] κομισαμένη τὴν
παρά σου ἐπιστολὴν παρ' Ὥρου, ἐν ᾗ διεσάφεις εἶναι ἐν κατοχῇ
ἐν τῷ Σαραπιείῳ τῷ ἐν Μέμφει, ἐπὶ μὲν τῷ ἐρρῶσθα[ί] σε
εὐθέως τοῖς θεοῖς εὐχαρίστουν[2], ἐπὶ δὲ τῷ μὴ παραγίνεσθαί σε
[πάντω]ν τῶν ἐκεῖ ἀπειλημμένων παραγεγο[νό]των[3] ἀηδίζομαι
ἕ[νε]κα τοῦ ἐκ τοῦ το[ιού]του καιροῦ ἐμαυτή[ν] τε καὶ τὸ παι-
δί[ον σ]ου διακεκυβερνηκυῖα[4] καὶ εἰς πᾶν τι ἐληλυθυῖα διὰ τὴν
τοῦ σίτου τιμὴν καὶ δο[κο]ῦσα ν[ῦ]ν [γ]έ σου παραγενομένου
τεύξεσθαί τινος ἀναψυχῆς[5], σὲ δὲ μηδὲν τεθυμῆσθαι τοῦ παρα-
γενέσθαι μηδ' ἐνβεβλοφέναι[6] εἰς τὴν ἡμετέραν περίστασιν.[7] ὡς
ἔτι[ι] σου παρ[όν]τος πάντων ἐπεδεόμεθα μὴ ὅτι γε τοσούτου
χρόνου ἐπιγεγονότος καὶ τοιούτων καιρῶν καὶ μηθέν σου ἀπε-
σταλκότος. ἔτι δὲ καὶ Ὥρου τοῦ τὴν ἐπιστολὴν παρακεκομι-
κό[το]ς ἀπηγγελκότος ὑπὲρ τοῦ ἀπολελύσθαι σε ἐκ τῆς κατοχῆς
παντελῶς ἀηδίζομαι οὐ μήν[8], ἀλλ' ἐπεὶ καὶ ἡ μήτηρ σου τυγ-
χάνει βαρέως ἔχουσα, κα[λῶ]ς ποιήσεις καὶ διὰ ταύτην καὶ δι'
ἡμᾶς παραγ[εν]όμενος εἰς τὴν πόλιν, εἴπερ μὴ ἀναγκαιότερόν
σ[ε] περισπᾷ. χαριεῖ[9] δὲ καὶ τοῦ σώματος ἐπιμε[λό]μενος ἵν'
ὑγιαίης.[10] ἔρρωσο. ἔτους θ ἐπείφ λ.

Auf der Rückseite die Adresse: *Ηφαιστίωνι.*

---

[1] Briefliche Formel auch bei Paulus Philem. ᵥ πάντοτε μνείαν σου
ποιούμενος ἐπὶ τῶν προσευχῶν μου, 1 Thess. 1ᵥ μνείαν ποιούμενοι ἐπὶ
τῶν προσευχῶν ἡμῶν, Rom. 1ᵥf. ὡς ἀδιαλείπτως μνείαν ὑμῶν ποιοῦμαι
πάντοτε ἐπὶ τῶν προσευχῶν μου, Eph. 1ᵥᵥ μνείαν ποιούμενος ἐπὶ τῶν
προσευχῶν μου, vergl. 2 Tim. 1ᵥ.

[2] εὐχαριστεῖν ἐπί 1 Cor. 1ᵥ.

[3] Lesung von Wilcken.

[4] Das Participium ist fälschlich für den Infinitiv gesetzt.

[5] ἀναψυχή ebenso LXX Ps. 65 [66] ₁₂, Jer. 30 ₉ [49₃₁], Hos. 12 ₈ [₉].

[6] Wohl vulgäres Perfekt von ἐμβλέπω, Kenyon 31.

[7] Vergl. oben S. 148 f.

[8] Lesung von Wilcken.

[9] Desgl., Sinn: *Du wirst uns einen Gefallen thun.*

[10] Häufige Schlußformel in den Papyrusbriefen.

3.

Bruchstück eines Briefes mit religiösem Inhalte, ca. 164 v. Chr.[1]

.... ἐγὼ τὰ μέγιστα ἠγνωμοντημένος ὑπό σου καὶ μεμαθευ
κὼς[sic] ἔτι πρότερον τοῖς μὲν ἀδικήμασιν ἀπαρακαλύπτως [ὀ]ργί
ζεσθαι καὶ δυσχεραίνειν, πρὸς δὲ τοὺς ὁπωσδηποτοῦν ἠγνω
μονηκέναι φάσκοντας εὐδιαλύ[τ]ως καὶ πραέως διατίθεσθαι,
καλῶς ἔχειν ὑπέλαβον ταύτην ἔτι τὴν παρησίαν[2] ἀγαγεῖν πρός
σε, οὐχ οὕτως προαιρούμενος ἵνα μετακληθῇς ἔτι πρὸς τὴν
ἐμὴν αἵρεσιν, ταύτην γὰρ ἀπέγνωκα[3] ἴδιον προσφάτως[4] [π]ροσ
ειλῆφαι[sic] φίλον, ἀλλὰ τοῦ καλῶς ἔχοντος στοχαζόμενος. ἐγὼ
γὰρ πιστεύσας σοί τε καὶ τοῖς θεοῖς, πρὸς οὓς ὁσίως καὶ δικ...[sic]
δικαίως [πολι]τευσάμενος[5] ἐμαυτὸν ἀμεμψιμοίρητον παρέσχημαι,
ὑπὸ δέ σου νυνεὶ παρασπονδιμένος[sic] προῆγμαι πέμψαι σοι
τὸν ἀπολογισμὸν τοῦτον. ἔδει μὲν οὖν δημοδικῇ[sic] παιδίᾳ
προσκεκληρωμένον[6] καὶ μεμνημένον τῆς ἐκ παιδὸς πρός τε τὸν
ἡμέτερον πατέρα καὶ τὴν οἰκίαν ἐκεί[sic] ἐκείνην φιλίας ὁμοίως δὲ
καὶ τὴν πρὸς ταύταις οἰκειότητα[7] μὴ ἐναντιωθῆναι τῇ πρὸς
ἡμᾶς ἐπι[δ]είξει, ἔπειτα δ᾿ ε[ὐ]σέβειαν ἀσκήσαντα καὶ τὴν ἐν
χρόνῳ [βο]υλευομ[ένη]ν ψῆφον ἐ[ξε]τάσοντα περι.....υθ...
το τηνικαυτὶ ἐστηκότι λογι.....σα... μὴ παραβαίνειν τὰ κατὰ
[τὰς] συν[θή]κας. ἡγεμονικώτατον γὰρ καὶ μέγιστον ἀγαθὸν ἐν
πράγμασιν τὸ πάντ᾿ οἰκονομεῖσθαι καθαρ[ῶς] καὶ δικαίως. τοῦτο
δ᾿ ἂν ἐμαίνετο καλὸν καὶ [τὸ πλ]εῖστον τῷ δικαίῳ ὑπὸ σου
ἐτέτλητο. ἐκπεπονημένον γάρ με ταῖς τε εἰς τὰ ἀναγκαῖα τρο
φαῖς διὰ τὸ περιπεσόντα οὐκ εὐτυχοῦσι καιροῖς ἐξ ἁπάντων
ἀποσφαλῆναι ἄλλως τε δὴ τῆς πατρικῆς οἰκίας ὥσπερ καὶ σὺ

---

[1] *Pap. Par.* 63 *coll.* 8 & 9, *Notices* XVIII 2 S. 369 ff., vergl. S. 35
u. 42. Der Sinn ist mir nicht überall verständlich. — Die Alten würden
diesen Brief etwa eine ἐπιστολὴ ἀπολογητικὴ genannt haben (Hebschke 5).

[2] Zu παρησία statt παρρησία vergl. Winer-Schmiedel § 5, 26 b (S. 56).

[3] *desperari*, vergl. LXX Judith 9 11; 2 Macc. 9 18, auch LXX Deut.
33 9, Cod. A.

[4] *nuperrime*: LXX öfter, Polybius, Act. Ap. 18 2.

[5] Vergl. Clem. Rom. 1 Cor. 6 1 τοῖς ἀνδράσιν ὁσίως πολιτευσαμένοις.
W. Schulze macht mich noch auf die Nachweise von H. Usener, Der
heilige Theodosios (Schriften des Theodoros und Kyrillos herausgegeben
von H. U.), Leipzig 1890, 117 f., aufmerksam.

[6] Bei Philo, Act. Ap. 17 4, Plutarch, Lucian, vergl. *Claris* [5] 381.

[7] Fälschlich statt des Genetivs.

γινώσκεις ἔτι ἔηπροσθεν ἄρδην [ἀ]νατετραμμένης δι' ἀσ[ω]τίας
παρὰ τὴν περιοῦσαν ἀγωγὴν ἀσχημωνοῦντα *ic* προσδεῖσθαι τῆς
παρ' ἑτέρων ἐπικουρείας. παντάπασιν δὲ μετὰ τὴν ἀπὸ τῶν
πραγμάτων νυνεὶ ἀποκαταστασειν ὁρμῶμεν ἀπὸ βραχείων μόλεις
εὐσχημονεῖν. τοῦ δὲ δαιμονίου πολὺ μᾶλον *ic* ἐπερρωμένου καὶ
κατασκευασαμέν[οι] εἰς τὸ ἀπὸ λόγων τινῶν τῆς μητρός μου
θρυλισθέντων *ic* [1] ὑπὲρ τῶν κατὰ τὴν σὴν κρίσιν μετὰ τὰ
λοιπά — — —.[2] ἀπόκειται γὰρ παρὰ θ[εοῦ] μῆνις τοῖς μὴ κατὰ
τὸ βέλτιστον [προαι]ρουμένοις ζῆν καὶ τῶν ἀνθρώπων *ic* ...ἐπί-
σκοπόν ἐστιν τὸ δαιμ[όν]ιον καὶ νέμε[σις] ἀπὸ Δι[ὸς] τοῖς
ὑπερηφάνοις.[3]

4.

**Bruchstück eines Glückwunschbriefes, wahrscheinlich einer Mutter
an ihren Sohn, 2. Jahrh. v. Chr.[4]**

...πυνθανομένη μανθάνειν σε Αἰγύπτια γράμματα[5] συν-
εχάρην σοι καὶ ἐμαυτῇ ὅτι νῦν γε παραγενόμενος εἰς τὴν πόλιν
διδάξεις παρὰ Φαλου··ητι ἰατροκαύστῃ[6] τὰ παιδάρια καὶ ἕξεις
ἐφόδιον εἰς τὸ γῆρας···

5.

Empfehlungsbrief, Ptolemäerzeit.[7]

Τιμόξενος Μοσχίωνι χαίρειν. .... ὁ ἀποδιδούς σοι τὴν
ἐπιστολὴν ἐστιν Φίλωνος ἀδελφὸς τοῦ μετὰ Λύσιδος ἐπιστολο-

---

[1] θρυλέω schreiben auch LXX Job 31₁₀ (Cod. C θρυλλέω); 3 Macc.
3₆ u. ₇ Cod. A; Aquila Prov. 2₁₆ (FIELD II 314), vergl. θρύλημα LXX
Job 17₆ (Cod. C wahrscheinlich θρύλλημα), 30₉.

[2] Der Rest der betr. Zeile ist unbeschrieben.

[3] Vergl. LXX Prov. 3₃₄ (= Jac. 4₆, 1 Pc. 5₅) Κύριος ὑπερηφάνοις
ἀντιτάσσεται.

[4] *Pap. Lond.* XLIII, KENYON 48, vergl. WILCKEN GGA 1894 S. 725.
Die Alten nannten einen solchen Brief ἐπιστολὴ συγχαριστική (HERCHER
9 und 5).

[5] Nach WILCKEN *das Demotische.*

[6] So liest WILCKEN; der Stadtbewohner, bei dessen Kindern der
Beglückwünschte das Glück hat Hauslehrer sein zu dürfen, wäre danach
ein Specialarzt, der durch Brennen heilt.

[7] *Pap. Par.* 70, *Notices* XVIII 2 S. 401. Der Papyrus ist nicht
datiert, aber für die Ptolemäerzeit spricht, dass ἐπιστολογράφος, ein
ptolemäischer Hoftitel, darin vorkommt; vergl. dazu *Notices* XVIII 2

γράφου. φρόντισον οὖν ὅπως μὴ ἀδικηθῇ ὁ ἄνθρωπος· καὶ γὰρ ὁ πατὴρ αὐτοῦ ἐστιν ἐνταῦθα περὶ Πετόνουριν τὸν δευτερεύοντα.[1] ἀπεδόθη τάδ᾽ αὐτῷ καὶ τὸ σύμβολον τῶν ἐμῶν· ἔρρωσο.

6.

Empfehlungsbrief, 15. August 51 n. Chr.[2]

Μυσταρίων Στοτόητι τῷ ἰδίῳ πλεῖστα χαίρειν. ἔπεμψα ὑμεῖν Βλάστον τὸν ἐμὸν χάριν διχίλων[3] ξύλων εἰς τοὺς ἐλαιῶνάς μου. ὅρα οὖν μὴ αὐτὸν κατάσχῃς· οἶδας γὰρ πῶς αὐτοῦ ἑκάστης ὥρας χρῄζωⁿⁱᶜ. ἔρρωσο. ἔτους ια Τιβερίου Κλαυδίου Καίσαρος Σεβαστοῦ Γερμανικοῦ Αὐτοκράτορος. μη[νὶ] Σεβα[στῷ] ιε.

Auf der Rückseite die Adresse: Στοτόητι Λεσώνῃ εἰς τὴν νῆσον τ[?].

7.

Brief eines gewissen Lykarion an seinen »Vater« Emphuis, 2./3. Jahrh. n. Chr.[4]

Λυκαρίων Ἐμφούιτι τῷ πατρὶ πλεῖστα χαίρειν. πρὸ τῶν ὅλων ἐρρῶσθαί σε εὔχομαι μετὰ τῶν σῶν πάντων καὶ διὰ παντός σε εὐτυχεῖν. ἐάν σοι τῇ τύχῃ δόξῃ, ποίησον τὸν πατέρα μου ἐλθεῖν σὺν σοὶ εἰς τὴν ἰδίαν, εἰ δὲ μή, κἀγὼ αὐτὸς σὺν τοῖς ἐμοῖς κινδυνεύω καταλεῖψαι καὶ ἐλθεῖν πρὸς αὐτόν. γείνωσκε δὲ σέ, ὅτι ἐὰν μὴ τοῦτο ποιήσῃς καὶ προτρέψῃς αὐτὸν

S. 399 f. und 402 ff. — Wir haben hier und im folgenden Briefe Beispiele des bekannten (2 Cor. 3₁, auch 1 Cor. 16₃, besonders Rom. 16) Typos ἐπιστολὴ συστατική (Heracher 8 und 2).

[1] ὁ δευτερεύων steht so auch LXX Esth. 4₈ Ἁμὰν ὁ δευτερεύων τῷ βασιλεῖ, ohne dass die Vorlage ein entsprechendes Wort hat; der Übersetzer hat den ihm bekannten ägyptischen Hoftitel hinzugefügt. Vergl. LXX 1 Paral. 16₅ Cod. B, Jer. 52₂₄ Cod. ℵ.

[2] *Pap. Berol.* 6834, BU II S. 52 No. 37.

[3] Lies διχήλων.

[4] *Pap. Berol.* 6875, BU VI S. 175 No. 164. *Vater* wird der Adressat wohl nur aus Ehrerbietung genannt; der leibliche Vater des Briefschreibers wird im Briefe erwähnt.

ἐλϑεῖν καὶ συμβῇ τι αὐτ[ῷ] εἰστις¹ σεαυτῷ ὡς σοῦ μέλλοντος λόγον διδόναι τῷ λαμπροτάτῳ ἡγεμόνι. διὸ παρακαλῶ οὖν σέ², φίλτατε, ἤδη ποτὲ³ πεῖσαι αὐτὸν τοῦ ἐλϑεῖν. ἄσπασαι Διο- νῦσιν καὶ Μέλανον καὶ το[ὺ]ς ἐνοίκ[ους] σου πάντες sic.

Auf der Rückseite die Adresse:

ἀπόδος ⟩⟨ Ἐμφο[ύιτι]
ἀπὸ ⟩⟨ Λυκαρίωνος.

8.

Brief einer Mutter an ihre Kinder, 2./3. Jahrh. n. Chr.⁴

Σεραπιὰς τοῖς τέκνοις Πτολεμαίῳ καὶ Ἀπολιναρίᾳ sic καὶ Πτολεμαίῳ πλεῖστα χαίρειν. πρὸ μὲν πάντων εὔχομαι ἡμᾶς⁵ ὑγιαίνιν⁶, ὅ μοι πάντων ἐστὶν ἀναγκαιότερον sic. τὸ προ[σ]κύνημα ἡμῶν⁷ ποιῶ παρὰ τῷ κυρίῳ Σεράπιδι εὐχομένη ἡμᾶς⁵ ὑγι- αίνοντες sic ἀπολαβεῖν ὡς εὔχομαι ἐπιτετευχότας.⁸ ἐχάρην κο- μισαμένη γράμματα ὅτι καλῶς διεσώϑητε. ἀσπάζου Ἀμμω[ν]οῦν σὺν τέκνοις καὶ συμβίῳ καὶ τοῖς φιλοῦντάς σε. ἀσπάζεται ἡμᾶς⁵ Κυρίλλα καὶ ἡ ϑυγάτηρ Ἑρμίας Ἑρμίας⁹, Ἐρ[μ]ανοῦβις ἡ τροφός, Ἀϑηναῖς ἡ δέσκαλος¹⁰, Κυρίλλα, Κασία, [..]μ..ις, Σ[...]ανός, Ἔμπις οἱ ἐνϑάδε πάντες. ἐρωτηϑεὶς οὖν πε[ᾶγμ]α πράσσις¹¹ γρ[άψ]ε¹² μοι εἰδὼς ὅτι ἐὰν γράμματά σου λάβω ἱλαρά εἰμι περὶ τῆς σωτηρίας ἡμῶν⁷. ἐρρῶσϑαι ἡμᾶς⁵ εὔχομαι.

---

¹ εισ τισσεαυτω soll vielleicht ἴσϑι σεαυτῷ heissen; vergl. *Pap. Berol.* 6837 (BU IX S. 261 f. No. 261, 2./3. Jahrh. n. Chr.) Zeile 11 f. σὺ οἶδες sic οὖν τῇ ἀδελφῇ σοι ὡς ἔγραψες sic.

² Vergl. 2 Cor. 2: διὸ παρακαλῶ ὑμᾶς.

³ ἤδη ποτέ *tandem aliquando* wie Röm. 1:10.

⁴ *Pap. Berol.* 6811, BU XI S. 326 No. 332.

⁵ Soll wohl ὑμᾶς heissen.

⁶ Häufige Formel in den Papyrusbriefen. Vergl. 3 Joh. 2 περὶ πάν- των εὔχομαί σε εὐοδοῦσϑαι καὶ ὑγιαίνειν.

⁷ Soll ὑμῶν heissen.

⁸ Vergl. Winer-Schmiedel § 13, 2 Anm. 2 (S. 104).

⁹ Der Name ist aus Versehen wiederholt.

¹⁰ ??

¹¹ πράσσεις.

¹² γράψαι.

Auf der Rückseite die Adresse und ein Postscriptum:

ἀπόϑ(ος) Πτολεμαίῳ Χ ἀδελφῷ Ἀπολινα[ρί]ας.᾿᾿ᵉ
ἀπόδος ΠτολεΧμαίῳ τῷ τέκνῳ.
ἀσπάζου......

9.

Einladung zur Geburtstagsfeier, 2./3. Jahrh. n. Chr.[1]

...πρὸ πάντων [εὔχομ]αί σε ὑγιαίνειν καὶ τὸ προσκύνημά
σου ποιῶ [καϑ'] ἡμέραν παρὰ τῷ κυρίῳ Σαράπ[ιδ]ι. [π]άντως
ποιήσατε ἐὰν [ᾖ] δυνατό[ν κατ]²ελϑεῖν ὑμᾶς εἰς τὰ γενέσια
τοῦ υἱοῦ [ἡμῶ]ν Σαραπίωνος. ἔγραψα δὲ ὑ[μῖν καὶ πρ]ότερον
περὶ τούτου.........³ ἀσπάζεταί [σε ἡ] ϑυγάτιρ σου καὶ Λε-
ωνίδης [........]ανὸς καὶ Σαραπίων καὶ Ἀρι[........] καὶ ἡ
ἀδελφή σου καὶ Ἑρμιόν[η καὶ τὰ] παιδία αὐτῆς. ἐῤῥῶσϑ[αί
σε ε]ὔ[χομαι].

10.

**Brief eines gewissen Ammonios an seine Schwester Tachnumi,
Kaiserzeit (?).[4]**

Ἀμμῶντι Ταχνουμὶ τῇ ἀδελφῇ πολλὰ χαίρειν. πρὸ μὲν
πάντων εὔχομέ σε ὑγιαίνιν καὶ τὸ προσκύνημά σου ποιῶ καϑ'
ἑκάστην ἡμέραν. ἀσπάζομαι πολλὰ⁵ τὸν ἀγαϑώτατόν⁶ μου
υἱὸν Λέωνˡᶜ. κομψῶς ἔχω⁷ καὶ τὸν ἵππονˡˡˡ μου καὶ Μέλας.
μὴ ἀμελήσις⁸ τῷ υἱῷ μου. ἀσπάζομαι Σένχρις κὲ ἀσπάζομαι
τὴν μητέραν⁹ σ[ου]. ἀσπάζομαι Παχνουμὶ ὁμ[οίως] καὶ Παχ-

[1] *Pap. Berol.* 6836, BU XI S. 327 No. 333.

[2] Ob dies die richtige Ergänzung ist, erscheint fraglich.

[3] 3 verstümmelte Zeilen.

[4] *Pap. Par.* 18, *Notices* XVIII 2 S. 232 f. Nicht datiert, aber formell
mit den Briefen aus der Kaiserzeit verwandt.

[5] Vergl. ἀσπάζεται πολλά 1 Cor. 16 19.

[6] Derselbe Superlativ von ἀγαϑός (vergl. Stahl *De dial. Mac. et Alex.*
143) steht Gen. 47 6 LXX Cod. 30 (Field I 66) und bei dem sog. Ἑβραῖος
(über ihn Field I S. LXXV ff.). Der Komparativ ἀγαϑώτερος steht LXX
Cod. B Judic. 11 25 und 15 2.

[7] Ebenso Joh. 4 52 κομψότερον ἔσχεν, vergl. dazu *Clavis*² 247.

[8] ἀμελίσῃς. Zu dem folgenden Dativ vergl. W. Schmid, Der Atticismus III 56.

[9] Vergl. oben S. 107 Anm. 3.

νουμὶ νεώτερος[sic]. ἀσπάζομαι Π..ως καὶ Ἀμενώθην. γόργευσον[1]
τῷ υἱῷ[2] μου ἕως ἀπελθῶμεν εἰς τὸν τόπον μου. ἐὰν ἀπελθῶ
εἰς τὸν τόπον καὶ ἴδω τὸν τόπον πέμψω ἐπί [σε] καὶ ἐλεύσῃ...
εἰς Πηλοῦσιν[3] καὶ ἐλεύσομαι ἐπί σε εἰς Πηλοῦσι[sic]. ἀσπάζομαι
Στεχὶς Παχράτου. ἀσπάζομαι Ψεμῶνθα καὶ Πάτων[sic]. ἐὰν
μάχουσιν[sic] μετ' ἐσοῦ οἱ ἀδελφοί σου, ἐλθὲ εἰς [τὸν οἶ]κόν μου
καὶ κάτισον[4] Ἐς[5] ἰδῶμεν τί μέλλομεν ποιεῖν. μὴ ἀμηλήσις[6].
γράψον μοι περὶ τῆς σωτηρίας σ[ου κ]αὶ τοῦ υἱοῦ μου. γόργευσον μετὰ τοῦ χωρίου.[7] ταύτην τὴν ἐπιστολὴν ἐγράφη[sic] ἐν
Θμούει τῇ ε̄ φαμενώθ. Ἔτι δύο ἡμέρας ἔχομεν καὶ φθάσομεν
εἰς Πηλ[οῦ]σι. ἀσπάζετε ἡμᾶς[8] Μέλας πάντες[sic] κατ' ὄνομα.[9]
ἀσπάζομαι Ψενχνουμὶ υἱὸς[sic] Ψεντερμούτ. ἐρρῶσθέ σε εὔχομαι.

Auf der Rückseite die Adresse: εἰς Πωῖ Ταχνουμὶ ἀπὸ
Ἀμμωνίῳ[sic] ἀδελφῷ.

10. Der Bestand an wirklichen Briefen, der uns aus dem
Altertume erhalten ist, beschränkt sich jedoch nicht auf die in
ihrer ursprünglichsten schönen Wirklichkeit bewahrten Papyrusbriefe. In den als ἐπιστολαί überlieferten Büchern und Büchlein und auch in anderen verbirgt sich ein gut Teil wirklicher
Briefe, deren Aufbewahrung wir dem Umstande zu verdanken

---

[1] γοργεύω findet sich zuerst wohl bei Symmachus Eccl. 10 ₁₀ (Field
II 400); dort ist προέχει δὲ ὁ γοργευσάμενος εἰς σοφίαν freie Übersetzung
von aber der Vorteil der Zurechtmachung (וְהַכְשִׁיר) ist Weisheit. Die
durch den Papyrus gebotene Bedeutung sich Mühe geben, sich bekümmern
liegt auch hier vor: wer sich Mühe gibt, gelangt zuerst zur Weisheit.
Hesychius (γόργευσον, τάχυνον, σπεῦσον) kennt diese übertragene Bedeutung nicht. — Symmachus Eccl. 2 ₂₁ und 4 ₄ (Field II 385 und 387) steht
auch γοργότης (LXX ἀνδρεία) als Übersetzung von בְּצֵרוֹן Tüchtigkeit.
[2] Zu dem Dativ vergl. W. Schmid, Der Atticismus III 56.
[3] εἰς Πηλοῦσιν statt εἰς Πηλούσιον steht auch Pap. Berol. 7021 (BU
IV S. 111 f. No. 93), 2./3. Jahrh. n. Chr.
[4] Statt κάθισον (LXX Gen. 27 ₁₉ und öfter; Marc. 12 ₁₆ Cod. B).
[5] Ἕ⟨ω⟩ς.
[6] ἀμελήσῃς.
[7] ??
[8] ἀσπάζεται ὑμᾶς.
[9] Vergl. ἀσπάζου τοὺς φίλους κατ' ὄνομα 3 Joh. ₁₅. — κατ' ὄνομα
Joh. 10 ₃.

haben, dass sie in irgend einer Zeit von irgend jemandem nachträglich zur Litteratur gemacht worden sind. Wie dereinst die kommenden Generationen unseren heutigen Gelehrten erkenntlich sein müssen, dass sie die Papyrusbriefe publiciert das heisst zur Litteratur gemacht haben, so haben wir alle Ursache den meist unbekannten Männern des Altertums Dank zu wissen, welche die Indiskretion halten aus Briefen Bücher zu machen. Die grossen Männer, deren Briefe zu unserem Glücke von diesem Schicksale ereilt wurden, sind deshalb keine Epistolographen gewesen, sie waren Briefschreiber, wie die wunderlichen Heiligen des Serapeums und die unbekannten Männer und Frauen aus dem Faijûm. Oft freilich haben sie es sich wegen der auf litterarischem Wege geschehenen Erhaltung ihrer Briefe gefallen lassen müssen für Epistolographen gehalten zu werden, und die philisterhafte Meinung, die berühmten Männer fühlten sich als Berühmtheiten, auch wenn sie lachen und gähnen, und sie könnten kein Wort reden oder schreiben, ohne sich die staunende Menschheit als Publikum dabei vorzustellen, mag das Missverständnis begünstigt haben. Von welchen Männern wir nun wirkliche Briefe besitzen, ist zur Zeit noch nicht völlig ermittelt. Aber für unseren Zweck genügt es, wenn wir uns auch nur an einige wahrscheinliche Fälle halten.

Des *Aristoteles* († 322 v. Chr.) Briefe sind sehr frühe veröffentlicht worden; die Publikation trat einer unmittelbar nach seinem Tode auftretenden lügnerischen Überlieferung in wirksamer Weise entgegen.[1] Diese Aristotelesbriefe waren »wirkliche Briefe, veranlasst durch das Bedürfniss der persönlichen Mittheilung, nicht Produkte der Kunst, d. h. Abhandlungen in Briefform.«[2] Man hält diese Sammlung für den ersten Fall einer nachträglichen Publikation von Privatbriefen.[3] Sie musste deshalb hier genannt werden, obwohl es nicht sicher ist, ob unter den als »Aristotelesbriefe« auf uns gekommenen Trümmern[4] etwas

---

[1] von WILAMOWITZ-MOELLENDORFF, Antigonos von Karystos 151.
[2] STAHR, Aristotelia I 195.
[3] von WILAMOWITZ-MOELLENDORFF, Ant. v. Kar. 151, SUSEMIHL II 580.
[4] HERCHER 172—174.

Echtes sich gerettet hat; jedenfalls ihrem grössten Teile nach
haben dieselben ihren Ursprung in der fiktiven Schriftstellerei der
Alexandrinerzeit.[1] — Günstiger steht es mit den unter dem Namen
des *Isokrates* († 338 v. Chr.) überlieferten neun Briefen.[2] Ihr
neuster Bearbeiter[3] kommt zu folgenden Ergebnissen. Der Brief 1
an Dionysios ist echt. Den gleichen Stempel der Echtheit tragen
die beiden Empfehlungsbriefe 7 und 8 an Timotheos von Hera-
kleia und die Mitylenäer: »so viel detail, das wir als geschichtlich zutreffend erkennen, wo wir es controlliren können, und
in sehr viel grösserem umfange zu beurtheilen gar nicht in der
lage sind, steht nicht in fälschungen, es sei denn, dass sie
anderen zwecken dienen, als sie zur schau tragen. davon ist
hier keine rede. es finden sich in diesen briefen ähnliche
wendungen (7,11 = 8,10): aber das ist nicht wunderbar. wenn
er diese geschrieben hat, müssen wir dem Isokrates doch zutrauen, dass er solche schriftstücke sehr zahlreich hat ausgehen
lassen«.[4] In formeller Hinsicht sind diese echten Isokratesbriefe
interessant, weil sie zeigen, »dass Isokrates seinen rhetorischen stil
auch. für den brief angewandt hat. . . . . stilistisch betrachtet
sind es gar keine briefe.«[5] Ich halte diese Thatsache methodisch
für sehr lehrreich; sie bestätigt den oben ausgesprochenen Satz,
dass für die Beantwortung der Frage, wo wir *wirkliche* Briefe
vor uns haben, niemals die Form entscheidend sein kann, sondern
in letzter Linie nur die Absicht des Verfassers: es sollte zwar
nicht sein, aber es kann doch Briefe geben, die sich lesen wie
ein Libell, und es gibt Episteln, deren einschmeichelndes Ge-
plauder uns vergessen lässt, dass das niedliche Wesen doch nur
eine fragwürdige Maske ist. An der Echtheit des Briefes 2 an den
König Philippos ist ebenfalls nicht zu zweifeln: »der inhalt ist

---

[1] Susemihl II 580 f.

[2] Hercher 319—336.

[3] von Wilamowitz-Moellendorff, Aristoteles und Athen II 391—399.
Schade, dass manche der neusten Kritiker der Paulusbriefe diese paar
Seiten nicht vor sich hatten. Sie hätten dann vielleicht gemerkt, was
ein Brief und was Methode ist.

[4] S. 391 f.

[5] S. 392.

überwiegend wirklich ein persönlicher.« [1] Auch der Brief 5 an
Alexander ist echt, »wirklich ein hübsches stückchen isokratei-
scher finesse: der ist ächt, weil er tiefer ist, als er scheint und
auf notorisch wahre verhältnisse versteckt bezug nimmt.« [2]
Bei dem Briefe 6 halten sich die Momente für und wider die
Echtheit die Wage.[3] Die Briefe 3, 4 und 9 dagegen sind unecht, zum Teile sogar tendenziöse Fälschungen.[4] Auch dieses
Allgemeinergebnis der Prüfung ist methodisch von hohem
Werte: man sollte den Begriff *Briefsammlung* nicht länger in
der mechanischen Weise auffassen, dass man die Frage stellt
nach der Echtheit einer Sammlung, anstatt nach der Echtheit
ihrer einzelnen Bestandteile; mit einem Dutzend echter Briefe
kann die Überlieferung sehr wohl einen unechten oder ein paar
unechte zusammengequält haben, und ein ganzes Buch ge-
fälschter »Briefe« kann die Spreu sein, in welcher sich gute
Körner vor den Augen der Knechte verbergen: wenn der Sohn
des Hauses zur Tenne kommt, wird er sie entdecken, denn er
kann nicht dulden, dass etwas umkomme. — Die Briefe des
Epikuros († 270 v. Chr.), des Vielverkannten, sind mit denen
seiner bedeutendsten Zöglinge Metrodoros, Polyainos, Hermar-
chos zum Teile unter Beifügung der an diese Männer gerichteten
Schreiben anderer Freunde von den Epikureern sorgfältig gesammelt worden [5] und teilweise auf uns gekommen. Ich kann
es mir nicht versagen ein durch die Rollen von Herculanum
bekannt gewordenes Bruchstück eines Briefes des Philosophen
an sein Kind hier mitzuteilen [6], nicht weil es ein Denkmal der
Weltweisheit wäre, sondern weil es aus einem Briefe stammt,
so schlicht und herzlich, so brieflich wie der Brief Luthers an
seinen Sohn Hänsichen:

...[ἀ]φείγμεϑα εἰς Λάμψακον ὑγιαίνοντες ἐγώ καὶ Πυϑοκλῆς
κα[ὶ Ἑρμ]αρχος καὶ Κ[τή]σιππος, καὶ ἐκεῖ κατειλήφαμεν ὑγ[ι]-

---

[1] S. 397.
[2] S. 399.
[3] S. 395.
[4] S. 393—397.
[5] Susemihl I 96 f., H. Usener, *Epicurea*, *Lipsiae 1887*, p. LIV ff.
[6] Nach der Ausgabe von Usener p. 154.

αἴνοντας Θεμίσταν καὶ τοὺς λοιποὺς [φί]λο[υ]ς. εὖ δὲ ποιε[ῖ]ς
καὶ σὺ ε[ἰ ὑ]γιαίνεις καὶ ἡ μ[ά]μμη [σ]ου καὶ πάπα καὶ Μά-
τρω[ν]ι πάντα πε[ί]θη[ι, ὥσπ]ερ καὶ ἔ[μ]προσθεν. εὖ γὰρ
ἴσθι, ἡ αἰτία, ὅτι καὶ ἐγὼ καὶ ο[ἱ] λοιποὶ πάντες σε μέγα φιλοῦ-
μεν, ὅτι τούτοις πείθη πάντα ....

Auch in dem lateinischen Schrifttume lassen sich eine
Anzahl wirklicher Briefe feststellen. »Briefe, amtliche [1] wie persönliche, treten bei den Römern frühzeitig in die Literatur [2] ein,
selbständig und in Geschichtswerken [3], diejenigen bedeutender
Männer bald auch gesammelt.« [4] Nur auf ein einziges freilich sehr
lehrreiches Beispiel sei hier verwiesen: von *Cicero* († 43 v. Chr.)
sind vier Sammlungen von Briefen auf uns gekommen, mit
Einschluss der 90 an Cicero gerichteten im ganzen 864 Stück;
der früheste vom Jahre 68, der späteste vom 28. Juli 43 [5].
»Sie sind sowohl persönlichen wie politischen Inhalts und ein
unerschöpflicher Schatz für die Zeitgeschichte [6], zum Teil aber

---

[1] Auch amtliche Briefe sind natürlich zunächst wirkliche Briefe,
nicht Litteratur, auch wenn sie sich an eine Mehrheit von Personen
richten. — Diese Anmerkung und die beiden folgenden gehören nicht zu
dem Citate aus Teuffel-Schwabe.

[2] Deshalb sind sie selbstverständlich nicht von Hause aus Litteratur
gewesen.

[3] Die Einfügung von Briefen in Geschichtswerke ist ein bei Griechen
und Römern weit verbreiteter litterarischer Gebrauch. Sie steht auf einer
Linie mit der Einfügung von Aktenstücken und längeren oder kürzeren
Reden in den historischen Bericht. Gilt von diesen Reden im grossen
und ganzen, dass sie als Kompositionen der Historiker zu betrachten sind,
so wird man bei Briefen und Aktenstücken nicht selten mit der Annahme
der Echtheit zu rechnen haben. Vergl. zu dieser auch für die Kritik der
biblischen Schriften wichtigen Frage besonders H. Schnorr von Carolsfeld,
Über die Reden und Briefe bei Sallust, Leipzig 1888, 1 ff. und die von
Schäfer I 66 Anm. 14 gegebene Litteratur, auch Teuffel-Schwabe I 84
pos. 3, Westermann I (1851) 4.

[4] W. S. Teuffel Geschichte der römischen Literatur neu bearbeitet
von L. Schwabe,[5] I, Leipzig 1890, 83.

[5] Teuffel-Schwabe I 356 ff.

[6] Auch dieser Punkt ist für den Erforscher der biblischen »Briefe«
methodisch von hoher Bedeutung. Ich verweise zur Würdigung des

von der Art, dass die Veröffentlichung nicht für Cicero vorteilhaft war; denn bei einem Manne, der so rasch zu denken und so lebhaft zu fühlen pflegte wie Cicero, dem es Bedürfnis war seine jedesmaligen Gedanken und Empfindungen mündlich oder in Briefen an einen vertrauten Freund wie Atticus auszusprechen, gewährt ein solcher Briefwechsel einen oft nur allzutiefen, ja sogar mannigfach täuschenden[1] Einblick in sein Innerstes. Daher haben die Ankläger Ciceros ihren Stoff zum grössten Teile diesen Briefen entnommen.«[2] Die Sprache der Briefe zeigt bemerkenswerte Unterschiede: »in den Briefen an Atticus und sonst gute Bekannte lässt Cicero sich gehen, die an Fernerstehende sind meist wohlberechnet und wohlstilisiert.«[3] Die Geschichte der Sammlung der Cicerobriefe ist von hoher Wichtigkeit für die Erkenntnis derartiger litterarischer Vorgänge. »Cicero selbst hat die von ihm geschriebenen Briefe nicht gesammelt, noch weniger sie herausgegeben; aber schon bei seinen Lebzeiten trugen ihm Nahestehende sich mit derartigen Gedanken.«[4] »Nach Ciceros Tode wurde das Sammeln und Herausgeben seines Briefwechsels eifrig betrieben, gewiss zunächst von Tiro, der ja schon bei Lebzeiten Ciceros die Sammlung von dessen Briefen geplant hatte.«[5] Cornelius Nepos hat nach einer Notiz in dem vor 34 v. Chr. verfassten Teile seiner Biographie des Atticus bereits damals durch private Mitteilung die Briefe an Atticus gekannt[6], »sie waren zwar noch nicht herausgegeben, wie er ausdrücklich sagt, wohl aber, scheint es, schon zur Heraus-

---

historischen Wertes der Cicerobriefe noch auf J. Bernays, Edward Gibbon's Geschichtswerk, Gesammelte Abhh. von J. B. herausg. von H. Usener, II, Berlin 1885, 243 und E. Ruete, Die Correspondenz Ciceros in den Jahren 44 und 43, Marburg 1883, 1.

[1] ??

[2] Teuffel-Schwabe I 356 f.

[3] Ebenda I 357.

[4] Teuffel-Schwabe I 357 citiert dazu Cic. *ad Attic.* 16,5: (44 v. Chr.) *mearum epistularum nulla est συναγωγή, sed habet Tiro instar LXX, et quidem sunt a te quaedam sumendae; eas ego oportet perspiciam, corrigam; tum denique edentur* — und an Tiro *fam.* 16,17: (46 v. Chr.) *tuas quoque epistulas vis referri in columina.*

[5] Teuffel-Schwabe I 357 f.

gabe zusammengestellt. Die für uns früheste Erwähnung eines
veröffentlichten Briefes aus dem ciceronischen Briefwechsel findet
sich erst« bei Seneca.[1] Im einzelnen ist über den Hergang der
Sammlung folgendes [1] festzustellen. Atticus vermittelte die
Herausgabe der an ihn gerichteten Briefe, die übrigen scheint
Tiro allmählich veröffentlicht zu haben; beide Herausgeber
unterdrückten ihre eigenen Briefe an Cicero. Tiro ordnete den
Briefwechsel nach den Personen der Empfänger und veröffentlichte die so entstandenen Sonderbriefwechsel je nach dem vor-
vorgefundenen Stoffe in mehreren oder einzelnen Büchern; der
Stoff, der zur Zusammenstellung besonderer Bücher nicht ausreichte, und vereinzelte Briefe wurden in Sammelbüchern (an
zwei und mehrere Empfänger) untergebracht, auch frühere
schon herausgegebene Sammlungen in späteren Büchern durch
nachträglich erst geschriebene oder zugänglich gewordene Briefe
ergänzt. Die meisten dieser Cicerobriefe sind »rein vertrauliche Ergüsse augenblicklicher Stimmung«[2], speciell die an
Atticus gerichteten »vertrauliche Briefe, in welchen sich der
Schreiber mit voller Unbefangenheit äussert, und oft in einer
nur dem Empfänger verständlichen andeutenden Ausdrucksweise geschrieben. Zum Teil lesen sie sich wie Selbstgespräche.«[3]
Die Echtheit, z. B. der Briefe an Brutus, ist von vielen bestritten
worden; aber diese Angreifer »sind auf allen Punkten geworfen
worden und es steht heute deren Echtheit sicherer als je. Was
man gegen die Sammlung geltend gemacht hat ist von wenig
Erheblichkeit, besonders die Widersprüche von Ciceros vertraulichen Urteilen über Personen mit seinen öffentlichen oder mit
Äusserungen zu anderer Zeit.«[4]

11. Dass wir von Litteraturbriefen, *Episteln*, aus dem Altertume eine verhältnismässig grosse Anzahl kennen und viele auch
besitzen, ist eine einfache Folge ihres litterarischen Charakters:
Litteraturist nicht nur für die Öffentlichkeit, sondern auch für die

---

[1] Teuffel-Schwabe I 358.
[2] Ebenda 83.
[3] Ebenda 362.
[4] Ebenda 364. Für die Kritik besonders der Paulusbriefe ist auch
dieser Punkt methodisch hochbedeutsam.

Zukunft bestimmt. Welches das erste Beispiel in der griechischen Litteratur ist, steht nicht fest. Susemihl [1] ist geneigt gewisse epideiktische Spielereien des *Lysias* († 379 v. Chr.) dafür zu halten, vorausgesetzt, dass sie wirklich von ihm herrühren; jedenfalls aber hält er es für möglich, dass sie bereits in der späteren attischen Zeit entstanden seien. *Aristoteles* hat sich des »fictiven briefes« für seinen Protreptikos bedient [2]; von *Epikuros* besitzen wir »Lehrbriefe«, ebenso von *Dionys von Halikarnass*, und hierher gehören auch Schriften von *Plutarch* wie *de coniugalibus praeceptis, de tranquillitate animi, de animae procreatione* [3] — litterarische Erzeugnisse, auf die man das Wort eines antiken Sachverständigen [4] anwenden darf: οὐ μὰ τὴν ἀλήθειαν ἐπιστολαὶ λέγοιντο ἄν, ἀλλὰ συγγράμματα τὸ χαίρειν ἔχοντα προσγεγραμμένον und εἰ γάρ τις ἐν ἐπιστολῇ σοφίσματα γράφει καὶ φυσιολογίας, γράφει μέν, οὐ μὴν ἐπιστολὴν γράφει. [5] Bei den Römern ist unter den ersten Epistelverfassern wahrscheinlich *M. Porcius Cato* († 149 v. Chr.) zu nennen [6], die bekanntesten dürften Seneca und Plinius sein. *L. Annaeus Seneca* [7] († 65 n. Chr.) hat ums Jahr 57 — in derselben Zeit, in der Paulus seine grossen Briefe schrieb — seine *epistulae morales* an seinen Freund Lucilius zu schreiben begonnen, von Anfang an mit der Absicht der Veröffentlichung; die ersten drei Bücher hat er selbst wohl noch herausgegeben. Unter Trajan

---

[1] II 600.

[2] von Wilamowitz-Moellendorff, Aristoteles und Athen II 393.

[3] Westermann I (1851) 13. Viele andere Beispiele aus den Griechen bei Susemihl II 601.

[4] Demetr. *de elocut.* 228 (Hercher p. 13) und 231 (H. p. 14).

[5] Wie richtig bereits ein alter Epistolograph den litterarischen Charakter seiner Schriftstellerei zu beurteilen wusste, zeigt ein Wort des Rhetors Aristides (2. Jahrh. n. Chr.). In seinen Werken steht ein τῇ βουλῇ καὶ τῷ δήμῳ τῷ Κοτυαέων gewidmeter ἐπὶ Ἀλεξάνδρῳ ἐπιτάφιος, von dem er selbst (I p. 148 Dind.) sagt ὅπερ γε καὶ ἐν ἀρχῇ τῆς ἐπιστολῆς εἶπον ἢ ὅ τι βούλεσθε καλεῖν τὸ βιβλίον. Westermann III (1852) 4 nennt diesen und einen anderen »Brief« des Aristides daher *declamationes epistolarum sub specie latentes.*

[6] Teuffel-Schwabe I 84 und 197 f.

[7] Ebenda II 700.

hat dann *C. Plinius Caecilius Secundus* [1] († *ca.* 113 n. Chr.) neun Bücher »Briefe« verfasst und herausgegeben; die Sammlung war vollständig erschienen, als Plinius nach Bithynien ging. Dazu kam der Briefwechsel mit Trajan, hauptsächlich aus der Zeit der bithynischen Statthalterschaft (etwa September 111 bis nach Januar 113). Von Anfang an sind die Pliniusbriefe ebenfalls mit der Absicht der Veröffentlichung geschrieben »und machen daher entfernt nicht den frischen Eindruck der Unmittelbarkeit wie die ciceronischen« [2]; sie »verbreiten sich in berechneter Mannigfaltigkeit über eine Fülle von Gegenständen, sind aber vor allem dazu bestimmt ihren Verfasser im günstigsten Lichte zu zeigen« [3]: »sie zeigen ihn als zärtlichen Gatten, treuen Freund, gütigen Sklavenhalter, edeldenkenden Bürger, freigebigen Förderer aller guten Zwecke, gefeierten Redner und Schriftsteller« [3]; »dagegen der Briefwechsel mit Trajan dient unwillkürlich dazu die Geduld und ruhige Umsicht des Kaisers gegenüber der zappelnden Ratlosigkeit und Wichtigtuerei seines Statthalters ins Licht zu stellen« [3] »Auf die Form ist auch hier alle Sorgfalt verwendet.« [2]

Für die überaus weite Verbreitung der Epistolographie bei den Griechen und Römern sind noch mehrere Thatsachen lehrreich. Die Epistel hat sich, als litterarisches Eidos einmal vorhanden, in eine ganze Reihe von fast selbständigen Formen der Schriftstellerei differenziert. Vor allem ist zu erinnern an die poetische Epistel [4] (besonders Lucilius, Horaz, Ovid); aber es gab auch juristische Episteln, eine litterarische Form, die wohl ausgegangen ist von schriftlichen *responsa* auf Anfragen über Gegenstände des Rechtes [5]; ferner *epistulae medicinales* [6], gastronomische »Briefe« [7] u. s. w. Unsere besondere Aufmerksamkeit dürfte hier die grosse Beliebtheit der Epistel als der Form

---

[1] Teuffel-Schwabe II 849, 851 ff.
[2] Ebenda II 852.
[3] Ebenda II 849.
[4] Ebenda I 39 f.
[5] Ebenda I 84.
[6] Ebenda I 85.
[7] Schmidl II 601.

der magischen und religiösen Litteratur verdienen. »Alle Zauberpapyri haben diese Briefform und das war in der ganzen
sakralen und mystischen Litteratur, von anderen zu schweigen,
die Modeform. Die Boten neuer Religion kleideten ihre Ver-
kündigung damals in diese Form und man würde ihnen, selbst
wenn sie mit stereotypem Titel dieser Art und mit besonders
heiligen Namen ihre Schriften versehen, Unrecht tun, wenn
man sie einfach Fälscher nennen wollte«.[1]

12. Nur ganz kurz braucht hier auf die pseudonyme Epistolographie des Altertums hingewiesen zu werden. Es genügt,
dass wir uns klar darüber sind, wie gross ihre Verbreitung
seit der Alexandrinerzeit bei den Griechen und dann auch bei
den Römern gewesen ist. Sie gehört entschieden zu den charak-
teristischsten Merkmalen des nachklassischen Schrifttums. Schon
ein Teil der zuletzt genannten Episteln geht unter dem Namen
fingierter Verfasser, wie ja überhaupt die Grenze zwischen der
»echten« und der fingierten Epistel schwer zu ziehen ist, wenn
man sie beide dem wirklichen Briefe gegenüberstellt.[2] Es ist
selbstverständlich, dass die pseudonyme Epistolographie sich vor
allem an die berühmten Namen der Vergangenheit hielt, nicht
zum mindesten an die Namen der Grossen, von denen wirkliche Briefe in Sammlungen vorlagen. Den Unbekannten, die
es für notwendig hielten die Litteratur um ein paar Blätter
zu bereichern, kam die schriftstellerische Sitte der Deck- oder
Schutznamen aufs gefälligste entgegen; man setzte nicht den
eigenen Namen, von dem man in richtiger Ahnung wusste,
dass er der Mitwelt und den Späteren gleichgültig sein werde,
über sein Buch, man ersetzte ihn auch nicht durch einen
obskuren *Gaius* oder *Timon*, sondern man schrieb »Briefe« des
Platon und Demosthenes, des Aristoteles und seines königlichen
Schülers, des Cicero, Brutus und Horaz. Auf besonders charakteristische Beispiele hier einzugehen ist überflüssig, zumal
der Stand der Forschung uns die Einzelorientierung zur Zeit

---

[1] A. Dieterich, Abraxas 161 f. Dort und besonders Fleck. Jbb.
Suppl. XVI (1888) 757 f. Einzelnachweise.
[2] Vergl. oben S. 202 und 207.

noch sehr erschwert: als litterarische Gesamterscheinung jedenfalls steht die pseudonyme Epistolographie des Altertums deutlich vor unseren Augen. Nur darauf sei noch hingewiesen, was
wir aus einer neueren Arbeit [1] zur Genüge lernen können, dass
die frühe Kaiserzeit das klassische Zeitalter dieses unklassischen
Büchermachens gewesen ist.

IV.

13. Zu den biblischen Briefen und Episteln habe ich Prolegomena schreiben wollen: es scheint Zeit zu werden, dass ich
zum Thema komme. Aber ich könnte getrost hier abbrechen
und mir doch einbilden meine Aufgabe nicht vernachlässigt
zu haben. Was ich noch zu sagen habe, steht eigentlich schon
alles auf den Blättern vorher. Es ist ein Problem der litterar-
geschichtlichen Methode, das sich mir aufgedrängt hatte; ich
habe es mir beantwortet, indem ich die Wurzeln blosszulegen
suchte, mit denen es in dem Boden haftet, auf dem vor Zeiten
der weite Gottesgarten der heiligen Schrift erblüht ist.

Die Bibel bietet ihrem Erforscher eine grosse Anzahl von
Schriften dar unter einem Namen, der einfach zu sein scheint
und doch jenes Problem in sich birgt, den jedes Kind zu verstehen scheint und über den doch der Gelehrte nachgrübeln
muss, wenn anders er den Trägern dieses Namens ins Herz
schauen will. »Briefe«! Wie lange habe ich mit diesem Begriffe
gearbeitet, ohne doch jemals darüber nachgedacht zu haben,
was er bedeutet; wie lange hat er mich durch mein wissen-
schaftliches Tagewerk begleitet, ohne dass ich das Rätsel merkte,
das in seinem Alltagsgesichte geschrieben stand. Mögen andere
klüger gewesen sein: mir ist es ergangen wie dem Manne,
der einen Weinberg pflanzte, ohne den Rebensetzling von dem
Wurzelschosse des wilden Weines unterscheiden zu können.
Das war natürlich schlimm, ebenso schlimm, wie wenn jemand
über attische Tragödien arbeitete, ohne zu wissen, was eine
attische Tragödie ist. Um einen Brief schreiben zu können,

---

[1] J. F. MARCKS, *Symbola critica ad epistolographos Graecos, Bonnae 1883.*

dazu ist es freilich nicht nötig zu wissen, was ein Brief ist.
Die besten Briefschreiber haben sich jedenfalls darüber keine doktrinären Gedanken gemacht; die griechischen und lateinischen
Briefsteller des Altertums[1] entstanden lange nach Cicero: so
sollen ja auch die Apostel nichts von Halieutik gewusst haben.
Aber um die unter dem Namen »Briefe« überlieferten biblischen
Schriftdenkmäler historisch verstehen und anderen verständlich
machen zu können, dazu ist freilich die erste Vorbedingung,
dass man sein Objekt geschichtlich erfasst, dass man den
Problembegriff vorher seines problematischen Charakters entkleidet hat: *οὐ γὰρ ἐπειδὴ ἐπιστολὴ προσαγορεύεται ἑνικῷ ὀνόματι, ἤδη καὶ πασῶν τῶν κατὰ τὸν βίον φερομένων ἐπιστολῶν
εἷς τίς ἐστι χαρακτὴρ καὶ μία προσηγορία, ἀλλὰ διάφοροι,
καθὼς ἔφην.*[2] Ergibt die Betrachtung der antiken Litteratur,
dass der landläufige Ausdruck »Brief« differenziert werden muss
vor allem in die beiden Hauptkategorieen *wirklicher Brief* und
Epistel, so werden auch die biblischen »Briefe« nach diesem Gesichtspunkte geprüft werden müssen. Wie die Bibel ein Recht
darauf hat, dass ihre Sprache in dem Zusammenhange der gleichzeitigen Sprachgeschichte, in welchem sie steht, auch studiert
werde[3], — wie sie fordert, dass ihr religiös-ethischer Gehalt im Zusammenhange der gleichzeitigen Religions- und Kulturgeschichte,
in welchem er steht, auch studiert werde[4], so dürfen auch die

---

[1] Vergl. hierüber WESTERMANN I (1851) 9 f. Griechische Theoretiker
des Briefschreibens bei HERCHER p. 1—16, lateinische in den *Rhetores Latini
minores*, em. C. HALM, fasc. II, Lipsiae 1863, p. 447 f. und 589.

[2] [Pseudo-]Procl. *de forma epistolari* (HERCHER p. 6 f.). Das Citat
bezieht sich dort allerdings nicht auf die verschiedenen Arten des Begriffes *Brief*, sondern auf die 41 [!!] verschiedenen Unterarten des
wirklichen Briefes. Die Unterscheidung dieser verschiedenen Arten (ähnlich zählt [Pseudo-]Demetr. [HERCHER p. 1 ff.] 21 Kategorieen auf) ist im
einzelnen zum Teile höchst sonderbar.

[3] Vergl. oben S. 57 ff.

[4] Ich habe meine methodologischen Gedanken über die biblische Religionsgeschichte kurz ausgesprochen in dem Aufsatze Zur Methode der biblischen Theologie des Neuen Testamentes, Zeitschrift für Theologie und
Kirche III (1893) 126—139.

15*

Denkmäler des biblischen Schrifttums in der litterarischen Forschung nicht isoliert werden. Ich sage *des biblischen Schrifttums*, nicht *der biblischen Litteratur*. Denn bei einem Teile
der biblischen Schriften wäre die Bezeichnung *Litteratur* eine Er-
schleichung. Nicht alles, was uns heute gedruckt in Büchern
vorliegt, ist von Hause aus Litteratur gewesen; gerade der Vergleich der biblischen Schriften nach ihrem genuinen Charakter
mit den Schriften des Altertums wird ergeben, dass sich dort
wie hier die ursprünglichen Litteraturwerke von den erst nachträglich zur Litteratur gemachten Schriften scharf abheben, oder
dass wir wenigstens sie von einander scheiden müssen. Nirgends
zeigt sich dies deutlicher als in unserem besonderen Falle.
Wenn wir die Forderung erheben, dass die biblischen »Briefe«
in den Zusammenhang der antiken Briefstellerei zu rücken sind,
so sollen sie damit nicht für ein Stück der antiken Epistolographie erklärt werden: sie sollen lediglich auf die Frage hin
untersucht werden, inwieweit bei ihrer Erforschung die in dem
Problembegriffe *Brief* enthaltenen Kategorieen zur Anwendung
zu bringen sind. Wir können unsere Frage nach den biblischen
Briefen und Episteln bezeichnen als die Frage nach dem litterarischen Charakter der in der Bibel unter dem Namen *Briefe*
überlieferten Schriften[1]; aber die Frage nach ihrem litterarischen
Charakter muss sich darauf gefasst machen, dass die Antwort
den prälitterarischen Charakter möglicher Weise aller, vielleicht
einiger behauptet.

Das erste hat — wenigstens von den im Neuen Testament
stehenden »Briefen« — F. OVERBECK[2] behauptet. Nach ihm
gehören die apostolischen Briefe einer Schriftenkategorie an,

---

[1] Scheinbar dieselbe Fragestellung wendet wenigstens auf einen Teil
der biblischen »Briefe« an E. P. GOULD, *The literary character of St. Paul's
letters* in der Zeitschrift *The Old and New Testament Student*, vol. XI
(1890) *p.* 71 ff. und 134 ff. Aber sein Thema ist thatsächlich anders gemeint.

[2] Über die Anfänge der patristischen Litteratur, Historische Zeitschrift
48, Neue Folge 12 (1882), 429 ff. Ich kann es nicht unterlassen zu betonen, dass ich aus diesem Aufsatze die fruchtbarsten methodologischen
Anregungen erhalten habe, wenn ich auch in wichtigen Punkten von den
Ansichten des Verfassers abweiche.

mit der man sich noch gar nicht im eigentlichen Bereiche der Litteratur befinde [1]; wer einen Brief schreibe, beteilige sich gar nicht
an der Litteratur; »denn einem jeden Literaturwerk ist die schrift-
liche Form für seinen Inhalt wesentlich.«[2] Das geschriebene
Wort des Briefes sei weiter nichts, als das durchaus kunstlose
und zufällige Surrogat des gesprochenen. Der Brief habe wie
einen ganz bestimmten, momentanen Anlass so auch ein ganz
bestimmtes und beschränktes Publikum, nicht notwendig nur
ein Individuum, sondern unter Umständen auch einen kleineren
oder grösseren Verein von solchen, jedenfalls aber einen dem
Briefschreiber durchaus übersehbaren und von ihm allein ins
Auge gefassten Kreis von Lesern. Ein Litteraturwerk dagegen
beabsichtige grösste Publicität; das Publikum des Schriftstellers
sei ein ideales, welches erst zu finden dem schriftstellerischen
Werke überlassen sei.[3] So treffend OVERBECK hier den fundamentalen Unterschied des Briefes von der Litteratur präcisiert,
so hat er doch übersehen, dass die apostolischen Briefe
darauf zu untersuchen sind, ob sie etwa Episteln sein könnten,
entweder alle oder zum Teile. Es ist dies um so auffallender,
als OVERBECK doch sehr wohl die Epistel als etwas vom Briefe
Verschiedenes kennt. Wenigstens redet er von dem »Kunst-
briefe«, den er dem »wirklichen Briefe« entgegenstellt[4]; ja er

---

[1] S. 429 u. 428 unten.

[2] S. 429. Ich glaube, OVERBECK ist mit dem Ausdrucke *Form*, den er
öfter anwendet, nicht immer verstanden worden. Ich fasse das Wort in
dem obigen Citate ebenso wie in dem principiellen Satze S. 423: »Ihre
Geschichte hat eine Literatur in ihren Formen.« Da kann *Form* doch
nur im Sinne von *Eidos* verstanden werden. *Formen* der Litteratur sind
z. B. Epos, Tragödie, Geschichtschreibung u. s. w. OVERBECK vertritt mit
dem Satze, dass die Form für den Inhalt des Litteraturwerkes wesentlich
sei, zweifellos einen richtigen Gedanken, wenn es sich um die guten alten
εἴδη der Litteratur handelt: von der Komödie wird niemand einen Inhalt
erwarten, der φόβος καὶ ἔλεος erregt. Aber für ein so sekundäres litterarisches Eidos, wie es die Epistel ist, gilt jener Satz nicht. In der Epistel
kann alles Mögliche und noch einiges Andere stehen. Deshalb ist die
Epistel doch Litteratur, litterarische *Form*, wenn auch eigentlich *Unform*
(vergl. oben S. 199).

[3] S. 429.

[4] S. 429 oben.

hat die richtige Empfindung [1], dass es unter den neutestamentlichen Briefen einige gibt, deren Form als briefliche ganz un-
durchsichtig ist, die Gruppe der sogenannten katholischen
Briefe; bei einem Teile derselben entspreche die Adresse durch
ihre unbestimmte Allgemeinheit allerdings nicht dem, was man
sich unter einem Briefe vorstelle, und biete ein bis jetzt unauf-
gehelltes Rätsel. Er ist geneigt sie deshalb auf die Seite der-
jenigen neutestamentlichen Schriften zu stellen, »welche allerdings schon ihrer eigenen und ursprünglichen Form nach der
Literatur angehören [2], mit welchen aber das Neue Testament
aus dem Grunde der beschränkten Existenz ihrer Formen sich
nicht für das nehmen lässt, was man historisch den Anfang
der christlichen Literatur nennen kann.« So nahe es gelegen
hätte die so treffend zuletzt charakterisierten »Briefe« nun
für Episteln zu erklären, so wenig hat OVERBECK dies jedoch gethan, und wenn er sie wenigstens scheinbar für
Litteratur erklärt hat, so stellt er doch deutlich in Abrede,[3]
dass mit »dem Neuen Testament«, also eventuell mit ihnen,
die christliche Litteratur beginne, und er betont, der »Kunst-
brief« bleibe »hier« ganz ausser Betracht.[4]

Demgegenüber möchte ich behaupten, dass »im Neuen Testament« und nicht nur hier, sondern auch schon in dem Schrifttume der Juden so gut wie der nachneutestamentlichen Christen
die überlieferten »Briefe« sich ebenso scharf in wirkliche Briefe
und in Episteln scheiden lassen, wie im Altertume überhaupt.

14. Dass bereits die in den Schriften des vorchristlichen
Judentums enthaltenen »Briefe« deutlich jenen tiefgehenden
Unterschied zeigen, ist wohl von den meisten Erforschern der
neutestamentlichen »Briefe« übersehen worden. Und doch ist,
wenn die altchristlichen Schriften wirklich einmal von litterar-
geschichtlichem Gesichtspunkte aus betrachtet werden sollen,

---

[1] S. 431 f.

[2] OVERBECK meint die Evangelien, die Apostelgeschichte und die
Apokalypse des Johannes.

[3] S. 426 ff.

[4] S. 429.

das jüdische Schrifttum [1] der litterarische Bezirk, aus dem die ältesten Christen am ehesten etwas wie *Formen*, *εἴδη*, der Schriftstellerei entlehnen und benutzen konnten.[2] Wenn daher in diesem möglicher Weise vorbildlichen Bezirke sich das *εἶδος* der Epistel nachweisen lässt, so gewinnt unsere Fragestellung hinsichtlich der altchristlichen »Briefe« offenbar ein deutlicheres Recht. Konnte man bis dahin die Frage aufwerfen, ob es denkbar sei, dass eine in der »profanen« Litteratur ja immerhin unverkennbare Linie auch das abseits liegende Gebiet des Neuen Testaments berührt habe, so muss dieser principielle Zweifel verstummen, nachdem erwiesen ist, dass jene Linie längst das für die Männer des Neuen Testaments möglicher Weise vorbildliche Gebiet des jüdischen Schrifttums durchschnitten hat. Zwischen den antiken Episteln und den eventuellen altchristlichen Episteln besteht ein litterarischer, formengeschichtlicher Zusammenhang; hält man es für nötig ein Mittelglied zu konstatieren, so ist dieses nur in den jüdischen Episteln zu suchen. Wie die Epistel in die jüdische Schriftstellerei hineingekommen ist, ist klar: Alexandria, der klassische Boden der Epistel und der Pseudoepistel, hat auch hier seinen hellenisierenden Einfluss auf das Judentum ausgeübt. Wir wissen nicht, wer der erste jüdische Epistolograph gewesen ist;

---

[1] Natürlich nicht nur die Schriften, welche uns heute als kanonische bekannt sind.

[2] Deutlich zeigt sich der Einfluss einer jüdischen Litteraturform namentlich in der Apokalypse des Johannes. Aber auch die Apostelgeschichte, die ich wie die Evangelien bereits zur christlichen *Litteratur* rechne (gegen Overbeck), hat ihr formgeschichtliches Vorbild in der erbaulichen und volkstümlichen Chronikschreibung des griechischen Judentums. Was in der Apostelgeschichte an die litterarische Methode der »profanen« Geschichtschreibung erinnert (z. B. Mitteilung von Reden, Briefen und Aktenstücken), braucht nicht durch eine quellenmässige Bekanntschaft ihres Verfassers mit den klassischen Autoren veranlasst zu sein, sondern kann lediglich durch jüdische Vorbilder angeregt sein. Die Christen, als sie anfingen Litteratur zu machen, erhielten ihre litterarischen *εἴδη*, auch die griechisch-römisch aussehenden, durch das griechische Judentum, mit einziger Ausnahme des *Evangeliums*, welches eine innerchristliche litterarische Neubildung ist.

aber so viel ist höchst wahrscheinlich, dass er ein Alexandriner war. Die Herübernahme der Epistelform erleichterte sich ihm durch den Umstand, dass bereits in den altehrwürdigen Schriften seines Volkes oft von »Briefen« die Rede war und dass er eine Anzahl von »Briefen« sogar dem Wortlaute nach im heiligen Texte vorfand. Wer das Buch des Propheten Jeremia mit den Augen eines alexandrinischen Hellenisten las, der fand in *Jer. 29*, dem Sendschreiben des Propheten an die Gefangenen zu Babel[1], bereits etwas vor, was seinem litterarisch angekränkelten Geschmacke wie eine Epistel aussah. Thatsächlich ist dieses Sendschreiben ein wirklicher Brief, vielleicht der einzige echte, den wir aus alttestamentlicher Zeit besitzen, ein wirklicher Brief, der erst nachträglich durch Aufnahme in das *Buch des Propheten* zur Litteratur gemacht worden ist. Wie er jetzt im Buche steht, ist er durchaus auf eine Linie zu rücken mit allen anderen nachträglich veröffentlichten wirklichen Briefen. Von Hause aus, seiner Absicht nach ist Jer. 29 als wirklicher Brief unlitterarisch gewesen; daraus folgt, dass man hier natürlich nicht nach einem litterarischen Vorbilde fragen darf. So wertvoll, so notwendig es ist nach den Anfängen der jüdischen und weiterhin der christlichen Epistolographie zu fragen, so zwecklos, so thöricht wäre es den ersten israelitischen oder den ersten christlichen Briefschreiber ausfindig machen zu wollen: der doktrinäre Spürsinn würde auch arg enttäuscht werden, wenn ihn die erhabene Naivetät der geschichtlichen Wirklichkeit von den inhaltlich vielleicht unendlich dürftigen Blättern des wiederaufgefundenen ersten christlichen Briefes anlächelte; vielleicht war es ein vergessener Mantel, der ihn veranlasst hat, wer weiss? Jer. 29 ist natürlich kein Brief, wie ihn dieser oder jener in einem müssigen Augenblicke hinwirft; zwischen seinen Zeilen zucken Blitze, Jahwe zürnt und segnet — —, aber wenn ihn auch ein Jeremia geschrieben hat, wenn er auch für uns ein urkundliches Stück israelitischer Volks- und Religionsgeschichte ist, er

---

[1] Ich kann in diesen allgemeinen Bemerkungen natürlich die Frage nach der Integrität dieses Sendschreibens unberührt lassen.

ist, was er ist, ein Brief. Es fehlt uns nicht sein unbriefliches
Gegenstück: unter den alttestamentlichen Apokryphen ist uns
ein Büchlein überliefert, das den Titel ἐπιστολὴ Ἰερεμίου führt.
Haben wir Jer. 29 einen Brief des Propheten Jeremia, so haben
wir hier eine *Jeremia*-*Epistel*. Ich wüsste kein instruktiveres
Beispiel zur Verdeutlichung des Unterschiedes zwischen Brief
und Epistel, wie auch zur richtigen Abschätzung des Begriffes
der Pseudonymität in der alten Litteratur, als dieses. Für den
Verfasser der *Jeremia*-Epistel lag der allgemeine litterarische
Antrieb in der griechischen Epistolographie der Alexandrinerzeit, der besondere in dem Vorhandensein eines wirklichen
Jeremiabriefes. Er schrieb eine Epistel, wie die anderen Grössen
des Tages auch; er schrieb eine Epistel des *Jeremia*, wie die
anderen vielleicht Episteln des *Plato* fabricierten. Wir können
noch an einer anderen Stelle deutlich sehen, wie man in den
vorliegenden heiligen Schriften des Judentums Antriebe zur
Epistolographie vorzufinden wusste. Das kanonische Buch
Esther erzählt an zwei Stellen von königlichen Briefen, ohne
sie im Wortlaute mitzuteilen. Grund genug für den griechischen
Bearbeiter sich selbst hinzusetzen und sie zu machen, ebenso
wie er zwei in der Vorlage nur erwähnte Gebete ihrem Wortlaute nach berichtet hat.[1] Einmal in Aufnahme gekommen,
muss die Epistolographie im griechischen Judentum recht beliebt
geworden sein; wir besitzen noch eine ganze Anzahl griechisch-
jüdischer *Briefe*, die zweifellos Episteln sind. Ich denke dabei nicht an die Menge der in historische Werke[2] eingeschalteten

---

[1] Lehrreich ist auch noch folgendes: Am Schlusse des griechischen
Estherbuches wird berichtet, dass der *Priester und Levit* Dositheus und
sein Sohn Ptolemaeus die ἐπιστολὴ τῶν Φρουραί (*inbetreff des Purimfestes*)
der Esther und des Mardochai (LXX Esth. 9 20 *cf.* 20), die von Lysimachus,
des Ptolemaeus Sohn zu Jerusalem, (ins Griechische) übersetzt worden sei,
hinein· (d. h. nach Ägypten) gebracht· hätten. In Alexandria scheint
man also einen griechischen Purimbrief der Esther und des Mardochai
gelesen zu haben. Es ist nicht unwahrscheinlich, dass die angeblichen
Importeure des *Briefes* die Verfasser gewesen sind.

[2] Makkabäerbücher, Aristeasepistel, besonders auch Eupolemos (hierüber vergl. J. Freudenthal, Hellenistische Studien, Heft 1 u. 2, Breslau
1875, 106 ff.), Josephus.

angeblichen Briefe geschichtlicher Personen; soweit sie unecht sind, sind sie ja zweifellos epistolischen Charakters, aber sie gehören weniger in die Betrachtung der Epistolographie als in eine Geschichte des historischen Stiles. Vielmehr ist zu erinnern an Bücher und Büchlein wie die *Aristeasepistel*, die beiden [1] dem *zweiten Makkabäerbuche* vorgesetzten Episteln, die der Apokalypse des Baruch angefügte *Epistel des »Baruch« an die neunundeinhalb Stämme in der Gefangenschaft* [2], vielleicht an den *achtundzwanzigsten »Diogenesbrief«* [3] und gewisse Bestandteile der unter dem Namen des *Heraklit* gehenden Sammlung von »Briefen«. [4]

15. Treten wir mit unserer Fragestellung *Brief oder Epistel?* an die altchristlichen »Briefe« heran, so wird es sich vor allem darum handeln das Wesen der unter dem Namen des Paulus überlieferten »Briefe« festzustellen. Ist Paulus Briefschreiber oder Epistolograph gewesen? Die Frage ist brennend genug, wenn man sich der überaus grossen Beliebtheit der Epistolographie im Zeitalter des Apostels erinnert. Die Antwort kann nicht ohne weiteres gegeben werden, selbst wenn man von den Pastoralbriefen absieht und zunächst nur die anderen ins Auge fasst, deren Echtheit mehr oder weniger feststeht. Die Schwierigkeit der Frage zeigt sich besonders deutlich bei einer Nebeneinanderstellung des Philemon- und des Römerbriefes: da scheinen doch zwei so verschiedenartige Schriftwerke vorzuliegen, dass überhaupt fraglich sein könnte, ob es richtig sei jene disjunktive Frage zu stellen; könnte nicht Paulus Briefe u n d Episteln geschrieben haben? Von vornherein anzunehmen, dass die »Briefe« des Paulus sämtlich entweder Briefe oder Episteln sein müssten, wäre allerdings verkehrt.

---

[1] Neuerdings hat C. BAUSTON (*Trois lettres des Juifs de Palestine*, ZAW X [1890] 110—117) nachzuweisen gesucht, dass 2 Macc. 1₁—2₁₈ nicht zwei, sondern drei Briefe (1₁—1₈, 1₁b—1₈a, 1₁₀b—2₁₈) enthalte.

[2] Wenn sie nicht etwa christlich sein sollte, was mir wahrscheinlich ist. In jedem Falle ist sie für die litterarische Beurteilung der Jakobus- und der ersten Petrusepistel eine lehrreiche Analogie.

[3] Vergl. J. BERNAYS, Lucian und die Kyniker, Berlin 1879, 96 ff.

[4] J. BERNAYS, Die heraklitischen Briefe, Berlin 1869, besonders S. 61 ff.

Vielmehr hat die Untersuchung sich auf jeden einzelnen »Brief«
des Paulus zu erstrecken, — eine Aufgabe, deren Lösung ausserhalb des Rahmens dieser methodologischen Arbeit fällt.[1] Aber
ich darf wohl auch hier meine Meinung wenigstens andeuten.

Es scheint mir völlig sicher zu sein, dass die echten Sendschreiben des Apostels Paulus wirkliche Briefe sind, und dass
die Auffassung derselben als Episteln[2] ihnen das Beste nimmt.

---

[1] Vielleicht kann ich ihr ein anderes Mal näher treten. Ich hoffe
dann auch über die sogenannten formellen Dinge (Form der Adresse, des
Initiums und des Briefschlusses, Briefstil u. s. w.), für die ich einiges
Material gesammelt habe, handeln zu können.

[2] Selten ist dieselbe wohl deutlicher vertreten worden als noch jüngst
von A. GERCKE, der die Paulusbriefe mit dürren Worten als »Abhandlungen in Briefform« bezeichnet (GGA 1894 S. 577). Aber das grosse,
welthistorische Missverständnis der Paulusbriefe reicht in seinen Anfängen
bis in die Jugendjahre der christlichen Kirche zurück. Streng genommen
beginnt es mit den ersten Trieben einer Kanonisierung der Briefe. Die
Kanonisierung ist erst möglich gewesen, nachdem man den unlitterarischen
(und vollends unkanonischen) Charakter der Sendschreiben vergessen hatte,
nachdem Paulus aus einem Apostel eine litterarische Grösse und Autorität
der Vergangenheit geworden war. Die Männer, welche aus den Paulusbriefen Elemente des sich bildenden Neuen Testaments machten, haben
den Apostel für einen Epistolographen gehalten. Auch die pseudo-
paulinischen »Briefe« bis auf die Korrespondenz zwischen Paulus und
Seneca sind Belege dafür, dass ihre Verfasser das wahre Wesen der echten
Paulusbriefe nicht mehr verstanden haben; die Zusammenstellung des
Apostels mit dem Epistolographen Seneca ist da besonders lehrreich.
Hierher gehört auch — ob echt oder unecht — die Zusammenstellung des
Paulus mit den attischen Rednern bei dem Rhetor Longinus (vergl. J. L.
HUG, Einleitung in die Schriften des Neuen Testaments, II², Stuttgart u.
Tübingen 1826, 334 ff., HEINRICI, Das zweite Sendschreiben des Ap. P. an
die Korinthier 578). Mit am deutlichsten äussert sich A. Scultetus
(† 1624), der den Apostel die »Briefe« des Heraklit nachahmen lässt (vergl.
BERNAYS, Die heraklitischen Briefe 151). Wie sehr das Missverständnis
in der Gegenwart fortwuchert, wie sehr es die Kritik der Paulusbriefe
sowohl, wie die Darstellungen des »Paulinismus« umschlingt und an den
natürlichen Bewegungen hindert, will ich hier nicht weiter ausführen;
ich verweise auf die methodologischen Folgerungen am Schlusse dieses Auf-
satzes. — Zu dem Richtigsten, was über den wahren Charakter der Paulusbriefe neuerdings geschrieben worden ist, gehört meines Erachtens § 70

Gewiss sind sie frühe gesammelt und zur Litteratur gemacht worden, ja zur Litteratur im eminenten Sinne, zur kanonischen. Aber das ist lediglich ein nachträgliches Erlebnis der Briefe, welches seine Analogieen hat in vielen Vorgängen der skizzierten litterarischen Entwicklung. Durch dieses nachträgliche Erlebnis kann ihr ursprünglicher Charakter nicht alteriert werden, und diesen zu ermitteln ist doch unsere erste Aufgabe. Paulus hat die vorhandenen Episteln des Judentums nicht um ein paar neue Schriften vermehren wollen, noch weniger dachte er daran die heilige Litteratur seines Volkes zu bereichern; er hat, als er schrieb, jedes Mal eine ganz konkrete Veranlassung in dem mannigfach bewegten Leben der jungen Christengemeinden gehabt. Er hat das weltgeschichtliche Schicksal seiner Zeilen nicht geahnt, weder dass sie im nächsten Menschenalter noch vorhanden, noch erst recht, dass sie dereinst den Völkern heilige Schrift sein würden. Uns sind sie von den Jahrhunderten zunächst überliefert mit einer litterarischen Patina und dem Nimbus der Kanonicität: wir müssen uns beides hinwegdenken, wollen wir ihr eigenstes Wesen geschichtlich verstehen. Ebenso wenig wie wir als Historiker das Abendmahl Jesu mit den Jüngern aus der dogmatischen Stimmung der Messe und das Vaterunser mit den liturgischen Gesichtspunkten einer Agenden-kommission betrachten dürfen, ebenso wenig dürfen wir an die Paulusbriefe herantreten mit einer litterarischen Stimmung und mit kanonischen Gesichtspunkten. Paulus hat etwas viel Besseres zu thun gehabt als Bücher zu schreiben, und er hat nicht die Einbildung gehabt, als könne er *Schrift* machen; er hat Briefe geschrieben, wirkliche Briefe wie Aristoteles und

---

der Einleitung von Reuss (Die Geschichte der h. Schrr. N. T.⁴ 70). Ich nenne auch — um von Lebenden zu schweigen — A. Ritschl, Die christl. Lehre von der Rechtf. u. Vers. II² 22. Natürlich hat es auch in früherer Zeit nicht an Vertretern der richtigen Auffassung gefehlt. Man vergleiche das anonyme Urteil des *Codex Barberinus* III, 36 (*saec.* XI): ἐπιστολαί Παύλου καλοῦν-ται, ἐπειδὴ ταύτας ὁ Παῦλος ἰδίᾳ ἐπιστέλλει καὶ δι' αὐτῶν οὓς μὲν ἤδη ἑώρακε καὶ ἐδίδαξεν ὑπομιμνήσκει καὶ ἐπιδιορθοῦται, οὓς δὲ μὴ ἑώρακε. σπουδάζει κατηχεῖν καὶ διδάσκειν (bei E. Klostermann, Analekta zur Septuaginta, Hexapla und Patristik, Leipzig 1895, 95).

Cicero, wie die Männer und die Mütter aus dem Faijûm.[1] Nicht
als Briefe unterscheiden sich seine Sendschreiben von den
schlichten Papyrusblättern aus Ägypten, nur als Paulusbriefe
sind sie etwas Anderes. Am ersten wird man den brieflichen
Charakter des *Philemonbriefes* zugeben. Es müsste schon ein
gut Teil doktrinärer Geschmacklosigkeit dazu gehören, wenn
man dieses Kleinod, das uns ein freundlicher Zufall aufbewahrt
hat, etwa für einen Essay »über die Stellung des Christentums
zur Sklaverei« halten wollte. Wir haben hier vielmehr ein
Briefchen voll entzückender unbewusster Naivetät, voll liebens-
werter Menschlichkeit. So schreibt Epikuros an sein Kind und
Moltke an seine Braut. Natürlich, Paulus plaudert von anderen
Dingen, — noch niemals hat ein rechter Brief ausgesehen wie
ein anderer; aber der Apostel thut dasselbe wie der griechische
Weise und der deutsche Offizier. — Die Brieflichkeit des in
Rom. 16 enthaltenen Empfehlungsschreibens ist ebenfalls deutlich.
Dass es an eine Mehrheit von Personen, wohl an die Gemeinde
von Ephesus, gerichtet ist, wird man hoffentlich nicht dagegen
anführen; ich glaube wahrscheinlich gemacht zu haben, dass
eine Mehrheit der Adressaten die Wesensbestimmung des
Briefes nicht beeinflussen kann.[2] — Aber auch der *Philipper-
brief* ist ein Brief so brieflich, wie nur jemals einer geschrieben
worden ist: eine ganz bestimmte Situation hat dem Apostel
die Feder in die Hand gedrückt, und einen ganz bestimmten
Gemütszustand spiegelt das Schreiben wieder oder lässt ihn
doch ahnen. Die Gefahr in die Untersuchung methodisch irrelevante Gesichtspunkte[3] einzutragen liegt hier freilich näher.

---

[1] Eine sehr lehrreiche Analogie zu den Paulusbriefen ist das oben
S. 211 f. mitgeteilte Bruchstück eines — wenn man so sagen darf — religiösen Briefes.

[2] Vergl. oben S. 190 und 205 f.

[3] Einen solchen, den ich freilich nicht befürchte, würde man auch
in dem Hinweise auf die verhältnismässige Länge des Schreibens erblicken
müssen. Mit der Elle kann nicht entschieden werden, was ein Brief ist
und was eine Epistel. Die meisten Briefe sind ja kürzer als der Philipper-
brief oder gar die »grossen« Paulinen. Aber es gibt auch ganz winzige
Epistelchen; Belege finden sich in der Sammlung von HERCHER in grosser Zahl.

Der eine oder andere Leser wird auch dieses Mal darauf pochen, wir hätten hier im Gegensatze zu dem *Privatbriefe* an Philemon einen *Gemeindebrief* vor uns; wer sich jedoch von der Wertlosigkeit dieser Unterscheidung überzeugen lässt, wird vielleicht die Eigentümlichkeit des Inhaltes ins Feld führen: der Brief sei »lehrhaften« Charakters und müsse demnach als *Lehrbrief* bezeichnet werden. Diese Eigentümlichkeit soll nicht geleugnet werden, wiewohl ich gegen die Übertragung des Begriffes *Lehre* auf die briefliche Thätigkeit des Apostels einiges Bedenken habe; die »lehrhaften« Partieen seiner Briefe machen mir mehr den Eindruck von Bekenntnissen und Zeugnissen. Aber was ist mit dem meinethalben zutreffenden Ausdrucke *Lehrbrief* für unsere Frage *Brief oder Epistel?* gewonnen? Hört ein Brief, der einen anderen oder eine bestimmte Gruppe von anderen zu belehren sucht, auf Brief zu sein? Da schreibt ein würdiger Prediger seinem Neffen in der Universitätsstadt bewegliche Worte, er möchte sich durch die Professorenweisheit den »Glauben« nicht erschüttern lassen, und Punkt für Punkt widerlegt er die Menschenfündlein; vielleicht hat er selbst als Student von seinem Vater ebenso treuherzige Briefe erhalten wider die neue Rechtgläubigkeit, die man damals wieder anfing zu lehren. Sind solche Briefe, weil sie »lehrhaft« sind, nun auf einmal Broschüren?[1] Vor einer Verquickung der Kate-

---

[1] In manchen Fällen wird es heute ja schwer sein ohne weiteres das Wesen solcher »Briefe« zu bestimmen. Die sogenannten *Hirtenbriefe* der Bischöfe und Generalsuperintendenten z. B. dürften fast immer als Episteln aufzufassen sein, nicht weil sie amtliche Schreiben, sondern weil sie auf eine Öffentlichkeit berechnet sind, die grösser ist als man nach der Adresse vermuten könnte. Sie werden heute ja auch gewöhnlich von vornherein gedruckt. Ein Beispiel aus dem Mittelalter, den »Brief« Gregors VII. an Hermann von Metz vom 15. März 1081, untersucht auf die Frage nach seinem litterarischen Charakter C. Mirbt, Die Publizistik im Zeitalter Gregors VII., Leipzig 1894, 23. Vergl. ebenda 4 f. die Bemerkungen über die litterarische Öffentlichkeit. Fürs Altertum sind die Grenzbestimmungen leichter zu treffen. — Eine eigenartige Zwittererscheinung ist der erhaltene Briefwechsel zwischen *Abälard und Heloise.* Man kann da wirklich nicht genau sagen, wo die Briefe aufhören und die Episteln anfangen. Heloise schreibt mehr brieflich, Abälard mehr

gorieen *Lehrbrief* und *Epistel* muss man sich ängstlich hüten. Der *Brief* kann, wenn nun einmal disponiert werden soll, in eine Menge von Unterabteilungen zerlegt werden; die 21 und 41 τύποι der antiken Briefsteller[1] können beliebig vermehrt werden. Ich habe gar nichts dagegen, dass jemand auch die Paulusbriefe in mehrere Unterabteilungen zerlegt und einige in dem Gefache *Lehrbrief* unterbringt; nur soll man nicht wähnen, durch den *Lehrbrief* sei die grosse Kluft zwischen Brief und Epistel überbrückt. Der prälitterarische Charakter auch des Lehrbriefes muss gewahrt werden. — Dasselbe gilt von den *anderen*, auch den »grossen« *Briefen* des Paulus. Auch sie sind zum Teile lehrhaft, ja sie enthalten theologische Ausführungen, aber auch mit ihnen hat der Apostel nicht Litteratur machen wollen. Der *Galaterbrief* ist nicht eine Flugschrift »über das Verhältnis des Christentums zum Judentume«, sondern ein Sendschreiben, das die unverständigen Galater wieder zurecht bringen sollte. Er kann nur aus seinem konkreten, brieflichen Anlasse heraus begriffen werden.[2] — Wie viel deutlicher noch tragen die *Korintherbriefe* das Siegel des wirklichen Briefes! Der zweite zumal verrät in jeder Zeile, was er sein will; er ist meines Erachtens der brieflichste der Paulusbriefe, wenn sich das auch nicht so ohne weiteres zeigt wie beim Philemonbriefe. Er ist so schwer verständlich für uns, weil er so völlig

---

epistolisch. Es hat ja Tage gegeben, in denen beide anders geschrieben haben; die Glut der Empfindung, die noch in den Briefen der Klosterfrau zwischen biblischen und klassischen Citaten hier und da leidenschaftlich emporlodert, lässt uns ahnen, wie Heloise dereinst geschrieben haben mag, als *ihm zuwider zu handeln ihr unmöglich war*, als sie sich fühlte *ganz schuldig und doch auch ganz und gar schuldlos*. Und auch Abälard hat, bevor ihm der grosse Schmerz seines Lebens mit der Natur die Natürlichkeit raubte, sicherlich nicht in dem gezierten Tone des lebenssatten Bekehrten geschrieben, dessen Worte dem von der Erinnerung lebenden Weibe *gleich tödlichen Schwertern durch die Seele gingen*. Er hat, wenn auch vielleicht nur unbewusst, in den späteren »Briefen« nach der Öffentlichkeit geschielt, in die sie möglicher Weise einmal kommen konnten; er war damals kein richtiger Briefschreiber mehr.

[1] Vergl. oben S. 227.
[2] Vergl. die unten *Spicilegium* folgenden Bemerkungen über den Brief.

brieflich ist, so voll von Anspielungen und intimen Beziehungen,
so durchsetzt von Ironie und sich selbst bekämpfendem Unmute
— lauter Dinge, welche der Schreiber und die Leser verstanden,
so wie sie gemeint waren, welche wir aber zum grössten Teile
nur annähernd ermitteln können. Alles Lehrhafte in ihm ist
nicht Selbstzweck, sondern steht lediglich im Dienste des Brief-
zweckes. Die Korinther selbst haben die Sendschreiben, die
ihnen die Mitarbeiter des Paulus überbrachten, ihrem Wesen
nach ganz richtig verstanden; sonst hätten sie wohl kaum eines
oder zwei derselben verloren gehen lassen. Sie hielten mit Paulus
den Zweck der Briefe für erreicht, nachdem dieselben gelesen
worden waren. Dass sie nicht für die Erhaltung der Blätter
gesorgt haben, können wir aufs tiefste bedauern, aber nur der
Unverstand kann es den Korinthern zum Vorwurfe machen.
Der Brief ist etwas Ephemeres und will es sein[1]; er verlangt
so wenig nach Unsterblichkeit wie die vertraute Zwiesprache
nach Protokollierung oder wie das Almosen nach einer Ver-
rechnung im Hauptbuche. Die Stimmung zumal, in der Paulus
und seine Gemeinden ihre Tage hinbrachten, war am wenigsten
geeignet ein Interesse für die kommenden Jahrhunderte wach-
zurufen. Der Herr war nahe; bis zu seiner Zukunft reichte
der voraussehende Blick, und solche Hoffnung weiss nichts von
der Sammelfreude des beschaulichen Büchermenschen. Die ein-
seitig religiöse Stimmung hat noch niemals eine Neigung für
die Dinge gehabt, die den Gelehrten interessieren. Die Christen
von heute sind prosaischer geworden. Wir legen Archive und
Bibliotheken an; bei dem Tode eines hervorragenden Mannes
machen wir uns Gedanken darüber, was wohl aus seinem
schriftlichen Nachlasse werden wird: dafür ist die Hoffnung
weniger kühn, der Glaube weniger unbefangen als in den Tagen
des Paulus. Dass gerade zwei Korintherbriefe erhalten sind,
ist für die litterarische Betrachtungsweise ein nachträgliches

---

[1] So erklärt es sich, dass unter den erhaltenen »Briefen« bedeutender
Männer, welche Briefe und Episteln geschrieben haben, die letzteren im
allgemeinen zahlreicher vertreten sind. Ich verweise z. B. auf die erhaltenen »Briefe« des Origenes.

und ein zufälliges Ereignis, vielleicht mitveranlasst durch den
verhältnismässig grossen Umfang der Briefe, der sie vor dem
augenblicklichen Untergange gerettet hat. — Auch der *Römer-*
brief ist ein wirklicher Brief. Es stehen in ihm ja Partieen,
die auch in einer Epistel stehen könnten; er unterscheidet sich
überhaupt seinem ganzen Tone nach von den anderen Paulinen.
Aber trotzdem ist er kein Buch, und die beliebte Rede, er
sei das Kompendium des Paulinismus, der Apostel habe hier
seine Dogmatik und Ethik niedergelegt, ist zum mindesten
missverständlich, sicherlich höchst geschmacklos. Gewiss hat
Paulus belehren wollen, und er hat es gethan zum Teile mit
den Mitteln der zeitgenössischen Theologie, aber er stellt sich
nicht das litterarische Publikum seiner Zeit als Leser vor,
auch nicht die Christenheit im allgemeinen; er wendet sich an
ein Häuflein Menschen, von dessen Existenz die Öffentlichkeit
so gut wie nichts wusste, und welches innerhalb der Christenheit eine besondere Stellung einnahm. Schwerlich sind von
dem Apostel Abschriften des Briefes zu den Brüdern nach
Ephesus, Antiochia und Jerusalem gesandt worden, nur nach
Rom hat er ihn geschickt, und der Überbringer[1] ging nicht
zu den Verlegern der Kaiserstadt, sondern zu irgend einem
nicht weiter bekannten Bruder in dem Herrn, wie auch die
anderen Passagiere des korinthischen Schiffes der eine in dieses,
der andere in jenes Haus eilten, dort einen mündlichen Auftrag auszurichten, hier einen Brief oder sonst etwas abzugeben.
Dass der Römerbrief nicht so von persönlichen Wendungen
belebt ist wie die anderen Sendschreiben des Paulus, erklärt
sich aus der brieflichen Situation: der Apostel schrieb an eine
ihm persönlich noch fremde Gemeinde. So verstanden spricht
das Zurücktreten des persönlichen Momentes nicht für den

---

[1] Dass wir von einigen Paulusbriefen den Überbringer kennen, ist
auch eine Instanz für ihre Brieflichkeit. Die Epistel bedarf keines Über-
bringers, und wenn sie einen nennt, ist das blosse Einkleidung. Charakteristisch ist, dass der Verfasser der Epistel am Schlusse der Apokalypse
des Baruch sein Büchlein durch einen Adler an die Adressaten befördern
lässt. Paulus nimmt Menschen zu seinen Boten; Adlern hätte er einen
Brief nicht anvertraut, die fliegen zu hoch.

epistolisch-litterarischen Charakter des Römerbriefes, es ist die
natürliche Folge seines unlitterarischen Anlasses. Die »lehrhaften« Abschnitte des Briefes hat Paulus übrigens doch auch
mit seinem Herzblute geschrieben. Das ταλαίπωρος ἐγώ ἄνϑρω-
πος ist nicht die kühle rhetorische Einkleidung eines objektiven
sittlichen Verhältnisses, sondern ein ergreifender Hinweis auf ein
persönliches sittliches Erlebnis: nicht theologische Paragraphen
hat Paulus hier geschrieben, sondern seine Konfessionen.

So sicher mir die echten Sendschreiben des Paulus Briefe
zu sein scheinen, so sicher ist mir, dass wir aus neutestament-
licher Zeit auch eine Anzahl von Episteln besitzen. Sie gehören
als solche zu den Anfängen der »christlichen Litteratur«. Für
eine Epistel halte ich vor allem den *Hebräerbrief*. Er bezeichnet
sich selbst 13₂₂ als einen λόγος τῆς παρακλήσεως, und man
hätte gar keine Veranlassung ihn für etwas Anderes als für
eine litterarische Rede, also nicht einmal für eine Epistel [1], zu
halten, wenn nicht das ἐπέστειλα und die Grüsse am Schlusse
die Vermutung zuliessen, dass er am Anfange auch etwas wie
eine Adresse gehabt hat. Diese Adresse ist verschwunden; sie
konnte abfallen, weil sie nur nachträglich aufgeklebt war. Die

---

[1] Streng genommen kann man den *ersten Johannesbrief* ebenfalls nicht
einmal für eine Epistel erklären, die Adresse müsste denn verschwunden sein.
Er ist ein Büchlein, dessen litterarisches Eidos sich nicht kurzer Hand
bestimmen lässt. Aber auf die Specialbezeichnung kommt es auch nicht
an, wenn nur der Litteraturcharakter des Büchleins erkannt ist. Dass es
mitten unter die »Briefe« (d. h. in diesem Falle Episteln) des N. T. gestellt
werden konnte, erklärt sich mit aus der beiderseitigen Wesensverwandt-
schaft: Litteratur kam zur Litteratur. Ich kann daanch die Bemerkung
von B. Weiss (Meyer XIV⁶ [1888] 15): »Es ist jedenfalls ein leerer
Wortstreit, wenn man eine solche Schrift nicht einen Brief im Sinne der
neutestamentlichen Briefliteratur nennen will« nicht für richtig halten.
Die Frage *Brief oder Litteratur?* ist hier die notwendige Vorbedingung
für die Erkenntnis des historischen Objektes. Der »Sinn« der Bezeichnung
neutestamentliche Brieflitteratur, den Weiss als bekannt vorauszusetzen
scheint, der aber unser Problem ist, kann doch gar nicht ermittelt werden,
ohne dass man sich jene Frage stellt. — Für den *zweiten* und *dritten*
Johannesbrief wage ich hier nicht die Entscheidung zu geben; die Frage
Brief oder Epistel? ist da besonders schwer zu beantworten.

Adresse, für das Verständnis eines Briefes von entscheidender Bedeutung, ist ja bei der Epistel etwas Unwesentliches. Beim Briefe steht die Adresse im beherrschenden Mittelpunkte des Bildes, bei der Epistel ist sie Staffage. Jeder beliebige λόγος kann durch jede beliebige Adresse zur Epistel gemacht werden. Litterarisch steht die Hebräerepistel auf einer Stufe etwa mit dem vierten Makkabäerbuche, welches sich als einen φιλοσο-φώτατος λόγος bezeichnet; dass dieses den Schein des Epistolischen vermeidet, ist ein ganz äusserlicher Unterschied, der für die Frage nach dem litterarischen Charakter nichts Wesentliches ausmacht. — Am meisten kommt mir darauf an, dass man den epistolisch-litterarischen Charakter der »katholischen« Briefe, zunächst wenigstens eines Teiles derselben, erkenne. Mit richtigem Takte hat die alte Kirche diese katholischen Briefe als eine besondere Gruppe den Paulusbriefen gegenübergestellt. Der Begriff der Katholicität, den sie dabei voraussetzte, scheint mir von der Adressierung der »Briefe« aus verstanden werden zu müssen, nicht zunächst von der Eigenart ihres Inhaltes[1] aus. Es sind Schreiben, welche an die Christenheit — vielleicht darf man sagen an die Kirche — im allgemeinen gerichtet sind. Natürlich folgt aus der Katholicität der Adresse auch eine Katholicität des Inhaltes. Was die Kirche *katholisch* nennt, brauchen wir nur *Epistel* zu nennen, und das unaufgehellte Rätsel, das sie nach OVERBECK[2] bieten,

---

[1] Diesen Begriff einer *katholischen* Schrift setzt der Philosoph David der Armenier (Ende des 5. Jahrh. n. Chr.) voraus, wenn er in seinen Prolegomena zu den Kategorieen des Aristoteles die aristotelischen Schriften folgendermassen einteilt: τῶν τοίνυν Ἀριστοτελικῶν συγγραμμάτων τὰ μέν εἰσι μερικά, τὰ δὲ καθόλου, τὰ δὲ μεταξύ. μερικὰ δὲ λέγονται οὐχ ἁπλῶς τὰ πρὸς ἕνα γεγραμμένα (δυνατὸν γὰρ καὶ καθολικὸν πρᾶγμα πρὸς ἕνα γράψαι· οὕτω γοῦν ἡ περὶ κόσμου πραγματεία καθολικὴ οὖσα προσπεφώνηται Ἀλεξάνδρῳ τῷ βασιλεῖ), ἀλλὰ μερικὰ λέγω ὅσα περὶ ἑνὸς καὶ μερικοῦ καὶ πρὸς ἕνα, ὥσπερ αἱ ἐπιστολαὶ αὐτοῦ. αἱ γὰρ ἐπιστολαὶ πρὸς ἕνα εἰσὶν γεγραμμένα (ed. Cn. A. BRANDIS, *Schol. in Aristot.* p. 24 a, WESTERMANN III [1852] 9). Im Gegensatze zu μερικός *speciell* bedeutet also καθολικός *allgemein*; beide Begriffe beziehen sich auf den Inhalt der Schriften, nicht auf den Umfang des vom Autor berücksichtigten Publikums.

[2] S. 431.

ist seiner Lösung näher gebracht. Die besondere Stellung dieser
»Briefe«, die in dem instinktiven Urteile *katholisch* sich andeutet, ist eben durch ihren Litteraturcharakter bedingt; *katholisch* ist hier *litterarisch*. Die Unmöglichkeit in den »Briefen«
des Petrus, Jakobus und Judas wirkliche Briefe zu erkennen
folgt unmittelbar schon aus der formellen Eigentümlichkeit
ihrer Adressen. Wer *an die auserwählten Beisassen der
Diaspora von Pontus, Galatien, Kappadokien, Asien und Bithynien* und *an die zwölf Stämme in der Diaspora* oder gar
*an die, welche denselben kostbaren Glauben wie wir erlangt
haben*, und *an die in Gott Vater geliebten und für Jesus Christus
bewahrten Berufenen* schreibt, der muss sich doch die Frage
vorgelegt haben, wie er es anzufangen habe, um sein Schreiben
solchen Adressaten zu übermitteln. Gerade so trägt jene andere
altchristliche Epistel jetzt die Adresse *an die Hebräer*, gerade
so schreibt der Verfasser der Epistel am Schlusse der Apokalypse des Baruch *an die neunundeinhalb Stämme in der
Gefangenschaft* und Pseudo-Diogenes *ep.* 28 [1] *an die sogenannten
Hellenen*. Der einzige Weg solchen idealen Adressaten beizu-
kommen war eine von vornherein vorgenommene Vervielfälti-
gung der Schreiben. Das bedeutet aber, dass sie Litteratur
sind. Wäre z. B. die *erste Petrusepistel* [2] als wirklicher Brief
gemeint, so hätte ihr Verfasser oder sein Beauftragter manches
Jahr seines Lebens darauf verwenden müssen, um in dem ungeheueren Länderkomplexe den Brief überhaupt bestellen zu
können. Das Schreiben konnte sein Publikum nur erreichen
als ein Büchlein; heutzutage würde es nicht als Brief mit einem
Laufzettel in verschlossenem Couvert versandt werden, sondern
als Drucksache unter Kreuzband. Natürlich, diese Episteln sind
christliche Litteratur; ihre Verfasser wollten nicht die Weltlitteratur bereichern, sie schrieben ihre Bücher für einen bestimmten Kreis von Gesinnungsgenossen, für Christen; aber sie
schrieben Bücher. Die wenigsten Bücher haben ja die an-

---

[1] Hercher *p.* 241 ff.
[2] Für die Untersuchung der *zweiten Petrusepistel* vergl. die unten
Spicilegium folgenden Bemerkungen.

massende Absicht Weltlitteratur sein zu wollen; die meisten
richten sich an einen Ausschnitt aus der unermesslichen Öffentlichkeit, sind Fachlitteratur, Parteilitteratur, Nationallitteratur.
Der Begriff der litterarischen Öffentlichkeit bleibt bestehen, auch
wenn die Öffentlichkeit nur eine relative ist, wenn sie scharf-
gezogene Grenzen hat. So sind die altchristlichen Episteln zunächst Fachlitteratur, für das grosse Publikum der Kaiserzeit
sogar unterirdische Litteratur, und mancher gleichzeitige Christ
wird sie für Geheimlitteratur gehalten und nur an Brüder
weitergegeben haben: etwas Öffentliches im litterarischen Sinne
wollen sie trotzdem sein, für *die* Brüder sind sie bestimmt. Die
ideale Unbestimmtheit solcher Bestimmung hat zur Folge eine
ökumenische Richtung des Inhaltes. Man vergleiche z. B. die
Jakobusepistel in dieser Beziehung mit den Paulusbriefen. Aus
ihnen konstruieren wir die Geschichte des Apostolischen Zeitalters; jene ist, so lange man sie als Brief würdigt, das Rätsel
des Neuen Testaments. An Juden, an Heidenchristen, an Judenchristen, an Judenchristen und Heidenchristen zugleich lässt
man den »Brief« gerichtet sein, und man rät auf der Land-
karte herum, ohne doch ermitteln zu können, wo die Leser
zu suchen geschweige zu finden sind. Aber so wenig *Diaspora*
ein geographischer Einzelbegriff ist, so wenig schreibt »Jakobus«
einen Brief. Seine Blätter sind nicht erst aus einem konkreten
Anlasse verständlich, man kann hier wirklich nichts zwischen
den Zeilen lesen, seine Worte sind von so allgemeinem Interesse, dass sie grösstenteils auch im *Buch der Weisheit* oder in
der *Nachfolge Christi* stehen könnten. Das Schreiben verrät
ja immerhin, dass es ein altchristliches ist, aber mehr auch
nicht. Es fehlt ihm das unwiederholbar Individuelle des Anlasses und damit das belebende Element des Inhaltes. »Jakobus«
zeichnet nach Vorlagen, nicht nach der Natur. Anfechtungen
und Zungensünden, Begierden und Verleumdungen hat es
leider immer bei den Christen zu rügen gegeben, Erbitterung
gegen die Unbarmherzigkeit des Reichtums und Sympathie für
die *Armen* sind prophetische oder evangelische Stimmungen,
die Synagogen- und die Schnitterscene sind Typen, das Schreiben
ist durchsetzt von den Wendungen und Motiven der Spruch-

weisheit des Alten Testaments und Jesu Christi. Selbst wenn
der Nachweis gelänge, dass der Verfasser auf wirklich vor-
gekommene Fälle anspiele, so könnte man doch nicht sehen,
warum gerade ihn diese Fälle etwas angehen; es fehlt die
persönliche Beziehung zwischen ihm und den »Adressaten«.
So farblos das Bild der Leser ist, so blutleer ist auch die
Gestalt des Mannes, der die Feder führt. Aus den Paulusbriefen spricht, obwohl ihr Schreiber gar nicht zu uns sprechen
wollte, noch zu uns eine imponierende Persönlichkeit; so viel
Sätze, so viel Pulsschläge einer Menschenseele, wir fühlen uns
hingerissen oder befremdet, jedenfalls aber menschlich ergriffen.
In der Jakobusepistel redet weniger ein bedeutender Mann als
eine bedeutende Sache, mehr das Christentum als ein Christen-
mensch. Neuerdings ist es hier und da üblich geworden das
Büchlein als eine *Homilie* zu bezeichnen. Ich glaube nicht,
dass damit viel gewonnen ist, denn der Begriff *Homilie* ist,
auf ein Schriftstück der ältesten Christenheit angewandt, ein
Problembegriff, der selbst erst aufgehellt werden müsste; mir
scheint, dass er einer ähnlichen Differenzierung zu unterziehen
ist wie der Begriff *»Brief«*. Aber in jener Bezeichnung zeigt
sich wenigstens die richtige Erkenntnis der völlig unbrieflichen
Stimmung des Büchleins. Dieselbe Anerkennung der Unbrieflich-
keit der katholischen Episteln überhaupt spricht aus dem instinktiven Urteile der bibellesenden Gemeinde. Die Jakobus-
und namentlich die erste Petrusepistel dürften zu denjenigen
»Briefen« des Neuen Testaments gehören, die in der volkstümlichen Frömmigkeit die grösste Rolle spielen, während z. B.
der zweite Korintherbrief sicherlich zu den unbekanntesten
Teilen der Bibel zu rechnen ist. Ganz natürlich: dieser Brief
passte ja eigentlich nur für die Korinther, die Späteren wissen
nicht recht, was sie damit anfangen sollen; sie suchen sich
höchstens einzelne *Sprüche* heraus, der Zusammenhang bleibt
ihnen verborgen, es sind da wirklich *etliche Dinge schwer zu
verstehen*. Jene Episteln aber passten für die Christenheit; sie
sind ökumenisch und als solche von einer durch keinen Wechsel
der Zeiten zu erschütternden Beharrlichkeit der Wirkung. Aus
ihrem epistolischen Charakter folgt übrigens auch, dass bei

ihnen die Echtheitsfrage bei weitem nicht die Tragweite hat
wie bei den Paulusbriefen. Die Epistel lässt ja überhaupt die
Persönlichkeit des Verfassers zurücktreten; wenn sich derselbe
nun ganz verhüllt wie z. B. in der Hebräerepistel oder sich
bescheiden hinter einen grossen Namen der Vorzeit stellt wie
in den anderen Fällen, so ist das, von den litterarischen Gewohnheiten des Altertums aus betrachtet, nicht nur nicht auffallend, sondern etwas ganz Natürliches. — Schliesslich wären
auch die *Pastoralschreiben* und die *sieben Sendschreiben in der
Apokalypse des Johannes* daraufhin zu untersuchen, ob sie
Episteln sind. Ich würde diese Frage bejahen, wiewohl es mir
nicht ganz unmöglich zu sein scheint, dass in die ersteren vielleicht echte paulinisch-briefliche Bestandteile eingearbeitet sind.
Die sieben Episteln der Offenbarung unterscheiden sich von
den anderen allerdings darin, dass sie nicht selbständige Büchlein und auch nicht ein selbständiges Büchlein sind, sondern
der Bestandteil eines Buches. Es gilt aber jedenfalls zu erkennen, dass sie keine Briefe sind. Nach einem bestimmten
Plane sind sie alle sieben ausgearbeitet, einzeln sind sie nicht
verständlich, wenigstens nicht völlig; ihr Hauptreiz besteht in
ihrer inneren Korrespondenz, die erst durch die fortgesetzte
Vergleichung ihrer einzelnen Sätze deutlich wird: der Tadel
über diese oder jene Gemeinde erhält seine volle Schärfe erst
durch das Lob der anderen.

16. Es bedarf hoffentlich nicht noch des Nachweises, dass
die Unterscheidung von Briefen und Episteln nicht auf Werturteile hinauskommt. Ich wäre der letzte, der den hohen Wert
z. B. der Jakobus- und Petrusepisteln verkennen wollte: davor
kann mich schon ein Vergleich dieser Schriften etwa mit der
Jeremiaepistel und vielen griechisch-römischen Episteln der
Kaiserzeit bewahren. Man muss sich da wirklich manchmal
über die Geduld des Publikums wundern, welches sich das als
Episteln ihnen gebotene zum Teil erbärmliche Zeug gefallen
liess. Je entschiedener man den neutestamentlichen Episteln
einen Platz anweist in dem Zusammenhange der antiken Epistolographie, um so lauter werden sie selbst für ihre besondere
Schönheit Zeugnis ablegen. Aber in anderen Beziehungen er-

weist sich unsere Unterscheidung als ein methodisches Princip
von einiger Tragweite. Diese methodologischen Folgerungen
seien zum Schlusse noch kurz zusammengestellt; einiges ist
schon hier und da angedeutet worden.

1) Die geschichtliche Erforschung des altchristlichen
Schrifttums hat sich zu hüten das Neue Testament als eine
Zusammenstellung einheitlich litterarischer Grössen aufzufassen.
Sie muss stark mit dem prälitterarischen Charakter einzelner
Teile rechnen. Die litterarischen Stücke sind auf den etwaigen
Formenzusammenhang mit der griechisch-römischen und jüdi-
schen Litteratur zu untersuchen; diese Linie ist auch in die
patristische Litteratur hinein zu verlängern. Die vielverhandelte
Frage, ob man diese Gesamtaufgabe als *altchristliche Litteraturgeschichte* oder als *Einleitung in das Neue Testament* zu fassen
habe, ist falsch gestellt; jede der beiden Fassungen enthält
einen ähnlichen Fehler: die erste stellt einige, die zweite alle
Bestandteile des Neuen Testaments von vornherein unter den
beherrschenden Gesichtspunkt eines nachträglichen Erlebnisses,
— die erste, indem sie auch die wirklichen Briefe als Litteratur
auffasst, die zweite, indem sie das historische Objekt in einem
Zusammenhange aufsucht, in dem es nicht entstanden ist. Die
Geschichte der Sammlung und Publikation der nichtlitterarischen
Schriften des Urchristentums ist ebenso wie die Geschichte der
Kanonisierung der zur Litteratur gemachten und der litterarischen
Schriften je eine besondere Aufgabe.

2) Für die Geschichte der Entstehung der altchristlichen »Briefe« sind der feste Ausgangspunkt die Paulusbriefe.
Man wird sich die Frage zu stellen haben, ob es denkbar ist,
dass eine litterarische Stimmung und die ihr entsprossenen
Episteln älter sind als jene.

3) Die Geschichte der Sammlung und Publikation[1] der
Paulusbriefe hat einen indirekten Anhaltepunkt in der Analogie

---

[1] Natürlich der Publikation innerhalb der Christenheit.

anderer Briefsammlungen [1] des Altertums.[2]   Als mögliches
Motiv dieser Sammlung und Publikation ist lediglich die Pietät
zu vermuten.   Einmal gesammelt und zur Litteratur geworden,
gaben die missverstandenen Paulusbriefe selbst wieder einen
litterarischen Antrieb.   Man wird mit der Möglichkeit zu
rechnen haben, dass die Sammlung und Publikation der Paulusbriefe der *terminus post quem* für die Abfassung der altchristlichen Episteln ist.

4) Die Quellen für die Bekanntschaft der nachaposto-
lischen Christenheit mit den neutestamentlichen »Briefen«, die
sogenannten *testimonia*, namentlich die *testimonia e silentio*,
haben einen völlig verschiedenen historischen Wert, jenachdem
sie sich auf Briefe oder auf Episteln beziehen.[3]   Das *silentium*
hinsichtlich der Briefe, äusserlich betrachtet am auffallendsten
schon in der Apostelgeschichte, erklärt sich aus dem Wesen
des Briefes und kann nicht als Instanz für die Unechtheit
gewertet werden; ein *silentium* hinsichtlich der Episteln ist
wegen ihres öffentlichen Charakters in jedem Falle bedenklich.
Auch für die Beurteilung der Textüberlieferung hat der Unterschied zwischen Briefen und Episteln vielleicht eine gewisse
Tragweite.

5) Die Kritik der Paulusbriefe wird stets die Wahrscheinlichkeit offen halten müssen, dass die angeblichen Widersprüche und Unmöglichkeiten des Inhaltes, aus denen man

---

[1] Besonders der für einen bestimmten Kreis veranstalteten Briefsammlungen.

[2] Die Sammlung wird nicht mit einem Male beendigt gewesen sein.
Der Philemonbrief z. B. dürfte erst spät hinzugekommen sein.   Mit dem
Sammeln begonnen hat man wahrscheinlich nicht allzulange nach dem
Tode des Paulus.

[3] Ich möchte ausdrücklich empfehlen hierzu die Skizze über die älteste
Verbreitung der neutestamentlichen Briefe bei B. Weiss, Lehrbuch der
Einleitung in das Neue Testament, Berlin 1886, § 6, 7 S. 38 ff. nachzu-
lesen.   Manche dort angedeutete scheinbar auffallende Thatsache der Be-
zeugungsgeschichte dürfte ihre einfache Erklärung finden, wenn sie unserer
Betrachtungsweise unterzogen wird.

Gründe gegen die Echtheit und Integrität abgeleitet hat, Instanzen für das Gegenteil, weil naturgemässe Erscheinungen der Brieflichkeit sind. Die Geschichte der Kritik z. B. der Cicerobriefe [1] ist hierzu eine lehrreiche Analogie. Die Kritik der altchristlichen Episteln darf die aus der Geschichte der antiken Epistolographie abzuleitenden Gesichtspunkte nicht ausser acht lassen.

6) Die Auslegung der Paulusbriefe hat ihren eigentümlichen Gesichtspunkt der Brieflichkeit zu entnehmen. Ihre Aufgabe ist im besonderen die religionspsychologische Reproduktion der auf ihren geschichtlichen Anlass untersuchten Aussagen des Apostels. Sie muss divinatorisch und intuitiv arbeiten und hat daher einen unvermeidlichen subjektiven Zug. Die Auslegung der altchristlichen Episteln hat sich an dem Litteraturcharakter derselben zu orientieren. Sie sucht nicht in das Verständnis genialer religiöser Charaktere einzudringen, sie interpretiert grossartige Texte. Ihr fehlt mit der Persönlichkeit des Gegenstandes die Subjektivität der Stimmung.

7) Der Quellenwert der neutestamentlichen »Briefe« für die Erforschung des Apostolischen Zeitalters ist je nach ihrem Wesen ein verschiedener. Der klassische Wert der Paulusbriefe beruht in ihrer Brieflichkeit das heisst Unbefangenheit und Absichtslosigkeit; sie stehen in dieser Hinsicht auf einer Stufe z. B. wieder mit den Cicerobriefen. [2] Der Quellenwert der Episteln ist nicht so hoch anzuschlagen, besonders nicht für die Specialfragen nach der »Verfassung« und den äusseren Erlebnissen der Christenheit; manche Einzelheit hat nur typischen Wert, anderes Detail ist nur litterarisches Motiv oder Anticipation erstrebter Verhältnisse.

8) Insbesondere ist der Quellencharakter der neutestamentlichen Briefe und Episteln für die altchristliche Reli-

---

[1] Vergl. oben S. 222.

[2] Vergl. oben S. 220 Anm. 6. Man kann auch andere unlitterarische Quellen zum Vergleiche heranziehen, z. B. die Wir-Quelle der Apostelgeschichte. Auch sie ist erst nachträglich, erst durch Einarbeitung in das Werk des Lukas zur Litteratur gemacht worden.

gionsgeschichte ein verschiedener. Die Paulusbriefe sind nicht
sowohl Quellen der Theologie, als der Frömmigkeit, aber lediglich der persönlich-individuellen Frömmigkeit des Paulus; nur
auf grund des litterarischen Missverständnisses können sie als
Urkunden des »Paulinismus« gelten. Das Ergebnis ihrer religionsgeschichtlichen Untersuchung muss das religiöse Charakterbild des Briefschreibers, nicht das System des Epistolographen
Paulus sein; sein Glaube, nicht seine Dogmatik, seine Sittlichkeit, nicht seine Ethik, seine Hoffnung, nicht seine Eschatologie
reden in den Briefen, hier und da freilich in der stammelnden
Sprache der Theologie. Die altchristlichen Episteln sind Denkmäler einer mehr und mehr sich nivellierenden Frömmigkeit,
die sich in der Welt eingerichtet hat, die ihre Antriebe weniger
im Kämmerlein als in der Kirche empfängt, die auf dem Wege
ist sich liturgisch und als *Lehre* zu äussern. —

»Der Held, auf den sich hier alles bezieht, ist selbst kein
Schriftsteller . . . . geworden; das Einzigemal, da wir ihn in seiner
Geschichte schreibend finden, schrieb er mit dem Finger auf
die Erde, und die Gelehrten von achtzehn Jahrhunderten haben
noch nicht errathen, was er geschrieben?«[1] Wenn Jesus das
Evangelium ist, so gilt das Urteil, dass das Evangelium unlitterarisch ist. Jesus hat keine Religion machen wollen; wer
eine Religion machen will, der macht auch einen Koran. Nur
die Verständnislosigkeit der Epigonen konnte dem Menschensohne die Abfassung von Episteln noch dazu an einen König
zutrauen. Der Brief Christi sind die Erlösten.[2] Auch der
Apostel Jesu Christi hat das Evangelium nicht litterarisch vertreten: das Christentum hat wirklich erst beten und dann
schreiben gelernt, wie die Kinder. Die Anfänge der christlichen
Litteratur sind die Anfänge der Verweltlichung des Christentums, das Evangelium wird Buchreligion. Als Faktor der Ge-

---

[1] Herder, Briefe, das Studium der Theologie betreffend, zweyter Theil,
zweyte verbesserte Auflage, Frankfurt und Leipzig 1790, 209.
[2] 2 Cor. 3₂.

schichte, für den sich das Evangelium nicht ausgegeben hatte,
musste die Kirche Litteratur haben: deshalb machte sie Litteratur
und aus Briefen Bücher, deshalb machte sie endlich das Neue
Testament. Das Neue Testament ist ein Erzeugnis der Kirche.
Die Kirche beruht nicht auf dem Neuen Testament; einen
anderen Grund kann niemand legen ausser dem, der gelegt ist,
welcher ist Jesus Christus. Der Gewinn, den die Welt vom
Neuen Testament gehabt hat, schloss für das Christentum die
Gefahr ein, der es zum Schaden seiner Seele nicht immer
entgangen ist, sich als Buchreligion zu verlieren in Buchstaben-
religion.

VI.

Spicilegium.

Ἵνα μή τι ἀπόληται.

Zur chronologischen Angabe des Prologes von Jesus Sirach.

Ἐν γὰρ τῷ ὀγδόῳ καὶ τριακοστῷ ἔτει ἐπὶ τοῦ Εὐεργέτου βασιλέως παραγενηθεὶς εἰς Αἴγυπτον καὶ συγχρονίσας εὗρον οὐ μικρᾶς παιδείας ἀφόμοιον, diese chronologische Angabe des Enkels des Siraciden, von der grössten Wichtigkeit nicht nur für die Ansetzung des Buches selbst, sondern wegen des sonstigen Inhaltes des Prologes auch für die alttestamentliche Kanonsgeschichte, wird verschieden erklärt.[1] Wäre es »natürlich«, dass der Schreiber des Prologes nicht sein eigenes Lebensjahr, sondern das 38. Jahr des Königs Euergetes meine[2], so könnte ein Zweifel über das Jahr seiner Ankunft in Ägypten nicht bestehen; denn von den beiden Ptolemaeern, welche den Beinamen *Euergetes* führten, hat nur der zweite, Ptolemaeus VII. Physcon, ein 38. Regierungsjahr erreicht; das in dem Prologe angegebene Datum wäre danach das Jahr 132 v. Chr. Aber wenn ein Mann wie L. Huc die andere Erklärung vorzieht[3], wird man ohne weiteres eine Schwierigkeit vermuten dürfen. Die Hauptstütze der für die Deutung auf das Lebensjahr des Prologschreibers eintretenden Forscher und die Hauptschwierigkeit der anderen Datierung liegt in dem zwischen der Zahl und dem Königsnamen stehenden ἐπί. »*La préposition ἐπί paraît ici tout à fait superflue, puisque toujours le mot ἔτους est suivi d'un génitif direct. On ne dit jamais ἔτους πρώτου, δευτέρου ... ἐπὶ τινός, en parlant d'un roi, mais bien ἔτους ... τινός ou τῆς βασιλείας τινός. Cette locution serait*

---

[1] Vergl. O. F. FRITZSCHE HApAT V (1859) XIII ff.
[2] SCHÜRER II 595.
[3] Vergl. HApAT V (1859) XV.

donc sans exemple, mit diesen auf eine sogleich zu erwähnende Stelle der Inschrift von Rosette bezüglichen Worten von Letronne [1] kann jene Schwierigkeit formuliert werden.

Sie lässt sich indessen beseitigen. Zwar nicht mit O. F. Fritzsche [2] direkt durch Hinweis auf die Stellen LXX Hagg. 1₁, 2₁, Zach. 1₇, 7₁, 1 Macc. 13₄₂, 14₂₇, denen sich noch LXX Zach. 1₁ anreiht; denn diese sämtlichen Stellen sind Übersetzungen einer semitischen Vorlage, und das eigentümliche ἐπί könnte eine blosse Nachahmung des ל sein, was für den Sprachgebrauch des originalgriechischen Sirachprologes nichts Entscheidendes ergeben würde. Durchschlagend scheinen mir vielmehr folgende Stellen zu sein. Bereits eine Inschrift des 3. Jahrh. v. Chr. von der Akropolis [3] schreibt Zeile 2 f. ἱερεὺς γενόμενος ἐν τῷ ἐπὶ Λυσιάδου ἄρχοντος ἐνιαντῷ. Wichtiger noch sind für die Sirachstelle die folgenden ägyptischen Parallelen. Die Inschrift des Steines von Rosette (27. März 196 v. Chr.) lautet in Zeile 16 [4]: προσέταξεν [Ptolemaeus V. Epiphanes] δὲ καὶ περὶ τῶν ἱερέων, ὅπως μηθὲν πλεῖον διδῶσιν εἰς τὸ τελεστικὸν οὗ ἐτάσσοντο ἕως τοῦ πρώτου ἔτους ἐπὶ τοῦ πατρὸς αὐτοῦ [Ptolemaeus IV. Philopator]. Letronne, der wegen der angeblichen Beispiellosigkeit des Gebrauches von ἐπί [5] eine andere Deutung versucht, muss zugestehen, dass bei der Übersetzung *bis zum ersten Jahre [unter der Regierung] seines Vaters* der ganze Satz im Zusammenhange des Textes etwas überaus Verbindliches erhält [6]; die Priester, die überhaupt von den Verdiensten des Epiphanes nicht ohne Salbung reden,

---

[1] *Recueil* 1 (1842) 277.

[2] S. XIII.

[3] *Bulletin de corr. hell.* I (1877) 36 f.

[4] Bei Letronne, *Recueil* 1 246 = CIG III Nr. 4697. Bereits Lumbroso, *Recherches* XXI hat hierauf verwiesen.

[5] Vergl. seine oben citierten Worte. J. Franz im CIG III *p.* 338 schliesst sich Letronne an unter Verweis auf Zeile 11 der Inschrift. Aber das dort sich findende ἕως τοῦ ὀγδόου ἔτος kann ich ebenfalls nicht von Jahren des Priesterdienstes verstehen.

[6] Die von Letronne vorgeschlagene Erklärung (*Jahr ihrer Priesterschaft*) halte ich für gezwungen.

würden es auch hier verstanden haben ihm ihre Verbeugung zu machen und zugleich das Andenken seines Vaters zu feiern. Diese Fassung des ἐπί, welche also vorzüglich in den Zusammenhang passt, hätte vielleicht auch Letronne vertreten, wenn ihm das Beispiel aus dem Sirachprolog zur Hand gewesen wäre. Beide Stellen stützen sich gegenseitig. Aber jener Gebrauch des ἐπί ist noch durch andere ägyptische Stellen zu erhärten. *Pap. Par.* 15 [1] (120 v. Chr.) werden zwei αἰγύπτιαι συγγραφαί erwähnt, die beide datiert sind: μιᾶς μὲν γεγονυίας [τοῦ ΙΗ´ ἔτους παχ]ὼν ἐπὶ τοῦ Φιλομήτορος die eine vom Pachon [ägypt. Monat] *des 18. Jahres (unter der Regierung) des Philometor,* ἑτέρας δὲ γεγονυίας τοῦ ΛΕ´ μεσορὴ ἐπὶ τοῦ αὐτοῦ βασιλέως *die andere vom Mesore* [ägypt. Monat] *(des Jahres) 35 (unter der Regierung) desselben Königs. Pap. Par.* 5 [2] (114 v. Chr.) endlich beginnt so: βασιλευόντων Κλεοπάτρας καὶ Πτολεμαίου θεῶν Φιλομητόρων Σωτήρων ἔτους Δ´ ἐφ᾽ ἱερέως βασιλέως Πτολεμαίου θεοῦ Φιλομήτορος Σωτῆρος Ἀλεξάνδρου καὶ θεῶν Σωτήρων κτλ. Auch diese Stelle komnt in Betracht, wenn die von Brunet gegen Brugsch [3] vertretene Fassung *unter dem Könige Ptolemaeus ····, dem Priester des Alexander* [d. Gr.] *und der Götter ···,* richtig ist.

So wäre also das pleonastische ἐπί des Sirachprologes durch mehrere zeitlich und örtlich nahestehende Zeugen bestätigt. Von hier aus gewinnen denn auch die oben citierten Stellen der griechischen Bibel eine andere Tragweite: ihr pleonastisches ἐπί ist nicht Resultat der anderwärts sich zeigenden Pedanterie der Übersetzer, sondern dem Bestreben wörtlich zu übersetzen kam ein eigenartiger Sprachgebrauch der Umgebung entgegen und ermöglichte die Verbindung von Wörtlichkeit und Korrektheit.

---

[1] *Notices* XVIII 2 S. 220 f.

[2] *Notices* XVIII 2 S. 130.

[3] *Notices* XVIII 2 S. 153. Brugsch übersetzt *unter dem Priester des Königs Ptolemaeus ···.*

Zu dem angeblichen Edikte des Ptolemaeus IV. Philopator gegen die ägyptischen Juden.

3 Macc. 3 ɪɪ ṛ. wird ein Erlass des Königs Ptolemaeus IV.
Philopator gegen die ägyptischen Juden citiert, in welchem
einem jeden, der einen Juden anzeige, Belohnungen versprochen
werden. Der griechische Text lautet Vers ₂₈ in unseren Ausgaben: μηνύειν δὲ τὸν βουλόμενον ἐφ' ᾧ τὴν οὐσίαν τοῦ ἐμ-
πίπτοντος ὑπὸ τὴν εὐθύναν λήψεται καὶ ἐκ τοῦ βασιλικοῦ ἀργυρίου δραχμὰς δισχιλίας καὶ τῆς ἐλευθερίας τεύξεται καὶ στεφανωθήσεται. Den »constructionslose« Akkusativ am Anfange des
Verses erklärt GRIMM [1] als Anakoluth: dem Schriftsteller habe
etwa die Konstruktion vorgeschwebt εἰς τὴν ἐλευθερίαν ἀφαιρη-
σόμεθα. Es wäre dann so zu übersetzen: *den aber, der (einen
Juden) angeben will, — er soll ausser dem Vermögen dessen, der
unter die Strafe fällt, auch zweitausend Silberdrachmen aus dem
königlichen Schatze erhalten, die Freiheit erlangen und bekränzt
werden.* Eine sehr sonderbare Ankündigung, sonderbar selbst
in dem an Sonderbarkeiten nicht armen dritten Makkabäerbuche. »Es muss · auffallen, dass nur Sklaven aufgefordert
werden, als Angeber aufzutreten und diess nur indirect und
noch dazu erst am Ende des Satzes zu verstehen gegeben wird«[2],
auffallender als diese im Zusammenhange des Buches nicht
unmögliche Aufforderung scheint mir die ausgesetzte Belohnung
zu sein, die bei der grossen Leichtigkeit einen der zahlreichen[3]
Juden anzugeben geradezu horrend ist: nicht so sehr die Geld-
prämie als die Ankündigung, dass der angebende Sklave ausser
der Freiheit auch noch die Ehrung erhalten solle, die nur
hervorragenden Männern zu teil wurde, die Bekränzung. Die
Stelle erregt den Verdacht verderbt zu sein, und thatsächlich
liest denn auch ausser anderen Handschriften der Alexandrinus
unter Weglassung von τεύξεται καὶ so: καὶ τῆς ἐλευθερίας
στεφανωθήσεται. Damit ist zunächst nichts gewonnen, denn

---

[1] HApAT IV (1857) 249.
[2] GRIMM ebenda.
[3] Nach 4 ₂₀ ist die Zahl der Juden so ungeheuer, dass bei ihrer Auf-
zeichnung in die Listen vor der Hinrichtung es bald an Papyrus und
Schreibrohren mangelte.

diese Lesart gibt als solche keinen Sinn, indessen erweckt sie gerade wegen ihrer Unverständlichkeit das günstige Vorurteil, dass sie die ältere, wenn auch bereits korrupte Textform bietet, aus der sich die recipierte als Glättung erklären liesse. So gibt ihr denn GRIMM den Vorzug und kann sich »keinen Augenblick bedenken« sie mit GROTIUS zu ändern in καὶ τοῖς Ἐλευθερίοις στεφανωθήσεται, d. h. *und er wird am Eleutherienfeste bekränzt werden.* Die Änderung ist nicht eben stark, und die Konjektur erzielt jedenfalls den Vorteil, dass die ihrem Vertreter so anstössige Aufforderung an die Sklaven beseitigt wird. Indessen hat sich O. F. FRITZSCHE[1] doch bedacht sie anzunehmen; wie mir scheint, mit Recht. Wir wissen über ein unter den Ptolemäern übliches Eleutherienfest in Ägypten nichts, und es ist äusserst misslich zu einer Konjektur seine Zuflucht zu nehmen, welche den Text durch Hineintragung eines ganz neuen historischen Momentes in einer so starken Weise individualisiert.

Zur Erklärung des Verses glaube ich aus den ägyptischen Quellen folgendes beitragen zu können.

Zunächst hätte für den angeblich konstruktionslosen Akkusativ μηνύειν δὲ τὸν βουλόμενον schon auf den ähnlichen scheinbar absolut stehenden Infinitiv am Schlusse des Ep. Arist. (*ed.* M. SCHMIDT) *p.* 17 f. mitgeteilten Ediktes des Ptolemaeus II. Philadelphus hingewiesen werden können τὸν δὲ βουλόμενον προσαγγέλλειν περὶ τῶν ἀπειθησάντων ἐπὶ τοῦ φανέντος ἐνόχου τὴν κυρίαν ἕξειν (*p.* 18 Ζ.); thatsächlich hängt ἕξειν ab von dem technischen διειλήφαμεν des vorhergehenden Satzes. Ebenso könnte man μηνύειν δὲ τὸν βουλόμενον logisch noch abhängen lassen von dem διειλήφαμεν Vers ιϛ. Überhaupt ist eine gewisse Übereinstimmung der amtlichen Formeln beider Edikte nicht zu verkennen, und die Vermutung drängt sich auf, dass beide Edikte, auch wenn sie fingiert sein sollten, doch in der Form durchaus den Kanzleistil der Ptolemäerzeit wiedergeben. Diese Vermutung erhebt sich zur Sicherheit durch eine Vergleichung des *Pap. Par.* 10[2], eines Steckbriefes gegen zwei entlaufene

---

[1] Textkritische Anmerkung zu der Stelle in seiner Ausgabe der alttestamentlichen Apokryphen.

[2] *Notices* XVIII 2 S. 178 f.

Sklaven vom Jahre 145 v. Chr. Von einem jeden der beiden
Flüchtlinge wird erst ein genaues Signalement gegeben, sodann
ist eine Belohnung auf ihre Wiederergreifung oder die Angabe
ihres Aufenthaltsortes ausgesetzt. Wie frappant sich die hierbei
angewandten Formeln mit unserer Stelle berühren, ergibt sich
aus folgender Nebeneinanderstellung der beiden Texte; ich
interpungiere dabei die Makkabäerstelle gleich richtig:

<table>
<tr><td align="center">3 Macc. 3 ₈₈.</td><td align="center">*Pap. Par.* 10.</td></tr>
<tr><td>

μηνύειν δὲ τὸν βου-
λόμενον, ἐφ᾽ ᾧ τὴν οὐσίαν
τοῦ ἐμπίπτοντος ὑπὸ τὴν εὐ-
θύναν λήψεται καὶ ἐκ τοῦ
βασιλικοῦ ἀργυρίου δραχμὰς
δισχιλίας [Codd. 19, 64, 93,
Syr.: τρισχιλίας].

</td><td>

τοῦτον ὃς ἂν ἀναγάγῃ
λήψεται χαλκοῦ τάλαντα
δύο τρισχιλίας (δραχμάς).
.....μηνύειν δὲ τὸν βου-
λόμενον τοῖς παρὰ τοῦ στρα-
τηγοῦ.

</td></tr>
</table>

Zu dem absoluten μηνύειν δὲ τὸν βουλόμενον des Papyrus
bemerkt der französische Herausgeber[1], der Infinitiv stehe, wie
überhaupt in ähnlichen Formeln, anstelle des Imperativs.
Richtiger wäre es vielleicht, zumal der imperativische Infinitiv als
solcher wohl schon als Breviloquenz zu erklären ist, den Infinitiv
von einem in dem Erlasse stillschweigend vorausgesetzten Verbum
des Befehlens abhängen zu lassen.[2] Jedenfalls ist die Annahme
eines Anakoluths in der Makkabäerstelle abzuweisen; sie verwischt den Eindruck des eigenartig amtlichen Stiles des Ediktes.
Die Worte μηνύειν δὲ τὸν βουλόμενον bilden einen Satz für
sich: *angeben soll, wer Lust hat.* Für die Kritik des dritten
Makkabäerbuches ist eine Beobachtung wie die eben angestellte
nicht ohne Interesse. Umgekehrt wird man behaupten dürfen,

---

[1] *Notices* XVIII 2 S. 203.

[2] Vergl. διειλήφαμεν in den beiden anderen Edikten. Die amtliche
Sprache der Ptolemäer dürfte auch hier (vergl. oben S. 100 f.) von dem
officiellen Sprachgebrauche des griechischen Rechtes abhängig sein. Genau
denselben Gebrauch des Infinitives hat die Bauinschrift von Tegea (etwa
3. Jahrh. v. Chr., arkadischer Dialekt) Zeile 24 f.: ἰμφαίνεν δὲ τὸμ βολό-
μενον ἐπὶ τοῖ ἡμίσσοι τᾶς ζαμίαυ (herausg. von P. Cauer, vergl. oben
S. 110 Anm. 7).

dass die Ptolemäererlasse in der jüdisch-alexandrinischen Litteratur, selbst wenn sie samt und sonders fingiert wären und für die Thatsachen einen Quellenwert nicht hätten, doch von hoher historischer Bedeutung sind, insofern sie nämlich[1] die Formen des amtlichen Verkehrs getreu wiederspiegeln.

Wie steht es nun mit der »sonderbaren« Ankündigung am Schlusse von Vers **?** Es ist gar nicht nötig die Stelle selbst nach der gewöhnlichen Lesart auf *Sklaven* zu beziehen; es wundert mich, dass GRIMM nicht die viel näher liegende Erklärung gesehen hat: die Aufforderung richtet sich natürlich an die Juden. Die Juden waren durch das Edikt an Freiheit und Leben bedroht, das ergibt sich nicht nur aus der Sachlage, sondern wird auch durch ihre eigene Stimmung nach der glücklich abgewandten Gefahr bestätigt: sie fühlten sich als ἀσινεῖς, ἐλεύθεροι, ὑπερχαρεῖς.[2] Da war es denn eine äusserst wirksame Versprechung, wenn denen, die als Kronzeugen wider ihre verfemten Volksgenossen auftraten, die sonst bedrohte ἐλευθερία garantiert wurde. Von einer *Bekränzung* der Angeber endlich braucht gar nicht die Rede zu sein. Unter der Voraussetzung, dass der Alexandrinus mit seiner Lesart καὶ τῆς ἐλευθερίας στεφανωθήσεται die ältere, wenn auch korrupte Textform bietet, schlage ich vor mit einer geringen Änderung καὶ τῇ ἐλευθερίᾳ στεφανωθήσεται[3] zu lesen. Das Verbum στεφανόω hat nicht selten die allgemeine Bedeutung *belohnen*,[4] und diese liegt auch hier vor.

---

[1] Abgesehen von ihrem Quellenwerte für die Wünsche und Gedanken ihrer Verfasser.

[2] 3 Macc. 7**.

[3] In τῇ ἐλευθερίᾳ στεφανωθήσεται konnte durch Dittographie sehr leicht ἐλευθερίας und hieraus durch Rückwirkung des Irrtums τῆς ἐλευθερίας entstehen.

[4] BRUNET DE PRESLE, *Notices* XVIII 2 S. 308; er verweist u. a. auf Polyb. XIII 9**:** ἐστεφάνωσαν τὸν Ἀντίοχον πεντακοσίοις ἀργυρίου ταλάντοις und auf den Gebrauch von στεφάνιον für *Belohnung Pap. Par.* 42 (156 v. Chr.); vergl. hierzu den *Thesaurus* und LUMBROSO, *Recherches* 285.

Die »grossen Buchstaben« und die »Malzeichen Jesu« Gal. 6.

Das war ein verheissender Anfang, als Paulus den Galatern das Evangelium zum ersten Male verkündete: wie einen Boten Gottes hatten sie den kranken Wanderer aufgenommen, als wäre der Heiland selbst unter der Last des Kreuzes vor ihrer Schwelle zusammengebrochen. Wo andere sich voll Abscheu weggekehrt hätten, da waren sie zur Stelle, ihre Augen hätten sie dahingegeben, wenn sie ihm so hätten helfen können. Und mit kindlicher Andacht haben sie dann auf das hehre Bild geschaut, das ihnen der fremde Mann vor die Augen malte. Seitdem sind sie seine Kinder, und väterlich sind die Gedanken, die ihn über Meere und Länder mit den fernen Gemeinden von Galatien verbinden. Er weiss, dass sie zwar mit dem Feuereifer der Erweckten sich von den heimatlichen Göttern abgewandt haben, dass sie aber deshalb noch nicht völlig die heilige Bruderschaft verwirklichen, in welcher die Majestät des lebendigen Christus täglich aufs neue Menschengestalt annimmt. Was Paulus noch am Vorabende des Martyriums seinen vertrautesten Lieblingen vom eigenen Leben in Christus bekannt hat, das hat die schmerzliche und freudige Erfahrung einer langen apostolischen Thätigkeit ihm auch in den Gemeinden bestätigt: nicht, dass ich es schon ergriffen hätte! So wird denn, als er die jungen Gemeinden im Herzen Kleinasiens verlassen hatte, seine dankbare Liebe doch auch vorwärts geschaut haben auf die Gefahren, welche die Isolierung mit sich bringt; wir können uns nicht denken, dass er in väterlicher Blindheit gemeint habe, Erweckte könnten der Vormünder und Pfleger entbehren. Um so inniger wird sein fürbittendes Gedenken gewesen sein, wenn er für sie beim Vater eintrat.

Mit der gutmütigen Oberflächlichkeit der Gallier sind die jungen Christen, sich selbst überlassen, den ersten Lockungen der Verführer erlegen. Paulus musste es erleben, dass der böse Feind, der ihm überall Unkraut unter den Weizen säte, auch hier nicht vergeblich arbeitete. Der treuherzige Unverstand der Galater hatte sich bezaubern lassen durch das Wort vom Gesetz, und das Bild des Mannes, den sie zuvor als ihren Vater in Christus geehrt hatten, erschien ihnen verzerrt in der Beleuchtung durch nationale und theologische Gehässigkeit.

Wie soll man sich die Stimmung des Apostels nach dem Eintreffen dieser Kunde denken? Es ist wichtig, dass man sich die Bewegungen dieser wundervollen Menschenseele vergegenwärtigt, wenn man die Worte nicht nur, sondern auch ich möchte sagen das Gemüt des Galaterbriefes verstehen will. Wie Paulus über den gesetzlichen Partikularismus seiner Gegner geurteilt hat, wissen wir genau aus der scharfen, schneidenden Polemik des Sendschreibens; ein gesunder Reformatorenzorn hat ihm da die Feder geführt. Aber wir dürfen nicht annehmen, dass er die Verführten mit dem gleichen Maasse gemessen hat wie die Verführer. Die herbe Entschiedenheit, mit welcher sich Paulus den Gemeinden gegenüber ausspricht, geht nicht hervor aus der eigensinnigen Verstimmtheit des verkannten Wohlthäters, der sich darin gefällt den Märtyrer zu spielen; sie ist die Klage des Vaters, der durch das unkindliche Verhalten des Sohnes sein Kind, nicht sich, verletzt sieht. So sind die rauhen officiellen Worte der ersten Seiten des Briefes die Sprache des παιδαγωγὸς εἰς Χριστόν. Aber sie sind ihm nur zwischeneingekommen: sobald er sich aus der verbitternden Streitrede erhoben hat zum Preise des in Christus wieder möglich gewordenen Glaubens, kann sich das warme Gefühl des alten Vertrauens nicht länger verbergen, und der Mann, der eben noch gefürchtet, dass seine Arbeit umsonst gewesen sei bei den Unverständigen, ändert seine Stimme und redet wie zu den Philippern oder zu seinem Philemon.

Wie bei anderen Briefen so fügt Paulus auch hier den dem Amanuensis diktierten Worten einen eigenhändigen Schluss zu. Man sollte diese Briefschlüsse mehr beachten; sie sind für das Verständnis des Apostels von der höchsten Wichtigkeit. Der Schluss des Galaterbriefes ist jedenfalls sehr eigenartig. Noch einmal werden in kurzen, klaren Antithesen Gesetz und Christus einander entgegengestellt; es entspricht dabei durchaus der versöhnlichen Stimmung, zu der sich Paulus im Verlaufe des Schreibens den Gemeinden gegenüber hindurchgerungen hat, dass hier nur die Gegner mit Schärfe behandelt werden. Der Brief klingt nicht aus in Anklagen gegen die Galater, und das will, wenn wir an seine Veranlassung denken, ebensoviel heissen, wie wenn andere Briefe, die durch entgegengesetzte Verhältnisse hervorgerufen sind, zum Schlusse die Herzlichkeit der Beziehungen ausdrücklich bezeugen. Paulus hat die volle Ruhe wiedergewonnen, wenigstens seinen Galatern gegenüber. Aus dieser Stimmung heraus sind, wie ich glaube, gleich die vielbesprochenen Anfangsworte des eigenhändigen Schlusses zu verstehen: *Sehet, mit wie grossen Buchstaben ich euch schreibe mit eigener Hand.* Man wird diesem Satze nur dann gerecht, wenn man ihn als eine liebenswürdige Ironie auffasst, aus der die Leser deutlich genug entnehmen konnten, dass nicht der gestrenge Schulmeister zu ihnen rede. Der Schreiber, dessen flüchtiges Rohr die unmittelbare Beredsamkeit des Diktates kaum schnell genug auf den rauhen Papyrusblättern festhalten konnte, hatte einen kleinen ausgeschriebenen Duktus. Von seinen flüssigen Zügen hob sich die Hand des Paulus deutlich ab[1], nicht nur im Galaterbrief. Es ist wohl kaum richtig, wenn man sagt, Paulus habe nur hier ausnehmend grosse Buchstaben gemacht, um die Wichtigkeit der folgenden Worte zu kennzeichnen. Die *grossen Buchstaben* sind zunächst lediglich aus den formellen, graphischen Verhältnissen heraus zu verstehen. Wenn nun Paulus hier noch besonders auf sie aufmerksam macht, so kann ich das nicht anders verstehen als in der angedeuteten Weise. *Grosse Buchstaben* imponieren den Kindern; als seine lieben unverständigen Kinder behandelt Paulus die Galater, wenn er ihnen im Scherze zutraut, dass doch wenigstens die grossen Buchstaben einen Eindruck auf sie machen müssen. Wenn Paulus so redete, dann wussten die Galater, dass die letzten Schatten des strafenden Ernstes aus seinen Mienen gewichen waren. Der wirkliche Ernst des Briefes wurde dadurch nicht verwischt, aber die etwa zurückbleibende Spannung wurde durch die dankbar begrüsste gutmütige Ironie glücklich gelöst, und die Leser wurden empfänglicher für das, was der Apostel zum Schlusse noch auf dem Herzen hatte.

---

[1] Vergl. die Bemerkungen von MAHAFFY I 48.

Diese Schlussworte bieten nun an sich für die Erklärung keine Schwierigkeiten. Nur der vorletzte Satz des Briefes,[1] eine der eigentümlichsten Aussagen des Paulus, gibt uns ein Rätsel auf. *Τοῦ λοιποῦ*[2] *κόπους μοι μηδεὶς παρεχέτω· ἐγὼ γὰρ τὰ στίγματα τοῦ Ἰησοῦ ἐν τῷ σώματί μου βαστάζω, hinfort mache mir niemand Mühen, denn ich trage die Malzeichen Jesu in meinem Leibe* — es erheben sich zwei Fragen: was versteht Paulus unter den *Malzeichen Jesu,* und inwiefern begründet er die Mahnung, man solle ihm keine Mühen machen, auf das *Tragen* dieser Malzeichen?

»*στίγματα* .. sind eingebrannte oder eingeätzte Malzeichen, welche, gewöhnlich aus Buchstaben bestehend (Lev. 19, 28.), bei Sclaven als Zeichen ihrer Herren, bei Soldaten als Zeichen ihrer Heerführer, bei Verbrechern als Zeichen ihres Vergehens, und bei einigen orientalischen Völkern auch als Zeichen der Gottheit, welche man verehrte (3. Macc. 2, 29. .), am Körper (besonders an Stirn und Händen) angebracht wurden.«[3] Für einen antiken Leser waren also *Malzeichen* etwas recht Bekanntes, aber gerade wegen der Mannigfaltigkeit ihrer möglichen Anwendung ist die specielle Beziehung unseres Wortes erschwert. Soviel allerdings scheint mir klar zu sein, dass Paulus bildlich redet, dass er auf die Narben der in seiner apostolischen Thätigkeit erlittenen Wunden[4] anspielt und nicht etwa wirkliche, künstlich angebrachte *στίγματα* gehabt hat. Sieffert[5] entscheidet sich nun für die Annahme, dass Paulus sich als *Sklaven* Christi habe bezeichnen wollen; aber dann kann ich mir das *γάρ* nicht im geringsten erklären, ja das *γάρ* scheint mir diese Annahme zu verbieten. Wenn das Gegenteil dastände, wenn also Paulus etwa sagen würde: *im übrigen fahrt nur ruhig fort, mir Mühen zu machen*[6] — dann würde der

[1] Gal. 6 11.

[2] Zu *τοῦ λοιποῦ* vergl. W. Schmid, Der Atticismus III 135.

[3] F. Sieffert, Meyer VII[7] (1886) 375.

[4] 2 Cor. 11.

[5] S. 376.

[6] Vergl. J. J. Wetstein, *Novum Testamentum Graecum II, Amstelaed.* 1752, 238 f.: »*Notae enim serviles potius invitabant aliorum contumeliam.*«

Satz mit γάρ in jenem Sinne am Platze sein; Paulus würde in stolzer Resignation sagen: *das bin ich gewöhnt, denn ich bin ja der verachtete Sklave Jesu.*

Von einer Selbstvergleichung des Paulus mit einem stigmatisierten Verbrecher wird man im Ernste nicht reden wollen, auch die Beziehung auf die Tätowierungen der Soldaten liegt sehr ferne; gegen die letztere Erklärung würde zudem der Satz mit γάρ ebenso sprechen, wie gegen die Annahme der Sklavenzeichen: der *miles christianus* wehrt die feurigen Pfeile des Bösewichts nicht durch Paktieren ab, sondern Mann gegen Mann mit dem Schilde des Glaubens.

Am ansprechendsten scheint mir noch die Erklärung von WETSTEIN[1] zu sein, wonach Paulus *heilige Zeichen* meinte, durch die er sich als einen Geweihten Christi legitimiere, dem deshalb kein Christ Beschwerden bereiten dürfe. Indessen macht auch WETSTEIN das kausale Verhältnis beider Sätze nicht völlig klar, und ebensowenig rechtfertigt er die in jedem Falle sonderbare Umschreibung des Gedankens der Zugehörigkeit zu Christus[2] durch unser Bild.

Unter Zugrundelegung seiner Erklärung der στίγματα könnte man jedoch das kausale Verhältnis so herstellen: wer die Malzeichen Jesu trägt, ist sein Jünger und steht als solcher unter seinem Schutze; wer sich also an Paulus versündigt, fordert die Strafe eines Mächtigeren heraus. So würden wir also darauf geführt in den στίγματα heilige *Schutzzeichen* zu erkennen und unsere Stelle von den Gedankengängen aus zu erklären, auf die neuerdings B. STADE[3] aufmerksam gemacht hat. Danach findet sich bereits im Alten Testament eine nicht geringe Anzahl von Spuren solcher Schutzzeichen. STADE erklärt das Kainszeichen als ein Schutzzeichen, aber auch von diesem abgesehen kann auf Jes. 44 a[4] und Ezech. 9 verwiesen

---

[1] S. 238: »*Sacras notas intelligit Paulus; se sacrum esse, cui ideo nemo eorum, qui Christum amant, molestus esse debeat, profitetur.*«

[2] Von Malzeichen *Christi* redet Paulus übrigens gar nicht, er gebraucht den bei ihm seltenen Namen *Jesus.*

[3] Beiträge zur Pentateuchkritik, ZAW XIV (1894) 250 ff.

[4] καὶ ἕτερος ἐπιγράψει χειρὶ αὐτοῦ· τοῦ θεοῦ εἰμι, vergl. STADE 313, auch 314 ff. die Bemerkungen über 1 Reg. 20 a a., Zach. 13 a.

werden [1]: bevor die Engel den Untergang Jerusalems bewirken und seine Einwohner umbringen, zeichnet ein Engel ein Zeichen auf die Stirn aller der Männer, welche die in Jerusalem verübten Greuel beklagen; diese werden von den Würgengeln verschont.[2] Lev. 19 27 f. [3], 21 5 f., Deut. 14 1 f. ist ebenfalls die Bekanntschaft mit heiligen Zeichen vorausgesetzt, durch die man sich als zu einem Gotte gehörig bekennt: Israel würde, wenn es die Zeichen eines anderen Gottes unter sich duldete, dadurch sein Eigentumsverhältnis zu Jahwe stören. Auch die Beschneidung kann als Jahwezeichen aufgefasst werden.[4] Aus späterer Zeit sind folgende Stellen [5] zu nennen: Ps. Sal. 15 6 ὅτι τὸ σημεῖον τοῦ θεοῦ ἐπὶ δικαίους εἰς σωτηρίαν, vergl. Vers 10, wo von den ποιοῦντες ἀνομίαν gesagt wird, dass τὸ σημεῖον τῆς ἀπωλείας ἐπὶ τοῦ μετώπου αὐτῶν ist; nach 3 Macc. 2 29 wären die alexandrinischen Juden von Ptolemaeus IV. Philopator gezwungen worden sich des Dionysos Zeichen, ein Epheublatt, einbrennen zu lassen, wie auch der König selbst mit diesem Zeichen stigmatisiert war[6]; Philo *de monarchia* (M.) *p.* 220 f. wirft den jüdischen Apostaten vor, dass sie sich die Zeichen der von Menschenhand gemachten Götzen einbrennen lassen (ἔνιοι δὲ τοσαύτῃ κέχρηνται μανίας ὑπερβολῇ, ὥστ'··· ἵενται πρὸς δουλείαν τῶν χειροκμήτων γράμμασιν αὐτὴν ὁμολογοῦντες.... ἐν τοῖς σώμασι καταστίζοντες αὐτὴν σιδήρῳ πεπυρωμένῳ πρὸς ἀνεξάλειπτον διαμονήν· οὐδὲ γὰρ χρόνῳ ταῦτα ἀμαυροῦνται); ebenso tragen in der Apokalypse des Johannes die Tieranbeter den Namen oder die Zahl des Tieres als χάραγμα auf der Stirn oder in der rechten Hand[7], während

---

[1] STADE 301.

[2] STADE macht auch auf die Schutzzeichen in der Passahnacht aufmerksam; diese kommen in unserem Zusammenhange weniger in Betracht, da sie nicht am Körper angebracht waren. Doch beachte man die Vergleichung der Passahfeier mit einem Zeichen in der Hand oder auf der Stirn Exod. 13 9 u. 16.

[3] Man beachte, dass die LXX hier γράμματα στικτά übersetzen.

[4] Gen. 17 11, Röm. 4 11, vergl. dazu STADE 308.

[5] Vergl. zuletzt STADE 301 und 303 f.

[6] *Etymolocium Magnum sub Γάλλος.*

[7] 13 16 f., 14 9 f., 16 2, 19 20, 20 4.

die Frommen mit dem Namen des Lammes und des lebendigen
Gottes gezeichnet sind.[1] Besonders charakteristisch für die
Bedeutung der *Schutzzeichen* im griechischen Judentume ist
endlich die Thatsache, dass man hier die *Thephillin*, die Gebets-
riemen, als *Schutzzeichen* aufgefasst und durch φυλακτήρια, den
technischen Ausdruck für *Amulette*, bezeichnet hat. Aus allen
diesen Thatsachen scheint sich mir die Berechtigung der Annahme
zu ergeben, dass dem Apostel recht wohl der Gedanke nahe-
liegen konnte seine Narben bildlich einmal als *Schutzzeichen*
zu charakterisieren.[2]

Zur Bestätigung dieser Annahme glaube ich auf eine
Papyrus-Stelle aufmerksam machen zu sollen, die mir, je länger
ich sie ansah, um so instruktiver erschien und wohl auch die
Beachtung derer verdienen dürfte, welche die mir wahrschein-
lichen Folgerungen nicht ohne weiteres ziehen können.

Sie findet sich in dem bilinguischen, demotischen und
griechischen, Papyrus J. 383 (Papyrus ANASTASY 65) des Museums
zu Leiden. Zuerst hat C. J. C. REUVENS[3] auf denselben aufmerksam gemacht und ihn in die erste Hälfte des 3. Jahrhunderts n. Chr. verwiesen.[4] Dann ist er im Faksimile herausgegeben[5] und besprochen[6] von dem Direktor des Museums

---

[1] 14₁, 7ₐff., 9₄. Über die Bedeutung der *Zeichen* in der christlichen
Kirche vergl. die Andeutungen von STADE 304 ff.

[2] Dass der Ausdruck zu der vorhergenannten Beschneidung (vergl.
Rom. 4₁₁ σημεῖον περιτομῆς) einen Gegensatz bildet, und dass τοῦ Ἰησοῦ
zu betonen ist, halte ich für wahrscheinlich.

[3] *Lettres à M. Letronne ⋯ sur les papyrus bilingues et grecs ⋯ du
musée d'antiquités de l'université de Leide, Leide 1830*, I 8 ff., 36 ff. In dem
dazu gehörenden *Atlas* Tafel A sind einige Wörter aus der uns interessieren-
den Stelle faksimiliert.

[4] *Appendice* (zum vorstehend citierten Werke) 151.

[5] *Papyrus égyptien démotique à transcriptions grecques du musée
d'antiquités des Pays-Bas à Leide (description raisonnée J. 383), Leide
1839*. Unsere Stelle findet sich Tafel IV, *col.* VIII; auf den Tafeln ist
der Papyrus signiert A. [= ANASTASY?] No. 65.

[6] *Monumens égyptiens du musée d'antiquités des Pays-Bas à Leide,
Leide 1839*.

C. Leemans, der sich noch neuerdings[1] der Datierung von Reuvens angeschlossen hat. H. Brugsch[2] hat die grosse Wichtigkeit des Papyrus für das Studium des Demotischen nachdrücklich betont und ihn in seiner Demotischen Grammatik[3] aufs eingehendste verwertet. Er charakterisiert ihn mit Reuvens und Leemans durch die viel- und wenigsagende Bezeichnung *gnostisch*. Unsere Stelle haben neuerdings mehr oder minder ausführlich besprochen E. Revillout[4], G. Maspero[5] und C. Wessely.[6]

Sie steht inmitten des demotischen Textes des »gnostischen« Papyrus[7], welcher zu der in reichen Überresten auf uns gekommenen und in jüngster Zeit bekannt gewordenen Zauberlitteratur gehört. Nach den Faksimiles zu urteilen, ist sie, soweit sie wenigstens für uns hier in Betracht kommt, deutlich zu lesen. Ich gebe zunächst den Text nach meiner Lesung und notiere dabei die Abweichungen der Lesungen von Reuvens (Rs), Leemans (L), Brugsch (B), Maspero (M), Revillout (Rt) und Wessely (W).

Eingeleitet wird sie durch die von Revillout so übersetzten demotischen Worte: »*Pour parvenir à être aimé de quelqu'un qui lutte contre toi et ne veut pas te parler (dire):*«

---

[1] *Papyri graeci musei antiquarii publici Lugduni-Batavi II*, Lugd. Bat. 1885, 5.

[2] Über das ägyptische Museum zu Leyden, Zeitschr. der Deutschen morgenländischen Gesellschaft VI (1852) 250 f.

[3] *Grammaire démotique*, Berlin 1855. Unsere Stelle findet sich dort im Faksimile auf Tafel IX, transskribiert S. 202.

[4] *Les arts égyptiens*, in der *Revue égyptologique* I (1880) 164; vergl. Desselben Besprechung des Papyrus ebenda II (1881—1882) 10 ff. Nicht zugänglich war mir Desselben Schrift *Le roman de Setna*, Paris 1877.

[5] *Collections du Musée Alaoui, première série, 5e livraison*, Paris 1890, 66 f., vergl. Desselben Besprechung des Papyrus in seinen *Études démotiques* im *Recueil de travaux relatifs à la philologie et à l'archéologie égyptiennes et assyriennes* I (1870) 19 ff. Eine dort erwähnte Studie von Birch ist mir nicht bekannt geworden. Unsere Stelle steht S. 30 f.

[6] Mittheilungen aus der Sammlung der Papyrus Erzherzog Rainer V (Wien 1892) 13 f.

[7] Noch eine andere, längere griechische Zauberformel steht in diesem Papyrus, zuletzt gelesen u. besprochen von Revillout, *Rev. ég.* I (1880) 168 f.

Im Original füllt der Spruch 3½ Zeilen aus. Etwa durch die Mitte der Papyruskolumne geht ein Riss. Die Zahl der dadurch verlorenen Buchstaben ist im folgenden durch Punkte angedeutet. Ich bezeichne die Zeilenschlüsse des Originals durch |.

ΜΗΜΕΔΙΩΚΕΟΔΕ ΑΝΟΧ
ΠΑΠΙΠΕΤ·· ΜΕΤΟΥΒΑΝΕΣ
ΒΑΣΤΑΖΩ|ΤΗΝΤΑΦΗΝ
ΤΟΥΟΣΙΡΕΩΣΚΑΙΥΠΑΓΩ
5 *ΚΑΤΑ·· ΗΣΑΙΑΥΤΗΝΕ Σ*
ΑΒΙΔΟΣ|ΚΑΤΑΣΤΗΣΑΙΕΙΣ
ΤΑΣΤΑΣΚΑΙΚΑΤΑΘΕΣΘΑΙ
ΕΙΣ··· ΧΑΣΕΑΝΜΟΙΟΔ
ΚΟΠΟΥΣ|ΠΑΡΑΣΧΗ ΠΡΟΣ
10 *ΡΕΨΩΑΥΤΗΝΑΥΤΩ|*

2 παπιπετ··: Re παπιπε···, L παπιπετ·, B παπιπετ(ου), M Papipetu, Rt Παπεπιτου, W πιπιπετου | 4 οσιρεως: W οσιριος (!) | 5 κατα··ησαι: Re πατα(στη)σαι, L κατα··ησαι, B M Rt καταστησαι, W κατα(στη)σαι | ες: Re B M Rt εις, L ες | 7 ταστας: Re τας τας, B τας ταφας, W τας τας^{sie} | 8 ···χας: Re (μ)αχας, L ·αχας, M αλχας, W ··αχας | Δ: B M Rt auflösend δεινα, W δ(ε)ι(να) | 9 ρεψω: B M Rt τρεψω, W ςερω |

Die Hauptdifferenz der einzelnen Herausgeber beruht in der Verschiedenheit der Wiedergabe resp. Ergänzung der nichtgriechischen Wörter des Textes. Da dieselben für unseren Zweck ohne Bedeutung sind, so gehe ich nicht weiter darauf ein und glaube, indem ich mich hier der Lesung von MASPERO anschliesse, folgendermassen schreiben zu sollen:

Μή με δίωκε ὅδε· ανοχ
παπιπετ[ου] μετουβανες·
βαστάζω τὴν ταφὴν
τοῦ Ὀσίρεως καὶ ὑπάγω
5 *κατα[στ]ῆσαι αὐτὴν ε(ἰ)ς*
Ἄβιδος, καταστῆσαι εἰς
ταστας καὶ καταϑέσϑαι
εἰς [αλ]χας· ἐάν μοι ὁ δεῖνα
κόπους παράσχῃ, προσ-
10 *⟨τ⟩ρέψω αὐτὴν αὐτῷ.*

Im Papyrus folgt auf den griechischen Text dieselbe Formel demotisch, allerdings nicht in wörtlicher Übersetzung, sondern mit einigen Abweichungen. Revillout [1] übersetzt diese demotische Relation so:

>*Ne me persécute pas, une telle! — Je suis Papipetou Metoubanès, je porte le sépulcre d'Osiris, je vais le transporter à Abydos; je le ferai reposer dans les Alkah. Si une telle me résiste aujourd'hui, je le renverserai. — Dire sept fois.*<

Auf den ersten Blick sehen wir, dass wir hier eine Beschwörungsformel vor uns haben. Zum Verständnisse des griechischen Textes ist folgendes zu bemerken.

Z. 1. ανοχ wird von den Erklärern für das koptische *anok* (vergl. אנכי) *ich bin* gehalten. Ähnliche Fälle des ἐγώ εἰμι mit folgendem Gottesnamen, durch welches der Beschwörende sich mit dem betreffenden Gotte identificiert, um seinem *Spruche* eine besondere Kraft zu verleihen und dem Dämon Furcht einzujagen, finden sich in den griechischen Zauberbüchern sehr oft.

Z. 2. Eine genügende etymologische Erklärung der Wörter παπιπετου μετουβανες habe ich nicht gefunden; Reuvens und Leemans haben lediglich Vermutungen ausgesprochen. Für unseren Zweck ist es ausreichend daran zu erinnern, dass solche fremdländischen Wörter in den Beschwörungen die grösste Rolle spielen. Wenn sie von Hause aus einen Sinn überhaupt hatten, so haben die Benutzer der Formeln ihn schwerlich immer gekannt; ihren *Spruch* werden sie oft für um so *kräftiger* gehalten haben, je geheimnisvoller seine Worte klangen.

Z. 3. τὴν ταφὴν τοῦ Ὀσίρεως wird von den Herausgebern übersetzt: *den Sarg* oder *die Mumie des Osiris*. ταφή in dieser Bedeutung findet sich in den Papyri und sonst öfter. [2] Wir

---

[1] Vergl. auch die Übersetzung von Brugsch, *Gramm. dém.* 202.

[2] *Notices* XVIII 2 S. 234, 435 f. Wessely, Mitth. Rainer V 14, erklärt: >ταφή bedeutet hier, wie sich besonders aus dem Sprachgebrauche der bei Mumientransporten als Erkennungsmarken gebrauchten Holztäfelchen ergibt, Mumie<. Vergl. auch Leemans, *Monumens* 8. — C. Schmidt, Ein altchristliches Mumienetikett, Zeitschr. für die ägyptische Sprache

haben hier unter der ταφή τοῦ Ὀσίρεως eine als Amulett gebrauchte Nachbildung des Sarges oder der Mumie des Osiris
zu verstehen. Die *Kraft* dieses Amulettes erklärt sich aus dem
Osirismythus.[1] Der Osiris der griechisch-römischen Zeit ist der
Gott der Toten. Sein Leichnam, von Typhon zerstückelt, war
von Isis mit grosser Mühe wieder zusammengesetzt worden,
und seitdem ist es die vornehmste Sorge der dem Osiris be-
freundeten Gottheiten Isis, Nephthys, Horus, Anubis und Hermes
sein Grab zu bewachen und den bösen Typhon an einer wieder-
holten Zerstörung des göttlichen Leibes zu hindern. Die Zauberer
machten sich diesen Streit der Götter zu nutze, um sich des
Beistandes der Freunde des Osiris zu versichern. Sie versuchten
sich des heiligen Sarges zu bemächtigen, sie *trugen* ihn, wenigstens
in effigie als Amulett, bei sich und drohten ihn zu zerstören,
wenn ihnen ihre Wünsche nicht erfüllt würden. So gehören
nach Jamblichus[2] zu den βιαστικαὶ ἀπειλαί der ägyptischen
Zauberer die Drohungen *den Himmel zu zerbrechen, die Mysterien
der Isis zu enthüllen, das in der Tiefe verborgene unaussprech-
liche Geheimnis zu verraten, die heilige Sonnenbarke anzuhalten,
die Glieder des Osiris dem Typhon zur Freude zu zerstreuen.*
Eine solche *kräftige Drohformel* ist unsere Beschwörung. Sie
richtet sich an einen Dämon, auf den man die Beschwerden
zurückführte, welchen man durch den Zauber zu entgehen
hoffte[3]: der Besitz der ταφή τοῦ Ὀσίρεως musste ihm imponieren, da sie den Beistand der mächtigsten Gottheiten garan-
tierte; denn in deren eigenstem Interesse lag es sich mit dem
Besitzer der gefährdeten Mumie gut zu stellen. Ganz ähnlich

---

und Alterthumskunde, XXXII (1894) 55: »Meines Erachten hat man in
der römischen Periode unter ταφή nur die »Mumie« verstanden«.

[1] Zum folgenden vergleiche Maspero, *Coll. Al.* 66.

[2] *De mysteriis* 6₄ (ed. G. Parthey, Berol. 1857, p. 245 f.): ἦ γὰρ τὸν
οὐρανὸν προσπράξειν ἢ τὰ κρυπτὰ τῆς Ἴσιδος ἐκφανεῖν ἢ τὸ ἐν ἀβύσσῳ
ἀπόρρητον [6₁ p. 248 steht dafür τὰ ἐν Ἀβύδῳ ἀπόρρητα, vergl. Z. 6 unserer
Formel] δείξειν ἢ στήσειν τὴν βάριν, ἢ τὰ μέλη τοῦ Ὀσίριδος διασκεδάσειν
τῷ Τυφῶνι.

[3] Reuvens I 41.

droht in einer kürzlich publicierten *tabula devotionis* aus Hadrumetum [1] ein dunkeler Ehrenmann: *wenn nicht, werde ich hinabsteigen in die Heiligtümer des Osiris und seinen Leichnam zerbrechen und in den Strom werfen, auf dass er fortgerissen werde.*

Z. 6. Ἄβιδος ist das ägyptische Abydos. Die Stadt hat in der Geschichte des Osiris eine grosse Bedeutung. Sie galt als die Grabstätte des Gottes, über ihre Mysterien berichten mehrere alte Schriftsteller.[2] Dass der *Träger* des Amulettes sagt, er sei im Begriffe die Mumie des Osiris nach Abydos zu bringen, scheint mir den Sinn zu haben, dass er durch diesen den Freunden des Osiris sympathischen Akt ihrer Gunst natürlich um so sicherer und dem Dämon um so gefährlicher sein will.

Z. 7 u. 8. τασταϛ und αλχαϛ sind die griechischen Transskriptionen zweier ägyptischer Wörter, von MASPERO [3] übersetzt *les retraites* und *les demeures éternelles*. Durch sie wird der Sinn der vorhergehenden Zeilen noch deutlicher: der Zauberer verpflichtet sich, indem er den von Typhon misshandelten heiligen Leib pietätvoll bestattet, die mächtigsten Gottheiten zum grössten Danke.

Z. 8. ὁ δεῖνα ist im Original durch das in den Papyri hierfür sehr häufige Zeichen ᴀ abgekürzt; wenn die im Zauberbuche theoretisch gegebene Formel praktisch gegen einen lästigen Menschen angewandt wurde, trat anstelle des ὁ δεῖνα der Name des Betreffenden, ebenso wie in Z. 1 anstelle des ὅδε der Name des Dämons, der die Ursache der κόποι ist.

Z. 9. προσ⟨τ⟩ρέψω: im Papyrus steht deutlich προσρέψω, also Futurum von προσρέπω *zu etwas hinneigen* im intransitiven Sinne; hier würde es transitiv stehen, wofür Belege sonst nicht vorhanden sind.[4] Vielleicht empfiehlt es sich daher

---

[1] *Collections du Musée Alaoui, prem. série, 5e livraison (1890)* 60: *Si minus, descendo in adytus Osyris et dissolvam* τὴν ταφὴν *et mittam, ut a flumine feratur.* Vergl. dazu die Erläuterungen von MASPERO.

[2] Z. B. Epiphanius *adv. haer.* III 2 p. 1093 D (DIND. *vol.* III p. 571). Vergl. hierzu REUVENS 41 ff. und LEEMANS, *Monumens* 9.

[3] *Coll. Al.* 67.

[4] LEEMANS, *Monumens* 9.

προστρέψω ¹ zu schreiben. Indessen ist diese Frage für den Sinn des Schlusssatzes irrelevant: in jedem Falle droht der Beschwörende sein kräftiges Amulett *gegen* den lästigen Gesellen zu *brauchen*.²

Unser *Spruch* wäre demnach zu übersetzen:

Verfolge mich nicht, Du da: ich bin PAPIPETU METU-BANES; ich trage den Leichnam des Osiris, und ich gehe hin und bringe ihn nach Abydos und bringe ihn zur Ruhestatt und setze ihn bei in den ewigen Kammern. Wenn mir N. N. Mühen bereitet, werde ich ihn wider ihn brauchen.

Man mag nun über den Sinn der Einzelheiten dieses *Spruches*, besonders über die Anspielungen auf die ägyptische Mythologie verschiedener Ansicht sein, für uns kommt hier nur der wesentliche Sinn in Betracht, und den halte ich für gesichert: das *βαστάζειν* eines bestimmten in Beziehung zu einem Gotte stehenden Amulettes *feit* gegen das *κόπους παρέχειν* von seiten eines Widersachers.

Suchen wir von hier aus einmal die rätselhaften Worte des Apostels zu verstehen. Man wird sich des Eindruckes nicht erwehren können, dass das verschleierte Bild mit einem Male deutlichere Züge erhält: *Niemand soll sich erkühnen mir κόπους παρέχειν, denn durch das βαστάζειν der Malzeichen Jesu bin ich gegen alles gefeit!* Namentlich das *γάρ* wird so völlig verständlich. Die Worte richten sich nicht gegen die Judaisten, sondern an die Galater, und es ist mir dabei wahrscheinlich, dass wir diese Drohung aus derselben Stimmung des Paulus heraus zu erklären haben, wie das scherzende Wort von den *grossen Buchstaben*. Wie der Apostel den Korinthern

---

¹ Lietmann ebenda denkt an *προσρίψω*.
² Ich wähle mit Absicht dieses Wort; *er braucht* sagt prägnant das Volk in meiner nassauischen Heimat, wenn jemand eine Krankheit *besprechen* lässt d. h. eine sympathetische Kur gebraucht. Anderswo spricht man dann von *Böten* oder *Büssen* (A. Wuttke, Der deutsche Volksaberglaube der Gegenwart ³ 301 ff).

einmal freundlich drohend die Frage vorlegte: *Soll ich mit dem Stocke zu euch kommen?* [1], so hebt er auch hier lächelnd den Finger und sagt seinen unartigen lieben Kindern: Seid doch verständig, ihr könnt mir ja doch keine Mühen bereiten, ich bin *gefeit*!

Ich habe nicht den Eindruck, dass durch dieses Nebeneinander von Ernst und liebenswürdigem Scherze Paulus sich einer Trivialität schuldig gemacht habe. Nur in einer völligen Verkennung des brieflichen Charakters seiner uns erhaltenen Schriften könnte man erwarten, der Apostel müsse hier den gravitätischen Schritt des *doctor gentium* gehen, der, in den dritten Himmel entrückt, der Menschheit und den Jahrhunderten verkünde, was kein Auge je gesehen. Paulus ist doch nicht eine blutleere, schattenhafte Heiligengestalt, sondern ein Mensch, ein antiker Mensch. Weshalb soll ihm, der die begeisterte Glut des Glaubens und die feinfühlende verständnisvolle Liebe, die bitteren Stimmungen des Spottes und der schonungslosen Ironie in seinen Briefen hat reden lassen, die gewinnende Freundlichkeit des Scherzes fremd gewesen sein? Er will die Galater wieder auf den rechten Weg bringen, vielleicht glaubt er zu weit gegangen zu sein, indem er als τέλειοι behandelte, die doch νήπιοι sind; da geht er zurück, nicht in der Sache, aber in der Form, und wer, der den Apostel einmal liebgehabt hat, könnte da noch trotzen? Paulus hat überdies an unserer Stelle dafür gesorgt, dass sein Wort nicht banal klinge; er redet nicht allgemein von der Aussichtslosigkeit der Angriffe, sondern er deutet an, dass die Schutzzeichen Jesu es sind, die ihn *fest machen*. Jesus schützt ihn, Jesus wehrt die Belästiger ab, Jesus würde ihnen sagen: τί αὐτῷ κόπους παρέχετε; καλὸν ἔργον ἠργάσατο ἐν ἐμοί.

Dass Paulus auf die Zauberformel des Papyrus bewusst angespielt habe, soll natürlich nicht behauptet werden, aber dass sie oder eine ähnliche ihm bekannt sein konnte, wäre selbst dann nicht unwahrscheinlich, wenn er den Galaterbrief nicht in der Stadt der Magier und Goëten geschrieben hätte.

---

[1] 1 Cor. 4₂₁; vergl. oben S. 116 f.

Der Papyrus stammt aus der Zeit Tertullians, die Formel kann viel älter sein.[1] Derselbe Papyrus überliefert eine andere Formel[2], die deutlich von jüdischen Vorstellungen durchsetzt ist: eine Instanz mehr für die Annahme der möglichen Bekanntschaft des Apostels mit solchen Wendungen. Christliche Quellen selbst berichten uns ja noch obendrein, dass Paulus mehrere Male mit Zauberern zu thun gehabt hat[3], und Paulus selbst warnt die Galater vor der φαρμακεία[4] und wirft ihnen vor, sie hätten sich *verzaubern* lassen[5] — lauter Beweise, dass die Sphäre, aus der vielleicht ein Licht auf das dunkele Wort von den Malzeichen Jesu fällt, dem Vorstellungskreise des Briefschreibers nicht fremd gewesen ist.[6] Man thue mir den Gefallen und bleibe wenigstens mit ästhetischen oder gar religiösen Bedenken fern. Zu einer lehrhaften christologischen Formulierung eignet sich das von Paulus gebrauchte Bild freilich nicht; aber an der Stelle, an der es steht, ist es äusserst plastisch und wirkungsvoll. Und gegen den etwaigen religiösen Einwand, Paulus könne doch unmöglich Begriffe, die aus dem finstersten »Heidentume« stammten, auf ein christliches Verhältnis übertragen haben, wäre billig die Gegenfrage zu stellen, ob es etwa unchristlich sei, wenn heute jemand in einem ähnlichen Zusammenhange z. B. das Zeitwort *feien* gebrauchte oder das Kreuz als seinen *Talisman* rühmte. Ebenso hat Paulus die Narben, die er als Apostel erhalten hat und die er 2 Cor. 4 10 mit einem anderen Bilde als die νέκρωσις τοῦ Ἰησοῦ bezeichnet, die ihn feienden Jesuszeichen genannt.

---

[1] Vergl. oben S. 5.

[2] Ich setze den Anfang hierher: ἐπικαλοῦμαί σε τὸν ἐν τῷ κενῷ πνεύματι δεινὸν ἀόρατον παντοκράτορα θεὸν θεῶν φθοροποιὸν καὶ ἐρημοποιόν (*Revue égyptologique* I 168).

[3] Act. Ap. 13 und 19.

[4] Gal. 5 20.

[5] Gal. 3 1.

[6] Auch das eigentümlich betonte ἐγώ erinnert an den Tonfall gewisser Zauberformeln; vergl. zu *anok* oben S. 271.

Zur littorargeschichtlichen Würdigung der zweiten Petrusepistel.

An einem Orte, wo man es nicht vermuten sollte, legen die Steine ein Zeugnis ab, welches in der Verhandlung über die zweite Petrusepistel die vollste Beachtung verdient. Der Beginn dieses altchristlichen Büchleins berührt sich nahe mit dem Beginne eines inschriftlich erhaltenen Dekretes der Einwohner von Stratonicea in Karien zu Ehren des Zeus Panhemerios und der Hekate aus der frühsten Kaiserzeit. Bereits bei der Untersuchung des Wortes ἀρετή hube ich diese Inschrift benutzt[1], sie wird uns auch unten noch einmal beschäftigen.[2] Ich stelle die beiden Texte hier zunächst nebeneinander und mache die Parallelen durch den Druck kenntlich; dabei sind nicht nur die zweifellosen Wort- und Sachparallelen hervorgehoben, sondern auch einige — ich sage vorerst mechanische — Anklänge des einen Textes an den anderen, deren Berücksichtigung ich nachher rechtfertigen werde. Zum Verständnisse der Inschrift, die ich in der originalen Orthographie unter Weglassung der einleitenden Formel wiedergebe, sei bemerkt, dass der Infinitiv σεσῶσθαι abhängt von einem vorausgehenden εἰπόντος.

Dekret von Stratonicea:

... τὴν πόλιν ἄνωθεν τῇ τῶν προεστώτων αὐτῆς μεγίστων θεῶν [προνοίᾳ Διὸς Π]αν,με-[ρίου καὶ Ἑ]κάτης ἐκ πολλῶν καὶ μεγάλων καὶ συνεχῶν κινδύνων σεσῶσθαι, ὧν καὶ τὰ ἱερὰ ἄσυλα καὶ ἱκέται καὶ ἡ ἱερὰ σύγκλητος δόγματι Σε-

2 Pe. 1 3 σ.:

ὡς τὰ πάντα ἡμῖν τῆς θείας δυνάμεως αὐτοῦ τὰ πρὸς ζωὴν καὶ εὐσέβειαν δεδωρημένης διὰ τῆς ἐπιγνώσεως τοῦ καλέσαντος ἡμᾶς ἰδίᾳ δόξῃ καὶ ἀρετῇ, δι' ὧν τὰ τίμια ἡμῖν καὶ μέγιστα ἐπαγγέλματα δεδώρηται, ἵνα διὰ τούτων γένησθε

---

[1] Oben S. 91 ff. Sie ist publiciert CIG II (nicht III, wie oben S. 92 Anm. 6 leider stehen geblieben ist,) No. 2715 a, b = WADDINGTON III 2 No. 519—520 (S. 142).

[2] S. 286 f.

[βαστοῦ Καίσαρος ἐπὶ] τῆς τῶν
κυρίων Ῥωμαίων αἰωνίου ἀρ-
χῆς ἐποιήσαντο προφανεῖς ἐν-
αργείας· καλῶς δὲ ἔχι πᾶσαν
σπουδὴν ἰσφέρεσθαι ἰς τὴν
πρὸς [αὐτοὺς εὐσέβ]ειαν καὶ
μηδένα καιρὸν παραλιπῖν τοῦ
εὐσεβεῖν καὶ λιτανεύιν αὐ-
τούς· καθίδρυται δὲ ἀγάλματα
ἐν τῷ σεβαστῷ βουλευτηρίῳ
τῶν προειρημένω[ν θεῶν ἐπι-
φαν]εστάτας παρέχοιτα τῆς
θείας δυνάμεως ἀρετάς, δι᾽ ἃς
καὶ τὸ σύνπαν πλῆθος θύει τε
καὶ ἐπιθυμιᾷ καὶ εὔχεται καὶ
εὐχαριστεῖ ἀ[εὶ τοῖσ]δε τοῖς
οὕτως ἐπιφανεστάτοις θεοῖς
κἀκ τῆς δι᾽ ὑμνῳδίας προσόδου
καὶ θρησκείας εὐσεβεῖν αὐτούς [εἴθισται]· ἔδοξε τῇ βουλῇ
κτλ.

θείας κοινωνοὶ φύσεως ἀπο-
φυγόντες τῆς ἐν τῷ κόσμῳ ἐν
ἐπιθυμίᾳ φθορᾶς, καὶ αὐτὸ
τοῦτο δὲ σπουδὴν πᾶσαν παρ-
εισενέγκαντες ἐπιχορηγήσατε ἐν
τῇ πίστει ὑμῶν τὴν ἀρετὴν
ἐν δὲ τῇ ἀρετῇ τὴν γνῶσιν ἐν
δὲ τῇ γνώσει τὴν ἐγκράτειαν
ἐν δὲ τῇ ἐγκρατείᾳ τὴν ὑπο-
μονὴν ἐν δὲ τῇ ὑπομονῇ τὴν
εὐσέβειαν ἐν δὲ τῇ εὐσε-
βείᾳ τὴν φιλαδελφίαν ἐν δὲ
τῇ φιλαδελφίᾳ τὴν ἀγάπην.
. . . . . (V. 11): οὕτως γὰρ
πλουσίως ἐπιχορηγηθήσεται
ὑμῖν ἡ εἴσοδος εἰς τὴν αἰώνιον
βασιλείαν τοῦ κυρίου ἡμῶν καὶ
σωτῆρος Ἰησοῦ Χριστοῦ.

Lassen wir diese Parallelen einmal für sich selbst reden, ganz ohne Rücksicht auf das unangenehme oder doch sonderbare Gefühl, das sie vielleicht dem einen oder anderen erwecken. Die wichtigste ist offenbar die, dass beide Texte, sogar im gleichen Kasus, von ἡ θεία δύναμις[1] reden. Das ist kein so landläufiger Ausdruck; sein Vorkommen in der Inschrift dürfte sogar dann nicht ignoriert werden, wenn weiter keine Ähnlichkeiten mit der Epistel vorlägen. Aber die Thatsache, dass zu der solennen Umschreibung des Begriffes *Gott* an beiden Orten der Ausdruck ἀρετή hinzutritt und zwar in einem ganz eigenartigen, seltenen Sinne[2], verleiht der äusseren

---

[1] 2 Pe. 1. ist der Genetiv τῆς θείας δυνάμεως natürlich Subjekt des medialen δεδωρημένης.

[2] Vergl. oben S. 91 ff.

Parallele eine eminente innere Bedeutung. Man denke sich, das τῆς θείας δυνάμεως ἀρετάς des Dekretes stände irgendwo bei den LXX; dann würde auch nicht der geringste Zweifel obwalten können, dass die Epistel den Ausdruck zwar auseinandergezogen, aber citiert oder doch auf ihn angespielt habe. Diese Analogie kann nicht durch den Einwand beseitigt werden, dass eine der Bibelcitierung ähnliche Benutzung einer entlegenen Inschrift durch den Verfasser der Epistel undenkbar sei: ich habe noch gar nicht gesagt, wie ich mir das Verhältnis der beiden Texte zu einander vorstelle; jedenfalls wäre jener Einwand eine starke *petitio principii*. Besonders charakteristisch ist dann der scheinbar geringfügige Umstand, dass in beiden Texten auf ἀρετάς resp. ἀρετῇ ein mit διά beginnender Relativsatz folgt; wenn sich mit anderen Gründen wahrscheinlich machen lässt, dass die Inschrift und die Epistel irgendwie in einem Verhältnisse der Bekanntschaft zu einander stehen, so würde sich hier die Beobachtung wiederholen, die man öfter in parallelen oder innerlich abhängigen Texten anstellen kann: bewusst oder unbewusst hat der sekundäre Text durch eine kleine Veränderung[1] die Spuren seiner Herkunft verdeckt.

Ich glaube, schon die bis jetzt angemerkten Parallelen sind deutlich genug. Alles, was sich sonst noch ermitteln lässt, gewinnt natürlich durch den Zusammenhang mit dem Vorhergehenden eine viel intensivere Beweiskraft. Dass in der Inschrift das eine oder das andere Wort steht, welches in der Epistel wiederkehrt, ist ja an sich nicht merkwürdig. Aber dass dieselbe bestimmte Anzahl zum Teil sehr charakteristischer Ausdrücke in jedem der beiden Texte sich findet, das ist das Instruktive, und hierdurch wird die Annahme eines Zufalles unwahrscheinlich gemacht. So wenig ich auf vereinzelte Ähnlichkeiten geben würde, so sehr imponiert mir ihre Gesamtheit. Darum erhält durch den Zusammenhang auch die Parallele ἡ αἰώνιος βασιλεία τοῦ κυρίου und ἡ τῶν κυρίων αἰώνιος ἀρχή ihre volle Bedeutung, die noch klarer wird, wenn man sie z. B.

---

[1] Man beachte die Verschiedenheit der auf διά folgenden Kasus.

mit den bei weitem nicht so ähnlichen Parallelen vergleicht, die H. von Soden [1] zu dem epistolischen Ausdrucke angibt: Hebr. 12₂₈ βασιλεία ἀσάλευτος und 2 Tim. 4₁₈ βασιλεία ἐπουράνιος; an diesen beiden Stellen ist eine wirkliche Parallele nur das Wort βασιλεία, und dieses zu belegen ist überflüssig.[2] Das Charakteristische der epistolischen Fügung ist der auf *Reich* angewandte Begriff αἰώνιος [3]; wenn die Inschrift ihn mit einem Synonymon von βασιλεία verbindet, so wird dadurch der Kraft unserer Parallele nicht der mindeste Abbruch gethan. Man beachte dabei auch κυρίων || κυρίου. Weiter springt die Kongruenz des inschriftlichen πᾶσαν σπουδὴν εἰσφέρεσθαι und des epistolischen σπουδὴν πᾶσαν παρεισενέγκαντες in die Augen. Selbst auf die Gefahr hin mich zu wiederholen kann ich hier die Bemerkung nicht unterdrücken, dass der Ausdruck isoliert nicht das Geringste beweisen würde; denn er ist der späteren Gräcität geläufig. Es ist ein methodischer Fehler, wenn M. Krenkel [4] ihn wieder zu den Anklängen rechnet, welche die angebliche Benutzung des Josephus durch den Verfasser des zweiten Petrusbriefes erweisen sollen. Aber im Zusammenhange mit den übrigen Parallelen hat die Fügung in unserem Falle mindestens dieselbe Kraft, die man dem dürftigeren σπουδὴν πᾶσαν allein [5] im Zusammenhange der zahlreichen zweifellosen Entlehnungen unserer Epistel aus dem Judasbriefe beimisst.[6] Dasselbe dürfte mehr oder weniger auch von dem

---

[1] HC III 2 ⁸ (1892) 199.

[2] Eine biblische wirkliche Parallele ist LXX Dan. 3₃₃.

[3] αἰώνιος, inschriftlich häufig zu belegen, hat in Titeln und feierlichen Wendungen etwa den Sinn des lateinischen *perpetuus*; Synonymon in ähnlichen Zusammenhängen scheint ἀίδιος zu sein. Nachweise *Bull. de corr. hell.* XII (1888) 196 f. Es sei deshalb davor gewarnt das Wort in der Bibel überall mechanisch von angeblich bibelgriechischen Voraussetzungen aus zu erklären.

[4] Josephus und Lucas, Leipzig 1894, 350. Krenkel verweist auf Joseph. *Antt.* XX 9₁; ein schärferer Blick in den alten Wetstein hätte vorsichtiger gemacht.

[5] Vergl. Judas ₃.

[6] Vergl. z. B. Jülicher, Einleitung in das N. T. 151.

beiderseitigen *εὐσέβεια* gelten. Die Statistik des Wortes in den
biblischen Schriften ist, wenn man den Begriff der »biblischen
Gräcität« isoliert, eine sehr eigentümliche; so verhältnismässig
selten [1] es dort im allgemeinen ist, so häufig steht es in den
Pastoralepisteln und der zweiten Petrusepistel; auch die Apostelgeschichte gebraucht *εὐσέβεια, εὐσεβεῖν* und *εὐσεβής* [2]. In den
kleinasiatischen Inschriften finden sich diese Begriffe häufig;
sie scheinen im religiösen Sprachgebrauche der Kaiserzeit
beliebt gewesen zu sein.

Ich habe auch die mehr äusserlichen Ähnlichkeiten beider
Texte ausgezeichnet, weil sie, wenn die Hypothese der Verwandtschaft stichhaltig sein sollte, nachträglich nicht ohne
Interesse sind. Gerade bei der zweiten Petrusepistel ist ja
anderweitig festgestellt, dass der Verfasser sich nicht selten
nur ganz äusserlich an die fleissig benutzte Vorlage, die Judasepistel, anlehnt. »Es wird ein eigenthümlicher Ausdruck beibehalten, dessen Motiv nur aus dem Context bei Judas erhellt,
oder der Ausdruck aus Reminiscenzen an den nur localen Zusammenhang bei ihm zusammengewoben. Es wird 2,13 das
Schlagwort aus Jud. V. 12 herübergenommen (*συνευωχούμενοι*)
und doch die concrete Beziehung auf die Liebesmahle fallen
gelassen, so dass nur noch der Wortklang die Wahl des ganz
andersartigen Ausdrucks leitet (*ἀπάταις* statt *ἀγάπαις*, *σπίλοι*
statt *σπιλάδες*).« [3] In ähnlicher Weise, wie die formalen Anklänge in dem eben genannten instruktivsten Beispiele

Judas 12:	2 Pe. 2,13:
οὗτοί εἰσιν οἱ ἐν ταῖς ἀγά-	*σπίλοι* [4] *καὶ μῶμοι ἐντρυ-*
παις ὑμῶν σπιλάδες, σ υ ν ε υ ω -	*φῶντες ἐν ταῖς ἀπάταις αὐ-*
χ ο ύ μ ε ν ο ι ἀφόβως	*τῶν σ υ ν ε υ ω χ ο ύ μ ε ν ο ι ὑμῖν,*

wäre hier etwa der Fall *ἀγάλματα — ἐπαγγέλματα* zu beurteilen,
wiewohl ich diese Behauptung nur mit der grössten Vorsicht

---

[1] Desgl. das Adjektiv und das Verbum. Das »vierte Makkabäerbuch«
macht eine Ausnahme.
[2] Die übrigen neutestamentlichen Schriften haben diese Wörter niemals.
[3] B. Weiss, Lehrbuch der Einleitung in das N. T., Berlin 1886, 439.
[4] Zur Accentuation vergl. Winer-Schmiedel § 6, 3 b (S. 68).

aussprechen möchte; eher hätte das *επιθυμια* des einen Textes auf das syntaktisch verschiedene *επιθυμια* des anderen äusserlich eingewirkt. Auch die Anwendung des Superlativs *μέγιστος* an beiden Stellen darf nicht übersehen werden, so sonderbar diese Behauptung auch auf den ersten Blick aussieht: man wird sie sympathischer aufnehmen, wenn man sich erinnert, dass der Superlativ von *μέγας* n u r an dieser einen Stelle »des« N. T. vorkommt.[1]

Wird man die Übereinstimmungen beider Texte für einen Zufall halten können? Ich habe mir diese Frage immer wieder vorgelegt und bin stets zu dem gleichen Resultate gekommen, sie sei zu verneinen. Die Entscheidung solcher Fragen ist ja Sache eines gewissen Taktgefühles und als solche subjektiv. Aber ich meine, sie ermangele hier nicht der objektiven Grundlagen. So möchte ich den allgemeinsten Eindruck von den beiden Texten dahin präcisieren, dass sie irgendwie untereinander verwandt sein müssen.

Das Dekret von Stratonicea ist nun unzweifelhaft älter als die zweite Petrusepistel Sachliche Gründe sprechen für eine Datierung vor das Jahr 22 n. Chr., formale für eine etwas spätere Ansetzung. Indessen wenn die Inschrift auch jünger wäre als die Epistel, so wäre die Annahme, dass sie von dem altchristlichen Büchlein inhaltlich abhängig sei, unwahrscheinlich. Vielmehr muss, wenn die Verwandtschaft zugegeben wird, die Abhängigkeit auf seiten der Epistel sein. Darum specialisiert sich unsere allgemeine Beobachtung zu der Ver-

---

[1] In der gesamten »biblischen« Grācität kommt *μέγιστος* sonst, wenn Tromm zuverlässig ist, nur noch Job 26, u. 31,, vor, und an der letzten Stelle schreibt zudem der Alexandrinus *μεγάλη* statt *μεγίστη*. Auch in den Papyri der Ptolemäerzeit scheint *μέγιστος* sehr selten zu sein. Nach den Indices sind nur zu citieren *Pap. Flind. Petr.* II XIII (19), ca. 255 v. Chr., (Mahaffy II [45]) die Redensart *ὅ ἐμοὶ μέγιστον ἔσται* und *Pap. Par.* 15, 120 v. Chr., (*Notices* XVIII 2 S. 219) der als solenne Bezeichnung wohl feste Ausdruck *τῆς μεγίστης θεᾶς Ἥρας*, ähnlich wie in unserer Inschrift.

mutung, dass der Anfang der zweiten Petrusepistel irgendwie
von den in dem Dekrete von Stratonicea vorkommenden Wendungen abhängig sein muss.

Ich sage von den *Wendungen* des Dekretes. Denn eine
Abhängigkeit von dem Dekrete selbst zu behaupten ist nicht
dringend notwendig. Gewiss ist es ja möglich, dass der Verfasser der Epistel die Inschrift selbst gelesen hat. Paulus ist
doch sicher nicht der einzige Christ in dem Jahrhundert des
Neuen Testaments, der »heidnische« Inschriften gelesen und
darüber nachgedacht hat. Die an den Strassen und Märkten,
in den Tempeln und auf den Gräbern befindlichen officiellen
und privaten Inschriften werden für die grosse Mehrheit des
lesenden Volkes die einzige Lektüre gewesen sein. Von dem,
was wir klassische Litteratur nennen, haben wohl die meisten
kaum jemals etwas selbst gelesen. Die Führer der christlichen
Bruderschaften, die sich litterarisch versuchten, waren in ihrem
Wort- und Gedankenschatze durch ihre heiligen Bücher beeinflusst, aber selbstverständlich auch durch die geläufigen Wendungen ihrer Umgebung. Zu den solennen Wendungen des
officiellen liturgischen Sprachgebrauches Kleinasiens möchte ich
die besprochenen Ausdrücke der Inschrift von Stratonicea
rechnen. In der Natur der Sache scheint mir zu liegen, dass
sie nicht zum ersten Male in dem Dekrete zu Ehren des Zeus
Panhemerios und der Hekate angewandt worden sind. So
denkbar es auch wäre, dass der Verfasser der zweiten Petrusepistel sie direkt der karischen Inschrift entnommen hätte[1], so
möchte ich mich doch mit der vorsichtigeren Vermutung begnügen, dass er, wie vor ihm das Dekret, sich gebräuchlicher
Formen und Formeln des sakralen Pathos bedient hat.[2] Für

---

[1] Hierfür könnte man die besprochene Reihe rein formaler Anklänge
geltend machen.

[2] Wie solche Formeln gleichsam von selbst auch anderwärts
den Vertretern des neuen Glaubens in die Feder flossen, geht z. B.
aus der Verwandtschaft paulinischer Stellen mit den feierlichen Worten
hervor, die wir durch eine Inschrift von Halikarnass aus der frühsten
Kaiserzeit kennen: [ἐπειδὴ] ἡ αἰώνιος καὶ ἀθάνατος τοῦ παντὸς φύσις
τ[ὸ μέγι]στον ἀγαθὸν πρὸς ὑπερβαλλούσας εὐεργεσίας ἀνθρ[ώπο]ις

die musivische Arbeitsweise des Verfassers, die sich in seinem
Verhältnisse zur Judasepistel ja besonders deutlich erkennen
lässt, ist auch diese Beobachtung lehrreich.

Wenn sich meine Vermutung bestätigen sollte — erst recht
natürlich, wenn eine direkte Abhängigkeit von dem Dekrete
von Stratonicea wahrscheinlich zu machen wäre — hätten wir
für die Frage nach der Herkunft der Epistel einen neuen Anhaltspunkt. Die in den letzten Jahren beliebt gewordene Hypothese ihres ägyptischen Ursprunges wird durch die kleinasiatischen Lokaltöne der Schrift sicherlich nicht bestätigt; ich
muss es jedoch einstweilen unterlassen die kleinasiatische Herkunft [1] direkt zu behaupten, da ich die lexikalischen Verhältnisse der Epistel bis jetzt nicht überschaue. Jedenfalls würde
zu untersuchen sein, inwieweit ihr eigenartiger Wortschatz sich
mit dem der ägyptischen [2] resp. kleinasiatischen [3] Quellen der
Kaiserzeit einschliesslich der Papyri und Inschriften berührt.

ἐχαρίσατο, Καίσαρα τὸν Σεβαστὸν ἐνεν[κ]αμένη [τ]ὸ[ν] τῷ καϑ᾽ ἡμᾶς
εὐδαίμονι βίῳ πατέρα μὲν τῆς [ἑαυ]τοῦ π[α]τρίδος Θεᾶς Ἰώμης, Δία δὲ
Πατρῷον καὶ Σωτῆρα [τοῦ] κ[οι]νοῦ τῶν ἀνϑρώπων γένους, οὗ [ἡ]
πρόνοια τὰς [πάντ]ων [εὐχ]ὰς οὐκ ἐπλήρωσε μόνον, ἀλλὰ καὶ ὑπερῆκεν····
(bei C. T. NEWTON, A history of discoveries at Halicarnassus, Cnidus, and
Branchidae, II 2, London 1863, S. 695).

[1] Sie würde noch wahrscheinlicher, wenn man mit meiner Vermutung
zusammenstellt, was TH. ZAHN, Geschichte des Neutestamentl. Kanons, I 1,
Erlangen 1888, 312 ff., von dem Gebiete behauptet, in dem die Epistel
sich »zuerst verbreitet und kirchliches Ansehen erlangt hat«; doch vergl.
A. HARNACK, Das N. T. um das Jahr 200, Freiburg i. B. 1889, 85 f.

[2] Ausdrücke, deren Entlehnung aus der alexandrinischen Übersetzung
des A. T. sich wahrscheinlich machen liesse, würden natürlich nichts für
die etwaige ägyptische Provenienz der Epistel beweisen.

[3] So viel ich nach einer oberflächlichen Kenntnis eines Bruchteiles
kleinasiatischer Inschriften beurteilen kann, weisen die lexikalischen Verhältnisse der Epistel allerdings nach Kleinasien oder Syrien. Ich notiere
hier nur ein Beispiel, das ich ebenfalls zu dem festgeprägten Formelschatze
des feierlichen Sprachgebrauches rechnen möchte. 2 Pe. 1₄ steht die
eigenartige Wendung ἵνα·· γένησϑε ϑείας κοινωνοὶ φύσεως; damit vergleiche man den Passus einer zu Selik entdeckten religiösen Inschrift des
Königs Antiochos I. von Kommagene (Mitte des 1. Jahrh. v. Chr.) πᾶσιν
ὅσοι φύσεως κοινωνοῦντες ἀνϑρω[πί]νης (bei HUMANN u. PUCHSTEIN, Reisen

Die weissen Kleider und die Palmen der Vollendeten.

Danach sah ich — und siehe eine grosse Schar, die nie-mand zählen konnte, aus allen Nationen, Stämmen, Völkern und Zungen, stehend vor dem Throne und vor dem Lamme, an-gethan mit weissen Kleidern und Palmen in ihren Händen, und sie riefen mit lauter Stimme also: Heil unserem Gott, der da sitzt auf dem Throne, und dem Lamme! — so schildert der all-christliche Seher die Vollendeten, die gekommen sind aus der grossen Trübsal und nun Gott dienen Tag und Nacht in seinem Tempel. Wenige Bibelworte haben ihre Wurzeln so tief in die christliche Volksseele eingesenkt und ranken sich so hoffnungs-grün empor an den lastenden Grabsteinen, wie dieses keusche Gedicht auf den rätselvollen letzten Blättern des heiligen Buches. Es ist so sehr in die religiöse Begriffswelt übergegangen, dass uns gewöhnlich gar nicht zum Bewusstsein kommt, wie völlig antik die Farbengebung des Künstlers ist, der das Bild geschaffen hat. Die innere Schönheit des Gedankens hält jeden aufdring-lichen Eindruck der Form nieder; das ergriffene Gemüt auch des modernen Menschen lässt sich in williger Unbefangenheit die fremdartige Scenerie gefallen, die doch eigentlich nur unter das ewige Blau des östlichen Himmels und in die heiteren Hallen eines antiken Tempels passt: der fromme Epigone kleidet das Zu-künftige nicht in die Formen der ärmlichen Gegenwart, er schaut es in dem krystallenen Spiegel der autoritativen Vergangenheit.

Die Exegeten von Apoc. Joh. 7 ** haben sich in der ver-schiedensten Weise bemüht den eigenartigen Farbenton, der über der himmlischen Scenerie liegt, zu erklären. Wie kommt es, dass in dieser Weise der Schmuck des seligen Chores der Vollendeten vor dem Throne Gottes geschildert wird? Um die Erklärung der *einzelnen* Glieder ist man nicht verlegen[1]. Die *weissen Kleider* haben ja nach der kühnen Symbolik des Textes

---

in Kleinasien und Nordsyrien, Textband S. 371). Die Ähnlichkeit ist schon den Herausgebern der Inschrift aufgefallen. Die kommagenischen Inschriften bieten übrigens für die Sprachgeschichte des älteren Christen-tums noch sonstiges wichtiges Material.

[1] Zum Folgenden vergl. F. Düsterdieck, Meyer XVI⁴ (1887) 289.

selbst eine Beziehung auf die reinigende Kraft des Blutes des Lammes (Vers 14), sie haben auch ohne diese specielle Erklärung schon einen deutlichen und bekannten Sinn (vergl. 6 11); die *Palmen in den Händen* sind der dem Bibelleser geläufige Ausdruck der festlichen Freude. Diesem letzteren Motiv hat man dann einen noch individuelleren Hintergrund zu geben versucht, sowohl aus jüdischen wie aus hellenischen Vorstellungen heraus. Die einen sehen in den *Palmen* den Vergleich der himmlischen Herrlichkeit mit dem Laubhüttenfeste angedeutet, die anderen erinnern sich an die Palmzweige der Sieger in den griechischen Kampfspielen.

Ich kann nicht in Abrede stellen, dass solche Erklärungen völlig genügen das ohnehin leicht verständliche Bild in seinen Einzelheiten zu erläutern. Aber der *Gesamt*charakter der Scene ist damit noch nicht deutlich geworden. Weshalb ist die Zusammenstellung gerade dieser beiden Motive gewählt, und weshalb sind sie beide auf den *Chor* der Seligen übertragen, der im Wechselgesange mit den Engeln dem Höchsten ein Hallelujah anstimmt? Wenn uns ein Anhaltspunkt zur Beantwortung dieser Fragen fehlte, würden wir ja ohne weiteres annehmen können, der Apokalyptiker selbst habe sein Bild aus verschiedenen Motiven komponiert. Es scheint mir jedoch Grund zur Annahme vorzuliegen, dass er in der Schilderung der πανήγυρις ἐπουράνιος sich der Scenerie einer ihm bekannten kultischen Handlung bedient hat.

In der bereits mehrfach erwähnten Inschrift von Stratonicea in Karien aus der frühsten Kaiserzeit [1] dekretieren die Bewohner

---

[1] Vergl. oben S. 91 ff. u. 277 ff. Die Stelle lautet: ··· λευχιμονοῦντας καὶ ἐστεφανωμένους θαλλοῦ ἔχοντας δὲ μετὰ χῖρας [vergl. zu dieser Konstruktion von μετά, die sich in der Redensart μετὰ χεῖρας ἔχειν auch sonst findet (W. Schmid, Der Atticismus III 285), die Variante der Codd. 31 u. 83 zu LXX Gen. 43 11 τίς ἐνέβαλεν ἡμῖν μετὰ χεῖρας τὸ ἀργύριον, Field I 61] ὁμοίως θαλλοὺς οἵτινες συνπαρόν[των κα]ὶ κιθαριστοῦ καὶ κήρυκος ᾄσονται ὕμνον. Die Orthographie der Inschrift habe ich beibehalten. Zur Sache vergl. die von dem Herausgeber Waddington III 2 *p.* 143 citierte Bemerkung des Scholiasten zu Theocr. *Id.* II 12: οἱ παλαιοὶ τὴν Ἑκάτην τρίμορφον ἔγραφον, χρυσεοσάνδαλον καὶ λευχείμονα καὶ μήκωνας ταῖν χεροῖν ἔχουσαν καὶ λαμπάδας ἡμμένας.

der Stadt aus Dankbarkeit gegen den Zeus Panhemerios und die Hekate, dass zu Ehren dieser Gottheiten dreissig Knaben aus den edlen Familien unter der Führung des παιδονόμος und der παιδοφύλακες täglich in dem Buleuterion einen vorgeschriebenen *Hymnus* singen sollen, *weissgekleidet und bekränzt mit einem Zweige, mit den Händen ingleichen einen Zweig haltend.* Die Pietät der Männer von Stratonicea wird solchen Brauch nicht erst erfunden haben; in dieser feierlichen Tracht wird man in dem griechischen Kleinasien auch anderwärts die Chöre der heiligen Sänger gesehen haben.

Hier haben wir wohl das Vorbild, an das sich der Apokalyptiker bewusst oder unbewusst angeschlossen hat, und die kleinasiatischen Leser seines an kleinasiatischen Lokaltönen so reichen Buches werden ihn darin besonders gut verstanden haben. Sie schauten im Himmel, was ihnen von der heimischen Erde her vertraut und lieb war, einen festlich geschmückten Chor frommer Sänger: wenn sie ein Ohr hatten zu hören was der Geist den Gemeinden sagt, dann konnten sie freilich ahnen, dass hier von heiliger Lippe ein neues Lied ertönte.

Indices.

(Die Zahlen sind Seitenzahlen.)

I.

---

¹ Der erste bekannte Fall des Gebrauches von ἀγγαρεύω dürfte sein Menander (Komiker, † 290 v. Chr.) Sicyon IV (MEINEKE p. 952).

19*

II.

' Vergl. über dieselbe Eigentümlichkeit in christlichen Liturgieen F. Probst,
Liturgie des vierten Jahrhunderts und deren Reform, Münster i. W. 1893, 344 ff.

Marburg.   R. Friedrich's Universitäts-Buchdruckerei
(Inhaber Karl Gleiser).

Von demselben Verfasser erschienen in unserem Verlage:

Die neutestamentliche Formel „in Christo Jesu" untersucht.

1892. (X und 136 S.) M. 2,50.

Besprechungen:

Oesterreichisches Litteraturblatt 1893 Sp. 389 *(J. Schindler).*
Ev. Kirchenblatt für Württemberg 1894 S. 217 *(Leitz).*
Theologische Literaturzeitung 1893 Sp. 372—374 *(A. Link).*
Göttingische gelehrte Anzeigen 1893 S. 902—904 *(H. Holtzmann).*
Literarisches Centralblatt 1893 Sp. 1737—1738 *(P. W. Schmiedel).*
Theologisch Tijdschrift 1894 S. 213—221 *(W. C. van Manen).*
Revue critique d'histoire et de littérature 1894 S. 399—400 *(A. Loisy).*
Revue de théologie et de philosophie 1894 S. 193—194 *(E. C.).*
Revue de théologie et des questions religieuses 1894 S. 430 – 432 *(F. Méjean).*
Theologisches Litteraturblatt 1895 S. 6 *(Behm).*

Johann Kepler und die Bibel.
Ein Beitrag zur Geschichte der Schriftautorität.
1894. (34 S.) M. 0,60.

Ferner erschienen:

Achelis, E. Chr., Aus dem akademischen Gottesdienste in
    Marburg. Predigten. 3 Hefte in 1 Band. 1888.   **3,40**
    Gebunden in Leinwand   **4,50**
Auch einzeln in Heften:
1. Heft 1,00. 2. Heft 1,00. 3. Heft 1,40.
— — Die Entstehungszeit von Luthers geistl. Liedern.   **1,00**
— — Der Entwurf zum Kirchengesangbuch für die evangeli-
    schen Gemeinden des Consistorialbezirks Cassel.   Cassel
    1887. Materialien zur Beurteilung desselben.   **0,60**
— — Akademische Festpredigt zum Gedächtnis weil. Sr. Maj.
    Friedrich III., Deutschen Kaisers, Königs von Preussen,
    gehalten am 30. Juni 1888.   **0,40**
— — Die evangelische Gemeindepredigt eine Grossmacht. Vor-
    trag auf der Pastoral-Conferenz der Wupperthaler Fest-
    woche in Barmen am 12. August 1887.   **0,60**
·· — Luther-Predigt im akademischen Festgottesdienst am
    Vorabend des Luther-Jubiläums den 9. Nov. 1883 gehalten
    in der luth. Pfarrkirche zu Marburg.   **0,40**
Achelis, Hans, Das Symbol des Fisches und die Fischdenk-
    mäler der römischen Katakomben.   **2,00**

N. G. Elwert'sche Verlagsbuchhandlung in Marburg.

Beer, G., Individual- und Gemeindepsalmen. Ein Beitrag zur Erklärung des Psalters. 4,00

Brieger, Theodor, Luther und sein Werk. Festrede bei der Luther-Feier der Universität Marburg am 10. Nov. 1883 in der lutherischen Pfarrkirche. 0,50

Codex Fuldensis. Novum Testamentum latine interprete Hieronymo ex manuscripto Victoris Capuani edidit, prolegomenis introduxit, commentariis adornavit *E. Ranke.* Accedunt duae tabulae photolithographicae. 9,00

Gesangbuch, Marburger, von 1549, mit verwandten Liederdrucken herausgegeben und historisch-kritisch erläutert von Ernst Ranke. Mit 3 Tafeln. 5,00

Gesangbuch, Marburger, von 1549. Herausgegeben v. Ernst Ranke. 2. Auflage. Cartonniert 3,00

Gesangbuch, Kleines evangelisches. (Herausgegeben von A. F. C. Vilmar.) 2. vermehrte Auflage. 1,00 Gebunden 1,30

Heinrici, Georg, Von Wesen u. Aufgabe der evangelisch-theologischen Facultäten. Rede beim Antritt des Rectorats der Universität Marburg am 19. Okt. 1884. gr. 8. 1885. 21 S. 0,50

— — Schriftforschung und Schriftautorität. Vortrag auf der Casseler Pastoral-Conferenz am 29. Mai 1890. 0,60

Henke, E. L. Th., Eine deutsche Kirche. Festrede am 22. März 1872, dem Geburtstage Sr. Majestät des Kaisers und Königs Wilhelm 1. 0,30

— — Schleiermacher und die Union. Festrede am 21. Nov. 1868 in der Aula zu Marburg. 0,50

— — Zur Einleitung in das theologische Studium. Grundriss für Vorlesungen. 0,50

— — Zur neueren Kirchengeschichte. Akademische Reden und Vorlesungen. 3,00

Daraus einzeln:

Konrad von Marburg, Beichtvater der heiligen Elisabeth und Inquisitor. 0,60
Das Verhältnis Luthers und Melanchtons zu einander. 2. Aufl. 0,50
Caspar Peucer und Nicolaus Krell. Zur Geschichte des Lutherthums und der Union am Ende des 16. Jahrhunderts. 1,00
Die Eröffnung der Universität Marburg im Jahre 1653. 0,50
Das Unionscollegium zu Cassel im Jahre 1661. 0,40
Spener's Pia Desideria und ihre Erfüllung. 0,30
Pabst Pius VII.| 0,40
Eduard Platner. 0,30
Rationalismus und Traditionalismus im 19. Jahrhundert. 0,40

Herrmann, Wilhelm, Der evangelische Glaube und die Theologie Albrecht Ritschls. Rektoratsrede. 0,60

Theologischer Verlag

der

N. G. Elwert'schen Verlags-Buchhandlung

in Marburg (Hessen).

Achelis, E. Chr., Aus dem akademischen Gottesdienste in Marburg. Predigten. 3 Hefte in 1 Band. 8. 1888. VI, 111. IV, 107. u. IV, 147 S. 3.40
Gebunden in Leinwand 4.50

„Bei knappem Umfang sind diese Predigten gedankenreich; sie greifen kühn ins praktische Leben und haben eine frische, poetische Färbung. So darf man sie nicht bloß für Universitäts- und Gymnasialprediger, sondern auch für Stadt- und Landgeistliche aller Art empfehlen. Sie bilden eine Bereicherung der homiletischen Litteratur, indem sie einen Baustein zu jener Abtheilung derselben, welche seit Schleiermacher und Tholuk je und je wieder ins Auge gefaßt worden ist und durch welche das Ganze Förderung gewinnt, uns darbieten.“
„Halte was du hast“ 1887, 10.

— — Die Entstehungszeit von Luthers geistlichen Liedern. 4. 1884. 36 S. 1.00

— — Der Entwurf zum Kirchengesangbuch für die evangelischen Gemeinden des Consistorialbezirks Cassel. Cassel 1887. Materialien zur Beurtheilung desselben. 8. 1888. 42 S. 0.60

— — Akademische Festpredigt zum Gedächtnis weil. Sr. Maj. Friedrich III., Deutschen Kaisers, Königs von Preußen, gehalten am 30. Juni 1888. 8. 1888. 12 S. 0.40

— — Die evangelische Gemeindepredigt eine Großmacht. Vortrag auf der Pastoral-Conferenz der Wupperthaler Festwoche in Barmen am 12. August 1887. 8. 1887. 30 S. 0.60

„In klassisch schöner Sprache behandelt ebenso gut protestantisch, als echt evangelisch der Marburger Professor sein Thema, indem er, gelehrte Forschungen fruktifizierend, die Begriffe Evangelisch und Predigt expliziert. Möge dieser gehaltvolle Vortrag in pastoralen Kreisen verdiente Beachtung finden.
„Mancherlei Gaben“ XXVII, 3.

— — Luther-Predigt im akademischen Festgottesdienst am Vorabend des Luther-Jubiläums den 9. November 1883 gehalten in der lutherischen Pfarrkirche zu Marburg. 8. 1883. 17 S. 0.40

Achelis, Hans, Das Symbol des Fisches und die Fischdenkmäler der römischen Katakomben. 8. 1889. 110 S. 2.00

In dem ersten Theile wird versucht, auf Grund der litterarischen Quellen, die Fischsymbolik, wie sie in der alten Kirche bestand, zu ermitteln; in dem zweiten, von hier aus eine Beurtheilung der Fischdenkmäler in den römischen Katakomben unternommen.

Beer, Georg, Individual- und Gemeindepsalmen. Ein Beitrag zur Erklärung des Psalters. gr. 8. 1894. CIII, 92 S. 4.00

A. Allgemeiner Teil. Vorfragen. I. Der kultische Gebrauch des Psalters. II. Geschichtlicher Ueberblick über die Deutung des Subjektes in den Psalmen. III. Geschichtliche Voraussetzungen Entstehung und Komposition des Psalters. Das Zeitalter der einzelnen Psalmen. IV. Der lyrische Process. V. Resultate. B. Specieller Teil. Untersuchung über das Subjekt in den einzelnen Psalmen.

Brieger, Theodor, Luther und sein Werk. Festrede bei der Luther-Feier der Universität Marburg am 10. November 1883 in der lutherischen Pfarrkirche. gr. 8.
1883. 24 S.   0.50

Büdling, W., Reihenfolge der seit der Reformation bis auf die Gegenwart der oberhessischen lutherischen Diöcese vorgestandenen Superintendenten. Mit den Autographen sämmtlicher Superintendenten in Facsimiles. Festschrift. Fol. 1883. 12 S. 0.60

Codex Fuldensis. Novum Testamentum Latine interprete Hieronymo ex Manuscripto Victoris Capuani edidit, prolegomena introduxit, commentariis adornavit *Ernestus Ranke.* Accedunt duae tabulae photolithographicae.
gr. 8. 1868. XXXII, 472 S.   9.00

Cohen, Herm., Die Nächstenliebe im Talmud. Ein Gutachten dem Königlichen Landgerichte zu Marburg erstattet. 3. Auflage. gr. 8. 1888. 35 S.   0.50

Curaei, Joachimi, Exegesis perspicua et ferme integra controversiae de sacra coena, a. 1574 primum in lucem emissa, denuo edita a *Guilelmo Scheffer.*
4. 1853. 63 S.   1.60

Deissmann, G. A., Die neutestamentliche Formel »in Christo Jesu«. gr. 8.
1892. X, 140 S.   2.50

   »Diese mit peinlicher Genauigkeit unter Aufwand eines grossen Reichthums von statistischem, lexikalischem und grammatikalischem Detail geführte Untersuchung wirft einen nicht unbeträchtlichen Gewinn ab, sowohl für die Sprachkunde des Neuen Testaments, wie für die Erforschung seines Inhaltes, insonderheit für richtige Beurtheilung der paulinischen Lehrbegriffs.«
                                        Gött. gel. Anz. 1893, Nr. 22 (Holtzmann).

   »Der Verfasser hat sich ein sehr einzelnes und wie es scheinen könnte, geringes Ding zum Vorwurf gewählt, aber höchst interessant ist es zu sehen, wie er diesem Einzelnen und Geringen eine weittragende grosse Bedeutung zu geben weiss. Die Schrift zeugt von einer nicht geringen philologischen und theologischen Ausbildung, sowie einer sprachlichen Gewandheit des Verfassers und erweckt ein günstiges Vorurtheil für seine wissenschaftliche Tüchtigkeit und Leistungsfähigkeit.«

— — Johann Kepler und die Bibel. Ein Beitrag zur Geschichte der Schriftautorität. 8. 1894. 36 S.   0.60

   »Die Schrift zeigt, wie das Bewusstsein eines durchaus gläubigen und frommen Vertreters der sog. profanen Wissenschaft von dogmatischen Fesseln seines Denkens sich befreit und zum erstenmal die Frage nach dem Verhältnis der Religion zum Welterkennen im modernen Sinne principiell zu beantworten sucht, eine Frage, die mit Recht als das theologische Grundproblem der Gegenwart bezeichnet wird. Welche Ausblicke aber und welche Konsequenzen sich aus dieser geschichtlichen Darstellung ergeben, das hat der Verfasser in dem Vorwort nach zwei Seiten hin in treffender Weise angedeutet.«
                                        Evangelisches Gemeindeblatt 1894. No. 33.

Frank, Reinhard, Die neueren Disciplinargesetze der deutschen evangelischen Landeskirchen systematisch dargestellt. gr. 8. 1890. 42 S.   1.20

Frantz, Adolph, Das katholische Directorium des Corpus Evangelicorum. Nach handschriftlichen Quellen dargestellt. gr. 8. 1880. VIII, 180 S.   4.00

— — Die Patronats-Befugnisse in Bezug auf den Gemeinde-Kirchenrath nach § 6 der Kirchengemeinde- und Synodal-Ordnung vom 10. September 1873.
gr. 8. 1883. VI, 86 S.   1.20

— — Die Wahlberechtigung der Geistlichen bei den kirchlichen Gemeindewahlen.
8. 1885. IV, 56 S.   0.60

Gesangbuch, Marburger, von 1549 mit verwandten Liederbüchern herausgegeben und historisch-kritisch erläutert von Ernst Ranke. Mit 3 Tafeln. 8. 1862. CVIII, 506 S.   5.00

   Auch unter dem Titel: Hymnologische Studien und Urkunden. Bis auf wenige Exemplare vergriffen.

Gesangbuch, Marburger, von 1549. Herausgegeben von Ernst Ranke. 2. Aufl. 8. 1879. XXXVIII, 56 S. Cartonnirt. 9.00

Gesangbuch, Kleines evangelisches. (Herausgegeben von A. F. C. Vilmar.) 2 vermehrte Auflage. 8. 1860. 1.00
            Gebunden 1.30

Heinrici, Georg, Von Wesen und Aufgabe der evangelisch-theologischen Facultäten. Rede beim Antritt des Rectorats der Universität Marburg am 19. October 1884. gr. 8. 1885. 21 S. 0.50
    „Es handelt sich um ein ernstes und würdiges Manneswort für das Recht, die Freiheit und Würde der evangelisch-deutschen theologischen Wissenschaft, und damit nicht um eine theoretische Schul-, sondern um eine praktische Lebensfrage der deutschen Kirche und des evangelischen Volks."
            Deutsches Litteraturblatt 1885, 32.

— — Schriftforschung und Schriftautorität. 8. 1-91. 31 S. 0.60
    Ein Nachweis, daß die evangelische Kirche und die theologische Wissenschaft ihre Nahrung aus der heiligen Schrift schöpfen und daß die Verständigung über Kraft und Inhalt des Glaubensgrundes der evangelischen Kirche allein erreichbar ist vermittelst unermüdlicher Schriftforschung.
            1761.

Henke, E. L. Th., Eine deutsche Kirche. Festrede am 22. März 1872, dem Geburtstage S. Majestät des Kaisers und Königs Wilhelm I. 8. 1872. 24 S 0.30

— — Schleiermacher und die Union. Festrede am 21. November 1868 in der Aula zu Marburg. 8. 1868. 40 S. 0.50

— — Zur Einleitung in das theologische Studium. Grundriß für Vorlesungen. 8. 1869. 24 S. 0.50
    Inhalt: Der Beruf des evangelischen Geistlichen und die Ausbildung dazu. Methode des theologischen Studiums.

— — Zur neueren Kirchengeschichte. Akademische Reden und Vorlesungen. 8. 1867. 3.00
    „In diesen 10 Vorträgen findet der Leser einen Reichthum von Special-forschungen und eine Fülle der geistvollsten Auffassungen, in der dem Verfasser eigenthümlichen Gewandtheit und Schönheit der Darstellung niedergelegt. Daher ist es nicht bloß eine fesselnde und spannende Lektüre, sondern ebenso die edelste geistige Arbeit, welche der Verf. hier bietet."
            Litter. Centralblatt.
    Daraus einzeln:

Konrad von Marburg, Beichtvater der heiligen Elisabeth und Inquisitor. 1861. 66 S. 0.60

Das Verhältniß Luthers und Melanchthons zu einander. 2. Auflage. 1867. 27 S. 0.30

Caspar Peucer und Nicolaus Krell. Zur Geschichte des Lutherthums und der Union am Ende des 16. Jahrhunderts. 1865. 90 S. 1.00

Die Eröffnung der Universität Marburg im Jahre 1653. 1862. 48 S. 0.50

Spener's Pia Desideria und ihre Erfüllung. 1862. 27 S. 0.30

Eduard Platner. 1860. 24 S. 0.30

Rationalismus und Traditionalismus im 19. Jahrhundert. 1864. 32 S. 0.40

Heppe, Heinrich, Gebetbüchlein zur täglichen Uebung der Andacht im christlichen Hause. 5. Auflage. Kl. 8. 1888. 312 S. Cartonnirt 1.00
    Gebunden in Leinwand 1.50
    Gebunden in Leinwand mit Goldschnitt in Carton 3.00
    „Ein sehr empfehlenswerthes Gebetbuch, für dessen Gediegenheit und Brauch-barkeit schon die zahlreichen Auflagen sprechen. Es ist eine Sammlung kernhafter, geistgesalbter Gebete, die theilweise auf Grund der Liturgien und Gebetssammlungen der evangelischen Kirche früherer glaubensstarker Jahrhunderte ausgearbeitet sind, theilweise, jedoch von dem gleichen Gebetsgeiste getragen, von dem Verfasser selbst herrühren. Aus den Tiefen des göttlichen Wortes geschöpft, lassen die einzelnen Gebete die Hauptgrundlagen des christlichen Lebens, Gesetz und Evangelium, Buße und Glauben in steter Wechselwirkung überall deutlich hervortreten."
            Litteraturbericht für Theologie, 1889, 8.

Herrmann, Wilh., Der evangelische Glaube und die Theologie Albrecht Ritschls. Rectoratsrede. gr. 8. 1891. 31 S.   0.60

> „Ein logisch=oratorisches Meisterstück, in welchem einer der scharfsinnigsten Schüler und Anhänger Ritschls des verstorbenen Meisters Ehrenrettung gegen so viele erfahrene Verunglimpfung mit Austheilung scharfer Hiebe antritt."
> Litteraturbericht für Theologie 1890, 12.

Katechismus, Der kleine Darmstädtische Dr. Martin Luthers. Nebst beigefügten Fragstücken, für diejenigen sonderlich, welche christlichem Gebrauch nach confirmirt werden, und hierauf zum erstenmal das heilige Abendmahl gebrauchen. 12. verbesserte Auflage. 16. 96 S.   Cartonnirt   0.35

Kinderlehre, das ist: die fünf Hauptstücke christlicher Lehre in Frage und Antwort gestellt für die Kirchen und Schulen in Hessen. Nebst einem Anhang. 8. 1888. 26 S.   0.10

Kleinschmidt, Th. A. F. W., Ueber die Einführung der Reformation in Hessen. (30. Jahresbericht der Kleinkinderschule und 26. Jahresbericht des Frauenvereins in Marburg). gr. 8. 1867. 24 S.   0.20

Klemme, Friedrich, Das gute Recht der evangelisch=reformirten Kirche in Hessen. Ein Beitrag zu einer gerechten Beurtheilung derselben. Mit einem Vorworte von **Wilhelm Scheffer.** 8. 1867. XII, 56 S.   1.00

Kolbe, Wilh., Das gute Recht der evangelisch-lutherischen Kirche Oberhessens. gr. 8. 1869. 24 S.   0.50

Krauß, Gottes Thaten unter uns in dieser Zeit. Predigt gehalten in der reformirten Kirche zu Marburg den 14. August 1870. 3. Aufl. gr. 8. 1870. 12 S.   0.20

— — Was fordert Gott in gegenwärtiger Zeit von uns? Predigt gehalten in der reformirten Kirche zu Marburg den 31. Juli 1870. 3. Auflage. gr. 8. 1870. 12 S.   0.20

Kühn, Eduard Otto, Die epistolischen Perikopen, auf Grund der besten Ausleger älterer und neuerer Zeit exegetisch und homiletisch bearbeitet.

1. Band.   Vom 1. Advent bis zum Himmelfahrtsfeste. gr. 8. 1892. VI, 328 S.   3.00

2. Band. Vom Sonntage Trauri bis zum 27. Sonntage nach Trinitatis. gr. 8. 1892. 327 S.   3.00

> „Ein vorzügliches, allein schon genügendes Hilfsmittel zur Predigtvorbereitung: Verf. bringt nicht Dispositionen, aber sehr reichhaltiges und tüchtiges exegetisches Material, zumal aus alten, Wenigen zugänglichen Auslegern, wie es sich zur homiletischen Verarbeitung eignet. Das mit großer Treue gearbeitete Werk bietet also alles, was man zum Textstudium sonst sich nur aus vielen Kommentaren zusammentragen könnte. Es will eben zum Studium anregen und Handreichung thun."   Sächsisches Kirchen= und Schulblatt.

Leben und Wirken, Tod und Begräbnis des ersten Generalsuperintendenten der lutherischen Kirche in Hessen=Kassel und vormaligen Pfarrers in Marburg Wilhelm Kolbe. 8. 1888. 36 S.   0.50

Ley, Julius, Historische Erklärung des zweiten Theils des Jesaia Capitel 40 bis Capitel 66 nach den Ergebnissen aus den babylonischen Keilinschriften nebst einer Abhandlung: Ueber die Bedeutung des „Knecht Gottes". gr. 8. 1893. XII, 160 S.   3.00

> „Die Ergebnisse, welche die Geschichtsforschung aus den gegen Ende der siebziger Jahre aufgefundenen babylonischen Keilinschriften gewonnen hat, haben den Verfasser zu dieser „historischen Erklärung" des Deutero=Jesaia veranlaßt, einer Erklärung, in welcher die Weissagungen bezw. Reden dieses Propheten in Beziehung zu den gleichzeitigen historischen Begebenheiten gesetzt werden. Eine ganze Reihe neuer Gesichtspunkte für das Verständniß des Propheten werden auf diese

Weile gewonnen, und zahlreiche Widersprüche, Dunkelheiten u. s. w. gelöst und auf-
geklärt. Von besonderem Interesse ist die Abhandlung über die Bedeutung des
„Knechtes Gottes", in welcher Verfasser auf dem Wege exaktester Beweisführung
zu dem Resultat kommt, daß der Knecht Gottes in Jes. 52—53 niemand anders
sein kann als der persönliche zukünftige Messias, Jesus Christus."
Mand. Gaben XXXIII, 2.

Link, Adolf, Christi Person und Werk im Hirten des Hermas. gr. 8. 1886.
61 S.　1.20
„Links Arbeit ist sorgfältig und zuverlässig angefertigt, mit gehöriger Benutzung der einschlägigen Litteratur. Jede Behauptung erfährt ruhige und ein-
gehende Begründung."
Deutsche Litteraturzeitung 1887, 37.

Luthardt, Christoph Ernst, Die sieben Worte Jesu am Kreuze. Predigt am Char-
freitage den 21. März 1856 in der evangelisch-lutherischen Stadtpfarrkirche Marburgs
zum Abschied von der Gemeinde. 2. Auflage. gr. 8. 1871. 14 S.　0.20

Luther-Lieder zur Feier des Luther-Jubiläums in Marburg. 8. 12 S.　0.10

Mangold, Wilhelm, Bilder aus Frankreich. Vier kirchengeschichtliche Vorlesungen.
2. Ausg. gr. 8. 1891. VII, 167 S.　1.20
„Die 4 Vorlesungen, welche der Verfasser in Marburg vor einem Kreise ge-
bildeter Männer und Frauen gehalten hat handeln 1. über die Aufhebung des
Ordens der Tempelherren, 2. über die Jungfrau von Orleans, 3. über Pascals
Lettres provinciales und die Moral der Jesuiten, 4. über Jean Calas und
Voltaire, und gewähren, vermöge ihrer sorgfältigen Ausarbeitung und Darstellung
nicht nur eine anziehende Lectüre, sondern sind auch von wissenschaftlichem Werth."
Litter. Centralblatt.

— — Ernst Ludwig Theodor Henke. Ein Gedenkblatt. 8. 1879. 43 S.　0.80

— — Der Römerbrief und die Anfänge der römischen Gemeinde. Eine
kritische Untersuchung. gr. 8. 1866. VIII, 183 S.　2.50

— — Der Römerbrief und seine geschichtlichen Voraussetzungen. Neu
untersucht. gr. 8. 1884. XIII. 368 S.　7.20

— — Drei Predigten über Johanneische Texte. 12. 1864. VIII, 51 S.　0.50

— — 32 Predigten, gehalten in den Jahren 1846—82. gr. 8. 1891. IV, 253 S.　2.40
„Eine frische und begeisterte Bezeugung der Heilsthatsachen und der Heilslehren
des Evangeliums ist in den vorliegenden Predigten in reichem Maße gegeben, mit
der glücklichen Textauffassung, der entsprechend einfachen, gemeinmäßigen Ge-
dankenordnung, der blühenden Sprache und der Glaubenswärme in der Ausführung,
die schon den Candidatenpredigten Mangolds eignen."
Evang. Kirchenbl. f. Württemberg 1893, 9.

Mirbt, Carl, Die Wahl Gregors VII. 4. 1892. 56 S.　2.00
»Die Untersuchung ist auf Grund eingehenden Studiums der Quellen
geführt. Sie bildet einen der werthvollsten neueren Beiträge zur Geschichte der grossen politisch-kirchlichen Krisen und Kämpfe des aus-
gehenden 11. Jahrhunderts.«　Evang. Kirchenzeitung 1892, 12.

Porträts von Professor J. Gildemeister, Professor E. L. Th. Henke, General-
superintendent W. Kolbe, Ober-Consistorialrath Professor W. Scheffer, Consistorialrath Professor F. A. G. Vilmar. Lithographie. Folio. je 1.00

Reden am Grabe August Friedrich Christian Vilmar's gehalten am 1. August 1868
von Wilhelm Kolbe und Ernst Ludwig Theodor Henke. 3. Auflage.
Mit einem Nachruf. gr. 8. 1887. 15 S.　0.20

Rönsch, Hermann, Itala und Vulgata. Das Sprachidiom der urchristlichen
Itala und der katholischen Vulgata unter Berücksichtigung der römischen
Volkssprache durch Beispiele erläutert. 2. berichtigte und vermehrte Aus-
gabe. gr. 8. 1875. XVI, 526 S.　6.00
„Eine nicht nur dem Bibelforscher und Patristiker, sondern auch dem Philo-
logen vom Fach unentbehrliche Gabe treuen, deutschen Fleißes."
Litter. Centralblatt.

Schedler, H., Die Bedeutung Vilmars für die hessische Kirche. Zur Erinnerung für seine Freunde bei Gelegenheit der Errichtung seines Grabdenkmals. gr. 8. 1869. 14 S.   0.20

Scheffer, Wilhelm, Das Reich Gottes und Christi. Predigten und geistliche Amts= reden. gr. 8. 1865. VIII, 786 S.   3.00

Schloe, Ernst, Der Streit des Daniel Hofmann über das Verhältniss der Philosophie zur Theologie. Theilweise nach handschriftlichen Quellen. gr. 8. 1862. 82 S.   1.20

Signatur, Die, der evangelischen Kirche in Hessen zu dieser Zeit. Dargestellt von einem hessischen Pfarrer. gr. 8. 1867. 43 S.   0.60

Vilmar, A. F. C., Die Gegenwart und die Zukunft der niederhessischen Kirche. In Aphorismen erörtert. gr. 8. 1867. 35 S.   0.60

— — Geschichte der deutschen Nationallitteratur. 24. vermehrte Auflage. Mit einem Anhang: Die deutsche Nationallitteratur vom Tode Goethes bis zur Gegenwart von Adolf Stern. gr. 8. 1894. XVI, 760 S.   7.00

    Elegant gebunden   8.50

    „Das alterprobte, berühmte Werk hat erlebt, was noch keiner Litteraturgeschichte zu Theil geworden ist: 24 starke Auflagen. Es ist der durchgeführte Gedanke von der Größe und Herrlichkeit der mittelalterlichen Dichtung mit ihrer Ehre und Treue bis in den Tod; es ist die aufrichtige, schöne Gerechtigkeit, mit der auch die neuere Dichtung nach ihrem nationalen Gehalt gewürdigt wird; es ist endlich die begeisterte und Begeisterung erweckende Darstellung, was diesem Werke seinen un= vergänglichen Reiz verleiht, wobei wir den ernsten christlichen Standpunkt nicht in letzter Linie erwähnen wollen. So ist Vilmar das Litteraturbuch fürs deutsche christliche Haus und auch fürs Pfarrhaus. Der Anhang aus der Hand eines berufenen Litteraturhistorikers des Prof. Stern, dessen strenges, sittliches Urtheil noch besonders hervorgehoben sei, ist auch apart zu haben (Preis M. 1.50. Gebunden in Leinwand M. 2.25).“

— — Lebensbilder deutscher Dichter und Germanisten nebst litteraturgeschichtlicher Ueber= sicht. 2. vermehrte und erweiterte Auflage. Herausgegeben von Max Koch. gr. 8. 1886. XVI, 242 S.   2.40

    „Diese Sammlung zerstreuter Aufsätze des berühmten Litterarhistorikers wird vielen willkommen sein als eine Ergänzung zu seiner Litteraturgeschichte. In sein= sinniger Weise zeichnet er eine Anzahl litterarischer Charaktere, Bodmer, Wieland, Lavater, Stilling, Goethe, Schiller, Jean Paul, Uhland, Simrock, die beiden Grimm u. a. Was hier über Goethe gesagt wird, ist viel eingehender als die kürzere Behandlung in der Litteraturgeschichte, und wird ihm nach allen Seiten gerecht. Ueberhaupt ist bekanntlich Goethe von Vilmar mit Liebe behandelt und viel zu seinem Verständnisse in christlichen Kreisen beigetragen worden. Auch im vorliegenden Aufsatz wird nebst trefflichen biographischen und litterarischen No= tizen und allgemeiner Charakteristik seiner Dichtung, seine Stellung zum Christen= thume richtig erklärt. Der Herausgeber hat Vilmars Text unberührt gelassen, aber ergänzt. Es ist ein Buch für die gebildete christliche Familie und sei derselben — bei sehr hübscher Ausstattung — zugeeignet mit warmem Hinweis.

— — Von der christlichen Kirchenzucht. Ein Beitrag zur Pastoraltheologie. gr. 8. 1872. IV, 102 S.   1.20

— — Die Lehre vom geistlichen Amt. 8. 1870. IV, 124 S.   1.50

— — Predigten und geistliche Reden. gr. 8. 1876. VI, 185 S.   2.40

    Gebunden   3.30

    „Es sind schlichte, aber geisterfüllte Zeugnisse einer durchgebildeten christlichen Persönlichkeit, wohl geeignet, den Gläubigen in christlicher Innigkeit zu gründen und in christlicher Siegesgewißheit zu stärken.“   Bausteine.

— — Ueber den evangelischen Religionsunterricht in den Gymnasien. Vorschläge aus der Erfahrung. Neue, mit Beiträgen von Karl Ludwig Roth vermehrte Ausgabe besorgt von Johannes Haußleiter. gr. 8. 1885. 79 S.   1.20

„Faßt man die Hauptpunkte der Schrift ins Auge, die scharfe Erfassung des Berufs der Gymnasien, die naturgemäße Theilung des Religionsunterrichts in 2 Stufen, die planvolle Ausgestaltung jeder dieser Stufen, insonderheit das recht evangelische Bestreben, Gottes Wort soll der Menschen Wort darzubieten und den Schülern eine lebendige Bibelkenntniß zu vermitteln, so tritt der lichte Grundgedanke der Arbeit klar hervor, deren Grundgedanken sich Anerkennung erringen, auch wenn man über Nebenausführungen verschiedener Meinung sein sollte." Deutsche Blätter für erziehenden Unterricht.

Pfleiderer, Otto, Zum Verständnisse Goethes. Vorträge vor einem Kreis christlicher Freunde .... 1879 .. ... Gebunden in Leinwand 5.00

„Im Fall Goethes Dichtungen auch den christlichen Kreisen nicht verbannt werden können noch dürfen, daß sie vielmehr denselben auf das schärfste angehörten, dafür möchten wohl diese Vorträge einen Beleg liefern, wie er bisher noch nicht geliefert ist."

Will, Cornelius, Die Anfänge der Restauration der Kirche im elften Jahrhundert. Nach den Quellen kritisch untersucht. Zwei Abtheilungen. gr. 8. 1859—1864. XII. 5.00

Winckel, Friedr. Wilh., Lasset uns ihn lieben, denn er hat uns zuerst geliebt .... zur Vorbereitung auf die Konfirmation der evangelischen Jugend. Mit biblischen Beweisstellen und Liederversen. 14. 1874. 98 S. 0.50

Wolff, W., Die Klage des Herrn Jesu über Jerusalem. Eine Weckstimme an unser Geschlecht. Predigt über Matthäus 21, 24—39, gehalten am 10. Sonntag nach Trinitatis, den 21. August 1870, in der reformirten Kirche zu Marburg. 3. Aufl. gr. 8. 1870. 14 S. 0.20

Ziegler, L., Italafragmente der Paulinischen Briefe nebst Bruchstücken einer vorhieronymianischen Uebersetzung des ersten Johannesbriefes aus Pergamentblättern der ehemaligen Freisinger Stiftsbibliothek zum ersten Male veröffentlicht und kritisch beleuchtet. Eingeleitet durch ein Vorwort von Prof. Dr. E. Ranke. Mit einer photolithographischen Tafel. 4. 1876. VIII. 151 S. 15.00

„Dem Ziegler'schen Werke gebührt wegen des in demselben theils urkundlich, theils auf dem Wege der Untersuchung Dargebotenen die vollste Theilnahme von seiten aller, die das wichtige Gebiet der Italaforschung näher kennen lernen wollen. Litterar. Centralblatt.

Zöckler, L., Vier Stimmen von der wahren sichtbaren Kirche Christi. Ein Zeugniß gegen Rithorf, Breslau, Immanuel, hankerhausche Separation, Union und andere falsche Kirchen. Nebst einem Anhang von kirchlichen Aufsätzen. gr. 8. 1886. XII. 477 S. 6.00

Zum Gedächtniß an Philipp Hubert Karl Christian Kümmell, Superintendent der lutherischen Diöcese Oberhessen, Consistorialrath, Doctor der Theologie und Oberpfarrer zu Marburg, geboren zu Münchhausen am 2. December 1809, gestorben zu Marburg am 23. April 1888. gr. 8. 1888. 15 S. 0.25

Zur Erinnerung an Heinrich Heppe, weiland Doctor der Philosophie und Theologie und ordentlichen Professor der Theologie an der Universität Marburg. Reden an seinem Grabe gehalten am 27. Juli 1879 von Pfarrer Wolff und Professor Ranke. gr. 8. 1879. 19 S. 0.40

Binnen Kurzem erscheint:

Deissmann, G. A., Bibel-Studien. Beiträge, zumeist aus den Papyri und Inschriften, zur Geschichte der Sprache, Litteratur und Religion des hellenistischen Judentums und des Urchristentums.

8   N. G. Elwert'sche Verlagsbuchhandlung in Marburg.

Soeben erscheint in zweiter vermehrter Auflage (siebentes bis elftes Tausend)::

Bilderatlas

zur

Geschichte der deutschen Nationallitteratur.

Eine Ergänzung zu jeder deutschen Litteraturgeschichte.

Nach den Quellen bearbeitet

von

Dr. Gustav Könnecke.

Mit mehr als 2200 Abbildungen und 14 blattgroßen Beilagen, wovon 2 in Heliogravüre und 5 in Farbendruck.

Preis: Ungebunden Mk. 22.—, in stilgemäßem Einbande Mk. 28.—

Augsburger Allgemeine Zeitung: Könnecke's Bilderatlas ist in dem Verlage von N. G. Elwert in Marburg herausgegeben, in welchem seit 1815 Vilmar's Geschichte der deutschen Nationallitteratur (jetzt in 21 Auflagen) erschienen ist. Diesem Buche reiht sich der Bilderatlas in würdigster Weise an. Zum erstenmale ist hier ein auf umfassenden und gewissenhaften Studien begründetes Buch geliefert, das alle früheren Werke der Art gänzlich in den Schatten stellt. Wer die einzelnen Blätter des Buches verständnisvoll an sich vorüberziehen läßt, dem tritt unwillkürlich der ganze Entwicklungsgang unserer nationalen Litteratur vor die Seele; es vergegenwärtigen sich in diesen Bildern die Anfänge, das wechselweise eintretende Anschwellen und Nachlassen der dichterischen Kräfte unseres Volkes. Mit Freuden ist ein solches Werk zu begrüßen, das die Herrlichkeit der deutschen Litteratur ohne Uebertreibung uns vor Augen stellt, die Liebe zu ihr im ganzen Volke mehrt und stärkt und in diesem Sinne ist denn auch Könnecke's Bilderatlas als eine willkommene Gabe an die Nation zu bezeichnen.

Tägliche Rundschau: Dieses nach großem Plane musterhaft durchgeführte Werk darf in Gehalt und Gestalt wirklich auf monumentale Bedeutung Anspruch machen. Es ist als ob wir durch eine große Halle wanderten, deren Wölbung und Wände mit lebensvollen, charakteristischen Bildern geschmückt sind, welche Jahrhunderte deutscher Dichtung, Kunst und Wissenschaft so eindringlich veranschaulichen, wie es die bloße Schilderung durch Worte, selbst aus kundigster Feder und in beredtester Darstellung, niemals vermag. Das auf gewissenhaften Quellenstudien beruhende, durchaus sachlich gehaltene und bis auf die neueste Zeit fortgeführte Werk wird, bei seinem verhältnismäßig sehr billigen Preise, sicher bald die weiteste Verbreitung finden.

Marburg. Universitäts-Buchdruckerei (R. Friedrich).